教育部哲学社会科学研究重大课题攻关项目
"大中小学教材的一体化建设和管理研究"最终成果

大中小学教材的一体化建设和管理研究

■ 刘学智 等 著

科学出版社

北 京

内 容 简 介

教材体现了国家意志，是落实国家事权的重要载体，是践行"培根铸魂、启智增慧"的关键工具。本书围绕"为党育人，为国育才"这一教育根本旨归，以"立德树人"为理念，以"构建高质量教材体系、中国式教材管理体系"为目标，尊重教材建设和管理的规律，按照一体化的方式创新大中小学教材建设体系与管理体制机制研究路径，从理论阐释、历史镜鉴、现实观照、国际互鉴等多元视角，尝试构建独立与贯通相结合的课程标准体系和立体化、开放性、高质量的教材体系；构建多方协同、规范有效、富有动能的教材管理体系，以推动大中小学教材治理体系和治理能力现代化。

本书可供开展教材研究的学者、相关部门的管理人员、教育学领域的师生阅读和参考。

图书在版编目（CIP）数据

大中小学教材的一体化建设和管理研究 / 刘学智等著. -- 北京：科学出版社, 2024. 12. -- ISBN 978-7-03-080766-3

Ⅰ . G423.2

中国国家版本馆 CIP 数据核字第 202402GA25 号

责任编辑：孙文影　高丽丽 / 责任校对：郑金红
责任印制：徐晓晨 / 封面设计：有道文化

科 学 出 版 社 出版
北京东黄城根北街 16 号
邮政编码：100717
http://www.sciencep.com

北京建宏印刷有限公司印刷
科学出版社发行　各地新华书店经销

*

2024 年 12 月第 一 版　开本：720×1000　1/16
2024 年 12 月第一次印刷　印张：20 1/2
字数：370 000
定价：128.00 元
（如有印装质量问题，我社负责调换）

前言
Preface

本书是教育部哲学社会科学研究重大课题攻关项目"大中小学教材的一体化建设和管理研究"的最终成果，是课题组历经 6 年，呕心沥血、艰苦奋战的智慧结晶。回首成书的艰辛历程，忘不了率领团队精细打磨申报书的 40 余天不舍昼夜的煎熬与劳苦；忘不了课题研究聚贤取经、深入调研、精心设计、小心求索的曲折研究之旅；忘不了本书初成的欣喜与修改书稿的困惑。春华秋实，正是课题组成员一路攻坚，才能把凝聚课题组成员学术智慧和辛勤劳动的成果展现给从事教育研究的同人。

教材体现了国家意志，是落实国家事权的重要载体。早在 2016 年，中共中央办公厅、国务院办公厅就印发了《关于加强和改进新形势下大中小学教材建设的意见》，明确了大中小学教材建设的方向。党的二十大报告指出，"教育是国之大计、党之大计。培养什么人、怎样培养人、为谁培养人是教育的根本问题"，同时强调"加强教材建设和管理"。因此，围绕"为党育人、为国育才"这一教育根本旨归和教育强国战略，统筹推进大中小学教材的一体化建设与管理，对于构建新时代高质量的教材体系，实现教材治理体系和治理能力现代化，具有举足轻重的意义。

本书围绕大中小学教材一体化建设和管理确定研究目标与问题，主要包括如何构建新时代的教材体系、如何推进教材治理体系现代化，以及与这两大问题相关的一系列问题，如教材建设和管理的理论基础是什么；教材建设和管理的现状如何；发达国家有哪些教材建设和管理经验可资借鉴；新中国成立以来，我国教材建设和管理的历史演进、问题和经验等。为此，大中小学教材建设和管理研究

大中小学教材的一体化建设和管理研究

应遵循"立德树人"的理念,以构建"大中小学教材的一体化建设体系与管理体系"为目标,尊重教材建设和管理规律,按照一体化的方式创新大中小学教材建设体系与管理体制机制的研究思路。围绕本课题的研究任务和目标,本书研究大致按三条线路展开。首先,开展了国际比较、历史轨迹探究与多学科视角理论研究。本书以史学的视角来考察大中小学教材建设和管理发展的过程与轨迹,探寻大中小学教材建设和管理的发展规律,为大中小学教材建设和管理研究提供厚重的史料,为大中小学教材建设和管理研究指明方向。其次,开展了分层抽样、案例追踪与结构性调查研究。本书研究以全国省级行政区域(港澳台除外)作为初级抽样单元,在对初级抽样单元进行分层的基础上,采用多阶段不等概率的方式抽样。为了提高估计精度、便于调查的组织实施,考虑到不同地区课程改革的特点及地区间差异,并参照"中国人民大学中国发展指数"对31个省(自治区、直辖市)进行聚类分层。在每一层次的省份中,根据学生数量、学校数量的不同,抽取一个具有代表性的省份进行调研,调研的空间范围涉及城区、县城、乡镇三个层级。同时,针对大学教材编写者、高校教师和教材管理人员进行访谈,摸清高校教材建设的现状、存在的问题等。最后,以构建大中小学教材的一体化建设和管理体系为目标,按照教材建设和管理的理论、内容、过程及其体制等维度,进行教材建设与管理框架的顶层设计。

我们按照研究思路和目标,确定了本书的框架。第一章主要阐述大中小学教材一体化建设和管理的时代之义,包括时代背景、时代价值和时代特征,全面阐释大中小学教材一体化建设和管理的本体内涵、现实意义和必要性。第二章主要阐释大中小学教材一体化建设和管理的理论基础:哲学理论,主要包括马克思主义哲学基础、习近平新时代中国特色社会主义思想等;现代科学理论,主要包括治理理论、新"三论"和结构-功能理论等;教材学理论,主要包括大中小学教材建设理论和管理理论。三大理论基础既明确了大中小学教材一体化建设与管理的方向,也为大中小学教材的一体化建设与管理提供了学理依据,更为路径创设提供了方法论。第三至第五章主要从历史视角、现实考察和国际视野出发,分别为大中小学教材的一体化建设与管理研究提供历史镜鉴、问题破解和国际经验支撑。第六章论述了如何构建高质量的大中小学一体化教材体系,主要包括构建独立与贯通相结合的课程标准体系,以及立体化、开放性和高质量的教材体系。第七章分析了如何构建现代化的大中小学教材治理体系,主要包括明确教材治理的政治方向与价值导向,构建上下贯通与多方联动的教材体制,完善多方位与全流程的教材管理制度,创新大中小学教材的治理机制等。第八章主要对大中小学教

前　言

材一体化建设的重大主题进教材进行了研究，主要包括大中小学思想政治理论课教材的一体化建设专题、革命文化资源一体化进教材专题等内容，尝试回应党和国家对重大主题进教材的迫切需求。

本书由刘学智统筹规划，设定了书稿的大纲和核心内容，部分课题组成员承担了相应的撰写任务，具体分工如下：第一章为刘学智，第二章为刘学智、张振、丁浩然，第三章为张振、刘学智、丁浩然，第四章为王馨若、曹伟、高云龙、姜显臣，第五章为曲锐、康姝赫、杨雪、张祎，第六章为刘学智、张振，第七章为刘学智、张振、卞恒宇，第八章为陈淑清、丁浩然、李哨冰。

专著撰写是一项创新性的学术研究工作，我代表课题组对参与此项研究工作的老师、博士生和硕士生的辛勤付出表示衷心的感谢。本书付梓，也得到了科学出版社诸位同人的大力支持，尤其是孙文影编辑对全书的篇章结构、格式规范提出了很多宝贵的意见。同时，本书撰写也参考、借鉴和引用了学术同人的研究成果，在此一并表示诚挚的谢意。尽管本书的撰写秉持严谨的学术态度，但难免挂一漏万，不足之处敬请各位教育同人指正。

课题组负责人　刘学智

2024 年 9 月 20 日

前 言

202×年 9月 20日

目　录
Contents

第一章　大中小学教材一体化建设和管理的时代命题 …………… 001
  第一节　大中小学教材一体化建设和管理的时代背景 ………… 002
  第二节　大中小学教材一体化建设和管理的时代价值 ………… 008
  第三节　大中小学教材一体化建设和管理的时代特征 ………… 011

第二章　大中小学教材一体化建设和管理的理论阐释 …………… 017
  第一节　大中小学教材一体化建设和管理的哲学理论 ………… 018
  第二节　大中小学教材一体化建设和管理的现代科学理论 …… 031
  第三节　大中小学教材一体化建设和管理的教材学理论 ……… 049

第三章　大中小学教材一体化建设和管理的历史镜鉴 …………… 075
  第一节　大中小学教材建设的历史回顾与经验 ………………… 076
  第二节　大中小学教材管理的历史回顾与经验 ………………… 092
  第三节　大中小学教材一体化建设与管理的历史趋向 ………… 124

第四章　大中小学教材一体化建设和管理的现实考察 …………… 129
  第一节　调查设计与方法 ………………………………………… 130

第二节　大中小学教材建设的基本状况与问题⋯⋯⋯⋯⋯⋯⋯⋯ 132

　　第三节　大中小学教材管理的基本状况与问题⋯⋯⋯⋯⋯⋯⋯⋯ 150

第五章　大中小学教材一体化建设和管理的国际视野⋯⋯⋯⋯⋯ 163

　　第一节　集权型国家大中小学教材一体化建设和管理研究⋯⋯⋯ 164

　　第二节　分权型国家大中小学教材一体化建设和管理研究⋯⋯⋯ 193

第六章　构建高质量的大中小学一体化教材体系⋯⋯⋯⋯⋯⋯⋯ 221

　　第一节　构建独立与贯通相结合的大中小学课程标准体系⋯⋯⋯ 222

　　第二节　构建现代化的大中小学一体化教材体系⋯⋯⋯⋯⋯⋯⋯ 232

第七章　构建现代化的大中小学教材治理体系⋯⋯⋯⋯⋯⋯⋯⋯ 245

　　第一节　明确教材治理的政治方向与价值导向⋯⋯⋯⋯⋯⋯⋯⋯ 246

　　第二节　构建上下贯通与多方联动的教材体制⋯⋯⋯⋯⋯⋯⋯⋯ 248

　　第三节　完善多方位与全流程的教材管理制度⋯⋯⋯⋯⋯⋯⋯⋯ 252

　　第四节　创新大中小学教材的治理机制⋯⋯⋯⋯⋯⋯⋯⋯⋯⋯⋯ 260

　　第五节　创新教材治理体系的保障措施⋯⋯⋯⋯⋯⋯⋯⋯⋯⋯⋯ 266

第八章　大中小学教材一体化建设的专题研究⋯⋯⋯⋯⋯⋯⋯⋯ 271

　　第一节　大中小学思想政治理论课教材一体化建设专题研究⋯⋯ 272

　　第二节　革命文化资源一体化进教材专题研究
　　　　　　——以《红色文化》为例⋯⋯⋯⋯⋯⋯⋯⋯⋯⋯⋯⋯⋯ 282

参考文献⋯⋯⋯⋯⋯⋯⋯⋯⋯⋯⋯⋯⋯⋯⋯⋯⋯⋯⋯⋯⋯⋯⋯⋯ 307

第一章

大中小学教材一体化建设和管理的时代命题

大中小学教材的一体化建设和管理研究

第一节 大中小学教材一体化建设和管理的时代背景

统筹推进大中小学教材一体化建设和管理是当前国际课程教材改革的新方向，也是新时代教材改革的重点和难点。探讨大中小学教材一体化建设和管理问题，既要立足国际教育改革的潮流，更要观照我国课程改革的实践，回应党和国家对大中小学教材建设和管理的新要求，以建立高质量教材体系，助力教育强国建设。

一、国际教育改革的一体化趋向

（一）终身教育"一体化"理念的确立

终身教育是 20 世纪 60 年代在国际上兴起的教育思潮。终身教育思潮形成后，随即在整个教育领域掀起了理论上的波动和实践上的巨大变革，对国际教育改革产生了重要的影响。联合国教科文组织在其具有里程碑意义的报告中，多次提及学习化社会与终身教育的理念，呼吁构建学习型社会，为每一个人提供终身学习的机会，人人得以终身接受教育。自此，终身教育这一概念在世界各国的教育理论研究与教育实践中得到广泛应用，成为各国教育改革的指导思想。在全球化与信息化时代背景下，终身教育不仅是推进社会发展进步的需要，也是人全面发展的需要。

终身教育既是一种先进的思想体系，又是一种先进的教育体系，具有持续性、全民性和开放性等特点。终身教育以学会学习理念为指导，使其各个阶段的教育具有与学校教育相通的、内在的一致性和持续性，从而实现各种教育类型和各类教育资源的相互衔接，促成终身教育目标的实现，满足全民终身学习的需求。可见，终身教育思想的核心就是"整合"或"一体化"[1]，着眼于从整体上谋求各种教育之间的联系与统一，关注个体的生活，重视普遍权利的保障，并将每一个个体个性的成长和完满看作教育追求的终极目标，进而推动人的全面发展。它强调教育规划应摒弃教学和学习形式间的孤立、重叠甚至竞争观念，充分

---

[1] 张贵新，饶从满. 关于教师教育一体化的认识与思考[J]. 课程·教材·教法，2002（4）：58-62.

利用现代教育环境和阶段间的互补性,实现教育的协同与融合。[1]

教育应当朝着终身化的方向发展,并使之成为整体教育改革与发展的基本思想和基本原则。各级各类教育之间不仅需要统整与协调,还必须鼓励各种社会力量积极参与教育活动,促使整个社会为终身教育提供各种相关的制度保障。[2]许多国家以终身教育思想为指导,不仅在法律和政策上确认了终身教育的地位,还不断调整教育结构、改革学制,以实现教育制度一体化。[3]例如,日本明确提出了终身学习的概念,以终身教育思想为指导建立终身学习体系,规定中小学教育要成为"终身教育的基础"[4];韩国在终身教育理念的指引下,建立了具有本土特色的学士学位自学考试制度、学分银行制和 K-MOOC 教育体系[5];法国等国家则以立法形式贯彻终身教育思想,为终身教育的改革实践提供了法律依据与保障[6]。

(二)整体教育改革思潮的持续高涨

整体教育论坚持一种全面的知识观念,将知识视为个体在认知、情感、价值观及机体行为等多方面的积极互动和整合能力的体现。1926 年,斯马茨(J. C. Smuts)在其著作《整体论与进化》(*Holism and Evolution*)中阐述了整体论的核心观点。在探讨整体与部分之间的关系时,他明确指出,即便积累了所有的部分,也无法完全等同于整体,因为整体的价值和影响力远远超越了部分的总和。[7]不同于近代原子论、还原主义、机械论的世界观,整体论反对将整体分割成机械的部分与片段,观照部分与部分、整体与整体之间的关联,强调事物内部的动态发展。[8]随着社会的发展、生产力的进步,人类面临的社会、文明、生态等方面的危机,促使人们认识到分析重建的方式无法还原整体世界。随着整体论术语的不断使用与传播,整体教育的思想逐渐在生活与教育领域得到广泛运用,

---

[1] 联合国教科文组织. 教育:财富蕴藏其中[M]. 2 版. 联合国教科文组织总部中文科译. 北京:教育科学出版社,2014:62.

[2] 朱敏,高志敏. 终身教育、终身学习与学习型社会的全球发展回溯与未来思考[J]. 开放教育研究,2014(1):50-66.

[3] 柳海民. 现代教育原理[M]. 北京:人民教育出版社,2006:82.

[4] 吴忠魁. 当今日本建设终身学习体系的经验与措施[J]. 比较教育研究,2000(5):48-53.

[5] 凌磊. 韩国终身教育改革新动向——基于学分银行制和学位自学考试制度改革分析[J]. 现代教育管理,2018(2):117-122.

[6] 吴雪萍,李默妍. 法国的终身教育推进机制及其启示[J]. 外国教育研究,2021(11):116-128.

[7] 转引自钟启泉. 现代课程论(新版)[M]. 3 版. 上海:上海教育出版社,2015:189.

[8] 陈理宣. 论知识的整体性及其教育策略——基于实践教育哲学的视角[J]. 中国教育学刊,2015(12):26-31,48.

整体教育思潮由此产生。

美国学者克拉克·克尔（C. Kerr）强调，目前全球范围内的知识呈现出分散、零碎的状态，呼吁对知识进行新的整合，并主张每个学生都应拥有广泛而深入的学习体验。①这种学习经验打破了学生以往专门化的学科思维，能够帮助学生养成跨学科思维，从而培养学生的全面知识观。欧内斯特·L. 博耶（E. L. Boyer）指出，当代学生不仅需要积累丰富的历史、文学、科学等多元知识，更重要的是要能够洞察知识间的内在联系，理解事物间的相互关联与类型划分。学校生活的各个环节，包括招生、入学指导、课程设置、教学活动、学生住宿生活等都应当紧密相连，以促进形成整体性的教育理念。为了构建更具综合性的教育，需要设立连贯统一的课程体系，让受教者跨越零碎的事实，在更宽广的视野下学习，发掘事物间的关联，追求更全面的知识观和更综合、真实的生活态度。②整体教育思潮的倡导者约翰·米勒（J. P. Miller）在《整体课程》（*Holistic Curriculum*）一书中提出了整体教育的三大核心概念，即关联、包容与和谐。③整体教育正是瞄准"关联"的教育，弥补了近代原子论、还原主义、机械论对事物孤立、静止与片面理解的不足。在整体主义教育的框架下，学习者致力于探寻事物间的内在联系，通过深入洞察这些联系，获得使其更加恰当的力量，进而实现生命的整体和谐。④整体教育以"向整体教育转型"为原则，认为人是复杂且多面的完整生命体，学校中的各门学科只是从不同角度探索这一整体的途径。因此，在教育实践中，我们应保持尊重，积极接纳不同的视角和开放的思维方式。学习者不应被视为单一技能的集合或知识的抽象化，而是应该被当作拥有丰富体验和整体性的个体来对待。总之，整体教育主张一切存在都是相互关联的，反对教育的细化与分割化，强调人与教育的整体性，并对教育内部的系统性提出要求。

（三）STEM 教育影响下的课程综合化态势

现代科学呈整体化发展，交叉学科与综合学科显得日益重要。在此影响下，学校的课程也经历了相应的变化。STEM 教育起源于美国，由于国际社会对一个

---

① 克拉克·克尔. 高等教育不能回避历史：21 世纪的问题[M]. 王承绪译. 杭州：浙江教育出版社，2001：199.

② 欧内斯特·L. 博耶. 关于美国教育改革的演讲（1979—1995）[M]. 涂艳国，方彤译. 北京：教育科学出版社，2002：61.

③ 约翰·米勒. 整体课程[M]. 3 版. 程琳译. 武汉：华中科技大学出版社，2024：8-16.

④ 钟启泉. "整体教育"的哲学基础[J]. 全球教育展望，2003（6）：37-42.

第一章　大中小学教材一体化建设和管理的时代命题

国家的综合国力归根结底是由科技水平决定的这一观点的认同，科学教育受到世界各国的普遍重视，提高公民的科学素养成了各国发展教育的关键，由此 STEM 教育应运而生。STEM 教育涵盖了科学（science）、技术（technology）、工程（engineering）和数学（mathematics）四门学科，并不仅仅局限于这四门学科本身，而是涉及与它们相关的多个领域。STEM 教育并非简单地将这些学科相加，而是注重跨学科融合，形成一个综合体系，以帮助学生摆脱单一学科知识体系的束缚，获得更全面、更综合的学习体验，建构合理的知识体系，从而培养其科学探究能力、创新精神及解决实际问题的能力。[1]

当前，世界主要发达国家广泛开展了 STEM 教育并取得了良好成效。例如，为了推动 STEM 教育的革新，芬兰发起了一系列全国性的 STEM 教育促进项目，其中 LUMA[2] 的数学和科学教育发展项目尤为突出，还特地设立了国家 LUMA 中心。此外，芬兰遵循"专业共享"的原则，特别为 3～19 岁的儿童和青少年设计了一系列 STEM 学习和教育活动。[3]再如，美国在中小学教育方面始终强调发展学生素养，认为其是现代人不可或缺的品质。因此，美国提出了诸如信息素养、科学素养、数学素养、阅读素养等多种培养方向，更是将 STEM 素养的培养视为中小学 STEM 教育的关键目标之一。这样的教育思路有助于学生更深入地理解科学和技术，进而推动社会的整体进步。在政策层面，STEM 教育在美国的政府工作报告和法案中多次被提及。无论是早年的教育报告《国家处于危机之中》（A Nation at Risk，ANAR）、"2061 计划"（Project 2061），还是后来的《为有意义地促进一流的技术、教育与科学创造机会法》（America Creating Opportunities to Meaningfully Promote Excellence in Technology, Education, and Science Act，COMPETES Act）、《不让一个孩子掉队法案》（No Child Left Behind Act，NCLB）及《家庭教育权利和隐私法案》（Family Educational Rights and Privacy Act，FERPA）等，都涉及 STEM 教育的内容，充分展现了其整体知识观与学科整合的教育理念。与此同时，美国政府各部门也积极合作，共同推动 STEM 教育的发展。美国政府各部门联手推动 STEM 教育，国会通过了一系列直接或间接影响教育的法案，在能源部、教育部及国家科学基金会等多个部门下建立了若干个 STEM 教育项目，共同推进 STEM 教育的实施。[4]日本在 STEM 教育

---

[1] 余胜泉，胡翔. STEM 教育理念与跨学科整合模式[J]. 开放教育研究，2015（4）：13-22.

[2] 该词是"Luonnontietee"（芬兰语意为自然学科）和"Mathematics"（数学）的缩写，可将其理解为芬兰社会语境下的 STEM 教育。

[3] 杨盼，韩芳. 芬兰 STEM 教育的框架及趋势[J]. 电化教育研究，2019（9）：106-112.

[4] 赵中建. 21 世纪技能之基石——STEM：美国教育战略的重中之重[J]. 上海教育，2012（11）：14-19.

领域取得了显著进步，对传统教育模式进行了积极的调整与优化。具体措施包括：首先，通过调整课程大纲，增加了中小学 STEM 学科的课时与内容，并推动一系列旨在强化科学教育的项目；其次，特别设立了 STEM 精英教育专项基金，旨在发现并培养具有 STEM 天赋的学生；再次，加强 STEM 教育师资力量的建设；最后，积极鼓励女性参与 STEM 教育及 STEM 相关职业，以促进性别平等和多元化发展。①

二、我国教育系统改革的时代之需

（一）教育综合改革的不断深化

深化教育领域综合改革是一项全面而系统的教育提升工程。改革开放以来，我国教育事业持续取得显著进展，不断迈向新的发展阶段，教育发展总体水平明显提升，服务经济社会发展的能力显著提高，国际影响力稳步增强，这是教育战线坚持改革开放取得的伟大成就，充分证明了改革开放是推进教育事业蓬勃发展的强大动力。当然，这个过程中也存在一些矛盾和问题。王炳林明确指出，"在充分肯定教育事业发展成就的同时，我们也要清醒地认识到，教育优先发展地位需进一步巩固，教育发展还存在不平衡、不协调的问题，学前教育、职业教育、继续教育仍是教育体系中的突出短板"②。袁贵仁指出，"深化教育领域综合改革是满足人民群众对多样化高质量教育需求的可靠保障"③。这些问题需要在全面深化教育领域综合改革、推进教育治理体系和治理能力现代化的进程中加以有效解决。习近平总书记指出，"要全面深化教育领域综合改革，增强教育改革的系统性、整体性、协同性"④。深化教育领域综合改革，需要更加关注教育内部的系统性问题。教育是一项系统工程，各级教育、各门学科及不同学段间都存在紧密的联系。虽然短期内针对单一阶段或方面的教育改革可能会取得一定成效，但随着社会的发展，这种片面的改革模式不仅效果不佳，还可能对其他方面造成阻碍。因此，推进教育综合改革，应全面考虑教育各要素间的内在联系，以实现更

---

① 杨亚平. 美国、德国与日本中小学 STEM 教育比较研究[J]. 外国中小学教育，2015（8）：23-30.
② 胡浩，施雨岑. 为人民提供更好更公平的教育——解读《关于深化教育体制机制改革的意见》[EB/OL].（2017-09-25）[2024-09-20]. https://www.gov.cn/zhengce/2017/09/25/content_5227289.htm.
③ 袁贵仁. 深化教育领域综合改革[EB/OL].（2013-11-20）[2024-09-20]. http://www.moe.gov.cn/jyb_xwfb/moe_176/201311/t20131120_159604.html.
④ 习近平：在教育文化卫生体育领域专家代表座谈会上的讲话[EB/OL].（2020-09-22）[2024-09-20]. http://www.qstheory.cn/yaowen/2020-09/22/c_1126527759.htm.

第一章　大中小学教材一体化建设和管理的时代命题

为全面和有效的改革。党的二十大报告指出，"深化教育领域综合改革，加强教材建设和管理"。教材体现了国家意志，是落实国家事权的重要载体。因此，在教育综合改革中，必须把教材建设作为课程改革的重要环节，系统推进课程教材改革。目前我国的教材建设水平与发达国家相比还存在一定的差距。对于大中小学教材而言，无论是教材理念、教材内容，还是教材管理制度、教材保障体系，都存在碎片化、条块分割化等问题，这些问题直接导致了教材管理效率不高、管理质量有待提高。因此，从"立德树人"这一根本培养目标入手，推动教材管理体系向现代化转型，具有深远的现实意义。

（二）课程教材改革的稳步推进

教育一体化是以我国教育权力过分集中和当前我国教育权力分配改革的需要及实践语境为参照系提出的具有创新性的教育改革方法论。无论是城乡教育一体化、教师教育一体化还是德育一体化，都揭示出一体化成为国家教育改革的方法论。就课程教材改革而言，更需要教育领域内部和教育领域外部统筹研究、协同改革。只有系统设计与整体推进课程改革，才能全面深化课程改革，攻克改革中的顽疾，产生切实的效果，使改革落到实处。国家和地区的各个课程改革方案都强调了课程的整体性。2024年，国家教材委员会针对教材建设和管理工作指出，要"加强大中小学思政课教材一体化建设"[1]。教材一体化作为一种新的思路、新的方法和新的路径，正是对这一时期教材体系现代化建设的积极回应，因此成为推进课程整体改革的必然路径。教材一体化建设和管理的本质就是要通过整合大中小学教材目标，以充分体现各级各类人才培养目标的衔接要求，保证各级各类教育中人才培养目标的一贯性。同时，教材体系的一体化建设还要从整体的角度去设计和规划大中小学教材体系，打通大学教材、中学教材和小学教材体系间的壁垒，实现各级各类教材的纵向衔接和横向配合，从而推进大中小学教材的整体改革。

（三）大中小学教材高质量建设的迫切需要

改革开放以来，我国教材建设整体上取得了突出的成就。一是基本上形成了中国特色的教材管理体制，教材管理主体多元、制度不断得到完善、机制不断得

---

[1] 国家教材委员会就加强教材建设和管理作出重要工作部署[EB/OL].（2024-01-02）[2024-09-10]. http://www.moe.gov.cn/jyb_xwfb/gzdt_gzdt/s5987/202401/t20240102_1097463.html.

大中小学教材的一体化建设和管理研究

到健全;二是教材编写基本实现了规范化与灵活性的统一,按照党和国家的教育方针与课程标准的核心要求,编写符合不同地区和不同层次学校实际需求的多样化教材,以满足教育的多元化发展;三是系列化的教材体系正在形成,立体化的教材体系初步构建;四是教材内容以人为本、以质量为要,联系生活、与时俱进,且教材研究日益得到重视。

新时代,我国教育面临着学科不断深化和社会深刻变化带来的各种挑战,以往的人才培养体系不能满足社会发展进步的需要、人的全面发展的需要及学科专业高质量教学要求等一系列问题凸显,主要表现为统筹规划不足、分类建设不到位、结构性不强、与课程标准体系的关联性差、学段衔接与学科(专业)配合不好等。另外,教材理论研究不足,教材建设的理论研究和实践研究需要进一步加强。[1]教材建设在多样化的发展中也凸显了诸如业余化、地方化、同质化和商品化等种种不良倾向,从而影响了教材建设的健康发展;统筹规划不足导致教材编制既有不必要的重复,又有衔接不紧之处。由于缺乏长远的规划,亟需完善教材评估体系,在一定程度上降低教材选用的难度,以促进教学质量和效果的提升。课程教材内容是实现教育目标的基础,然而长期以来学校在设置课程内容时,对大、中、小学之间内容的连贯性和衔接性考虑不足,有些简单重复的课程内容出现在大中小学的课堂之中。这种课程内容的重复不仅会挫伤学生学习的兴趣和积极性,亦不能满足学生身心发展的需要。大中小学课程教材内容的整体规划与安排,旨在使教学内容更符合各学段学生的身心发展需求。这样做不仅能让各学段的教学更具特色与突出重点,还能优化教学效果,使学科知识技能系统与学生身心发展系统更好地融合。实施大中小学教材一体化建设与管理的高层规划,能够大幅度地汇聚教材政策规划、研发、应用及研究等多领域相关方的需求,从而更有效地回应大中小学生对优质教育的期待。

第二节 大中小学教材一体化建设和管理的时代价值

加强大中小学教材的建设与管理,不仅是全面贯彻党的教育方针、实现立德

---

[1] 靳玉乐、王洪席.十年教材建设:成就、问题及建议[J].课程·教材·教法,2012(1):12-16.

第一章　大中小学教材一体化建设和管理的时代命题

树人目标的基础工程，更是关乎党和国家长远发展的战略性工程。教材建设与管理是一项庞大且复杂的系统工程，涵盖了教育内外部的多个方面，涉及不同学科领域知识和教学，既要求科学严谨，又追求技术创新与美学价值。同时，它还涉及理论探索与实践应用，涉及教与学的互动及管理层面的考量。此外，还包括教材的完善与教学工作的结合，以及教材的编制与出版发行等诸多环节。因此，要统筹推进教材一体化建设和管理，以建促管，以管促建，管建结合，以贯彻党和国家的教育方针，提升教育的整体质量，促进学生的全面发展和终身发展。

一、体现国家意志，落实国家事权

教材彰显了国家意志。迈克尔·W. 阿普尔（M. W. Apple）等在《教科书政治学》中论述作为官方知识的教材的作用时指出，教材是学校教育的中心环节，是学生接受知识的重要途径。[1]格雷汉姆·G. 唐（A. G. Down）认为，教材或多或少地支配着学生所学的知识，它们确立了课程的框架，而且通常是确立了大部分科目中一些必修的知识。[2]教材承载着体现国家意识形态的重任和使命，是民族文化元素的载体，是社会主义核心价值观和科学文明传播的不可替代的媒介。教材一体化建设和管理应彰显国家意志，体现国家战略，维护国家安全。教材一体化建设和管理必须从国家战略目标及转型期的经济社会发展大局出发，从宏观上应对国家课程改革带来的各种挑战。

二、贯彻党的教育方针，落实立德树人

党的十八大报告明确提出要全面贯彻党的教育方针，把"立德树人"作为教育的根本任务，培养德智体美劳全面发展的社会主义建设者和接班人。2014年，教育部发布了《关于全面深化课程改革落实立德树人根本任务的意见》，其中强调了学生应具备的必备品格和关键能力，以适应终身发展和社会发展的需要。立德树人的精神实质是回答"培养什么人、怎样培养人、为谁培养人"这一根本问题。立德树人凸显了教育的本质功能和价值导向，是党和国家对新时代中国特色社会主义教育目标的深层次表述。立德树人的本质内涵包括两个层面：一是"立德"，回答了"为谁培养人"的问题。立德，就是要坚持各级各类人才培

---

[1] M. 阿普尔，L. 克丽斯蒂安-史密斯. 教科书政治学[M]. 侯定凯译. 上海：华东师范大学出版社，2005：2.
[2] 转引自 M. 阿普尔，L. 克丽斯蒂安-史密斯. 教科书政治学[M]. 侯定凯译. 上海：华东师范大学出版社，2005：5.

养的方向性，用社会主义核心价值观体系引领学生健康成长。二是"树人"，回答了"培养什么人"的问题。"树人"规定了各级各类人才的培养规格和质量，明确了新时代背景下学生发展的重要维度。无论是培养社会主义劳动后备力量，还是培养各级各类专门人才，都要明确社会主义人才培养的性质，促进学生德智体美劳全面发展。教育改革必须按照立德树人根本任务的要求把握好建设方向，分层有序地推进新时代人才培养目标的实现。立德树人是一项综合性任务，需要系统化落实。①就教材改革而言，要充分认识教材在落实立德树人根本任务、培养德智体美劳全面发展的社会主义建设者和接班人中的重要作用，在教育深化改革中下好教材建设先手棋，对于坚定中国特色社会主义办学方向，为大中小学校供给优质教材资源，推动大中小学课程教学改革，具有举足轻重的意义。

三、构建教材体系，形成人才培养强支撑

国际竞争日趋激烈，时代和社会的发展对国民综合素质与创新人才的培养提出了更高要求。《国家中长期人才发展规划纲要（2010—2020年）》明确指出，加强人才工作，加速建设人才强国，对于推动经济社会健康快速发展、达成全面建设小康社会的宏伟目标具有关键保障作用。同时，这也是我国提升人才竞争优势、增强国家核心竞争力的战略决策，更是坚持人本理念、推动人的全面发展的有效途径。大力实施人才优先发展战略的工作重点，应落到人才资源开发上。目前，我国正通过多样化途径积极开发人才资源，致力于加快实现从人口大国到人力资源强国的转变，以为经济社会发展提供坚实的人才支撑。人是创新的主体，大中小学必须重视对学生创造力的培养，进行全方位的课程改革，从教材设计、教材建设和教材管理等方面革除弊端。新时代，大中小学教材的一体化建设和管理有助于各级教育体系教材的连贯与整合，明确各方责任，发挥教材在创新型人才培养和创新型国家建设过程中的应有作用与价值。

四、建立教材管理体系，推进教育治理体系和治理能力现代化

教材管理体系的构建不仅是一个教育问题和管理问题，隐藏在其背后的是国家治理中复杂的政治、经济、社会、历史和文化等问题。2019年，《中共中央关于坚持和完善中国特色社会主义制度 推进国家治理体系和治理能力现代化若干重大问题的决定》从国家治理现代化的战略高度指出要推进国家治理体系和治

---

① 邓友超. 深化教育体制改革重在抓落实、见实效[J]. 教育研究，2018（9）：14-17.

能力现代化。教育治理作为国家治理的重要组成部分，有必要通过完善学校制度、课程制度、教材制度和教学制度等充分发挥其在国家治理中的作用。特别是教材管理事关国家未来的基础性和战略性工程，其特定功能的发挥离不开教材管理体系的结构性支持。因此，教材管理体系建设必然成为推进国家治理现代化，落实国家教材事权的重点领域和关键环节。《关于加强和改进新形势下大中小学教材建设的意见》从制度层面明确了教材建设为国家事权。2017年3月，教育部成立了教材局。同年7月，国务院成立了国家教材委员会。2018年，教育部成立了课程教材研究所。2019年，教育部印发《中小学教材管理办法》《普通高等学校教材管理办法》等文件，在我国教育史上首次对教材制度进行了全面规划，进一步细化了教材建设的国家事权。基于此，新时期教材管理体系建设应立足于我国当前的教材管理实际，摒弃过时的思想观念和体制机制障碍，以构建全面、科学、高效的制度体系为目标，形成一个具有中国特色、达到世界水平的现代化教材管理体系。

第三节　大中小学教材一体化建设和管理的时代特征

大学、中学、小学三大教育系统之间既具有独立性，又具有贯通性。具有独立性，可以保持教材目标、要素、类型与结构的相对稳定和功能的独立发挥；具有贯通性，可以保证大中小学教材具有一定的开放性和关联性，体现教材目标的总体要求的一致性、教材要素的整体性、教材类型的关联性、教材结构的系统性等，整体回答党和国家对教材建设的时代要求。

一、大中小学教材一体化建设的基本特征

大中小学教材一体化建设，其本质指向适应我国新时代人才培养体系、课程体系的新型教材体系的构建。新时代背景下，以习近平同志为核心的党中央站在培养社会主义建设者和接班人、实现中华民族伟大复兴的战略高度，紧密结合实际，直面当前问题，对中小学教材、少数民族语言文字教材、高校思政课教材等教材建设进行了一系列新的重要指导。因此，要建设教育强国，强化教材体系至

关重要。教育事业的稳定发展需要教材体系的坚实支撑,它是教育活动不可或缺的基础,直接关系到立德树人的根本任务能否圆满完成。

(一)整体性

所有系统共有的特性是整体性,它通过连接不同事物,使系统作为一个有机整体展现出各组成要素不具备的新特性。教材设计应该按照整体性思路,采用系统工程的设计程序,统筹安排,形成有机统一体;教材设计应当加强与学科教材的实际联系,局部服从整体,既不无端重复,又不造成盲目或生硬分离。①具体言之,教材整体建设应体现如下要求。

一是合乎党和国家政治方向。教材建设是国家的基础性、战略性工程,其系统变革需要坚持正确的政治方向,加强对教材建设的领导权。坚持正确的政治方向,要站在国家意识形态的视角,统筹推进大中小学教材建设。教材建设要坚持马克思主义指导地位,以习近平新时代中国特色社会主义思想为根本指南。此外,还要把立德树人根本任务落实到教材建设的方方面面,充分体现理想信念教育与知识教育的深度融合。

二是合乎社会主义核心价值观。为了将社会主义核心价值观有效融入教材,应精选具备基础性和核心价值的概念与命题,同时选择具有发展潜力和广泛讨论空间的议题作为学习内容。②具体而言,就是要把培养公民的理想信念、国家认同意识、社会责任感等与国家意志相关的内容作为教材建设的根本任务,从政治导向、价值观层面引导和丰富教材内蕴价值与功能,明确教材为什么人服务的问题,使教材建设实际与教材建设目标统筹兼顾、有序发展,正向促进人的全面发展。③

三是合乎课程和学科发展要求。教材是对学科发展历史、基本概念、基本理论、基本技术和方法的系统总结,是学科持续发展的基石。④教材最基本的结构是知识结构。所谓知识结构,就是在学科结构的基础上,加上教学中涉及的有关学科的知识而构成的知识系统。⑤教材建设要抓牢知识教育,精心选择具有科学性、前沿性和时代性的学科知识作为教材内容,为培养学生的综合素质和关键能

---

① 曾天山. 教材论[M]. 南昌:江西教育出版社,1997:75.
② 朱小蔓,王慧. 关于大中小学德育课程衔接的思考[J]. 课程·教材·教法,2014(1):44-49.
③ 吴小鸥,李想. 中小学教材建设对中华优秀传统文化的创造性转化[J]. 教育研究,2019(8):51-58.
④ 范印哲. 大学教学与教材概论[M]. 北京:高等教育出版社,1990:157-158.
⑤ 范印哲. 大学教学与教材概论[M]. 北京:高等教育出版社,1990:166.

力提供重要依托。为此，教材建设要围绕学科课程，编出较为完整的、体现培养目标要求的高质量的教材和教学参考书。①

（二）全面性

学生发展的全面性就是要每个学生在德智体美劳等方面获得尽可能多的、充分的、自由的和统一的发展。只有确定全面的教材目标，才能培养出满足社会发展需求的社会主义建设者和接班人。为此，教材一体化建设必须体现出全面性要求。一是要强调教材目标的全面育人育才特性。教材目标主要包括价值性与知识性，即育人与育才两个方面。二是强调教材要素的全面性。教材要素是教材建设的基本点，目标、内容、教学、物理和信息技术这五个要素共同构成了教材建设的根本框架。只有明晰并兼顾这五个要素，才能保证教材建设的全面性。三是要注重教材德智体美劳五育内容的全面性。总体的目标只有转化为具体的教材内容，才能达到促进学生全面发展的目的。另外，也只有按照学生身心发展规律与特点，将德智体美劳五育内容有机地融入各级各类教材中，才能全方位、多层面地塑造学生的必备品格和关键能力。

（三）系统性

教材体系承载着培养人的全面发展的重任，具备全方位、多层次、立体化的特点。在构建教材体系时，我们应坚持以"三全育人"，即全学段、全学科、全类型的育人理念为核心，致力于构建纵向连贯、横向协调、类型互补的现代化教材体系。一是要实现全学段教材的纵向衔接。教材体系具有鲜明的层次性，这意味着每个阶段的教材都位于整个教材体系中的一个特定层次。这种层次性有助于构建系统、连贯的学习路径，确保学习者能够循序渐进地掌握知识和技能。同时，不同阶段的教材本身又构成具有多个层次的体系结构。二是要实现全学科教材的横向互通。根据学科范围的不同，全科育人的教材体现出如下横向关系：专业课教材与通识课教材的关系，数学、语文、地理和历史等学科教材的关系，必修课教材与选修课教材的关系等。为此，在进行教材一体化建设时，要根据不同学科的特点和类型，构建横向互通的教材体系。三是要实现各类型教材的相互联动。普通教育与职业教育在培养目标、培养规模及培养层次方面虽存在差异，但又可以相互促进、相互补充。因此，在为不同教育类别精准供给教材的同时，

---

① 范印哲. 大学教学与教材概论[M]. 北京：高等教育出版社，1990：157.

大中小学教材的一体化建设和管理研究

也要体现普通教育与职业教育的共性要求，聚焦学生的核心素养，搭建类别互通的教材体系。

二、大中小学教材一体化管理的基本特征

大中小学教材一体化管理，其本质指向促进新时代教材体系建立的国家、地方与学校三级教材治理体系和治理能力的现代化。在大多数国家，无论制度怎样，教育系统都是通过结构与程序在三个层面上运转：国家层面，州、地区或当地的层面，学校层面。每个水平上还存在着更进一步的差别，即每个水平都有课程组织的任务与责任，每个水平的工作都与其他水平的工作有联系。[1]而教材一体化管理就是通过统筹规划、全程管理和全要素参与，使教材管理的权力、资源分配更加合理，教材管理结构和功能更加完善。为了使国家、地方与学校三级教材管理实现有序化、赋能化和治理化转型，教材管理体制应以整体规划为引领，以制度优化为核心，强化主体协同，构建现代化教材治理体系和提升治理能力，这样才能确保教材管理的有序进行，充分发挥各级管理机构的效能，实现教材治理的现代化。

（一）统筹性

统筹，简而言之，就是进行整体而全面的规划。它包含五个关键环节：第一，进行统一的预测和评估；第二，制订详细的计划和策略；第三，实施并安排具体行动；第四，统一指挥和调度；第五，确保各项任务得以兼顾并妥善掌控。这一过程的核心在于"统"，即强调整体性和全局观念。教育统筹则是指通过整体谋划，协调各方行动者，共同推动教育事业和谐发展。[2]统筹作为教育改革的一种重要思维与手段，旨在将教育发展的各个分目标有机融合，并灵活、协调地运用市场、行政、法律等多种手段，以实现教育事业发展的总体目标。可以说，统筹已经成为我国教育改革和发展的理念与方法论，是一项系统而又复杂的工程，需要理性地对待。具体言之，教材管理的统筹性就是政府有关部门根据教育发展的战略目标，按照教材建设本身的规律性，以政策法令、经济行政等手段组织和协调教材建设的动态管理过程，代表着一个国家教材管理制度发展的

---

[1] 江山野. 简明国际教育百科全书：课程[M]. 北京：教育科学出版社，1991：75.
[2] 周晔，王晓燕. 城乡教育统筹治理：概念与理论架构[J]. 教育研究，2014（8）：31-39.

水平。①

（二）全程性

全程性是指国家要严格控制教材建设的全部过程和所有环节，即实施"全程管理"，包括计划、实施、检查、处理等环节。任何一个管理系统必须构成一个连续封闭的回路，以便形成有效的管理运动，使人、财、物、时间、信息合理地流通，借以提高管理效能，实现预定的目标。这种封闭是相对的，它表现在以下几个方面：管理机构的封闭，表现为由部门决策中心、执行机构、监督机构及反馈机构等组成；管理法令的封闭，表现为由应有的执行法、监督法、反馈法、仲裁法等构成法网；管理者的封闭，表现为管理系统内部各个层次管理人员明确的相互关系及各自的职、权、责、利；管理信息的封闭，涵盖信息的收集、分析、加工筛选及使用等环节。②

（三）全要素性

全要素性，是指尽可能全面地厘清与把握管理中的诸要素，通过处理好各要素与整体之间、要素与要素之间的关系，实现管理效益的最大化。有效实施管理的关键在于管理的制度化。管理制度是一种互动系统，其能长时间延续并能在空间上进行人员配置。③换言之，管理制度是面向管理活动相关配置人员的、针对一定行为模式的互动系统。教材管理的制度化需要以教材管理诸要素为抓手，推进教材管理各要素的规范化。一是管理活动相关配置人员关注教材管理体制，以形成机构设置、权力划分和职责分配等方面的制度安排。④二是管理配置人员的行为模式，着眼管理环节，以实现教材的编写、审查、出版、发行、选用等的程序优化。三是管理配置人员的行为的积极性与正向性，聚焦教材管理机制，关注管理配置人员，按照制度设计者的意图积极行动。因此，大中小学教材一体化管理的全要素性就是要从管理体制、管理环节和管理机制三个要素入手，强调管理主体多元、管理环节协调、管理机制完善，以保证大中小学教材一体化管理的科学性与有效性。

---

① 曾天山. 教材论[M]. 南昌：江西教育出版社，1997：173.
② 曾天山. 教材论[M]. 南昌：江西教育出版社，1997：176.
③ 乔纳森·H. 特纳. 社会学理论的结构[M]. 吴曲辉等译. 杭州：浙江人民出版社，1987：572.
④ 邬志辉. 当前我国城乡义务教育一体化发展的核心问题探讨[J]. 教育发展研究，2012（17）：8-13.

第二章
大中小学教材一体化建设和管理的理论阐释

对大中小学教材的一体化建设和管理体制的研究，首先要着眼于其理论基础的确立。教材承载着国家意志，是培育适应马克思主义中国化时代化要求人才的重要媒介，需要以包括马克思主义、习近平新时代中国特色社会主义思想等在内的哲学理论为指引，以明确教材的一体化建设和管理的根本方向。大中小学各学段、各类别的教材及其之间的关系，影响着教材的一体化建设和管理的质量与水平。完善与优化教材的体系搭建、结构调整与要素配置，需要借鉴包括治理理论、新"三论"、结构-功能理论在内的现代科学理论，以明确教材的一体化建设和管理的基本方法。建设和管理是大中小学教材一体化的核心举措，需要注重教材建设与教材管理的相关理论，以明确教材建设和管理的主要抓手。因此，本章采用多学科视角，综合运用哲学、现代科学、教材学等学科理论进行分析，为我国教材一体化建设和管理研究提供理论基石。

大中小学教材的一体化建设和管理研究

第一节　大中小学教材一体化建设和管理的哲学理论

教材体现了国家意志,是解决"培养什么人、怎样培养人、为谁培养人"这一根本问题的关键环节。因此,教材一体化建设和管理须明确教材建设与管理的方位性,明确马克思主义在教材建设中的指导地位,坚持以习近平新时代中国特色社会主义思想为指导方针,从而确保教材一体化建设和管理充分体现中国特色、中国风格和中国气派,不偏离中国特色的社会主义方向。

一、马克思主义是教材一体化建设和管理的指导纲领

（一）作为指导纲领的马克思主义是我国教材一体化建设的理论基石

马克思主义是科学的理论、人民的理论、实践的理论。社会主义核心价值观教育及文化传承需要以马克思主义为指导。马克思主义以其严密的理论体系及对实践的指导,为人类进步、社会发展指明了方向。因此,无论是基本的认识世界与改造世界的活动,还是为社会主义人才培养选择正确道路,都要坚持学习、充分理解、牢牢把握马克思主义科学世界观、方法论与人生观理论。教材是落实国家事权、体现国家意志、传递国家观念的重要载体,因此教材一体化建设须坚定马克思主义的指导地位,运用马克思主义的立场、观点、方法指导大中小学教材一体化建设。

（二）作为教材建设坚实基础的马克思主义哲学观点

马克思主义创立了辩证唯物主义的物质观。把唯物主义应用于历史,是马克思主义哲学的特点。马克思、恩格斯第一次提出"社会存在决定社会意识""经济基础决定上层建筑"唯物史观的基本原理。这里所说的社会意识包括哲学、科学、道德、艺术、宗教等。社会存在即人们的社会物质生活条件,主要是指社会生产方式,是生产力与生产关系的统一。

1. 唯物辩证法

唯物辩证法认为世界是普遍联系的,一切事物、现象及其内部要素之间都相

互影响、相互制约、相互作用。联系是事物固有的本性，是普遍存在的，这已为人类的全部活动所证实。我们的实践活动、科学研究、社会探索，都需要用普遍联系的观点来解释。同时，矛盾是事物发展的源泉与动力，是对立统一的，且具有不平衡性。唯物辩证法揭示的基本规律，即对立统一规律可以作为指导教育研究的一般性规律来认识。

2. 世界物质观

世界统一于物质，运动是物质的根本属性，物质在运动中才能被人们认识。物质决定意识，意识则具有能动作用。人的意识具有目的性、计划性及主动创造性。作为课程内容重要载体的教材反映了人类文化及思想的精华，因此在对教材的研究中，人的意识要符合客观实际，同时需要发挥主观能动性，改造与创造客观世界，传承人类优秀的物质文明和精神文明成果。

3. 真理观

只有厘清思维与实践的关系，才能发挥实践在检验认识的真理性中的作用。实践是决定思维的根本。马克思把实践看作反映的生命，强调了实践对认识的决定作用通过"反过来思"这一中介环节才能实现。[1]唯有马克思提出的实践反思理论清晰阐明了思维的发展动力是实践，又用"倒过来"解释了思维的具体行程，即踏上了一条和实际发展相反的道路，并表明实践反思是马克思主义认识论的根本特征。[2]思维的建构性是主体能动性的高度体现，具体来说，就是以实践为基，借由生理的、经验的、知识的、实践的、社会的等主体所特有的方式来对客体进行能动反映。

4. 人的社会本质观

马克思指出，个人所固有的抽象物，在其现实性上，是一切社会关系的总和。[3]如何摆脱各种枷锁而获得自由、全面的发展，是人们一直在追寻以求解决的问题。马克思、恩格斯在《共产党宣言》中指出，实现人的全面而自由的发展是共产主义社会的基本原则。[4]马克思主义中人的发展学说认为，"人的全面发展"和"人的自由发展"这两个概念既相互关联，又各自拥有独特的意蕴。唯有

---

[1] 杨耕等. 马克思主义哲学基础理论研究[M]. 北京：北京师范大学出版社，2017：467.
[2] 杨耕等. 马克思主义哲学基础理论研究[M]. 北京：北京师范大学出版社，2017：467.
[3] 中共中央马克思恩格斯列宁斯大林著作编译局. 马克思恩格斯选集（第一卷）[M]. 3版. 北京：人民出版社，2012：135.
[4] 中共中央马克思恩格斯列宁斯大林著作编译局. 马克思恩格斯文集（第三卷）[M]. 北京：人民出版社，2009：38.

大中小学教材的一体化建设和管理研究

在自由发展的条件下，个人的全面发展才有可能得以实现，反之亦然。若要真正获得驾驭自然界与人类社会的自由，成为真正自由发展的人，就必须以个人普遍得到全面发展为前提。①

（三）在发展中把握马克思主义对我国教材建设实践的指导作用

我国是社会主义国家，党和国家为人民群众行使民主权利创造了丰富的物质条件和文化条件。党和国家高度重视教材建设，2017—2018年，为落实教材建设国家事权，国家成立了国家教材委员会、教材局及课程教材研究所。我国社会主义建设的艰难曲折之路，也是马克思主义中国化的伟大历程。马克思主义中国化是将马克思主义灵活地运用到我国社会主义建设中，与中国发展实际相结合，从而形成了更具中国特色的各项建设成果。

教材建设因受到马克思关于科学社会主义思想的深刻影响而拥有了鲜明的立场、观点与科学的方法。建设社会主义民主、加强社会主义法制，是马克思主义中国化进程中的重要实践成果。我国在进行教育研究的进程中，对科学社会主义思想进行了深入研究与思考，强调人与自然和谐相处，顺应事物发展规律，以科学发展观进行社会主义建设。教材建设是社会主义国家教育工作的重要方面，是国家事权的体现。教材的政治价值、经济价值、文化价值构成了教材的社会价值，这样马克思科学社会主义指导下的教材建设就能坚持正确的方向，遵循育人育才规律，构建教材体系，使之成为教师教学的重要工具。

全员育人、全程育人、全面育人的"三全"创新育人过程，就是对人的全面发展学说的正面回应。中国特色社会主义发展新阶段的新育人观、知识观、学习观的产生，对教材建设理念产生了影响，教材建设在教育进程与学校课程建设过程中变得举足轻重。培养"面向未来的人"，需要运用马克思主义普遍联系的观点，注重教材的连贯性、整体性、全面性；人类社会与自然界的对立统一，矛盾是事物发展的源泉、动力，矛盾的对立统一且具有不平衡性是事物发展的必然规律，应该将矛盾论的观点作为教材不断修订、补充、删减的理论基础；基于认识与实践的关系，以及实践在检验认识真理性中的作用，教材的应用需要充分融入学生生活世界，教材内容选择需要符合社会发展需要，删繁就简，面向现代化，与社会发展相连接，以教育教学实践检验教材理论研究的科学性。

---

① 陈桂生. 人的全面发展理论与现时代[M]. 上海：上海教育出版社，1988：3.

第二章　大中小学教材一体化建设和管理的理论阐释

二、习近平新时代中国特色社会主义思想是教材建设和管理的根本遵循

(一)习近平新时代中国特色社会主义思想的价值逻辑

1. 从单一到多元：文化育人内涵的拓展

习近平总书记强调，"育新人，就是要坚持立德树人、以文化人"。[1]首先，建设中国特色社会主义文化，坚定文化自信，就要不断深化认识，并辩证地把握中华优秀传统文化、革命文化和社会主义先进文化三者之间的关系。这样才能坚持中国文化发展的正确方向，在文化自觉的基础上不断增进文化认同，从而建设文化强国。其中，中华优秀传统文化是文化自信的基础。中华优秀传统文化在内容上之博大精深、在时间上之源远流长的特质，使之成为教育人、培养人、塑造人的重要资源。革命文化是文化自信的精神动力。革命文化是在中国共产党的领导下，由党与人民在生生不息的革命斗争中共同创造的、以革命精神为思想内核与价值取向的优秀文化，为当今时代的文化自信提供了强大的精神支撑，让红色基因得以厚植于心。在培养新时代的人才时，不仅要关注其现代文化素养，更重要的是要探求新时代文化与人的精神本源。革命文化自孕育起，就牢牢植根于中华大地，自然颇具中国特色，由此以革命文化来增加新时代人才的革命文化底色乃是绝佳之选。社会主义先进文化是文化自信的灵魂。社会主义先进文化根植于中华优秀传统文化，在中国特色社会主义实践中不断发展，反映了时代进步的发展趋势和要求，是面向现代化、面向世界、面向未来的，民族的、科学的、大众的文化。其次，新时代的文化自信同时又是以马克思主义理论领航的。新时代的文化育人，必须坚持以马克思主义理论为引领[2]，以习近平新时代中国特色社会主义思想铸魂。作为新时代社会主义政治和文化的指导思想，马克思主义的基础源自人类先进文化，其本身亦是人类先进文化前进方向之代表[3]；既坚持维护和发展最广大人民的根本利益，又立足于人类解放的价值追求，致力于以科学的世界观和方法论改造世界，从而实现人的全面发展。[4]习近平文化思想是马克思主义在当代的原创性成果，并在历史逻辑、理论逻辑与实践逻辑的基础上，把文化理论的起点和文化实践的目标逐一拓展，形成了多元化的新时代文化体系。

---

[1] 习近平. 举旗帜聚民心育新人兴文化展形象 更好完成新形势下宣传思想工作使命任务[N]. 人民日报, 2018-08-23(001).
[2] 刘尧. 习近平社会主义意识形态重要论述研究[D]. 北京：北京交通大学, 2019.
[3] 许青春. 中国特色社会主义理论体系的传统文化基础研究[D]. 济南：山东大学, 2012.
[4] 孙树彪. 高等教育内涵式发展的"立德树人"研究[D]. 长春：吉林大学, 2019.

2. 从共治到善治：治理理论的引入

习近平总书记指出："治理和管理一字之差，体现的是系统治理、依法治理、源头治理、综合施策。"①从整体上看，治理理论的核心问题首先在于明确各个治理主体之间的责权分界和分权，构建有序合理的责权系统，以此保证各个治理主体之间合作的科学性和有序性。②对于国家治理而言，总体规划、统筹、指导与管理工作归属国家所有，差异化指导和监督工作则由各下属部门承担，并逐级下放，在制度上是自上而下的管理体制。相对于行政化与指令化的管理手段而言，在治理理论下，保证实施手段的弹性化尤为关键，即国家对公共事务管理的实施是经由合作、协商，或搭建伙伴关系，或确立认同与共同目标等具有协作特征的活动实现的。因此，就治理手段而言，自上而下的持续性互动是国家治理的典型特征。③但其不代表国家无所作为，自上而下的治理体系仍以国家层面为出发点，依托于国家政策的坚实支撑，坚定国家根本立场不动摇，以保障治理体系建设中持续而合理的政策供给，保证整个治理过程中的权力限度。这关系到治理体系的建设应遵循什么样态的价值导向，也集中体现了党和国家的意志。自下而上则表现为各级部门依照国家的保障与引导，在一定范围内预留制度空间，使其能够持续激发革新活力。另外，治理理论更多的寻求秩序与发展之间的平衡。治理旨在不同制度框架和关系网络中行使与运用权力，对公民活动加以引导、规范和控制，增进与实现公共利益的最大化，而治理的最终目标——善治，亦在该过程中得以达成。在有效管理与共享权力中，多元主体的治理能力亦不断发展，最终趋于完善，助推治理水平提升，这也正是治理的初衷。这既需要国家层面的顶层设计的合理引导，也需要其他主体间配合和监督平衡，在各自权力范围内规范自己的行为，以共治促善治，形成治理合力。

3. 从人格到国格：人类命运共同体的构建

党的十八大以来，以习近平同志为核心的党中央旗帜鲜明地倡导"人类命运共同体"的理念。新时代，推动构建人类命运共同体已成为中国共产党为人类做贡献的目标模式。党的十九大报告指出，要"坚持和平发展道路，推动构建人类命运共同体"。弘扬和传播人类命运共同体思想，不仅是新时期建设中国特色社会主义的重要议题，也为当代教育理论研究和实践带来了更大的启发。可以将人

---

① 习近平. 推进上海自贸区建设 加强和创新特大城市社会治理[N]. 科技日报，2014-03-06（001）.
② 刘恩允. 治理理论视阈下的我国大学院系治理研究[D]. 苏州：苏州大学，2014.
③ 孙曙光. 治理理论视阈下我国公立大学内部制度研究[D]. 长春：吉林大学，2017.

第二章　大中小学教材一体化建设和管理的理论阐释

类命运共同体思想融入实践之中，发挥理论的现实作用。当前，我国的发展由中华民族的命运、社会主义的命运与世界发展的命运三个要素构成。其中，人与历史的关联彰显在中华民族的命运中，人与现在的关系则交托社会主义的命运来体现，人类命运共同体则表现的是人与未来的关系。因此，人类命运共同体思想是一种关注全球未来发展与人类命运的价值思想，致力于推动全球的共同进步和发展，强调国际合作与共同利益的重要性。这一思想以休戚与共为思想内核，揭示了现代社会中各国之间的共生关系，提倡通过互利合作来实现共同发展与繁荣。习近平总书记提出的"人类命运共同体"思想是对中华五千年文明鲜明的基因特质的承继与发展，强调对多民族价值观兼容并包、助推升华，与人类的共同价值和共同追求高度契合，同时阐明了新时代中国与世界关系正处于历史性变化阶段，由此指明了未来前进与发展的方向。此外，习近平总书记的"人类命运共同体"思想深蕴了三重不同而平等的关怀。首先，"人类命运共同体"思想表达了对全人类的关怀。不同于"以物治人"的工具主义思维，"人类命运共同体"致力于反对霸权主义和强权政治对人的桎梏，将目光聚焦于全人类共有、认同的价值关怀，如公平、正义、民主与自由等命题。其次，人的命运是人类命运共同体思想关怀的重要对象之一。这一层关怀彰显了马克思主义中关于人与他人、人与自然之间本质的统一。具体来说，人与他人、人与自然之间存有互相依存的关系，在实现可持续发展的过程中，相互珍视、紧密协作、和谐共处是关键议题。最后，"人类命运共同体"思想表达了对共同体的关怀。与其他资本主义国家以逐利为主导的思维和行为模式截然不同，我国坚守合作共赢的国际关系理念，致力于在本国利益与他国利益中寻找可以兼及的平衡模式，既谋求自身发展，也不忘以大国力量助推全球各国共同发展，力促以平等均衡为前提，以同舟共济、权责共担为特征的新型全球发展伙伴关系，为人类共同利益的增进与实现提供助力。这种做法不仅体现了新时代中国的大国智慧和责任担当，更是在价值传导的方向性问题上有着浓厚的自人格到国格的社会主义底色。

4. 从蓝本到文本：社会主义核心价值观的聚焦

习近平总书记强调，"国无德不兴，人无德不立"[1]。党的十九届五中全会明确提出，要坚持以社会主义核心价值观引领文化建设，"弘扬社会主义核心价值观"被作为《中华人民共和国民法典》的立法宗旨。习近平总书记表示，要"把

---

[1] 习近平：青年要自觉践行社会主义核心价值观——在北京大学师生座谈会上的讲话[EB/OL].（2014-05-04）[2024-05-15]. https://www.xinhuanet.com/politics/2014/05/05/c_1110528066.htm.

社会主义核心价值观融入社会发展各方面"①。这不仅要求于人民心中深植社会主义核心价值观的理论，更要关注个人价值取向与国家和社会共同价值追求的关联，以实现其转化，最终作为价值支撑，推动社会主义现代化国家之建设。社会主义核心价值观的存在虽然是固态的，但不是静态的，而是在时代背景、意识形态、社会心理等多重因素的环绕下体现出动态特征，这共同形成了社会主义核心价值观体系。社会主义核心价值观的深化是离不开话语实践的，这就需要避免将价值观仅视为一个蓝本、只是固守原有或固化的思维逻辑。如果忽视新时代社会主义核心价值观的浓厚意识形态特征，而把其视作符号，将价值传导这一复杂过程简化为灌输，则不可避免地会陷入内容与表现形式、产生背景、情感价值乃至于与世界割裂开来的危险，这就远离了现实生活世界，不利于社会主义核心价值观的实际建构。因此，新时代社会主义核心价值观要融入教育教学全过程，深化教学改革创新，将社会主义核心价值观融入办学理念、培养目标、课程体系、教学科研、师德培育、校园文化，推进社会主义核心价值观落地生根，推进社会主义核心价值观由蓝本到文本的转化。②作为核心价值体系，社会主义核心价值观肩负着承载社会主义意识形态的重要使命，必须展现其多维度的、开放的意义结构，以凸显其强大的生命力。这不仅有助于拓展社会主义道路，也能使社会主义制度在新时代的舞台上焕发出更加绚丽的光彩。

5. 从常识到通识：立德树人的全面贯通

在新时代教育改革进程中，我们必须坚决贯彻落实立德树人这一根本任务，深刻理解和把握立德树人的内涵。"立德"是树人的基础，"树人"是立德的归宿，这充分体现了新时代我国对人才培养工作的严谨要求和高度重视。我们要以高度的责任感和使命感，深入推进立德树人工作，既注重立德行的深入探索，又强调所树人才的标准的确立，为培养德智体美劳全面发展的社会主义建设者和接班人做出积极贡献。此外，在立德树人这一思想中，"立德"是"树人"的前提，即"树人"的最终方向与我们选择的理念、内容和培养方式休戚相关。这不仅是影响社会主义建设者与接班人的标准要求能否在人才培养中加以体现并最终落实的关键因素，更关系到我们能否就"如何培养人"这一问题给出正解，交出满意的答卷。2018年，习近平总书记在全国宣传思想工作会议上指出，"增强'四个意识'、坚定'四个自信'，自觉承担起举旗帜、聚民心、育新人、兴文

---

① 习近平出席全国宣传思想工作会议并发表重要讲话[EB/OL].（2018-08-22）[2024-09-24]. https://www.gov.cn/xinwen/2018-08/22/content_5315723.htm?tdsourcetag=s_pcqq_aiomsg.

② 郭朝辉. 大学生社会主义核心价值观的培育和践行研究[D]. 徐州：中国矿业大学，2015.

化、展形象的使命任务，坚持正确政治方向"①。这表明，落实立德树人这一根本任务，必须始终秉持正确的政治方向，着力培养能担当民族复兴大任的德智体美劳全面发展的社会主义建设者和接班人。

（二）"九个坚持"是大中小学教材建设的基本遵循

1. 准确把握"九个坚持"的精神实质

2018年，习近平总书记在全国教育大会上指出，"在实践中，我们就教育改革发展提出一系列新理念新思想新观点，主要有以下几个方面，坚持党对教育事业的全面领导，坚持把立德树人作为根本任务，坚持优先发展教育事业，坚持社会主义办学方向，坚持扎根中国大地办教育，坚持以人民为中心发展教育，坚持深化教育改革创新，坚持把服务中华民族伟大复兴作为教育的重要使命，坚持把教师队伍建设作为基础工作"②。这些新思想与新观点紧密契合于新时代的发展要求，展现出鲜明的时代特征，与时代脉搏同频共振，始终聚焦"培养什么人、怎样培养人、为谁培养人"这一根本问题，因而必然会成为今后相关部门开展教材工作必须遵循的"纲"和"魂"。新时代，要坚持用习近平新时代中国特色社会主义思想武装全党、教育人民，明确新时代教材工作的目标任务、职责使命和实践要求，开创并推进教材建设和管理的新格局。

2. 深入认识"九个坚持"对大中小学教材改革的意义

教材体现国家意志，其核心功能是育人。新时代，教材规划要坚持将习近平新时代中国特色社会主义思想作为灵魂主线贯穿其中③，确保教材内容与党的理论创新成果相一致。"九个坚持"是习近平总书记一系列教育改革新理念与新思想的灵魂，应遵照这一总纲推进教材一体化建设和管理改革。

（1）坚持党对教育事业的全面领导是教材建设的最大事权

党的十九大报告明确提出，"党政军民学，东西南北中，党是领导一切的"。我们的教育是党领导下的教育，是中国特色社会主义教育。教材是教育的主要载体，因而应让教材成为马克思主义研究的重要阵地，从培养社会主义建设者和接班人的高度抓好教材建设，在党的领导下切实保证教材建设的正确政治方向和价

---

① 习近平出席全国宣传思想工作会议并发表重要讲话[EB/OL].（2018-08-22）[2024-09-24]. https://www.gov.cn/xinwen/2018/08/22/content_5315723.htm?tdsourcetag=s_pcqq_aiomsg.

② 习近平出席全国教育大会并发表重要讲话[EB/OL].（2018-09-10）[2024-09-24]. https://www.gov.cn/xinwen/2018-09/10/content_5320835.htm.

③ 李力. 新时代高校立德树人协同策略研究[D]. 长春：东北师范大学，2019.

值导向。一是坚定理想信念。这就需要以"四个意识"为基准，从而在更高水平上实现教材同党的思想统一与行动一致，坚定走好中国特色社会主义教育发展之路。具体而言，就是要在教材思想上高度认同党的思想，坚定政治立场和正确的政治方向，在思想上自觉向党的基本理论、基本路线、基本方略方向看齐，把政治意识、大局意识、核心意识、看齐意识落实到教材统领思想的方方面面。二是厚植爱国主义情怀。教材需要坚持党管意识形态、党管办学方向，牢牢抓住党对教材中意识形态工作的领导权，促进党的思想在教材中的传播方式和话语方式创新，推动党的思想理论进教材、进课堂、进头脑，实现教材传播知识、传播思想、传播真理的重要使命。

（2）坚持把立德树人作为根本任务是教材建设的旨归

习近平总书记强调，要"做到以树人为核心，以立德为根本"[①]。首先，教材要把讲德育作为第一课，把落实立德树人作为主要环节，推进系统化建设，促进学生德智体美劳全面发展，坚持德育为先，以社会主义核心价值观为引领，助推大中小学德育体系一体化的构筑工作。习近平总书记指出，"培养什么样的人，是教育的首要问题"[②]。教材的内容直接关系到培养什么样的人。学生接触的第一本教材，也是学生人生中的"第一粒扣子"。因此，教材体系中需要融入社会主义核心价值观，切实推进社会主义核心价值观进教材、进课堂、进头脑，发挥教材在引导价值观上的基础性作用。教材应培养学生形成适应时代需求、实现终身学习发展的关键能力。以此为目标，传授基础知识、技能及培养认知、合作等关键能力两项应在借由教材同步进行，构建起有益于学生德智体美劳全面发展的科学、长效机制。具体而言，德育看重方向，智育专注能力，体育力促普及，美育丰富形式，劳动教育则追求实效。这五个方面的教育内容在教材中应相互交融、和谐共生，共同促进学生的全面发展。因此，要实现教材立德树人的根本任务，应致力于构建一个健康的教育生态系统，促进学校、家庭和社会的协同合作，形成共同育人的强大合力，确保教育的全员参与、全程覆盖和全方位推进，并将立德树人的成效作为检验教材质量的标准，构建大中小学有效衔接的德育课程体系和教材体系，以此实现德育的整体性渗透。

---

① 习近平在北京大学师生座谈会上的讲话[EB/OL].（2018-05-03）[2024-09-24]. https://jhsjk.people.cn/article/29961631.

② 习近平. 培养德智体美劳全面发展的社会主义建设者和接班人[EB/OL].（2024-08-31）[2024-09-24]. https://jhsjk.people.cn/article/40310220.

第二章　大中小学教材一体化建设和管理的理论阐释

（3）坚持优先发展教育事业是教材建设的根本前提

习近平总书记在全国教育大会上指出，"教育是国之大计、党之大计"[1]。切实坚持教育事业的优先地位，就是在经济社会发展规划上优先安排，在教育人才建设上优先培养，在财政资金投入上优先保障。就教材建设而言，坚持优先发展教育事业，首要的是做好教材发展规划，促进教材事业实现跨越式发展。教材是大中小学教育教学内容的核心载体。国家教材委员会印发的《全国大中小学教材建设规划（2019—2022年）》，以改革开放为起始节点，系统总结了全国大中小学教材建设的成就，并在整体规划不足、顶层设计不够等问题上提出针对性意见，明确了大中小学教材建设任务推进进程中应遵循的指导思想、基本原则，阐述了该工作的建设目标与重点任务，并提出了相应的保障举措。该规划提出，2019—2022年，教材建设全面加强，教材管理体制基本健全、体系基本完备、质量显著提升，更加适应中国特色社会主义发展要求，更具中国特色和国际视野，育人功能显著增强，开创教材建设新局面。该规划作为教材现代化发展的实施蓝图，为教材建设科学化和规范化提供了战略依据，也说明教材发展规划作为教育事业发展的先手棋，是加快教育现代化、实现教育强国的重要举措。

（4）坚持社会主义办学方向是教材建设的政治方向和价值导向

在办学方向问题上，习近平总书记指出"要坚持社会主义办学方向"[2]。要办好社会主义教育，就要认识到社会主义办学方向是作为"本"和"根"而存在的，一旦这一点被弱化乃至忽视，就无法谈及培养人的根本原则，更遑论确立社会主义现代化事业的方向并实现其目标。因此，与办学方向有关的问题，是办好具有中国特色、达到世界水平的现代教育要积极回应的根本问题。

首先，教材是教学内容的关键载体，坚持社会主义办学方向，就是要在严格落实义务教育和普通高中课程标准，切实保证中小学开齐、开足、开好规定的各门课程的基础上，加强教材建设，全面启用语文、历史、道德与法治三科统编教材，规范各学科国家课程教材的使用管理，坚决避免以校本课程教材、引进课程教材替代国家课程教材等现象，切实维护教材的权威性和严肃性。

其次，坚持社会主义办学方向，就是要准确把握课程标准和教材标准，充分结合不同学段学生的特点，坚持知行合一、学以致用，深化学生对中国特色社会

---

[1] 习近平出席全国教育大会并发表重要讲话[EB/OL].（2018-09-10）[2024-09-24]. http://www.banyuetan.org/jrt/detail/20180911/1000200033134991536632028299959736_1.html.

[2] 习近平主持召开教育文化卫生体育领域专家代表座谈会并发表重要讲话[EB/OL].（2020-09-22）[2024-09-24]. https://www.gov.cn/xinwen/2020-09/22/content_5546100.htm.

主义的思想脉络与实践价值的认识。

最后,坚持社会主义办学方向,就是要把为人民服务、为中国共产党治国理政服务、为巩固和发展中国特色社会主义制度服务、为改革开放和社会主义现代化建设服务[①]作为教材建设的根本要求。对于教材而言,就是要把坚持以人民为中心作为根本宗旨,更好地助推人的发展,紧紧抓住当前人民的现实需求,坚定中国特色社会主义制度自信,不断巩固党的执政基础,适应和把握当前社会主要矛盾发生变化的新形势和新要求,集中解决好当前教育领域存在的问题,补齐短板,更好地满足人们对教材的需要。

(5)坚持扎根中国大地办教育是教材体现中国方案、中国特色和中国话语的重要遵循

我国有着独特的历史文化和国情,因此教育发展必须坚定不移地走中国道路,走出一条具有中国特色的现代教育之路。同样地,教材也需要扎根中国大地,扎根于中国历史和现实的土壤,从现实经济、政治及文化特征出发,继承而不守旧、借鉴而不照搬、开放而不求同。在全面贯彻党的教育方针、不忘本来的同时,面向未来教育,吸收外来文化,继承与发展中国特色文化,以教材现代化带动教育现代化,建设具有中国特色、达到世界水平的现代教育强国。建设具有中国特色的教材,首先要保证其系统性,兼顾各级各类教育教材,从基础教育教材到高等教育教材,再到职业教育教材,以构建起涵盖全民的教育教材体系。

首先,基础教育具有基础性和先导性地位,基础教育教材需要集中解决品德教育和社会主义核心价值观教育问题,明确科学的人才观,为促进基础教育学段的学生文化素养的形成和基本素质的提升奠定基础。

其次,高等教育教材要实现内涵式发展。这就要建立起完备的高等学校分类发展体系,引导教材科学定位、特色发展,推动地方高等学校转型,教材侧重于对复合型和应用型人才的培养,加强基础应用研究,提升高等教育人才的创新能力。

最后,要建设特色化的职业教育教材体系。职业教育是培养多样化人才的重要途径,要改善其教材的缺失和边缘化状况,就要树立正确的人才观,积极建设并规范相关教材,优化教材的结构与布局,秉承校企合作与产教融合的理念,建设高水平的职业教育教材。为了创建深植于中国本土的优质教材体系,我们在致力于完善基础教育、高等教育及职业教育的教材建设之外,还要特别重视开发面

---

① 全国高校思想政治工作会议12月7日至8日在北京召开[EB/OL].(2016-12-08)[2024-09-24]. https://www.gov.cn/xinwen/2016-12/08/content_5145253.htm#1.

第二章 大中小学教材一体化建设和管理的理论阐释

向特殊教育、民族教育及继续教育等多元化需求的教材,以构建一个覆盖全民、满足多样化学习需求的教材教育体系。

(6)坚持以人民为中心发展教育是教材建设的出发点和落脚点

党的二十大报告强调,要"坚持以人民为中心的发展思想"。在教材改革发展上,我们要自觉站在人民的立场上进行教材建设,使教材不仅能够满足人才培养的需要,同时也能满足社会发展的需要。在人民当家作主的时代,国家需要和人民需要在根本上是一致的,因此需要通过教材培养社会需要、国家需要的人才,从而服务于中华民族伟大复兴的实现。这既是教材服务于人民的出发点,更是教材体现国家意志和国家利益的落脚点。教材建设要体现民众最关心、最现实、最直接的教育问题。人民对更好更公平教材的需要同教材发展不平衡不充分之间的矛盾,是当前教材建设与管理部门作为教育的载体需要解决的主要问题。教材的发展始终存在区域间、城乡间、校际的差距,面对这些情况和问题,教材建设要突出重点、补齐短板、完善体系,让更多人民能够共享教材发展的成果,使人民在教材使用上有更高的获得感,以教材质量的提升促进教育公平,形成惠及广大人民的教材发展格局。此外,坚持以人民为中心进行教材建设与发展,其关键在于通过优化资源配置,缩小地域间的教材发展差距,推进教材的结构性改革,教材政策要向薄弱环节倾斜,优先对教育薄弱地区的教材进行建设,加强农村教材、民族教材、职业教材建设,以此全面推动教材建设的协调发展,满足人民多样化的教材需求,推进全民教育,在更高水平上保障学有所教。

(7)坚持深化教育改革创新是教材建设和管理的原动力

教材建设和管理既是教育改革的先导因素,又是教育改革的助推器。因此,应该将教材深化改革放在国家"五位一体"的总体布局和"四个全面"的战略布局中进行统筹规划,加强顶层设计,推进跨学科、跨学段的教材体系创新,使教育更加符合时代发展的趋势和要求。

首先,教材改革要加强顶层设计,注重系统性、整体性与协同性。要解决教材的顶层设计问题,把牢政治方向,在教材建设的各个环节始终贯彻落实习近平新时代中国特色社会主义思想。

其次,厘清整体与部分的关系,兼及整体设计与重点突破,统筹规划大中小学各学段、各学科领域的教材建设工作,用系统思维和全局意识实现改革,用普遍联系的方式覆盖改革,用统筹兼顾的方法设计改革。

再次,教材改革要扭转评价导向。要建立科学完整的教材评价体系,建立教材质量评价标准和监测制度,破除唯分数和唯升学论。教材评价需要体现促进公平、监督有力的多元体制机制，以多元发展为基本特征，使教材评价逐步从知识本位向能力本位转变。此外，教材评价标准也应当向多样化转变，实现评价主体和评价结果的兼容并包，形成体系开放、机制灵活、选择多样的评价体制。

最后，教材改革要创新教育教学机制。当前，教育改革已经进入深水区，教材选择与安排更加要体现系统性与连贯性。具体而言，就是要处理好不同学科与不同学段教材的纵向联系和横向融合，既要注意教材安排的连贯性，也要兼顾整个教材体系的系统性，确保所选的各项教材在时间安排、层次划分和专业需求方面融入一个完整的体系之中，实现科学的序列安排和合理的结构组合。

（8）坚持把服务中华民族伟大复兴作为教育的重要使命是实现教材现代化的基础工程

教材的地位与作用在实现中华民族伟大复兴的进程中不言而喻。着眼于国际竞争的新格局和国家发展的新态势，习近平总书记在全国教育大会上指出，"坚持把服务中华民族伟大复兴作为教育的重要使命"[①]，把教育事业历史使命的认识提升到一个新高度，也为新时代我国加快教材现代化和教育强国建设提供了精神指引。这一论断是对新时代教材地位的最新理论定位和重大思想创新，要求教材建设的现代化水平逐步提升，以教材现代化推进社会主义现代化，办好大国教材、强国教材，全面建成社会主义现代化强国，实现中华民族伟大复兴。具体而言，教材现代化要进一步增强教材在人才培养中的针对性和适应性。党的十九大强调要加快建设创新型国家，创新的人才需要相适应的教材进行培养，在教材中更多地体现创新意识、实践能力和进取精神的培养，满足我国经济转型升级对创新型、实用型、复合型人才的需要。教材的现代化建设要体现现代化需要，注重培养科学精神，树立创新思维，开发创新潜能，提高创新能力，为形成有利于各类人才全面发展的教材使用机制，为实现中华民族伟大复兴提供有力支撑，以教材增强民族创新和创造活力，以理论为依托，以市场进行配合，为构建全链条、开放式的协同创新教材体系不懈努力，进一步提升教材现代化水平，充分发挥教材在实现中华民族伟大复兴进程中的重要作用。

（9）坚持教师队伍建设是推进教材向教学转化的关键路径

教育有其立足之本、兴盛之源，即作为教育第一资源的教师。时代的跃迁带来的是教师身份与责任的变革，在当下的教育工作中，教师"承载着传播知识、

---

① 习近平出席全国教育大会并发表重要讲话[EB/OL].（2018-09-10）[2024-09-24]. https://www.gov.cn/xinwen/2018-09/10/content_5320835.htm.

传播思想、传播真理，塑造灵魂、塑造生命、塑造新人的时代重任"[1]，习近平总书记的这一论断强调了教师对于教育的重要作用。要办好教育，就是要加强对教师工作重要性的认识，看到教师队伍建设在教育事业发展中的关键地位与作用。同时，要专注于提升教师的思想政治素质和职业道德水平，力促教书育人过程与社会主义核心价值观紧密联结。具体来说，教师在教育过程中扮演着多重角色，他们是党的执政思想的坚定支持者，是教材先进思想文化的传播者，是引导学生健康成长的行动者，因此要建设一支高素质、专业化、创新型的教师队伍。教育要贯彻落实立德树人宗旨，充分发挥教材这一基本工具的作用。落实教材教育目的的关键在于教师。从一定程度上而言，有一流的教师才有一流的教育，有一流的教材才有一流的教学。教师素质决定了教材的使用水平。此外，教师身处教育一线，对教材存在的问题最为熟悉，对教学的需求也最为了解，对教材改革的必要性的认识也更为深刻。因此，教师也必然成为教材改革的主力军。这就要根据大中小学教材一体化的设计要求，推动从教材到教师再到教学各环节扎实、科学有效地实施，打造出教师参与的高素质、专业化的教材编写队伍，坚持教师的培养和培训并举，使教师成为教材建设和改革的奋进者。

第二节　大中小学教材一体化建设和管理的现代科学理论

一、治理理论是教材一体化建设和管理的重要依循

现代国家治理兴起于 20 世纪 90 年代，其与市场主导型的国家治理及政府福利型国家治理的失败相伴而生，外加全球化的国际背景，需要政府以外的机构对经济和社会进行调节。随着全球化不断发展，各个国家和政府的地位发生了变化，为了解决资源配置不足的问题，适应经济全球化的发展趋势，治理理论应运而生。[2]从历史角度看，我国经历了从国家现代化到国家治理现代化的重大历史飞跃。党的十八大以来，中国进入国家治理体系和治理能力现代化的新时

---

[1] 习近平出席全国教育大会并发表重要讲话[EB/OL].（2018-09-10）[2024-09-24]. https://www.gov.cn/xinwen/2018-09/10/content_5320835.htm.

[2] 兰旸. 中国国家治理结构研究[M]. 北京：知识产权出版社，2018：47.

代。①党的二十大报告指出，要"推进国家治理体系和治理能力现代化"。中华民族要实现伟大复兴，决定了中国必须实现国家治理体系和治理能力的现代化。

（一）治理理论的基本内涵

1. 治理的内涵

"治理"一词来源于拉丁文和希腊语，原意是控制、引导和操作，20世纪90年代在政治领域得到广泛关注。学者对治理的内涵有着不同的解读。治理理论的主要创始人之一詹姆斯·N. 罗西瑙（J. N. Rosenau）认为，与统治截然不同，治理指向的是共同目标下的活动，而活动的管理主体却未必是政府，活动的视线也未必依托国家的强制力量。②罗伯特·罗茨（R. Rhodes）认为，治理是形成一种全新的统治过程，意味着统治的条件与以前不同，是统治方式上的转变。③格里·斯托克（G. Stoker）对流行的治理概念进行一番梳理之后，提出了五种主要的观点：第一，治理指向一系列社会公共机构和行为者，也就是说，权力中心不仅指政府机关，也包括得到公众认可的其他机构；第二，界限与责任方面的模糊特性存在于治理为社会和经济问题寻求解决方案的过程中，出现的倾向是各种私人部门和公民团体承担了本应该由国家承担的责任；第三，治理确定了权利依赖关系存在于各个社会公共机构之间；第四，治理意味着参与治理的各个主体最终形成自主的网络，承担起各自领域的责任；第五，治理不仅代表政府运用权威或发号施令，也应该运用新的方法和技术进行引导。④

全球治理委员会（Commission on Global Governance，CGG）对治理的定义如下：治理是各种公共的或者私人的个人或机构管理公共事务诸多方式的总和，是调和利益并采取行动的持续过程。其中，既包括强迫的正式制度和规则，也包括符合人们利益的非正式制度和规则。它有四个特征：治理是一个过程，区别于规则和活动；治理的过程基于协调而不是控制；治理既涉及公共部门，也涉及私人部门；治理是一种持续的互动。⑤总之，虽然不同学者没有对治理这一概念的理解达成共识，但这些不同的理解仍存在共同之处：①治理主体的多元化，不仅包括政府，也包括社会组织和利益相关者；②治理是一个上下互通、持续互动的

---

① 胡鞍钢. 中国进入国家治理现代化新时代[J]. 广西社会主义学院学报，2019（4）：5-10.

② 詹姆斯·N. 罗西瑙. 没有政府的治理[M]. 张胜军，刘小林等译. 南昌：江西人民出版社，2001：5.

③ 转引自俞可平. 治理与善治. 北京：社会科学文献出版社，2000：86-106.

④ 格里·斯托克. 作为理论的治理：五个论点[J]. 华夏风译. 国际社会科学杂志（中文版），1999（1）：19-30.

⑤ The Commission on Global Governance. Our Global Neighborhood: Report of the Commission on Global Governance[M]. New York: Oxford University Press, 1995: 23.

动态过程；③治理不代表着强制与控制，更注重协调与协商。

2. 治理理论

随着治理理论与实践的不断深入，形成了诸多不同的治理理论。治理的各种理论为治理过程之中问题的解决提供了方法论上的指导。经过对治理理论的梳理，笔者总结了以下几种主要理论。

（1）元治理理论

元治理理论最早由英国著名的政治家鲍勃·杰索普（B. Jessop）提出，该理论是对治理理论的补充与完善。元治理是指从宏观层面有效安排国家、市场和公民社会中的各种治理方式、理论和机制等，对治理机制进行重新组合，从而有效地修正和完善治理理论。元治理具有以下特点：首先，元治理可以平衡不同的治理机制，调整各种机制的比例，最终实现各种治理机制之间复杂的合作网络的有效整合；其次，元治理面向的是整个社会中多种治理模式和领域，能够反映出社会的整体治理状况；最后，在运用元治理的过程中，尤其要关注国家的作用，以确保整个社会系统的有序化及社会凝聚力的形成等。[①]从本质上看，元治理就是对治理的治理。

（2）协同治理理论

在对协同治理理论的观点做出梳理与分析后，我们看到协同治理理论指向的是各参与主体，包括政府、社会组织与利益相关者在面对共同的社会问题时，采用一种正式的、恰当的方式做出互动与决策。在这一过程中，成果的共享与相应责任的承担是统一的。该过程具有一些鲜明的特征：①公共性，即治理的目的在于多元参与主体共同解决问题，而非有偏好地对其中某一方的问题加以关注；②跨部门，即参与主体来自政府、企业、社会组织等，由不同部门中的多人组成；③互动性，为了达成目标，各参与者会在互动中持有积极的态度；④正式性，即治理运作过程若要具有规范、有序的特性，则各参与者肩负的职责应通过规则的形式加以确立；⑤政府为主，即便政府并不是治理中的唯一责任主体，但并不妨碍其处于治理的核心位置，这一点在制定决策及责任承担力上表现得尤为明显；⑥动态性，与统治这种自上而下的管理模式不同，协同治理在运作之中展现出了一定的灵活性，虽事先有所规范，但并不刻板，而是根据实际情况加以调整，呈现出动态性。[②]

---

① 转引自崔翔. 中国共产党在社会治理体制创新中的功能研究[M]. 北京：中国经济出版社，2018：44.
② 薛晓东. 彭州市创新基层社会治理研究[M]. 成都：电子科技大学出版社，2015：6.

(3)文化治理理论

文化治理理论起源于西方，属于文化政治学和管理学等领域。在我国，学者对文化治理理论有着不同的解读。一些学者认为，文化治理，或以文化作为治理手段，又或以文化作为治理对象，但通常都是将经济发展与秩序稳定作为目标。①也有学者从公共文化服务的角度来分析，认为公共文化服务涉及政府、社会和市场多元主体关系，以及这些关系的协调与合作，并从政治、经济、社会的维度对文化治理理论进行了系统的阐述。②此外，还有学者从文化政策的角度对文化治理进行了分析，认为文化治理是为文化发展确定方向的公共部门、私营机构和志愿团体组成的复杂网络。③还有学者认为，从管理向治理的转变，代表着党和国家在经济文化的全面发展中，在权力配置和行为方式等方面正在经历一种非常深刻的转变。④文化治理要求政府、市场和社会三者进行协调配合，以达到善治的目的。

（二）治理理论的主要特征

从管理向治理的转变，体现了民主性、科学性和公平性等特征。这种变革表现在治理主体多元化、治理权力分散化、治理结构扁平化、治理组织网络化和治理方式多样化等方面。

1. 治理主体多元化

如今，社会环境日益复杂多变，面对各种社会问题，单靠中央集权的力量是不够的，必须充分发挥社会力量，让政府、社会组织、公民参与到社会治理中，并促进它们之间的合作，实现治理主体从一元化到多元化的转变。我国社会治理主体多元化体现在以下方面：首先，执政党在社会治理中处于核心地位；其次，现代政府职能向服务型转变；最后，各种社会组织积极参与社会治理，成为社会治理的重要主体之一。⑤治理主体的多元化使政府不再是唯一的中心，社会各界的利益相关者均可以参与治理，更有利于决策的科学化与民主化。

---

① 阎星. 成都市社会科学院年度研究报告（2016）：成都治理之路[M]. 成都：四川人民出版社，2017：159.
② 吴理财. 公共文化服务的运作逻辑及后果[J]. 江淮论坛，2011（4）：143-149.
③ 郭灵凤. 欧盟文化政策与文化治理[J]. 欧洲研究，2007（2）：64-76，157.
④ 周晓菲. 治理体系和治理能力如何实现现代化——专家解读"全面深化改革的总目标"[N]. 光明日报，2013-12-04（004）.
⑤ 崔翔. 中国共产党在社会治理体制创新中的功能研究[M]. 北京：中国经济出版社，2018：44.

第二章　大中小学教材一体化建设和管理的理论阐释

2. 治理权力分散化

多元主体参与社会治理必然会涉及权力的分配问题，政府不再是唯一的治理主体，治理主体还包括社会组织及利益相关者。"有权必有责"，要统筹做好政府、社会组织及利益相关者的权责分配问题，建立健全权责制度，完善问责制度，明确规范各方权力的边界，保证各参与主体能够各尽其责，更加科学、合理地进行社会治理。

3. 治理结构扁平化

扁平化社会的出现，使得社会的治理结构日趋扁平化。扁平化的社会治理，一定是共治，而不是一方独大的"他治"。①共治就是指让所有的利益相关者参与到治理过程中来。也就是说，在社会治理实践中，政府、社会组织、公民等治理主体广泛参与、平等协商、共同决策。治理结构由垂直型的管理体制变为扁平型的治理体制，不同于传统自上而下的治理结构，而是一种自下而上的新型治理结构。社会治理结构扁平化，能够实现参与式民主管理，能在最大限度上保证政府与社会之间的良性互动。

4. 治理组织网络化

公共治理组织不是单一维度的组织结构，而是一个纵横交错的网络组织结构。在治理的过程中，政府与其他社会组织都处在一个动态、复杂的网络系统中。政府负责管理网络关系，但并不是唯一的管制者。由于网络系统中的问题具有复杂性，单靠政府或某一个组织的力量很难完成管理，这就需要政府和其他社会组织进行合作，才能够实现公共利益的最大化。这也充分体现了多元主体参与治理的特征。②

5. 治理方式多样化

所谓社会治理方式，即与解决社会问题、化解社会矛盾、维护社会公正、确保社会和谐等有关的各种方法、手段和工具的总和。③社会治理方式具有多样性的特点，如今依靠民主、法治、行政、教育、道德、协商等多种途径实现了治理方式的多样化。在治理的过程中，需要注意将各种手段进行有机结合，最终达到

---

① 王颖. 扁平化社会治理：社区自治组织与社会协同服务[J]. 河北学刊，2014（5）：100-105.
② 中国人民银行大连市中心支行经济金融研究小组. 建设自由港——走向未来的大连[M]. 北京：中国金融出版社，2018：89.
③ 中共广东省委党校，广东行政学院. 社会建设新思想与广东实践[M]. 广州：广东人民出版社，2018：185.

善治的目的。

（三）治理理论之于教材建设和管理的意义与价值

治理理论不断完善与发展，被应用到社会学、管理学等不同领域。我们在此基础之上分析治理理论之于教材建设和管理的意义与价值。

1. 完善制度，实现教材多元主体共治

推进三级教材管理主体责任落实是实现教材多元共治的重要措施。[1]一是在国家层面上，要做好教材治理的顶层设计，体现国家在教材治理中的核心作用和权威。以元治理理论为指导，国家应从宏观层面对各责任主体进行协调，实现教材元治理，充分调动各主体参与教材治理的积极性。二是在地方政府层面上做好上传下达、协调各方的工作。地方政府要根据当地教材建设情况，落实好国家教材建设政策。与此同时，也要辅助学校进行教材治理工作。三是在学校层面上，要在国家教材的宏观治理框架之下，积极配合地方政府的教材管理工作，结合本校实际情况，对学校教材进行治理。学校在进行教材治理时要体现出灵活性与多样性的特点，同时做好对教材的实施、评价与反馈工作。只有形成国家、政府和学校多元主体共治的教材治理格局，才能实现教材的善治。

2. 优化方法，发挥大数据平台的支撑作用

全球信息化快速发展，教材建设和管理信息化成为推动教育现代化的关键环节。[2]大数据为教育治理现代化提供了支撑，也为教材的建设和管理提供了技术助力。一是充分利用大数据完善教材管理的各项规章制度，做好教材信息资源分级、分类管理，从而提升教材建设的整体水平。二是建立、完善教材数据库，基于数据库中的信息进行量化研究，这有利于解决教材信息化、数据化不足的问题，从而统筹把握教材的整体建设。[3]三是将信息技术融入教材中。利用信息技术实现教材内容的动态化、形象化与结构化，在此基础之上，要深入研究并推广使用数字化教材。[4]四是善用大数据促进教材评价的多元化，通过数据信息分析，采纳各参与评价主体的意见，明确教材建设和管理的改进方向。总之，优化方法，发挥大数据平台对教材建设和管理的支撑作用，利用大数据助力大中小学

---

[1] 刘学智，张振. 教育治理视角下教材一体化建设的理论建构[J]. 教育研究，2018（6）：139-145.
[2] 刘学智，张振. 推进教材制度创新的着力点[J]. 教育研究，2019（2）：28-32.
[3] 刘学智，陈淑清，栾慧敏. 大中小学教材建设与管理研究[M]. 长春：东北师范大学出版社，2016：137.
[4] 刘学智，张振. 教育治理视角下教材一体化建设的理论建构[J]. 教育研究，2018（6）：139-145.

教材一体化建设，是实现教材治理能力现代化的必然选择。

3. 规范程序，推进教材管、办、评分离制度完善

教材管、办、评分离制度的形成，是完善教育管、办、评制度的重要一环，有利于提升教育治理现代化水平。目前，我国大中小学教材的管理存在多头管理、环节混乱、编审合一等问题。①首先，在教材的管理方面，没有形成完善的管理制度，教材管理体制与管理机制尚不健全。教材多元主体共治必然伴随着权责的分配问题，因此要对各主体的权责进行科学、清晰的定位，国家教材委员会应在审查国家课程、课程标准制定等方面发挥主导作用。国家应建立教材监测制度体系，定期对监测结果进行公示。其次，在教材的评价方面，教材的评与审混在一起，且带有过多的行政权威性，被评审者在此过程中没有话语权，提出的意见往往不被采纳，处于一种被动地位。②所以，在教材评价方面也要做到评价主体多元化，将评价主体扩大至教师、学生等。同时，也要做好教材的编、审、评分离工作，从而提升教材治理能力。

二、新"三论"是教材一体化建设和管理的重要依据

系统论、信息论与控制论等传统"三论"为系统的设计、开发与管理提供了一定的方法论指导。然而，系统科学也需要回答系统从一种结构向另一种结构演变的原理与依据是什么这一问题。耗散结构论主要研究远离平衡态的开放系统，协同学对系统间与系统内子系统间的相互作用与合作进行了探讨，突变论阐释了系统从一种稳定态突变到另一种稳定态的过程。因此，耗散结构论、协同学及突变论等新"三论"为系统科学的结构化演变提供了解释，丰富与深化了传统"三论"。作为系统理论的新发展，新"三论"能为教材一体化建设和管理提供理论依据与方法指导。

（一）新"三论"的基本内涵

新"三论"保留了传统"三论"的理论意义，能够为管理现代化提供有效方法。只有理解每一种理论的基本概念、原理及原则方法，才能够以科学思维综合分析和认识事物，达到管理的根本目的。

---

① 刘学智，陈淑清，栾慧敏. 大中小学教材建设与管理研究[M]. 长春：东北师范大学出版社，2016：126.
② 刘学智，陈淑清，栾慧敏. 大中小学教材建设与管理研究[M]. 长春：东北师范大学出版社，2016：110.

1. 耗散结构论

1969年，世界著名物理学家、比利时布鲁塞尔学派领导人伊利亚·普里高津（I. Prigogine）在《结构、耗散和生命》（Structure, dissipation and life）一文中创新性地对耗散结构论进行了论述。该论文的发表即耗散结构理论诞生的标志。[①]该理论主要是针对耗散结构的性质、规律、形成与稳定进行研究的科学理论，是关于非平衡系统的自组织理论。它研究的是自组织系统的基本原理，对系统从无序向有序转化的机制、条件和规律做出了讨论与揭示。[②]作为一门科学理论，耗散结构论有基本的原理，也有具体的原则和方法，其基本概念构成了理论的原理，原理中渗透着具体方法。

（1）耗散结构论的基本原理

开放系统、平衡态、平衡关系、有序、线性作用、涨落等概念组构结合形成了耗散结构论的内容，其基本原理与这些概念紧密相关。耗散结构论认为，在远离平衡态的非线性区域内，一个开放系统发生突变的概率显著升高，但这种改变仍有其前提条件。[③]

（2）耗散结构论的基本观点

耗散结构论有四个基本观点，探讨、总结了耗散结构形成的基本条件。首先，只有开放系统才能与外界进行物质能量交换，并在变化过程中转化为耗散结构，所以耗散结构必须是一个开放系统；其次，远离平衡态是系统走向有序之源，只有在非平衡态下，系统才会与外界环境产生较大的相互作用，内部差别才会变大进而引起涨落，使系统突变到新的有序状态；再次，非线性相互作用是系统走向有序的动力，非线性作用具有不独立的相干性，不是简单的叠加，它们相互制约，呈现出不同的作用方式，产生质的变化，引发突变；最后，随机涨落为系统走向有序提供了机会，系统远离平衡态时，涨落成为系统由无序不稳定走向有序稳定的杠杆。[④]耗散结构论的基本观点揭示了耗散结构形成的基本条件，其观点也蕴含着理论的基本原理，彼此渗透，互为表里。

耗散结构论具有普遍科学方法的性质，对各领域解决综合问题具有方法论指导意义。因其研究内容与其他学科有共性，所以在不同学科通用。在现代管理

---

① 转引自欧阳洁. 决策管理——理论、方法、技巧与应用[M]. 广州：中山大学出版社，2003：25.
② 张文焕，刘光霞，苏连义. 控制论·信息论·系统论与现代管理[M]. 北京：北京出版社，1990：235.
③ 张文焕，刘光霞，苏连义. 控制论·信息论·系统论与现代管理[M]. 北京：北京出版社，1990：235.
④ 马丽扬，张贺泉. 现代管理科学方法：系统论信息论控制论耗散结构论协同学论突变论与现代管理[M]. 北京：中国经济出版社，1990：90.

第二章 大中小学教材一体化建设和管理的理论阐释

中,也可以运用耗散结构论的一般原理和方法,改进管理思想和管理手段,以实现管理最优。

2. 协同学

继耗散结构论后,研究者对非平衡系统自组织的理论的积极探索促成了协同学的形成。1977年,协同学的创始人赫尔曼·哈肯(H. Haken)出版了著作《协同学导论》(Synergetics: An Introduction),成为协同学问世的标志性事件。该理论重点关注在外部环境的作用下,不同系统内容各子系统如何在非线性交互的作用下形成协同效应,以成为系统从混乱走向有序、从低级有序演化为高级有序的推动力。但这种推动力并不总是遵循从无序向有序进行运作的法则与机制,在某些情况下,即使高级有序状态已经生成,系统也可能再次转向无序。协同学理论在创始之初就已经具备了跨学科的特性,其既根植于技术基础学科,也跨越了自然科学与社会科学间的门槛,以其强适应性与应用程度之广泛而成为科学界的研究热点。

(1)协同学的基本内容

哈肯认为,能进行自组织的系统,都会包含大量子系统,子系统之间会产生协同作用,在一定条件下子系统的合作效应可以使系统协调运动,发挥更好的系统功能,子系统之间的协同效应促成了系统的有序。具体来说,构成某一庞大、复杂系统的各子系统的协同行为可以促成超越子系统单独作用的效应,系统的统一与联合作用形成由此走向有序。[①]实际上,协同学强调一个有大量子系统的复杂系统,都会在各子系统相互作用产生的协同相干效应下出现新的稳定状态。这一理论认为,系统有序状态的出现,在于子系统的协同作用,而这种协同作用又源自复杂系统固有的自组织能力。从协同学的内容来看,这一理论强调了复杂系统中子系统的相互作用和协调一致,在理论的实际运用中,我们也应关注子系统之间的关系和协同效应,把握理论的核心。

(2)协同学的特点

协同学的特点与其基本内容和观点具有一致性,强调有序与无序的转化规律,研究系统功能,最终目的是使系统走向有序,并强调自组织在这个过程中的重要性。第一,协同学研究有序与无序的转化规律,关注系统从无序到有序及从有序到无序的过程,并使二者的研究走向统一;第二,在研究系统的有序时,协

---

① 转引自张文焕,刘光霞,苏连义. 控制论·信息论·系统论与现代管理[M]. 北京:北京出版社,1990:257.

同学着眼于系统的功能，认为功能有序能保证系统有序；第三，强调协同作用对系统走向有序的重要性，与耗散结构论强调的有序条件不冲突相比，只是两个理论的侧重点不同；第四，自组织在协同中非常重要，自组织机制是协同学的核心问题，系统本身具有的自组织能力是协同作用产生的基础。①协同学是在耗散结构论的基础上提出的，它丰富了耗散结构论的内容，从新的视角关注了系统走向有序的条件，强调系统内各子系统的作用和联系。因此，在运用协同学解决实际问题时，要注重发挥子系统的协同作用，研究子系统之间的相互关系，促使系统从无序走向有序。

3. 突变论

突变论是系统科学一个新的理论分支，是由法国数学家雷内·托姆（R. Thom）最先提出的。这一理论研究了自然界和人类社会中各种形态和结构的非连续性系统从一种有序稳定态跃迁到另一种有序稳定态的突变现象，可以揭示事物的突变过程。与耗散结构论、协同学一样，突变论围绕临界点展开非平衡系统理论研究。突变论也在研究系统演化问题，讨论系统的稳定有序，是对系统理论的丰富和发展。

（1）突变论的基本内容

稳定与非稳定、渐变与突变是两对相反的概念，构成了突变论的基本内容。突变论的基础是稳定性理论。事物的普遍特性是稳定性，其变化的两种状态即稳定与非稳定，其交替贯穿于事物发展的整个过程。渐变与突变是事物质态变化的方式，事物质变的中间过渡态如果稳定就是渐变，如果不稳定就是突变，二者在一定条件下可以转化。②突变论研究的是不连续现象，即研究系统从一种有序稳定到另一种有序稳定的变化过程。

（2）突变过程的特点

突变是一个进展迅速但原因复杂的过程。一方面，突变的原因较为复杂，系统变化发生突变一般是外部条件发生改变并作用于内部因素，再通过内部因素发挥作用，外部条件发生变化是突变的基础，内部因素是突变的动力；另一方面，突变速度很快，而且同一外因、同一条件下的突变会导致不同的结果，出现相同

---

① 马丽扬，张贺泉. 现代管理科学方法：系统论信息论控制论耗散结构论协同学论突变论与现代管理[M]. 北京：中国经济出版社，1990：117.

② 张文焕，刘光霞，苏连义. 控制论·信息论·系统论与现代管理[M]. 北京：北京出版社，1990：280.

第二章 大中小学教材一体化建设和管理的理论阐释

或不同的稳定态。[1]在运用突变论时,要关注突变的这一特点,准确预测系统变化和发展的情况。

在系统管理和控制中,要高度重视突变的问题,积极关注系统的内外部条件,合理实现系统的不同变化状态。在实际工作中,要根据具体情况决定,在需要突变时努力创造条件。

(二)新"三论"的方法特征

新"三论"是对传统"三论"的发展和突破,这一套理论从新的角度为系统科学增添了新的内容,为人们认识和把握系统的变化与发展提供了新的思路。新"三论"侧重研究系统从无序到有序的变化过程及条件,同时关注系统变化的方式。这套理论更加关注系统的状态,同时指出了系统建设中一些关键的问题,在理论层面给具体系统管理工作提供了更多有益的指导。

1. 关注整合,协调各组成要素

复杂系统通常是由多个子系统或要素构成的,子系统的排列和组合不是散乱无序的,而是有一定的顺序和结构。系统的建设者要关注子系统之间的联系,协调各要素之间的关系,有重点、分方向地进行系统建设,管理监测系统的运行,辅助系统内部各要素配合良好,整合系统关系,实现系统的稳定。

2. 把握各要素间相互作用的非线性关系

复杂系统与其子系统之间及各子系统之间都不是简单的线性关系,而是相互影响、相互作用、相互制约的非线性关系。[2]这种非线性关系是系统变化发展、从无序走向有序的动力。系统结构本身是复杂的,系统的建设者应该认识到系统中各子系统之间的复杂关系,利用这种非线性关系助推系统发生质变,实现系统状态由混乱走向有序。耗散结构理论认为,使系统产生并保持耗散结构的原因就是系统内部诸要素之间的非线性关系,这种非线性关系会在系统运行中产生作用,由此系统得以实现和保持有序状态。

3. 通过协同建构实现从无序到有序的跃迁

协同学为系统管理提供了理论基础。系统内部要素众多、结构复杂,要做到

---

[1] 马丽扬,张贺泉. 现代管理科学方法:系统论信息论控制论耗散结构论协同学论突变论与现代管理[M]. 北京:中国经济出版社,1990:140.

[2] 马丽扬,张贺泉. 现代管理科学方法:系统论信息论控制论耗散结构论协同学论突变论与现代管理[M]. 北京:中国经济出版社,1990:100.

科学、有序管理，就必须实现协同。系统管理追求整体最优，要实现整体功能大于各部分功能之和，就要实现各子系统协同配合良好。协同学尤其强调子系统的相互作用，系统从无序走向有序就要关注子系统的相互关系和协同作用，发挥各部分的功能，实现各部分配合良好，优化系统整体功能，这与系统论的整体最优观点是一致的，是对系统论的继承和发展。协同学的核心观点就是，依靠子系统的协同关系实现系统由无序向有序转变，再一次突出了对系统内部关系的重视，在实际管理中，管理者也要关注这方面的问题。

4. 引发"冲突"，在矛盾中完成意义建构

系统的发展是动态的，是一个从无序到有序的渐变或突变的过程。耗散结构论认为，在非平衡状态下，系统会与外部环境相互作用，由此系统内部结构差别变大引起冲突，为系统走向稳定有序创造条件。系统的冲突和变化往往是系统发生改变的条件与契机，系统管理中要善于抓住这种冲突和变化，在系统内部的涨落中助推系统走向稳定，实现意义建构。

5. 构建开放性系统，实现系统与环境的交换互动

新"三论"强调系统的开放性，并认为处于运动变化发展中的系统是开放的。新"三论"的基本观点与耗散结构产生和协同作用发生的基本条件相一致，而开放系统又是耗散结构论的研究对象，因为开放系统能够产生和维持耗散结构，协同学也要求系统开放，子系统之间的相互关系是协同作用产生的基础。事实上，系统结构的维持和稳定需要与外界物质环境进行交换，如果系统孤立起来，就失去了与外界进行交换的条件，系统的结构也会瓦解。

我们反对在系统建设中"闭门造车"，也反对无视系统环境而任加改造。在系统的建设和管理中，相关主体要秉承开放的理念，实时监测系统与环境之间的交换和互动，及时与外界环境进行能量和信息的传递，使系统发展处于动态、有序的状态。

（三）新"三论"之于教材建设和管理的意义与价值

新"三论"是在传统"三论"的基础上发展起来的系统科学，这一套理论中的对系统要素间非线性关系及协同关系的关注和研究，为系统管理提供了新视角，对渐变与突变的系统阐释，引发了系统管理者和建设者对系统运行的审思。教材建设和管理也是一个复杂的系统，中间环节问题的解决，以及系统整体的规划建设，都需要科学理论的指导。新"三论"作为系统科学的再发展，能够为教

第二章　大中小学教材一体化建设和管理的理论阐释

材建设和管理提供启示。

1. 厘清教材系统各组成要素间的关系

教材系统包含众多子系统，主要包含教材建设和教材管理两大部分。其一，教材管理是一个庞大而复杂的系统过程，涉及对人、财、物等基本要素的管理，同时关注时间、空间和信息等特殊要素的调配与控制。这一过程需要综合考虑多个方面，确保教材管理工作的顺利进行。根据管理对象和管理主体的不同，教材管理内部又可以划分为不同的部分。从管理对象来看，教材有学段学科、传输媒介、类型的不同；从管理主体来看，纵向上分国家级、部委、省级和学校多个层级，横向上包含教育行政、出版发行、编写审定等机构，这些要素组合构成了教材管理的网络结构系统。[①]在教材管理中，管理者要厘清这些要素之间的关系，分清管理过程的重点领域和关键环节，长期监控、科学规划，有目的、有计划、系统、动态地开展全程管理。其二，教材建设是一个复杂的系统过程，不仅需要关注教育外部的变化，还要研究教育内部实践和理论的发展，是一个涉及多领域的复杂问题。开展教材建设，首先要明确建设目标，其次要掌握建设的方式和途径，重点是要做好教材的编制，这又涉及编制人员队伍及机构的建设。实现教材建设的科学化，还要依托教材建设研究，其中又包含理论与实践的结合。教材建设者在开展建设时，要有序、合理地安排这一工作。

2. 探索教材内容的衔接与一体化

实现大中小学教材的一体化建设，首先要实现的是内容的衔接和一体化。在教材建设中，教材建设者要充分考虑各学科的特点，注重教材的多样性和统一性。根据学科内容的特点，统整各学段教材的编写，实现纵向衔接，例如，义务教育阶段的道德与法治、语文、历史三科教材和高等学校的"马工程"（全称为"马克思主义理论研究和建设工程"）教材，可以实行统一编写、统一审查。[②]这三科教材的内容与高校"马工程"教材的内容有内在的一致性，每个阶段内容都是对前一阶段内容的深化，因而可以统一编写，实现德育、文化教育的一体化。最新提出的劳动教育也要求实现在大中小学实现衔接和一体化，而具体的实施不仅体现在相关教材的编制上，在课程设置和活动安排、教育计划上更是要层层深入。对于其他类型的教材，要在内容的深度和广度上做到衔接，在不同学段设置与学生身心发展相一致的内容。

---

① 曾天山. 教材论[M]. 南昌：江西教育出版社，1997：169.
② 靳晓燕. 教材建设是国家事权：对话国家教材委员会委员[N]. 光明日报，2017-07-14（006）.

3. 构建纵向衔接与横向配合的教材体系

教材的纵向组织是依据人的学习心理发展特点和成熟程度而安排的，利用教育心理学的原理，设计符合学生心理发展特点的学习内容，有助于学生智育的发展和各项能力的提高。在教材的纵向衔接上，教材编写者要根据不同学段学生的发展水平，循序渐进、由浅入深地组织教材内容，保证前后学段的教材连续递升、有过渡，避免出现教材内容重复和倒置。过去，德育曾出现过内容倒置，在小学教育学生爱党爱国，而在大学强调养成良好的个人习惯，这种教育内容的倒置在教材建设中要避免。

教材的横向配合是指不同的学科领域、教材类型之间优势互补、相互配合，培养学生的综合能力，实现全面发展。在教材横向结构的建设中，讲求均衡搭配、合理布局，可以利用协同学的原理，利用各要素之间的协同关系，实现教材结构的有序均衡，在不同学段有机融入各类教育的要求，做到各类教材之间知识的融合与配合良好。

三、结构-功能理论是教材一体化建设和管理的重要理据

结构-功能理论产生于19世纪中叶，是现代西方社会学中的一个重要理论流派。结构-功能理论的主要代表人物有法国社会学家奥古斯特·孔德（A. Comte）、涂尔干（E. Turgan）和英国社会学家斯宾塞（H. Spencer）。[1]现代西方结构-功能理论基于结构、功能及二者的统一，对与社会系统高度相关的重点理论性问题进行深入挖掘。其中，与深度探究教育问题、探讨教材建设管理与改革密切相关且在理论与实践两方面均有重要指导意义的研究，包括针对社会整体的系统性分析方法，剖解社会结构的基本特征与性质；分析社会构成要素的功能如何发挥等相关问题；社会系统的整合、均衡与和谐的伦理诉求；论述与文化系统价值导向功能、对社会调控与变迁的影响相关的问题。

（一）结构-功能理论的本质内涵

孔德从生物学的视角分析了整体与部分的关系，将社会理解为生命有机体。斯宾塞从功能与需求的视角来分析社会有机体，认为各种社会组织之间相互依赖。在结构功能主义视角下，社会被视作一个系统。该系统具有一定的结构或组织化手段。该系统若想达成整体发展的目标，有序联系的各组成部分必不可少。

---

[1] 朱镜人，王铭银. 功能主义教育思想[J]. 河南教育学院学报（哲学社会科学版），1996（2）：17-22.

第二章 大中小学教材一体化建设和管理的理论阐释

结构与功能二者相互联系、相互影响,始终处在一个平衡的系统之中。作为社会学的一种理论范式,结构功能理论具有两个明显的特点[①]:①结构与功能具有普遍性。无论是从原子到星际,还是从人体到思维,或是从生物到社会等,结构与功能这对范畴都是普遍存在的。更确切地说,结构决定功能,如社会主义的经济结构决定了社会应该怎样发展。②结构与功能是对立的统一。相同的结构可以表现出不同的功能,而相同的功能可以通过不同的结构来实现。结构是系统内部各要素之间的联系形式,是要素的组织形式,能从系统的内部反映出系统的整体性,而功能主要是指系统与环境之间的相互作用和联系,其能从系统的外部反映出系统的整体性。由此分析,结构–功能理论对教材建设和管理具有理论支撑作用。

(二)结构–功能理论的方法特征

结构–功能理论颇具代表性的人物是美国社会学家塔尔科特·帕森斯(T. Parsons)。他认为功能通过结构表现出来,各系统之间的关系结构构成了社会系统的基本结构。帕森斯认为,这个社会的行动系统面临的基本功能要求都是大致相同的。总的来说,结构–功能理论的方法有如下特征,即社会系统只有满足下述条件,其维护自身存在的目的才能达到。

1. 系统从环境中获得资源的需求得以保障,且资源可在系统内分配

适应就是指系统为了能够保持平衡存在这一状态,必须与环境有所关联。这种平衡存在状态的实现依托的是系统从环境中获取所需资源的手段和能力。也就是说,系统要能够通过某种途径、利用某种方法来达到控制环境状态的目的。在此基础之上,系统还要合理、科学地对从环境中获取的资源进行分析,进而进行再分配。

2. 制定系统各层级目标,利用资源实现目标

结构–功能理论着重于系统目标,或者说是一种期望能够达成的状态的确立,目标导向性是行动的鲜明特质。与此同时,为了内部资源的调动更加有效并助推社会成员形成合力,系统需要清晰界定目标的优先级,这就是目标实现功能。

---

① 查有梁. 系统科学与教育[M]. 北京:人民教育出版社,1993:53-54.

3. 使系统各个部分协调为一个起作用的整体

任何行动系统均由多个部分构成，为确保系统整体在发挥功能时切实获得效益，需要构成系统的各部分协调一致，存在有机联系，以达成动态平衡状态，谨防各部分与各部分、各部分与系统间陷入脱节和断裂的险境，即行动系统的整合功能。行动系统的整合过程还要统筹与协调家庭组织及教育组织等子系统之间的关系。

4. 维持社会共同价值观

在大众的观念中，认同较高的、由一系列价值模式共同构成的规范体系即共同价值观。这种规范体系对行为具有指导意义，行为依循于此。所谓维持社会共同价值观，涉及行动系统的维模功能。也就是说，行动者之间的互动及各组成系统之间的关系是按照一定的规范模式进行的，系统要保持各子系统内外部张力的稳定，使各子系统能够遵循既定的规章制度，且表现得当，各子系统的活动按照社会共同的价值观进行，这就是著名的"四功能架构"。帕森斯强调社会功能的整合，社会结构是否稳定取决于各行动者能否根据共同的价值观对社会进行整合。①

结构功能分析法是指通过功能的实现来确证结构的存在，结构之间有着内在的统一性。②结构功能分析法是人们认识世界的基本方法。认识事物的全貌特征，不能只看到表层现象，而是要进一步深入地分析事物的内部结构，认识其本质。在分析事物时，常用的分析方法是将整体拆分成多个部分，分析每一部分的特点、各部分之间的关联、各部分构成整体的方式，最后在综合分析的基础之上，对事物形成整体性的认识。③由此可见，结构-功能理论对于深入理解事物的本质具有一定的指导意义。

（三）结构-功能理论之于教材建设和管理的意义

结构-功能理论从系统构成的要素及其之间的有机连接关系来分析系统的整体特征及其功能，即从一种整体的、稳定平衡的视角分析结构的组成状况和功能之间的关系。其中的系统分析方法、系统结构的特征和性质、系统的功能发挥等内容对教材建设与管理具有一定的借鉴意义。

---

① 乔纳森·H. 特纳. 现代西方社会学理论[M]. 范伟达主译. 天津：天津人民出版社，1988：80.
② 刘友女. 结构视域下中国主导意识形态研究[M]. 上海：复旦大学出版社，2015：75.
③ 贾怀勤. 管理研究方法[M]. 北京：机械工业出版社，2006：174.

第二章 大中小学教材一体化建设和管理的理论阐释

1. 合理配置与整合教材系统各组成要素，发挥其社会功能

对教材的分解，应包括目标、内容、教学、物理和信息技术五个要素。[①]①目标要素在教材系统中起着导向作用。教材目标要体现国家目标、培养目标、课程目标、教学目标等。②内容要素在教材系统中处于核心位置。教材内容要能体现出教材的基础性、科学性、思想性、人文性等特征。③教材是教学的媒介与依托，教学要按照教材给出的知识体系与内容来开展，做好教学情境、教学活动和教学评价等教学要素之间的有机衔接与合理安排。④物理要素是指教材的物理属性，体现了教材的外部形式。按照技术维度，可以将教材分解为视觉度、版面率等物理要素；按照使用维度，可以将教材分解为实用性与经济环保性等物理要素。⑤信息技术既可以是包含计算机、网络等在内的设备、工具及科学方法，也可以是对教材的图、文、声等进行获取、加工、存储与使用的技术的总称。随着信息化时代技术的不断发展，信息技术要素在教材要素系统中占据的比例越来越高，如何更好地利用信息技术实现教材内容的结构化，以及对数字化教材的不断探索，是教育者要不断进行研究与实践的主题。只有对教材要素进行合理的配置与整合，才能最大限度地发挥教材的社会功能、经济功能与文化功能。

2. 掌握教材结构的基本特征，保证教材系统的稳定性与有序性

分析、掌握教材结构的基本特征，是保证教材系统有序、稳定运行的前提条件。知识、技能、职能与思想观点等要素与教材目标、教材内容、学习活动形态三种成分共同构成了教材。对于教材结构，大致可以从宏观和微观两个层面来分析。一是教材的宏观结构。对于教材的宏观结构，不同学者的解读不一。靳玉乐等认为，教材的结构分为总体结构和基本结构。教材的总体结构是指网状的结构，是国家课程标准维度和学生身心发展水平维度的交互影响与动态发展；教材的基本结构是指特定教材内部各要素之间的关系。[②]基于日本学者广冈亮藏对教材宏观结构的分析，中国学者曾天山研制了教育树谱系图，从下往上依次是教材的根系、基干系、主干系和支干系四个组成部分。[③]二是教材的微观结构。曾天山认为，教材的微观结构主要有圆周式、直线式、螺旋式、范例式和网状式五

---

① 刘学智，张振. 教育治理视角下教材一体化建设的理论建构[J]. 教育研究，2018（6）：139-145.
② 靳玉乐，宋乃庆，徐仲林. 新教材将会给教师带来些什么：谈新教材新功能[M]. 北京：北京大学出版社，2002：11.
③ 曾天山. 教材论[M]. 南昌：江西教育出版社，1997：17.

种。①结构性是教材质的根本规定性。②我们应做到在宏观层面和微观层面来把握教材的结构性,从微观层面来说,教材结构表现为教材内部要素资源的有效配置,可以实现教材个体效益最大化。从宏观层面来说,教材结构要在实现教材内部要素有效配置的前提下,关注整个教材系统内部的联系,实现教材结构系统效益的最大化,进而保证教材系统的稳定性和有序性。

3. 追求结构与功能的统一,凸显教材目标的一致性与适切性

教材的结构需要从宏观层面和微观层面来把握,做到点与面的结合。教材的功能是由教材的结构决定的,可分为教材的本体功能和教材的社会功能。③

(1)教材的本体功能

教材的本体功能主要包括三个方面:一是培养社会所需要的人才。教育的本体功能之一就是培养社会需要的人。教育主要是通过学校教育对人的德智体美劳等方面进行培养。④二是可以作为教材内容呈现的载体。教材是一个人从幼儿时期到成人时期都离不开的重要知识来源。⑤三是可以作为课堂教学中师生联系的桥梁。教学是教师的教与学生的学共同组成的双边活动,教师利用教材来教,学生通过教材来学,教材为师生搭建了知识互通的桥梁。

(2)教材的社会功能

教材的社会功能同样包括三个方面:一是教材的政治功能。教材体现了国家意志,其中蕴含着一定的价值取向。二是教材的经济功能。一些学者认为,教育的本质是生产力,而教材是对人类科技成果的精要总结和继承,具有促进科学技术发展的功能,能够促进生产力的提升。⑥三是教材的文化功能。教材根植于社会文化之中,起着继承、传播与发展文化的功能,世界各国都非常重视教材在本土文化传播中发挥的作用。⑦要实现教材结构与功能的统一,就要深入研究与分析教材的宏观结构和微观结构、教材的本体功能和社会功能。要从纵向与横向两个维度来把握教材的总体结构,注意点与面的结合,从而最大化地发挥出教材的本体功能与社会功能,保证教材目标的一致性与适切性。

---

① 曾天山. 教材论[M]. 南昌:江西教育出版社,1997:85-86.
② 苏鸿. 论中小学教材结构的建构[J]. 课程·教材·教法,2003(2):9-13.
③ 刘学智,陈淑清,栾慧敏. 大中小学教材建设与管理研究[M]. 长春:东北师范大学出版社,2016:22.
④ 柳海民. 教育学原理[M]. 北京:高等教育出版社,2011:34.
⑤ 周士林,李嘉瑶. 教材建设浅论[M]. 北京:北京航空学院出版社,1986:87.
⑥ 曾天山. 论教科书在亚洲教育中的作用[J]. 外国教育研究,1997(4):17-20.
⑦ 李金航,周川. 近代大学教科书中国化运动及启示[J]. 现代教育管理,2015(5):113-117.

第三节　大中小学教材一体化建设和管理的教材学理论

一、大中小学教材一体化建设和管理的核心要义

（一）大中小学及相关概念

大中小学是大中小学教育系统或学校体系的简称。学校教育制度简称为学制，是一个国家或地区内各级学校遵循的规范体系。它对学校的性质、任务、分段、学生入学条件及不同分段学校间的衔接与联系进行了规定。[①]其中，各级学校指学前教育（即幼儿园阶段）学校、初等（即小学阶段）学校、中等（即初中阶段、高中阶段）学校、高等（即大学阶段）学校。按学校任务分，有普通学校、专业学校等；按学校组织形式分，有全日制学校、半工半读学校、函授和业余学校等。[②]由此而论，对于大中小学教育，可以从如下几个方面加以诠释。

1. "大"：大学教育系统

一是完备的层次系统。第二次世界大战以后，由于高校与生产力及科学技术的联系日益密切，教育结构和类型发生了很大变化。三级体制为多数国家高等学校所采用。第一层级是初级，各国的学习时间有所不同，多数为2～3年。此外，第一层级在各国的命名也不同，比如，美国称社区学院，日本以短期大学作为代称，德国则为第一层级的学习赋予了"高等专科学校"的名字。无论称谓为何，这类学校的共有特征是在较短的学制中，学习者以较少的教育投资拥有了快速发展的可能，且相比其他层级的学习，第一层级的职业性突出，在产业部门中尤为受欢迎，也因上述优势在大学中占有较大比例。第二层级是中级，学习时间延长为4～5年，作为高等学校的基本构成部分，中级指向的是综合大学及文、理、工、商、医、警各种学院。这一阶段，学术上的要求更为严格，且培养的是专攻科技与学术的高级专门人才。第三层级是大学中设有硕士与博士学位课程的研究生院，其攻读年限为2～3年，培养的是专注于科学研究的高级人才。[③]

---

① 柳海民. 现代教育学原理[M]. 长春：东北师范大学出版社，2002：384.
② 柳海民. 现代教育学原理[M]. 长春：东北师范大学出版社，2002：226.
③ 柳海民. 现代教育学原理[M]. 长春：东北师范大学出版社，2002：238-239.

二是多样化的教育类型。层次性与鲜明的分类是每个国家大学的典型特征，任一层次或某一类型都不足以单独支撑起一个国家的大学事业。[1]因此，现代高等学校类型繁多，除普通大学外，还有半工半读的高等学校、广播电视大学、函授及网络学院等。高等学校与社会、生产、科学技术、社会生活各个方面的联系越来越密切，出现了科学与人文相互融合、文理渗透及多学科交叉综合的趋势，促使单科性大学向综合性大学发展。[2]研究型、教学研究型、教学型及社区服务型是我国大学的主要类别。设置有研究生院，或虽然未设置研究生院但拥有博士学位授予权的高等学校统称为研究型大学。在该类大学中，研究生约占学生总数的40%，其目标设置更关注学术追求与学术影响力。

2. "中"：中学教育系统

中学教育系统是一种层次系统，主要包括初中和高中的衔接、段内年级的衔接。初中的修业年限一般为3年或者4年，实施九年义务教育的国家主要实行"六三学制""五四学制"，对应的初中修业年限为3年或者4年。高级中学的修业年限一般为3年。普通高级中学是全日制的，职业高级中学比较注重教学和实践的结合。[3]

中学教育系统是一种二元教育类型，主要包括普通中等教育和职业中等教育（职业高中和中专）两大类。高中教育的性质因为普通高中和职业中学的区别而存在差异。从学校类型上看，高中阶段除了普通高中，还有职业中学、中等专业学校、中等职业学校和成人中等教育学校。[4]如何协调处理职业技术教育与普通教育的关系，是中等教育结构改革关注的核心问题。[5]例如，完善职业技术学校体系、在普通中学中增加职业技术教育内容或在职业技术学校增加普通教育课程，以推动学生的职业适应力与文化科学基础双线发展等，进而实现"职业教育普通化，普通教育职业化"。

3. "小"：小学教育系统

小学教育是中小学的第一个阶段。从世界范围看，小学教育的入学年龄在5~8岁，其中6岁居多，我国规定一般情况下是6周岁入学。小学教育规定的修业年限因各国学制的不同而有很大差别。比较普遍的规定是5年或者6年，如

---

[1] 薛天祥. 高等教育管理学[M]. 桂林：广西师范大学出版社，2001：49.
[2] 柳海民. 现代教育原理[M]. 北京：人民教育出版社，2006：393-394.
[3] 柳海民. 现代教育原理[M]. 北京：人民教育出版社，2006：388.
[4] 柳海民. 现代教育原理[M]. 北京：人民教育出版社，2006：388.
[5] 柳海民. 现代教育原理[M]. 北京：人民教育出版社，2006：82.

第二章 大中小学教材一体化建设和管理的理论阐释

美国的"六三三"(小学6年、初中3年、高中3年)学制中,小学是六年制,而在"五四三"(小学5年、初中4年、高中3年)学制中,小学则为五年制。①从学校性质上看,各国都把小学教育作为基础科学知识教育的阶段,把小学作为知识传授和文化普及的重要时期,不涉及职业训练。②

系统相似性原理为大中小学教材的一体化建设提供了方法论指导。系统相似性原理指出,系统具有同构和同态的性质,即系统的结构和功能、存在方式和演化过程具有共同性。因此,大中小学各级各类教育系统之间具有同构和同态的性质。但同构同态并不等于一模一样,这种同态是差异化的,表现出系统的统一性。这种共同性和统一性构成了教材一体化建设和管理的前提条件与基础。正是大中小学各级各类教育系统之间的相似性和统一性,使得教材一体化建设和管理成为可能。大中小学教材一体化建设具有可行性的根本原因在于世界物质的统一性,一种具有多方面的多样性的统一性。这种统一性不仅指教材一体化建设和管理方式的相似性,还指教材一体化建设和管理系统演化方式的统一性。

(二)教材及相关概念

1. 教材的内涵

教材有广义与狭义之分。广义的教材是指教师指导学生学习过程中使用的一切教学材料,包括教科书、讲义、讲授提纲、教学辅助材料等。③狭义的教材是指教科书。本书认为,教材即教科书(textbook)。教科书一词与树皮或榉木的联系颇深④,亦兼具欧洲语系中可被译作"媒介材料"的两个词汇——cartilla与kniga的词源学意义。15世纪,与欧洲书籍印刷这一发明伴生,教科书一词拥有了核心概念,即印刷在纸上并装订成卷的形式,以及课堂中具有内在功能性的媒介。时至今日,对于教科书的概念,研究者仍以上述两个方面的词源概念为基础进行探析。

与教师、课程和教学并列,教材在课程领域的诸多术语中占据独特地位。不同视角下,国内有关教材概念的界定各有其说,各呈其理。本书将有关教材概念的纷杂的界说归纳为以下三类:①教材即"教学材料"。这类界定以《辞海》最

---

① 柳海民. 现代教育原理[M]. 北京:人民教育出版社,2006:387.
② 柳海民. 现代教育原理[M]. 北京:人民教育出版社,2006:387.
③ 中国大百科全书总编辑委员会《教育》编辑委员会,中国大百科全书出版社编辑部. 中国大百科全书·教育[M]. 北京:中国大百科全书出版社,1985:144.
④ Sammler S. History of the school textbook[A]. In E. Fuchs & A. Bock(Eds.), The Palgrave Handbook of Textbook Studies(pp.13-23). New York:Palgrave Macmillan,2018.

具代表性，即教材是根据教学大纲为师生教学应用而编写的材料，主要有教科书、讲义、讲授提纲等，有时也包括供教师和学生用的教学参考书、教学辅助材料等。[1]在工具书之外，部分专家学者也秉持这一观点。钟启泉等认为，教师在教授行为中利用的一切素材和手段都是教材。除去我们常说的那种依据标准而制定的教科书，图书类、视听类资料等也是教材。在诸多手段与素材中，教科书因其代表性而处于核心地位。[2]曾天山对教材的界定关注到了学生在课程实施中的地位，认为教材是教与学的双方在课程实施过程中使用的一切教学材料，并进一步指出教科书、练习册、活动册、实验报告、自学手册、录音带、光盘乃至广播电视节目等都是教材的重要组成部分。[3]如果以直观的视角看待教材，似乎教材与"教学材料"是等同的概念，其中包括两类：一是以文本形式呈现的教学材料，最具代表性的是教科书；二是能调动学生多感官的教学材料，如课件、录像带等。在这一释义下，教科书的概念从属于教材的概念。显然，这是一种流于表面的、肤浅的、描述性的解释，未能触及教材的本质。②教材即学科知识体系，表现为教科书。在这一类别下，教材被视作一种借由教科书这种形式来反映的知识技能体系，其特征是依循学科任务的、有组织的、有一定广度和深度的。[4]高凌飚认为，教材就是指教科书，亦称为课本，是根据课程计划和课程标准编写的、用于课堂教学的专门用书，是学校教育的中心工具。[5]应当看到的是，将教材视作"知识技能体系"无疑采用的是一种微观而抽象的视角，学科知识结构和教材被简单地画上了等号。然而，即便仅从字面解读，学科与教材亦非同属同种的概念，更遑论在剖析二者之本质后仍将其等同。学科、教材与教科书三者的等同显然是学科中心主义的教材观，也是教材中心主义，即"教师教教材，学生背教材"的主要根源之一。③教材即学科课程内容。一些学者认为，教材的构成受到课程表层结构和课程模式的影响，因此教材必须反映课程的具体内容。

那么，如何理解教材的含义呢？本书认为，教材是国家意志、民族精神和科学文化知识在教育行为中的集中体现，是教师在教育教学过程中利用的主要素材和基本手段。广义的教材是指一切适用于学校教学的媒体材料，既包括以文本形式呈现的印刷资料，也有以多媒体、网络等技术形式承载的教学资料；狭义的教

---

[1] 夏征农，陈至立. 辞海（第六版 彩图本）[M]. 上海：上海辞书出版社，2009：1100.
[2] 钟启泉，崔允漷，张华. 为了中华民族的复兴 为了每位学生的发展：基础教育课程改革纲要（试行）解读[M]. 上海：华东师范大学出版社，2001：212.
[3] 曾天山. 教材论[M]. 北京：人民教育出版社，2019：4-15.
[4] 阚智. 中小学教师教研工作读本[M]. 合肥：安徽教育出版社，2015：14.
[5] 高凌飚. 教材评价维度与标准[J]. 教育发展研究，2007（12）：8-12.

第二章 大中小学教材一体化建设和管理的理论阐释

材是指教科书。究其本质，教材即以一定的教学目标为主要参照，依循相应的教学规律，组织并发展起来的科学知识系统。从大的方面讲，这个系统可以是指从小学到大学乃至研究生教育的教材总体，也可以是指某个层次或大学的其中一个专业的教材总体。

2. 教材要素

关于教材要素，学界存在分歧。安德森（L. W. Anderson）和布洛克（J. H. Brock）提出用语、事实、概念、原理与步骤五种构成单元的"内容要素"：用语指一些新的或专门的语汇和语句，它们可以被引入教材；事实代表教材中重要的、特殊的某一组信息；概念是教材中旨在组织在某一点上具有相似性的用语与事实而使用的"上位"名词，其中又包含具体概念与抽象概念两类；原理是一些系统概念、型式、图式，这些内容可以表述教材中出现的若干概念之间的关系，构成被称作规则或法则的东西；步骤是分阶段的操作序列，这些操作序列要求学生必须实现。[1] 麦斯登（W. Marsden）对教材的核心要素做了更为精练且扼要的总结：第一，一套内容知识构成了教材；第二，教材能够对任意一套教学的原则与过程进行呈现；第三，教材可以对外在的或强加的一套社会目的进行反映。[2] 曾天山认为，一般而言，各科教材主要包括知识要素、技能因素、能力要素及必要的思想品德教育因素与审美心理要素等。[3] 本书认为，教材要素是教材建设的基本点，主要包括目标要素、内容要素、教学要素、物理要素与信息技术要素五个方面。[4]

3. 教材类型

教材和其他事物一样，从不同的角度和侧面可以进行不同的分类。科学的分类对于了解事物的本质属性、正确组织教材建设及研究工作具有重要意义。从教学过程中教材的作用出发，教材分基本教材与辅助性教材。比如，教科书等可以作为教学计划的基干或教与学的主要依据的手段；辅助性教材有参考书、图册、补充性讲义等。依据教学总流程判定教材所处的位置后，又可以按基础课、技术基础课与专业课对教材进行划分。其中，专业课教材进行二次分类，则出现了限定性与非限定性两种选修教材及研究生教材。这一分类是教材的关联性与层次性

---

[1] 转引自钟启泉. 现代课程论（新版）[M]. 2 版. 上海：上海教育出版社，2006：385-386.

[2] Marsden W E. The School Textbook：Geography, History and Social Studies[M]. London：Woburn Press, 2001：8.

[3] 曾天山. 教材论[M]. 南昌：江西教育出版社，1997：77.

[4] 刘学智，张振. 教育治理视角下教材一体化建设的理论建构[J]. 教育研究，2018（6）：139-145.

的充分反映。以生产教材实体使用的材料划分,则又有了以纸质、胶片、磁带、光盘等不同物质为介质的教材。按照学校类型、学段层次与适配范围划分,则幼儿、小学、中学、中专、职业学校、大专、大学等都可以作为描述教材形式的前缀词。依据办学形式的不同,教材可以被简单地划分为全日制学校教材与非全日制学校教材,亦可进行更为详细的叙述,有函授、刊授教材等诸多不同形式。按传递信息的途径或教材使用者的感官适配划分,则有视觉教材(文字类、实物类,以及特殊教育中聋哑人使用的均在此列)、听觉教材(如磁带等)、视听教材(如教学电影等)、触摸教材(如盲人用的教材等)。根据管理的层次,可以将教材分为国家教材、地方教材和校本教材。按设计的类型,可以将教材划分为以下几类:①知识中心式教材。这种教材设计以知识为中心内容,强调知识的系统性和逻辑性,为最原始的教材设计。它有若干种具体表现形式,包括学科浓缩型、学科结构型、多科知识综合型。②范例式教材。它是以基础的、本质的、有代表性的内容为范例编制的教材,如德国的瓦根舍因(M. Wagenschein)的范例教学。③经验中心式教材。它以人类生活中的衣、食、住、行等为基本材料,直接培养学生的社会生活能力。④社会中心式教材。顾名思义,即其核心和目的都与社会需求及问题息息相关,既是社会需求与问题的反映,又是为了增进学生适应社会、解决社会问题的能力而存在。①按不同学习领域,教材可以被划分成艺术、体育运动、社会、言语、数学等多个类别,或可以依据层级划分出要素性、概括性与实践性三类教材。按照表现形态,可以分为表面教材与潜在教材。表面教材是开发潜在教材的线索,而潜在教材则是拥有超越了学科框架的、在个性世界的内容方面极为丰富的教材,能够拓展学生学习的内容范围。②但无论怎样分类,各类教材之间都是相互联系、相互包容的。

4. 教材结构

教材结构是教材一体化建设的核心维度。学界对教材结构的理解主要包括微观说、宏观说两种。

(1)教材结构的微观说

教材结构的微观说主张教材结构是教材内部要素及其关系的组织形式,各科教材的基本结构是教材内部各要素、各成分间合乎规律的组织形式。③从已有研

---

① 周明诚,彭小云. 艺术学校(院)教学模式创新与规范化管理及规章制度实用手册[M]. 广州:广东海燕电子音像出版社,2004:303.
② 钟启泉. 现代课程论(新版)[M]. 2版. 上海:上海教育出版社,2006:385-386.
③ 廖哲勋. 课程学[M]. 武汉:华中师范大学出版社,1991:213.

第二章 大中小学教材一体化建设和管理的理论阐释

究来看,圆周式、直线式、螺旋式、范例式和网状式是微观视域下教材的五种主要结构类型。①圆周式结构,或称同心圆式结构,代表一种对同主题或问题进行反复研究的排列方式。在这一结构下,人们并不会对教材的深度作特别要求,而是随学生年龄的增长、理解程度逐渐加深而专注于教材内容范围的渐次扩大。[①]②直线式结构,或以"逻辑式"结构代称。即知识与知识之间只存有延伸关系而不会重复,其教材内容的组织工作是遵照学科内在知识逻辑体系开展的。与这类教材密切相关的是累积学习理论。加涅(R. M. Gagne)通过将教学内容转化为系列性的能力目标,并获得这些目标之间的内在逻辑关系,以从低到高的序列对教学内容进行排列,这是最古老的教材结构。[②]③螺旋式结构。美国学者布鲁纳(J. S. Bruner)是这一结构的发现者。他基于皮亚杰(J. Piaget)的结构主义心理学,对儿童心理发展的鲜明特性——阶段性与顺序性加以考量,并将之与学科自身发展的逻辑结合起来,以作为编写教材的方式。这种结构符合儿童的认知发展特点,材料能尽量转换为儿童的逻辑形式,学科的教学尽可能符合儿童的智力发展水平。④范例式结构。范例式结构源于德国教学论专家瓦根舍因的范例式教学。它主张从教材系统中选择基础、本质的内容作为范例来让学生学习,在此基础上培养学生的思维能力和创新精神。范例式结构具有基础性、基本性和范例性的特征。⑤网状式结构。随着多媒体的出现,教材的形式和结构发生了深刻的变化。传统的线性教材结构由于灵活性差而受到了很大挑战,超文本教材越来越受到教材开发者和教师的重视。这里的超文本教材包括纸质教材、电影录像带和互联网教材,学生在学习过程中可以根据自己的需要对教材中的知识进行选择和重新建构。[③]

(2)教材结构的宏观说

教材结构宏观说主张教材结构是各教材的合理组合,是各学年(学期)教材间纵向衔接关系及各单元(课、节)的设置与纵横关系。[④]靳玉乐等认为,教材的结构包括两个层次:教材的总体结构和教材的基本结构。前者是一种网状结构,其中以国家课程标准为经线,学生身心发展水平和需要为纬线,它们之间是一种动态生成的过程;后者反映的是某一特定教材各要素之间的相互关系,这些要素包括知识与技能,过程与方法,情感、态度与价值观。但他们没有对教材的

---

① 曾天山. 教材论[M]. 北京:人民教育出版社,2019:94.
② 曾天山. 教材论[M]. 北京:人民教育出版社,2019:84.
③ 陈柏华. 教师教材观个案研究[J]. 西北师大学报(社会科学版),2012(1):101-106.
④ 郭晓明. 整体性课程结构观与优化课程结构的新思路[J]. 教育理论与实践,2001(5):38-42.

基本结构进行深入讨论。[1]日本学者广冈亮藏则关注"教材结构化",将教材结构视作一部完整教材具有的基本框架,以及一种本质知识,但具有作为教学内容的结构性。[2]此外,教材结构还可以被视作因中心观念与基本要素之垒叠而构成的教材的组织。其中,中心观念是核心,是作为审视教材的视角而存在的;基本要素则可以被视为若干支柱,这些支柱共同发力,对教材起支撑作用。由此,基本要素与基本要素之间、中心观念与基本要素之间都存在一定的结构关系,即教材结构化。在教材结构化过程中,教材成了以中心观念为"根"、以基本要素为"干"的树木,而教材结构是作为支撑教学内容的主体骨骼而存在的。从以上表述可以看出,教材的宏观结构是本质和属性上的教材体系结构化。我国学者苏鸿认为,结构性是教材的根本规定性。[3]基于广冈亮藏对教材宏观结构的理解,曾天山绘制了"教材树谱系图",从教材的宏观结构出发,指出教材的总体结构应该由根系、基干系、主干系和支干系四个部分构成。其中,教材根系是教材赖以生存、发育和成长的基础,是人类千百年来的实践活动;教材的基干系是教材总体结构中最基础和最基本的知识;教材的主干系仅次于教材的基干系;教材的支干系则是从教材树的基干系和主干系生长出来的分枝。[4]总体上看,教材的宏观结构呈树状结构,而教材宏观结构的根本在于植根于根系的顽强生命力。

5. 教材内容组织

教材内容组织是指按照一定的理论体系选取和安排某一门科目的教学内容。教材组织之所以重要,就在于其会极大地影响教学效率,以及学习者的受教育程度。特别是现代的教材,除教材之外,还有实验教材、实物教材、视听教材及形形色色的电子教材,这就涉及如何组织教材的方法论问题。根据教材组织方式的不同,可以将教材组织分为以下两种类型。

(1)纵向和横向组织

在探讨学习经验的组织时,我们可以"从一个时刻到另一个时刻""从一个领域到另一个领域"两个角度考察学习经验之间的关系。这两种关系被称为纵向关系和横向关系。[5]

---

[1] 靳玉乐,宋乃庆,徐仲林. 新教材将会给教师带来些什么——谈新教材新功能[M]. 北京:北京大学出版社,2002:5.
[2] 曾天山. 教材论[M]. 北京:人民教育出版社,2019:161.
[3] 苏鸿. 论中小学教材结构的建构[J]. 课程·教材·教法,2003(2):9-13.
[4] 曾天山. 教材论[M]. 北京:人民教育出版社,2019:16-17.
[5] 拉尔夫·泰勒. 课程与教学的基本原理[M]. 施良方译. 北京:人民教育出版社,1994:67.

第二章 大中小学教材一体化建设和管理的理论阐释

在纵向组织结构中,内在于人的学习心理过程与外在于人的客观知识体系之间的联系是重点,需要综合运用学与教的心理学原理,使教材设计适合学生的学习经验发展特点。我们看到教材一体化建设工作取得实效性的关键,即要在对不同层次的教材的性质、学生的心理认知特点及社会要求了如指掌的情况下做出精准判断,循序渐进,由浅入深,通过对义务教育教材、高中教材及高校教材的科学研究,保证前后学段的教材之间有必要的连续性、递升性和过渡性,不存在严重的断裂、脱节、错位和缺漏,能够持续促进学生思维的跃迁,最终构建一整套渐进式、连续性的大中小学教材体系。

横向结构则是不同的学习领域、教材类型与学习机会或活动之间的整合安排。相对于纵向结构而言,横向结构更加关注教材本身,即把握不同类型教材的独特优势与契合互补点,遵循适度与均衡原则进行组合,追求的是在教材结构中彰显一种均衡的美感。因此,统一、严格、集中与个性、特色的要求共同蕴藏于教材的横向结构建设中。这种个性与特色并非凭空而生,而是既关注不同类别、不同学校教材的具体要求,又聚焦于不同学科的特色。在开展教材内容组织工作时,要对国家、社会与个人三个层面的要求进行有重点的选择,并对各学段教材进行系统性融合而非生硬植入,保证各类教材涵盖的知识在广度、深度上尽可能地相互照应。

(2)学科或学生为本的组织

另外还有三种教材组织方式,主要来源于博辛(N. L. Bossing)的研究。[1]

第一种是最为传统的"逻辑式组织"(logical organization)。该方式将要点置于学习研究的体制,更加关注成人观点的采纳,在时间上由古及今,在难度选择上则从最简单处开始逐次递进,在内容上由浅入深,在组织的顺序上则注重逻辑顺序,呈现出井然有序、纲目齐整的特征。

第二种是由进步主义教育家倡导的"心理式组织"(psychological organization)。该方式的关键点在于对学习者兴趣与需要的关注,更加重视以学生为本。此方式的提倡者打破了难度选择上必须由易及难的原则,认为如果学习者有兴趣,则他们对超出其当前能力范围的那些较难的知识亦有学习意愿;反之,若只是以容易为标准,而忽视了学习者对内容的兴趣,则学习者的学习意愿会下降。

第三种是调和了传统与革新的"折中式组织"(eclectic organization)。它兼及学科与学习者两方面的需要和情况,对前两种组织的精神进行兼容并包的批判

---

[1] 钟启泉. 现代课程论(新版)[M]. 2版. 上海:上海教育出版社,2006:381-382.

式采纳，由此冲破了因过分关注学科或学生而导致的极端化陷阱，且这一方式对学科与学习者进行兼顾的比例并不固定，因此也可以被称作弹性组织方式。

（三）教材建设及相关概念

1. 教材建设的内涵

关于"教材建设"的概念，学界存在一定的分歧，主要有如下观点。一是教材编写与选用说。有学者认为，教材建设包含两方面的内容，即组织教材编写和组织教材选用，通过"编"与"选"两种路径，形成一套符合教学要求的基本教材与辅助教材。[①]二是教材设计与编写说。部分学者认为，教材设计与编写实际上与教材建设是同义的，认为以"设计与编写"进行描述更加注重微观，是对教材内容的显示与传播、教材设计与编写的理论依据及其应用等更为细致的问题的关注。所以，在该名词使用中，若指一般，则用教材建设；若更具体一些，则用教材设计与编写。[②]三是教材开发说。一些学者认为，从教材研发过程来看，教材建设的实质在于教材开发。教材开发包括教材设计和教材编写。[③]

以上三种学说对教材建设内涵的理解，虽各有侧重，但"设计""编写"均是核心词，"设计"是宏观层面教材体系与结构的规划，"编写"是教材方案在操作层面的具体实施。由此而论，教材建设内涵应是指设计教材体系与结构、落实教材编写计划的过程。教材建设主要解决两个相关的问题：一是实现培养目标应选择哪些内容及其内容的深度与广度；二是各教材在内容和呈现方式上如何互相配合与衔接。教材建设主要包括中小学教材建设和大学教材建设。其中，中小学教材建设是指根据小学、初中、高中课程标准及地方、学校对学生发展的要求进行教材设计，组织国家教材、地方教材、校本教材等各类教材编写的过程。大学教材建设也称高校教材建设，是指高校以人才培养要求为依据，对教材做出系统、有序的规划，制定各门课程的教学大纲或教学基本要求，编撰各门类课程教材的过程。本质上，教材建设是一个不断改造与否定现存教材，以趋向理想教材图景的过程。

2. 教材建设的要素

从教材建设的内涵来分析，教材建设一般应包括以下要素。

[①] 李堃. 教材建设与管理[M]. 北京：国防工业出版社，1993：28.
[②] 范印哲. 教材设计与编写[M]. 北京：高等教育出版社，1998：6.
[③] 张怡. 教师培训教材设计研究：基于实践·反思取向的设计模式与策略[M]. 长春：东北师范大学出版社，2010：5.

第二章 大中小学教材一体化建设和管理的理论阐释

（1）教材目标

教材目标是教材建设的出发点和归宿。教材目标一般包括教材总体目标和具体目标。

教材总体目标与教育目的具有一致性，它是由党和国家根据一定时期社会发展的政治、经济、文化的要求而提出的，是对教材建设的总体考虑和安排，具有普遍性、方向性和统一性。一是贯彻党的教育方针，即要培养德智体美劳全面发展的社会主义建设者和接班人。这要求在青少年"拔节孕穗"期，立足大中小学教育实践，用习近平新时代中国特色社会主义思想铸魂育人，将社会主义核心价值观有机地融入大中小学教材体系之中，明确教材建设的时代方位；挖掘教材间的关联性，将德智体美劳"五育"要求系统地融入各科教材，为学生综合素质发展提供有效支撑，解决好"怎样培养人"的问题。二是落实立德树人根本任务。立德树人既是我国教育的根本任务，也是教育必须实现的目标。党的十八大报告明确提出，"把立德树人作为教育的根本任务"。党的十九大报告更加强调，"全面贯彻党的教育方针，落实立德树人根本任务"。适应我国人才强国战略的重大需要，党和国家把立德树人作为检验一切教育工作的根本标准。立德树人是教材建设的时代定位。教材建设要明确国家制度与教育方针、人才培养目标的关系，解决好"为谁培养人"的问题。教材建设要明确人才培养的政治方向和价值导向，将理想信念、爱国主义、品德修养、知识见识、奋斗精神、综合素质有机地融入教材目标之中，以培养出合格和可靠的时代新人。

教材具体目标与中小学教育教学需求相适配，能够呈现当前科技水平的现代教材体系构建的关键，即我们要对目标体系做逐段逐层的解构工作。一是层次目标。大中小学教材建设要有一定的层次性，即每一阶段的教材都居于整个教材体系的某一层次。同时，不同阶段的教材本身又是具有多个层次的体系结构。因此，教材一体化建设既要处理好大中小学不同阶段教材目标的衔接问题，也要处理好同一阶段内各年级和各学期教材目标的衔接问题，形成一个层层递进、螺旋式上升的教材目标体系。二是类型目标。教材建设在目标类型上的划分是由教育的性质、任务、学制、结构与办学模式的差异决定的。不同类型的教材既要有统一、严格、集中的要求，又要有针对不同类别和不同学校教材的具体要求。因此，教材建设中教材目标的制定要以这些不同类型教育的特征和要求为依据，对国家、社会与个人三个层面的价值要求进行有重点的选择，而后与大中小学教材目标进行系统的融合。三是学科（专业）目标。同一阶段的教材可以依据不同标准分为不同的类型结构，如选修课教材与必修课教材；专业基础课教材、专业课教材和公共课教材、学科教材和活动课教材等。学科（专业）目标往往是某一学科的教育要求，它的内涵和外延都要被限定在一定阶段学校的培养目标之内。同一层次教材目标要与其他平行的教材目标相关联，并通过打破不同学科和专业目标之间的壁垒，促进不同学科和专业教材目标的整合，实现多学科教材协同育人。

（2）教材内容选择

教材内容选择主要依据专业或课程标准进行。教育标准被视作教育活动中的"一般等价物"，这代表教育标准具有一种交换媒介功能。这种交换既可能发生在同一个教育系统中，也可能在不同系统、不同教育活动中出现。课程标准体系建设是我国教育改革的重中之重，推进涵盖小学、中学和大学在内的互通性标准体系建设，可以为教材一体化构建提供有力支撑。根据不同范围、对象或层级，可以将课程标准分为不同类型，不同类型的课程标准经过特定的组合，又会形成不同的课程标准体系。建立课程标准体系就是对各个相对独立的标准体系进行统整，实现标准体系结构的统一。[①]

第一，分段标准。标准体系内的标准层次可以划分为多级，体现出了标准体系的学段衔接要求。建立小学、中学和大学标准体系，首先要按照一定的标准要素和结构进行分层、有序组合。[②]其中，有小学、初中两段间的课程标准衔接要求，初中和高中两段间的课程标准衔接要求，大学体系内专科、本科、研究生各阶段间的课程质量标准衔接要求。因此，建立互通性标准体系，必须体现标准内的层级要求。其次，要注意标准体系内的共性与个性的关系。因此，在标准体系建设中，必须体现三大标准体系的贯通要求，为教材一体化建设提供科学的依据。

第二，类型标准。从纵向来看，基于教育对象的阶段性特征，大中小学教材的建设和管理应划分为大学阶段教材的建设与管理、中小学阶段教材的建设与管理。不同阶段的教材建设和管理具有不同的特点，即使是同一阶段，各年级教材的建设和管理也各具特色。从横向来看，按照教育对象所受教育的侧重点不同，大中小学教材的建设和管理包括普通教育教材的建设和管理、职业教育教材的建设和管理、特殊教育教材的建设和管理。因此，在大中小学教材的建设和管理过程中，必须分类制定课程标准，因地制宜地进行教材建设。

第三，专业（学科）标准。课程标准总纲即将规定范围置于某一学段，对这

---

① 顾明远. 教育大辞典[M]. 上海：上海教育出版社，1990：280.
② 吴重庆. 自然科学与技术研究方法[M]. 北京：北京交通大学出版社，2012：210.

第二章 大中小学教材一体化建设和管理的理论阐释

一范围内的课程进行设计的纲领性文件。其规定内容上至各级学校的学科与课程设置、课程目标等，下至各年级各学科的每周教学时数等。各科课程标准则是在总纲所要求的范畴之中，对各科教学要点、教学时数、教学目标、教材纲要和编订教材的基本要求做具体规定。[1]在课程标准体系中，不同课程标准之间存在着多样的关系或连接状态，只有具体分析不同类型和层次课程标准的关系，才能构建具有贯通性的课程标准体系。[2]为此，要结合不同学科（专业）课程标准的特点，明确各种类型层次课程标准之间的联系，整体设计课程标准体系，以形成逐层递进、协同联动的课程标准体系，为教材一体化建设提供科学的依据和指导。

（3）教材体系

教材体系是教材结构逻辑的基本表达形式，一般由纵向衔接和横向配合两大维度构成。

一是纵向衔接。在不同学段中，学生的年龄与心理发展各有特征，教育教学也因而呈现出自低及高、循序渐进的特征。因此，教材组织要遵循纵向衔接的方式，既要把握学科知识的系统性、逻辑性，又要遵循学生的心理发展特征和认知特点，更要符合教学过程的逻辑顺序，从而实现学段教材内容的有序、分层衔接，为学校教育教学提供优质的工具。纵向衔接主要包括两种基本方式："螺旋式""直线式"。"螺旋式"代表一系列的、有关事物发展的循环，在上升过程中，相比前一循环，每一循环都体现出层次更高的特征。[3]教材一体化建设工作的推进正是要遵循这种步步升高的规律，细致、深入、有序地梳理内容的学段要求，结合学生身心发展与品德生成机制，搭建渐次递进的一体化教材体系。"直线式"在课程内容的组织上更专注于画出一条逻辑前后关联的"直线"，基本不会出现内容的重复，有助于提高学生的学习效率。

二是横向配合。德智体美劳"五育"并举及融合是发展素质教育的重要途径。在人才培养体系中，德智体美劳既相互独立，又互相渗透和联系，共同构成了人的全面发展的有机教育整体。教材一体化建设要落实人的全面发展目标，就要在贯彻德智体美劳"五育"要求的前提下，挖掘各育之间的载体，为培养创新型、复合型人才提供支撑。

（4）教材话语

陈述的总体即为话语。在福柯的眼中，话语无论如何都要屈从于共同的运行

---

[1]《教育大辞典》编纂委员会. 教育大辞典[M]. 1. 上海：上海教育出版社，1986：280.
[2] 周士林，李嘉瑶. 教材建设浅论[M]. 北京：北京航空学院出版社，1986：23.
[3] 吴重庆. 自然科学与技术研究方法[M]. 北京：北京交通大学出版社，2012：210.

规则，尽管它们可以分属于不同领域。教材作为国家话语体系的重要载体，要体现国家话语的特点，特别是那些被称作社会公众舆论空间的"权威话语"，包括文本中什么样的著作者有权议论？论题应具有何种样态才能获得在文本中被议论的资格？论述背后的思维逻辑与价值标准是什么？[1]等等。一方面，教材话语表达具有易懂性。教材是学生从中获取知识和能力的一种工具，它就应该使学生在单位时间内获取尽可能多的知识。[2]为此，语言学与阅读心理学的理论在教材文本的编撰中处于基础地位。在知识的准确之外，文本的可读性、出版物的编辑规范、读者的注意力分配和视觉审美成为教材文本编撰的出发点，以便将更为优良的阅读感受带给学生。此外，教材话语表达的方式要具有多样性。为了让学生理解事物的表演式、肖像式和象征式等再现表象，就需要采用动作、形象与语言标记，以帮助学生顺利地理解有关知识。另一方面，教材话语也要具有体系性。学术体系反映在话语体系中，又借由话语体系实现表达与传播。由此可见，话语体系包含的诸如概念、范畴、命题、判断、术语和语言等都是构成学科体系之网的绳结。[3]教材不仅是一种反映外部事物现象及其规律的课程文本，还是在文化价值引领和学校制度规范下开展的学科话语实践，是推进国家课程改革与教育知识生产的社会实践。教材研究应该超越静态的文本分析层面，把教材的话语实践即教材生产、传播和使用的过程作为研究对象；教材研究应突破表层的文本结构，聚焦教材深层的话语秩序与价值取向；教材研究不应囿于对微观的词、句、段等文本符号的分析，而是应逐步解剖教材话语的建构过程，解析话语诞生的社会文化环境，从更为宏观的社会语境视域出发，解释课程改革和社会变迁是如何在教材话语中体现的。[4]为了完善教材话语体系，相关部门必须通过实施创新举措，积极引领国际学术界进行更为深入的探讨和研究，进而推动教材话语体系实现持续的改进与提升。

（5）教材类别

任何一本教材都是教材系统中不可或缺的一部分，与其他相关教材和参考书相互关联、作用，共同构成了完整的教材体系。为了充分发挥教材的综合功能，我们应将其视为一个整体进行考量。在设计某一类别或科目的教材时，必须确保其与整个教材系列保持高度一致，这样才能实现最佳的教学效果。因此，在一般

---

[1] 刘云杉. 视域的分歧——大陆与台湾初中语文教科书比较[J]. 教育研究与实验，1997（4）：31-37.

[2] 周士林，李嘉瑶. 教材建设浅论[M]. 北京：北京航空学院出版社，1986：23.

[3] 谢伏瞻. 加快构建中国特色哲学社会科学学科体系、学术体系、话语体系[J]. 中国社会科学，2019（5）：4-22，204.

[4] 王攀峰. 教科书话语分析的方法论建构[J]. 教育研究，2019（5）：51-59.

的教材系统中，应涵盖多个层面的教材资源，包括基础课程教材、专业基础课程教材、专业课程教材等类别，以及与之配套的习题指导书、参考书、实验教材、实验指导书，还有必要的工具书等。[①]此外，我们还可以按照学科的发展阶段将其细分为新兴学科、发展中学科和经典学科。针对这些处于不同发展阶段的学科，我们需要深入分析教材建设的特点，以便总结出内容更新的规律，并构建新的教材体系。

（四）教材管理及相关概念

1. 教材管理的内涵

关于"教材管理"的内涵，众说纷纭，主要有以下观点：第一，教材管理活动说，认为教材管理是指管理者根据预定教育目标对教材实施的一系列管理活动。[②]第二，教材管理系统说，认为教材管理是指教育行政、教材编写审定、出版发行各部门及各级教材管理人员有计划、有组织地对教材进行协调和控制而构成的教材管理网络化组织系统。教材管理包括教材研制、实验、审定、出版、发行、选用、供应等。第三，教材管理过程说，认为教材管理是指对教材的选用、订购、保管、发售、结算的全过程管理，教材的管理应由专门的管理机构施行。综合以上观点，本书认为，教材管理是指基于教材管理的客观规律，对教材的开发、审定、出版、选用等诸多环节实施系统化、科学化的管理活动，以达成教材建设的目标。教材管理主要包括中小学教材管理和大学教材管理。

2. 教材管理的要素

教材管理是教材建设的重要制度保障，其核心要素主要包括以下四个方面。

（1）教材管理目标

教材管理的重点在于为国家提供需要的知识或思想。教材管理只有明确的发展目标，才能合理调动有效的资源，充分发挥多元管理主体的积极性，引导教材建设参与者朝着正确的方向行动。因此，完善的教材管理既要有统一的管理目的，又要有具体分层和分类的管理目标，要有国家的、部分地区的、学校的三个层次的教材管理目标，还要有普通教材管理目标和职业教材管理目标。其中，教材的共性要求教材管理要有统一的指导思想、一系列政策和制度，使教材建设沿着正确的方向健康发展，这样才能较好地保证逐步建成高质量的教材体系。

---

① 范印哲. 大学教学与教材概论[M]. 北京：高等教育出版社，1990：156-157.
② 谢福林. 高校教材管理工作指南[M]. 广州：广东教育出版社，2007：158.

（2）教材管理体制

组织机构是发挥管理职能的组织保证。组织机构的具体形式是由其任务的性质、解决问题的条件和人员情况决定的。[①]教材管理的核心在于精心规划和建立治理主体的公共权力架构，以明确界定各治理主体的责任与权力边界。此外，要推动各治理主体的紧密合作，确保管理流程的规范化与高效化，并追求管理成果的最优化。

特别是随着教育举办者的多样化，教材利益相关者的来源更为复杂，教材制度所要管理和服务的对象更加多元。[②]在大中小学教材的一体化管理过程中，各主体之间存在着多种关系，即中央与地方的关系、中央政府与非中央政府组织的关系、地方与学校的关系、地方政府与非地方政府组织的关系，以及中央、地方、学校和市场之间的关系。这些关系交织在一起，共同影响着大中小学教材的一体化建设和管理运行。如果这些关系处理不好，必将会导致大中小学教材的一体化建设和管理改革举步维艰。因此，为了使行政管理职能得到充分发挥，必须建立合适的组织机构，明确国家、地方和学校在课程规划、开发、实施和评估等课程管理行动中的职责与权限划分，如人员配备、职责权限划分及彼此关系的处理机制等，挖掘改革潜力。

（3）教材管理程序

教材管理制度是指政府等有关部门在一定的教育发展战略目标下，制定的有关教材编写、审查、出版、发行、选用和使用等一系列方针、政策和规则的总称。因此，教材管理制度包括行政管理制度和业务管理制度。[③]其中，编制教材出版规划和年度出书计划，以及制定实现规划和计划的有关政策，大体属于行政管理部门的职能。管理的另一任务是贯彻执行有关政策，使规划和计划得以实现，这主要是业务管理机构的职能。[④]在教材编审出版的运行中，业务管理尤为重要。这主要是因为教材出版时间要求严、编审出版质量要求高、编审出版过程的工序环节复杂、各工序和各类人员的职责需要密切配合等。

（4）教材管理机制

优化教材管理体系，增强教材建设的内在动力，促进教材管理效率与质量的提升，是教育治理的核心目标与职责。随着社会的不断进步，教育系统与各类组

[①] 周士林，李嘉瑶. 教材建设浅论[M]. 北京：北京航空学院出版社，1986：42.
[②] 陈月茹，刘欣. 中外中小学教科书制度比较研究[M]. 济南：山东友谊出版社，2009：23.
[③] 刘学智，张振. 推进教材制度创新的着力点[J]. 教育研究，2019（2）：28-32.
[④] 周士林，李嘉瑶. 教材建设浅论[M]. 北京：北京航空学院出版社，1986：50-51.

第二章　大中小学教材一体化建设和管理的理论阐释

织和机构的联系日趋紧密，使得教材和教材制度受到了更加广泛的关注与审视。民众与政府对此的关注持续升温，教材问题引发的社会反响也日益强烈。这一变化使得原来仅在专业领域内备受瞩目的教材问题逐渐转变为公共领域的焦点。[①]因此，教材管理要在充分利用政府权威机制、市场交换机制及社会自主协商机制的基础上，形成一套成熟、完备和规范的国家治理机制体系，着力增强国家各项教材管理制度改革的系统性、整体性和协同性。总之，教材管理的机制问题，既包括大中小学教材的主体间的协同和配合，也包括教材审定的编审分离、盲审制度和政治审查制度、教材出版监管制度、第三方评价制度、修订周期制度等具体教材管理机制等。因此，创新教材管理机制，对教材一体化建设具有十分重要的保障作用。

（五）教材的一体化

1."一体化"的内涵

"一体化"也被称为综合化，其起源可追溯至20世纪40年代末的西欧。20世纪70年代以后，"一体化"的定义才逐渐变得明确和规范。

对于"一体化"这个概念，可以从多个角度加以理解。从语义学角度看，一体化的本源意思是创发的进化论者所说的"emergent whole"（自然的整体）或者是"integrated whole"（整合的整体），两个词语综合的含义就是通过部分的结合出现的全部新的性质。从政治学角度看，一体化是指多个原来相互独立的主权实体通过某种方式逐步在同一体系下彼此包容、相互合作。从管理学角度看，有学者将一体化概念理解为：将两个或两个以上的互不相同、互不协调的事项，采取适当的方式与措施，将其有机地融合为一个整体，形成协同效力，以实现组织策划目标的一项措施。[②]从生物学角度看，一体化又称为种群一体化和群落一体化等。从社会系统理论理解，一体化有三层含义。第一，一体化意味着"部分组成整体"。美国学者卡尔·W. 多伊奇（K. W. Deutsch）认为，一体化通常意味着由部分组成整体，即将原来相互分离的单位转变成为一个紧密系统的复合体。[③]第二，一体化意味着"结构决定功能"。一体化以结构-功能理论为基础，根本特性是结构变革、功能转化。在理论上，系统以结构的统一性、功能的一致性为标

[①] 陈月茹，刘欣. 中外中小学教科书制度比较研究[M]. 济南：山东友谊出版社，2009：24-26.
[②] 《集约型一体化管理体系创建与实践》编委会. 集约型一体化管理体系创建与实践[M]. 北京：中国石化出版社，2010：102.
[③] 转引自胡延新. "一体化"和"重新一体化"：概念的提出及其修正[J]. 东欧中亚研究，1997（2）：13-15.

准；在实践上，结构与功能是一体化实现过程中的主要贯彻依据。第三，一体化是系统之间自组织运作的结果。[1]综合以上观点，本书认为一体化是指系统中的诸要素融合为一个有机复合体，以实现系统结构变革、功能转化的过程。

2."教材一体化"的本质理解

本书中的"一体化"是指教材的一体化建设和管理，可以从四个方面加以理解：一是大中小学教材的一体化建设和管理体制，包括大中小学教材的一体化建设和管理机构主体之间权力的分配、责任的划分和教材建设和管理制度；二是大中小学教材的一体化建设和管理内容，包括一体化的课程标准体系、一体化的教材体系和一体化的编审选评标准体系；三是大中小学教材的一体化建设和管理过程，包括整体规划教材建设、分类制定课程标准、思想体系引领教材体系、完善编审选评程序与方法；四是大中小学教材的一体化建设和管理机制，包括一体化的"准入、竞争、淘汰"机制和一体化的"评价、反馈、调控"机制。

二、大中小学教材建设的理论基础

（一）中小学教材建设理论

中小学教材建设理论是中小学教材建设的基础和遵循，是寻找教材建设规律的思想和方法。

1. 中小学教材建设的内容与依据

（1）中小学教材建设的内容

中小学教材建设的内容一般包括教材设计与教材编写两个维度。关于教材设计，可以从如下三个方面加以理解：第一，教材设计是一项复杂的系统工程。教材设计涉及整个课程的结构形式和组织，按照总目标、内容、活动和评价四个要素编排，其中心是教学内容的范围、顺序、连续性和整体性。[2]有学者提出，教材作为达成课程目标、展现课程内容的基本资料，其设计过程实际上是在课程目标的指引下，基于教材设计的理论支撑，通过特定的逻辑关系和展现形式对课程理念与课程内容进行细化与展开的过程。[3]第二，教材设计是产生好教材的过程。教材设计是打造优质教学资料的核心环节，其核心目标是提升教学效果。这

---

[1] 孙阳春，赵爽. 社会系统理论视角下"城乡教育一体化"再认识[J]. 当代教育科学，2012（4）：7-9.
[2] 范印哲. 教材设计导论[M]. 北京：高等教育出版社，2003：8.
[3] 毕华林. 学习能力的实质及其结构构建[J]. 教育研究，2000（7）：78-80.

第二章 大中小学教材一体化建设和管理的理论阐释

一过程建立在学习理论、教学理论和传播理论的基础之上，通过系统的方法深入剖析教学目标，明确教学挑战，进而构建解决教学难题的策略方案。[1]有学者支持该观点，认为教材设计的目的是产生具有最优化体系结构和最佳教学功能的新教材，并在使用中不断修订、提高，使之不断成熟。[2]第三，教材设计是联系基础理论和教材开发实践的桥梁。教材设计是一个具有中介意义的综合领域，包括将教育理论技术化、教学经验和学习经验理论化、教材编辑工作科学化的系统科学方法。教材设计的作用是使教材编写从传统的经验路径转变到科学路径。第四，教材设计过程的核心在于平衡学科知识的逻辑体系与学生心理发展特点之间的对立统一关系。这一对矛盾在教材设计领域具有普遍性，是设计者必须面对和处理的基本问题。这对基本矛盾是教材设计过程中内在的、固有的，是教材设计领域的探索者关注和研究的永恒课题。

关于中小学教材编写，研究者主要从指导思想、基本要素、基本原则加以论述。教材编写指导思想指的是为贯彻教育方针，实现培养目标，编写教材所应采取的立场、观点与方法，对教材和教学中的主要问题所应采取的态度。明确编写指导思想，对教材建设具有重要意义。如人民教育出版社根据教育部的部署草拟的教学大纲和教材都有明确的指导思想。尽管因时间不同，教材和教学中需要解决的问题不完全相同，但都明确了要坚持具有中国特色的社会主义方向，坚持"立德树人"的人才培养的总任务，这是编写好教材的基本前提。[3]关于教材编写基本要素的研究有以下观点：一是教材编制应包含知识要素、技能要素、能力要素及必要的品德要素等[4]；二是各年级教学内容各有其相对独立的逻辑和层次结构，在编写形式上也不尽一致，但基本要素构成及其功能却是相同的，如课题等。[5]教材编写的原则包括：思想政治教育与文化科学知识教育相结合；传授知识与培养能力相结合；知识的逻辑顺序与学生的生理、心理发展顺序相结合；理论与实践相结合；教材编写与科学研究相结合；教材专职编辑人员与教师、专家相结合等。[6]

---

[1] 曾天山. 教材论[M]. 南昌：江西教育出版社，1997：75.
[2] 范印哲. 教材设计导论[M]. 北京：高等教育出版社，2003：10.
[3] 人民教育出版社，课程教材研究所，历史与社会课程教材研究开发中心. 义务教育教科书·历史与社会：九年级上册[M]. 北京：人民教育出版社，2014：1.
[4] 曾天山. 教材论[M]. 南昌：江西教育出版社，1997：23.
[5] 人民教育出版社，课程教材研究所，历史与社会课程教材研究开发中心. 义务教育教科书·历史与社会：九年级上册[M]. 北京：人民教育出版社，2014：45.
[6] 人民教育出版社，课程教材研究所，历史与社会课程教材研究开发中心. 义务教育教科书·历史与社会：九年级上册[M]. 北京：人民教育出版社，2014：30.

（2）确定中小学教材内容的依据

国家课程标准是中小学课程改革的重要枢纽，为教材建设提供了参考依据。目前，教材建设参考的课程标准包括教育部印发的《义务教育课程方案和课程标准（2022年版）》《普通高中课程方案和语文等学科课程标准（2017年版2020年修订）》等。课程标准在多个文件中有明确规定，《基础教育课程改革纲要（试行）》指出，课程标准是教材编写、教学、评估和考试命题的依据，是国家管理和评价课程的基础。许多学者的研究显示，我国政府一直把中小学教材建设作为中小学教育改革的核心。根据中国社会主义建设事业和经济发展的需要以及教育改革的形势，我国政府对中小学教材建设给予了高度重视，确立了明确的方针和编写指导思想。同时，为了保障中小学教材编写工作的顺利进行和编写质量的稳步提升，我国政府还采取了一系列切实有效的措施。[①]

2. 中小学教材建设的结构与类型

从教育纵向体系划分，中小学教材可以分为义务教育教材和高中教育教材；从课程三级管理的维度看，可以分为综合课程教材和分科课程教材；从教材类型维度看，可以分为统编教材与非统编教材、纸质教材与数字化教材等。

3. 课程教材内容一体化建设理论与实践

学段教材内容衔接问题是中小学教材研究的重点。2010年7月，教育部发布的《国家中长期教育改革和发展规划纲要（2010—2020年）》明确指出，"树立系统培养观念，推进小学、中学、大学有机衔接"。张海彦从认知视角探析了中学英语和大学英语教学中的教材衔接问题和应对策略。研究发现，从高中英语新课标对词汇的要求来看，大学英语大纲对词汇的要求偏低，两个学段存在脱节，因此建议中学和大学英语教材在大纲、教材内容等方面促成"一条龙"的系统工程，使其更加符合教学需求，但从教材内容衔接来研究大中小学教材问题，显然内涵比较窄，缺乏顶层设计。[②]为此，一些学者将"一体化"概念引入课程管理领域，在更高层面设计教材一体化建设和管理思路。从目前来看，我国有关课程教材内容一体化建设问题的研究还处于起步阶段，主要涉及德育、体育两个学科的课程教材建设。在可见的文献中，柴如鹤较早地对大中小学体育教材内容一体化问题进行了研究，通过对大中小学体育教材内容的分析，认为其存在层次性缺乏、重复性突出等主要问题，体育教材和其他学科的教材一样，也应该具有

[①] 吴惟粤，黄志红. 中小学教材建设的实践与思考[J]. 课程·教材·教法，2004（2）：41-44.
[②] 张海彦. 认知视角下中学英语与大学英语教材衔接问题之探析[J]. 攀枝花学院学报，2013（1）：84-86.

第二章　大中小学教材一体化建设和管理的理论阐释

基础性和逻辑性,并分析论证了构建大中小学体育教材内容一体化体系的必要性。[1]也有学者研究发现,目前我国大中小学体育教材内容重复,不同学段的体育教材之间没有做好充分衔接,应在学校体育教材内容的安排上进行系统的一体化设计,加强大中小学体育教材建设。[2]在实践层面,2015年1月,《上海市政府工作报告》指出:"全面推进教育综合改革。加快构建大中小学一体化德育体系,系统推进中华优秀传统文化教育。"[3]上海教育行政部门落实该报告精神,在《2015年上海市教育委员会工作要点》中明确提出,将开展大中小学德育课程一体化研究和试点,完善大中小学德育顶层内容体系教育序列,推进大中小学德育内容和工作体系一体化。此外,该文件还强调,要编制中小学各学段、各学科落实德育目标的教学指导意见,研制教材调整及教学实施一体化方案。按照一体化德育课程建设思路,中小学德育与智育、美育等课程的统整,以及中小学德育教材一体化设计是必然的选择。[4]综上所述,我国有关大中小学教材内容一体化建设和管理的理论与实践探索仍处于起步阶段,有待系统化、科学化与深入化。

(二)大学教材建设理论

大学教材是高等教育培养高端人才的关键媒介和工具,强化大学教材建设是推进高校人才培养的重要工程。关于大学教材的建设理论,可以从如下几个方面加以研究。

1. 大学教材建设的结构与类型

大学教材建设的结构,可以从纵向培养层次和横向教育种类加以划分。一是从纵向维度探讨大学教材建设的结构与类型。《教育部关于"十二五"普通高等教育本科教材建设的若干意见》中指出了"十二五"期间大学本科教材建设的方针、目标、基本原则和基本要求,为各高校建设本校教材提供了宏观指导。但是,我国大学教材建设的情况比较复杂,硕士和博士教育阶段的教材建设都属于

---

[1] 柴如鹤. 建构有效衔接的大中小学体育教材内容体系的必要性[J]. 体育学刊, 2011(6): 91-93.
[2] 唐照华, 卢文云, 刘骏. 大、中、小学体育课程教材内容一体化的研究[J]. 成都体育学院学报, 2005(4): 115-118.
[3] 杨雄. 政府工作报告——2015年1月25日在上海市第十四届人民代表大会第三次会议上[EB/OL]. (2015-01-25)[2024-09-24]. https://www.gov.cn/guoqing/2015-02/02/content_2813351.htm#:~:text=%E8%BF%87%E5%8E%BB%E4%B8%80%E5%B9%B4%EF%BC%8C%E6%88%91%E4%BB%AC%E5%9C%A8,%E7%A1%AE%E5%AE%9A%E7%9A%84%E7%9B%AE%E6%A0%87%E4%BB%BB%E5%8A%A1%E3%80%82
[4] 上海市教育委员会. 上海市教育委员会关于印发《2015年上海市教育委员会工作要点》的通知[EB/OL]. (2015-01-07)[2024-09-24]. https://www.shanghai.gov.cn/nw12344/20200814/0001-12344_41164.html.

研究生教材建设。当前，在研究生的学位课程中，除了政治理论课外，其他课程的教材并未实现全国各院校的统一。多数情况下，这些课程采用的是自编教材。由于全国教材缺乏统一性，且尚未制定统一的教学大纲和课程管理条例，各校对课程的要求和管理标准存在显著差异。这不仅使得各院校培养的研究生水平参差不齐，同时也给研究生课程的管理带来了诸多挑战和困难。[①]二是从横向看，大学教材建设的结构大致分为普通高等教育、高等职业教育和成人教育三种类别。从小层面讲，就是不同学科体系间的结构。各类学科体系是有一定结构的学科群，是学科综合化发展的新趋势，对学科建设理论和实践发展具有开创性意义。[②]对于普通大学教材建设，教材建设结构就是不同学科群的结构。2012年，教育部发布了本科专业目录，并在近年根据情况进行调整。2012年的目录对大学本科的学科和专业进行了全面划分。目录中共设有哲学、历史学、管理学、艺术学等12个学科门类，涵盖了506种专业，至2024年专业数增至816种。[③]这一目录为大学提供了明确的学科和专业指导。

2. 大学教材的设计方法

我国学者对大学教材设计问题有丰富的研究。范印哲认为，大学教材设计的基本框架是"三个理论基础、十二项原则和一个教材评价"。三个理论基础为学习理论与教材设计；教学理论与教材设计；教育传播理论与教材设计（兼教育技术学原则）。十二项教材设计原则中的部分内容如下：教材设计程序与实施的基本模式；教材设计的知识论原则；教材设计的学科发展原则等。教材评价的指标体系和评价方法指的是教材的"基本特征–设计原则–评价指标"的一致性和一体化基本理论框架。基于此框架的教材设计，每一步骤均能够找到对应的理论依据，有利于提高教材设计与编写的科学化水平。[④]

张淑杰等关注教材设计中所选模态之间的协同作用，在研究中通过深入探讨多元识读能力来探究多模态教材设计。多元识读能力指的是对多元化表意模态及其相互协同作用和整合语法的识读能力。其中，模态协同及整合的语法是对意义

---

① 杨玉春，张广斌. 研究生课程管理研究：现状·问题·建议[J]. 学位与研究生教育，2013（5）：28-31.

② 叶绍梁. 对我国研究生教育学学科建设若干问题的几点认识（上）——试论研究生教育学研究对象、方法和学科体系[J]. 学位与研究生教育，2002（7-8）：30-33.

③ 教育部. 教育部关于印发《普通高等学校本科专业目录（2012年）》《普通高等学校本科专业设置管理规定》等文件的通知[EB/OL].（2012-09-14）[2024-09-24]. http://www.moe.gov.cn/srcsite/A08/moe_1034/s3882/201209/t20120918_143152.html.；普通高等学校本科专业目录（2024年）.（2024-01-24）[2024-12-20]. http://www.moe.gov.cn/srcsite/A08/moe_1034/s4930/202403/W020240319305498791768.pdf

④ 范印哲. 大学教学与教材概论[M]. 北京：高等教育出版社，1990：20.

第二章 大中小学教材一体化建设和管理的理论阐释

建构的描述，涉及对当前媒体文本及电子多媒体文本中不同意义的建构过程，包括情景训练、总体指导、批评性框架及转换型训练四种方法。在研究中，多模态教材设计的研究参数包括基于语境的教学目标、设计者的修辞立场、可用的表意资源和相互协同及整合的语法及媒体分布、练习设计。基于此框架的教材设计，是一个从教学理念到教学目标的过程，各模态间的协调与整合会直接影响教学理念的实现。[1]

三、大中小学教材管理的理论

（一）中小学教材管理理论

1. 中小学教材管理的内涵和特点

教材管理归属于管理学范畴。教材管理是一门专注于探究教材管理活动及其内在规律及通用方法的科学，建立在现代化管理理论的基础上，属于应用科学的范畴。[2]教材管理是由教材自身的特点决定的。有学者将教材管理特点总结为五个方面，即管理目标的系统性、管理突出重点性、管理方法的多样性、管理的制度化、管理的科学性[3]；也有研究者提出，教材工作具有多重特点，包括工作内容的复杂性、任务的繁重性、计划的严谨性及服务的重要性。[4]刘建琼等还强调了教材管理的社会性，指出教材管理部门及其人员构成了一个复杂的小社会。同时，其提到教材管理具有规律性，教材建设本身是一项复杂的系统工程，蕴含着自身的发展规律，深入挖掘这些内在规律，对于优化教材管理至关重要。有意识地利用客观规律，有利于提升教材管理服务水平。[5]

综上所述，教材管理通常应具备以下显著特点：第一，服务性是教材管理的核心特点。教材作为教师施教和学生学习的基本工具，其管理工作必须始终以服务教学为宗旨，确保教材的质量和适用性满足教学需求。第二，教材管理具有系统性。为了构建适应中小学教育教学需求、反映现代科技水平的现代教材体系，教材管理需要分层次、分阶段地分解目标体系，确保各项管理工作之间的协调与衔接，从而形成一个完整、有序的教材管理系统。第三，教材管理具有多样性。

---

[1] 张淑杰，范靓. 多模态教材设计的比较研究[J]. 教学与管理，2014（36）：115-117.
[2] 董少英. 高校教材建设与教材管理[M]. 北京：航空工业出版社，1993：21.
[3] 曾天山. 教材论[M]. 南昌：江西教育出版社，1997：77.
[4] 李堃. 教材建设与管理[M]. 北京：国防工业出版社，1993：56.
[5] 刘建琼，杨国生，赵晖等. 新的教育理念是课堂教学的灵魂——"听课评课"探究网上座谈录[J]. 当代教育论坛，2003（8）：124-127.

这种多样性主要体现在管理手段上，教材管理不仅依赖行政手段，还结合了法律、经济、咨询顾问及宣传教育等多种方法，以确保管理的全面性和有效性。

2. 中小学教材管理的主要原则

一些学者认为，教材工作的原则即教材管理的原则，教材工作中需要遵循方向性原则、整体性原则、购买记录完整原则等。[1]分析教材管理的特点，我们可以得出教材管理应遵循的一系列原则。第一，为教学服务原则。教材管理作为教育活动的衍生和支撑，其根本目的是服务于教学活动，确保教学活动的顺利进行和质量的提升。所以，教材管理必须满足教学需要，遵循为教学服务的原则，这也是教材管理的根本目的。第二，整体性原则。整体性的观点把教材工作视为一个整体，教材的管理活动要面向全局，着眼于各部门、各类人员、各种因素及各项工作的关联，从总体上进行综合布置，形成合力，以优化教材工作。第三，系统性原则。它在教材管理中占据重要地位。教材管理系统并非孤立地存在，而是相互关联、相互作用的，同时它们会与教学系统、科研系统等其他管理系统产生密切联系。为了实现教材管理的最优化目标，必须运用系统理论和系统方法，全面、协调地管理这些子系统，确保它们之间的有效配合和整体效能的提升。第四，动力人本原则。它强调管理需依赖强大的动力源，只有正确运用这一动力，才能确保教材管理活动持续、有效地进行。在教材管理过程中，我们需要充分激发与调动人的积极性和创造力，将其作为推动管理活动不断发展的核心动力。

（二）大学教材管理理论

加强教材建设与管理，对于提升教育质量、维持教学秩序及完成高校人才培养任务具有重要意义，是不可或缺的重要保障。[2]国内对大学教材管理理论的研究，集中体现在以下方面。

1. 大学教材管理的特点

教材管理工作是教学管理工作的组成部分，大学教材管理有自己的特点和规律。有学者认为，现阶段大学教材管理具有管理服务型、管理经营型、经营型、开放型等类型。[3]也有学者认为，教材管理工作应该有如下特点：品种的多样

---

[1] 李埜. 教材建设与管理[M]. 北京：国防工业出版社，1993：45.
[2] 赵春明. 高校教材建设与管理[M]. 北京：中国计量出版社，2000：36.
[3] 王昌明. 高校教材管理模式特点的思考与实践[J]. 新疆教育学院学报，2003（3）：137-140.

第二章 大中小学教材一体化建设和管理的理论阐释

性、计划的先行性、工作的服务性、使用的集中性、供求的不平衡性等。[1]总之,大学教材管理特点可概括为计划性、服务性、开放性、多样性等几个方面。

2. 大学教材管理的原则

教材管理原则作为教材管理工作的行动指南和基本要求,为管理者处理教材管理中的各类矛盾提供了指导思想。在教材管理的这一持续变化过程中,深入理解和掌握这些原则对于管理者来说至关重要。[2]有学者从大学教材管理的实际出发,提出大学教材管理的四项原则:一是以质量求生存,实现教材管理工作科学化;二是强化人本意识,实现教材管理工作民主化;三是强化制度建设,实现教材管理工作规范化;四是强化创新意识,实现教材管理工作现代化。[3]也有学者认为,大学教材管理应遵循五个原则,即方向性原则、科学性原则、质量性原则、有序性原则和系统性原则。[4]

3. 大学教材管理的模式

近年来,全国各大学教材管理工作者针对教材管理改革进行了深入的理论探讨,取得了显著进展,为大学教材管理改革奠定了坚实的理论基础。[5]全为民等对我国大学现行的教材管理模式进行了深入剖析,将其划分为三种主要类型。一是计划供应型,是以班级为单位进行管理的一种模式。在这种模式下,学生需要以班级为单位集体缴款,并统一领取教材,确保每人一本,之后进行统一结算。二是承包经营型,通常以"高校图书代办站""高校教材服务中心""教材发行中心"的名义进行运作,也有部分仍沿用教材科的名义,但采取承包经营的方式。在这种模式下,这些机构全面负责教材的计划、采购与发行工作,是教材供应市场化的一种尝试。三是经营服务型,具有市场化的经营特点。在这种模式下,教材科与大学书店并存,共同协作。教材科主要负责教材的研究、教材建设和教材计划的制订,而大学书店则负责教材的采购、发行及教材款的结算等工作。这种模式充分体现了市场化运营的特点,有助于提升教材管理的效率和效益。[6]李扬裕指出,当下我国大学教材管理模式大致可以分为三种类型:综合管理型模式、

---

[1] 胡格. 高校教材管理工作中存在的问题及对策初探[J]. 内蒙古师范大学学报(教育科学版),2010(3):44-45.

[2] 刘毅,周启云. 浅谈加强教材管理的基本原则[J]. 吉林广播电视大学学报,2003(3):19-20,29.

[3] 胡天农. 对高校教材管理工作的几点思考[J]. 高等教育研究,2005(4):36-37.

[4] 徐东伟. 高校教材管理存在的问题与对策研究[J]. 理论观察,2007(5):161-162.

[5] 谢新栋. 我国高校教材管理改革综述[J]. 石家庄经济学院学报,2009(4):131-134.

[6] 全为民,任汇江. 对高校教材管理模式的探索[J]. 科技情报开发与经济,2007(22):252-253.

双轨管理型模式和社会化管理型模式。综合管理型模式是指教材管理部门（如教材科）隶属于教务处，负责教材的供应、建设、管理、研究和评价等全方位的工作。该模式依据教学计划制订教材计划，负责征订、发放教材，并推介优质教材。同时，它还负责组织编写教材并联系出版事宜。这种管理模式能够充分利用管理要素齐全的优势，具备教材的计划、征订、发行、评介及书库管理等职能。综合管理型模式因其传统性而拥有丰富的可借鉴经验，因此被众多高校所采用。双轨管理型模式则侧重于将经营和管理职能分离，将教材建设、研究等管理型职能划归教务处教材管理科（室），同时将供应和经营职能剥离出来，成立专门的教材书店或教材供应中心。这种模式在教材供应职能上得到了强化，更能确保"课前到书"的实现，从而提高教材供应的效率和准确性。[①]社会化管理型模式作为一种适应完全学分制条件下的教材管理模式，深刻体现了市场经济的本质特征。这种模式在国外发达国家得到了广泛采用，其优势在于能够灵活适应不同学生的学习需求，实现教材资源的优化配置。

---

① 李扬裕. 新时期高校教材管理模式的思考[J]. 职业时空，2007（1）：34-35.

第三章
大中小学教材一体化建设和管理的历史镜鉴

  历史是指人类过去的活动。[①]历史研究法是一种纵向研究方法，基于时间与空间两个必要元素，对过去的教材建设和管理活动进行总结与分析。对以往教材建设和管理演进脉络的梳理，一方面是通过正确截取教材建设和管理所经历的发生、发展过程，明晰某一历史阶段的教材建设或教材管理呈现的特质、面临的历史条件与理论基础，以解释我国教材建设和管理的发展规律与特点；另一方面基于对以往历史进程的梳理与分析，为回应当前时代对我国教材建设和管理提出的新要求，并帮助我们进一步预测我国教材建设和管理的未来发展方向。本章基于对我国教材一体化建设和管理史料的整理与分析，阶段化地呈现了新中国成立以来不同学段教材建设的特征，并对我国教材一体化建设和管理的实践经验进行了总结。

[①] 吕思勉等. 历史的盛宴[M]. 北京：新世界出版社，2016：235.

第一节　大中小学教材建设的历史回顾与经验

一、中小学教材建设的历史回顾与经验

中小学教材建设是基础教育建设的重要组成部分。基础教育面向全体学生，包含了从幼儿教育到高中教育的全过程，为全体适龄儿童适应和参与社会生活奠定了基础。中小学阶段教育是建设教育强国的基点，在社会主义现代化建设中发挥了全局性、基础性和先导性的作用。教材作为课程内容的关键载体，决定着教育的公平性、有效性等，因此有必要对新中国成立以来基础教育教材建设的历史进行回溯，以探寻我国基础教育教材建设的历史脉络。

（一）中小学教材建设的历史沿革

1. 中小学教材的初建期（1949—1976年）

随着新中国的成立，中小学教材建设工作正式展开。这一时期的中小学教材建设工作经历了从借鉴苏联经验到开始尝试摸索自己的道路的过程。

（1）党对教材高度重视

新中国成立以来，党和国家始终将教材建设工作置于重要位置，给予了高度关注与重视。1953年5月，中央政治局会议讨论教育工作，毛泽东同志指示教育部，"宁可把别的摊子缩小，也要多调人编写社会主义教材"[1]。为此，在毛泽东和党中央的关怀下，吕叔湘、吴伯箫、辛安亭、朱智贤等一大批全国知名专家学者陆续进入人民教育出版社，参与中小学教材的建设工作。

（2）教材建设从模仿走向统一编写

20世纪50年代，各行各业都在向苏联学习，教育领域也不例外。教育部发布的《1951年全国教育工作的方针和任务》规定，参考苏联教材，改编数学、物理、化学、生物等自然科学教材。[2]如小学算数教材，是根据苏联小学算数五年一贯制的教材编译而成的；中学数学的算数和几何则直接使用了苏联译本。同年，在全面学习苏联的热潮下，时任中宣部副部长胡乔木牵头，向中央提出了学

---

[1]《中国教育年鉴》编辑部. 中国教育年鉴（1949—1981）[A]. 北京：中国大百科全书出版社，1984：482.
[2]《中国教育年鉴》编辑部. 中国教育年鉴（1949—1981）[A]. 北京：中国大百科全书出版社，1984：88.

第三章 大中小学教材一体化建设和管理的历史镜鉴

习苏联语言和文学分开教学的建议。①

1954年起，遵照中央的指示，人民教育出版社暂停中学语文教材的编写，转攻《文学》《汉语》两部教材。教材编写团队堪称"豪华"，著名语言学家吕叔湘负责《汉语》，著名散文家吴伯箫负责《文学》，茅盾、老舍等文学泰斗也曾参与编撰。②这两本教材代表了当时我国教材编写的最高水平，曾被人称为有史以来最厚重的教材，被孩子们在课外竞相传阅。

1949年初，华北人民政府为了学生能尽快用上新教材，要求教材编委会在1949年秋开学前赶制临时课本以供使用，仅仅几个月的时间，新中国首套初小国语及其他学科教材随之问世。③1956年，人民教育出版社组织编写、出版和使用了第二套人教版教材。1959年，教育部发布《关于编写普通中小学和师范学校教材的意见》，指出普通中小学教材应该保证全国必要的统一性和应有水平，建议教育部负责编写适用于普通中小学及师范学校的通用教材。④为此，在第二套教材的基础上，1961年和1963年，人民教育出版社分别组织编写了第三套和第四套全国通用的中小学教材，在很大程度上满足了中小学教材的供给需求，也标志着我国中小学教材建设从学习苏联到逐步实现统编和统用。

（3）明确教材编写依纲而行

1956年，教育部颁布了新中国第一部小学语文教学大纲，作为大纲执笔人之一的辛安亭，曾长期于陕甘宁革命根据地从事教材编写工作，对小学语文教材有着十分深入的研究。在这部教学大纲中，他力主小学一、二年级应以集中识字作为教学重点。党中央非常重视扫盲的问题，并成立了中央人民政府扫除文盲工作委员会。中央人民政府扫除文盲工作委员会受西南军区文化教员祁建华创造的速成识字法的启发，即用注音字母来图解识字。中央人民政府扫除文盲工作委员会在全国范围内推广这种方法。经过三次大规模的扫盲运动，到1950年代末，全国已有近三千多万人脱盲。⑤辛安亭把这种方法写入了小学语文教学大纲中，随后，小学语文教材的责任编辑张田若在编写课本时采用了集中识字法，这逐渐成了中国小学语文教材编写长期遵循的基本准则。相比第一套中小学教材，1956年出版使用的第二套人教版教材，其编写内容更加丰富，编排更加系统科学，更

---

① 刘国正. 似曾相识燕归来——中学文学教育的风雨历程[J]. 课程·教材·教法, 2000（6）：18-22.
② 张志公. 张志公论语文·集外集[M]. 北京：语文出版社, 1998：325.
③ 石鸥. 弦诵之声——百年中国教科书的文化使命[M]. 长沙：湖南教育出版社, 2019：306.
④ 蒋建华. 知识·权力·课程——政策视野中的课程研究[M]. 北京：教育科学出版社, 2010：161.
⑤ 从扫除文盲到教育强国[EB/OL].（2019-09-16）[2024-10-20]. http://www.moe.gov.cn/jyb_xwfb/s5147/201909/t20190924_400598.html.

为重要的是这套教材有了可以遵循的教学大纲,开了"依纲教学"的先河。

(4)开始重视教材建设的多样性

1958年,教育部印发《关于编写普通中小学、师范学校乡土教材的通知》,提出"根据党中央和毛主席的指示,中小学和师范学校地理、历史、文学等科教学都要讲授乡土教材"①。乡土教材作为全国统一教材的补充,能够弥补其不足,使教学内容更加充实、生动和具体。这种补充性教材紧密结合地方实际情况,有助于适应我国地域辽阔、情况复杂的特点,从而为学生提供更加贴近实际的学习体验。

然而,1966年"文化大革命"开始,人民教育出版社被迫停止教材编写工作,相关教材也停止了使用,中小学教材建设从发展走向停滞。

2. 中小学教材建设的恢复和发展期(1977—1999年)

"文化大革命"结束后,中小学教材建设工作逐渐恢复。这一时期中小学教材建设在保证依纲编写、依法编写的基础上,注重对世界先进科学文化的容纳。

(1)明确了教材建设的方位性

1988年,国家教育委员会印发《九年制义务教育教材编写规划方案》,指出实施九年制义务教育是关系到我国未来的重大战略决策。当时,国家已决定在20世纪末分期分批地在我国实施普及九年制义务教育。要实现这一目标,除了要建设一支数量充足的、合格而稳定的师资队伍以外,还必须搞好教材建设。

(2)为解决教材荒,统一编写教材

1977年,邓小平在军委扩大会议上强调:"教材很重要,要统一教材。"②为此,人民教育出版社组织编写了第五套全日制十年制中小学教材,并于1978年秋季在全国正式使用。这套教材得到了全国师生的积极反馈。第五套全国统编教材始于"拨乱反正"的关键时期,对稳定教学秩序、提高教学质量、为满足改革开放对现代化人才的需求起到了关键作用。1993年,人教版九年义务教育教材正式发行,中小学教材质量显著提高。这也是新中国教材历史上第一次开始与世界正式接轨。

(3)重视教材内容的先进性

1977年8月8日,邓小平在《关于科学和教育工作的几点意见》中指出:"我们国家要赶上世界先进水平,从何着手呢?……关键是教材。教材要反映出

---

① 教育部关于编写中小学、师范学校乡土教材的通知[J]. 中华人民共和国国务院公报,1958(5):120-122.
② 邓小平. 邓小平文选(第二卷)[M]. 2版. 北京:人民出版社,1994:60.

现代科学文化的先进水平，同时要符合我国的实际情况"①，要用先进的科学知识来充实中小学的教育内容②。为此邓小平专门指派财政部拨专款，用来购买美国、英国、法国、日本、德国等国家的教材，以为我国中小学教材编写提供可借鉴的经验。如在1978年的中学数学教学大纲和教材中，首次引用了"微积分"③；我国的高中生物教材首次跨入分子水平④；地理高中教材中首次以"人地关系"为主线划分教材内容⑤，以此来贯穿地理环境的各个要素。这些先进教材内容的引入，被誉为中国教育改革与发展史上的重要一步。

（4）明确教材的编写依据

一是依据大纲编写教材。1978年，第五套教材使用后，一线教学单位反映这套教材内容"深、难、重"，造成师生对教材"消化不良"。随后几年，人民教育出版社对教学大纲和教材进行了多次修订与改编。1986年4月，《中华人民共和国义务教育法》正式颁布，教育部重新修订了各个学科的教学大纲，随之新教材编写的任务也开始了。

二是依法编写教材。《九年制义务教育教材编写规划方案》中提出，遵循《中华人民共和国义务教育法》确立的义务教育的性质与任务，九年义务教育阶段的教材编纂工作应聚焦于提升全民族的综合素养。这一努力旨在为学生构筑坚实的成长基石，不仅注重德育、智育、体育、美育的均衡发展，还致力于培养出兼具远大理想、高尚品德、丰富学识及严明纪律的社会主义新时代公民，以及适应未来社会需求的各类优秀人才。

（5）中外合编教材

1993年，拟人的小动物形象首次出现在小学数学教材中。同年秋季，人民教育出版社初中英语教材中出现了"李雷和韩梅梅"两个经典的人物形象，而这本初中英语教材也是一本具有中国教育改革里程碑意义的教材，是我国第一次采用中外合编形式编写的教材。

---

① 邓小平. 讲话：关于科学和教育工作的几点意见[EB/OL].（1977-08-08）[2024-10-30]. http://www.moe.gov.cn/jyb_xwfb/xw_zt/moe_357/s3579/moe_90/tnull_1531.html.
② 郭戈. 编好教材是提高教育质量的关键：邓小平同志关于中小学教材的论述[N]. 中国教育报，2018-12-26（009）.
③ 杨慧娟，孟梦. 微积分初步在新中国高中数学课程中的历史变迁[J]. 数学教育学报，2016（1）：25-27.
④ 谭永井. 中学生物教科书的历史追溯与现实透视[J]. 教育科学论坛，2008（4）：11-14.
⑤ 曹志宏. 新教材背景下人地协调观的培养研究——以统编高中地理必修教材"情境设计"栏目为例[J]. 课程教材教学研究（中教研究），2022（5-6）：16-20.

3. 中小学教材建设的繁荣期（2000—2011 年）

步入 21 世纪，中小学教材建设的国家意志属性得到凸显。基于对以往教育经验的反思，学生发展的主体性、综合性的缺位受到关注。教材作为育人育才的重要载体，是推动教育改革的重要因素。中小学教材建设工作的新方向就此明了。

1）明确中国特色社会主义理论的教材指导作用。2010 年，国家中长期教育改革和发展规划纲要工作小组办公室印发了《国家中长期教育改革和发展规划纲要（2010—2020 年）》，指出深入推动中国特色社会主义理论体系进教材、进课堂、进头脑。

2）以新课程标准为依据编写教材。进入 21 世纪后，随着国际竞争越发激烈，为了让我们培养的时代新人能够适应社会发展需要，中国开启了具有时代意义的新世纪中小学课程改革，并将"中华民族伟大复兴"确立为教育目的。随着九年制义务教育的普及，国家开始深化教育改革，全面推进素质教育，并颁布了新的课程标准，这意味着学生长期使用的教材又将进行一次重大调整。2000年，全国已经有 80 多家出版社参与新课标教材的编写工作。[①] 2001 年，教育部印发《基础教育课程改革纲要（试行）》，指出："改变课程结构过于强调学科本位、科目过多和缺乏整合的现状，整体设置九年一贯的课程门类和课时比例，设置综合课程……加强课程内容与学生生活以及现代社会科技发展的联系。"[②]教材建设工作从以往的重视书本知识转移到注重学生身心发展和生活经验，实现不同领域科学知识的综合。2003 年，教育部印发了《普通高中课程方案（实验）》和语文等多个学科课程标准（实验），这是新中国成立以后的中小学第八次课程改革，也被誉为最全面、最系统的课程改革。这次课程改革进一步推动了基于课程标准的教材建设。

3）教材内容走向综合化。新课程改革中，教材编写内容融合的趋势凸显。首先，设置综合课程，编写综合教材。例如，在小学增设科学课程，使用《科学》教材授课；初中会根据不同地区实行综合或分科课程，实行综合课程方案的地区用《科学》教材，取代《物理》《化学》《生物》；用《历史与社会》教材取代《历史》《地理》；用《艺术》教材取代《音乐》《美术》等。这些教材打破了以往各个学科相互割裂的局面，将相互关联的教材内容融合在一起，让学生更容易掌握知识。不过，因受学科本位的影响，综合课程难以推行。其次，教材内容

---

① 有态度、有温度！中国课本走进新征程[EB/OL].（2020-12-25）[2024-12-20]. https://www.sohu.com/a/440715943_740649.

② 基础教育课程改革纲要（试行）[N]. 中国教育报，2001-07-27（002）.

凸显了学科之间的跨越。例如，2001年，人教版义务教育课程标准实验教材《语文》分三大板块来组织教材内容，分别是"人与自我""人与社会""人与自然"。2002年，人教版义务教育教材《历史与社会》九年级上册中，编排有"中国抗日战争与世界反法西斯战争""世界反法西斯战争的转折与胜利""在世界反法西斯战争中看中国的地位与作用"。①这些教材内容凸显了各主题之间的整合。

4. 中小学教材建设的深化期（2012年至今）

党的十八大以来，《中小学教材管理办法》《中小学少数民族文字教材管理办法》等政策文件提出要从确保意识形态安全、培养中国特色社会主义合格建设者和可靠接班人的高度加强教材建设。2019年，教育部颁发的《中小学教材管理办法》指出，中小学教材要"坚持马克思主义指导地位，体现马克思主义中国化要求，体现中国和中华民族风格，体现党和国家对教育的基本要求，体现国家和民族基本价值观"。2021年，教育部颁布的《中小学少数民族文字教材管理办法》指出，中小学少数民族文字教材要"体现社会主义核心价值观，铸牢中华民族共同体意识，培养德智体美劳全面发展的社会主义建设者和接班人"。

（1）明确教材建设的时代方位性

国家教材委员会印发的《全国大中小学教材建设规划（2019—2022年）》指出，要系统设计大中小学课程教材，落实习近平新时代中国特色社会主义思想实施要求；整体设计大中小学思想政治课课程教材；分类分段修订其他教材。由此可见，中小学阶段教材建设尤为重视教材的思想性与时代性，坚持以社会主义核心价值观为引导。

（2）明确围绕立德树人构建教材体系

2014年，教育部印发了《关于全面深化课程改革落实立德树人根本任务的意见》，强调高举中国特色社会主义伟大旗帜，推动社会主义核心价值观进教材、进课堂、进头脑，着力培养学生高尚的道德情操、扎实的科学文化素质、健康的身心、良好的审美情趣，努力使学生具有中华文化底蕴、中国特色社会主义共同理想、国际视野，成为社会主义合格建设者和可靠接班人，基本建成高校、中小学各学段上下贯通、有机衔接、相互协调、科学合理的课程教材体系。教材建设是育人育才的重要依托。②教材体系的结构主要由纵向衔接和横向关联构成。为了将文化自信融入中小学教材体系，需要在教材体系中实现文化自信的纵

---

① 人民教育出版社，课程教材研究所，历史与社会课程教材研究开发中心. 义务教育教科书·历史与社会：九年级上册[M]. 北京：人民教育出版社，2014：65-92.
② 郑富芝. 尺寸教材 悠悠国事——全面落实教材建设国家事权[J]. 人民教育，2020（Z1）：6-9.

向衔接与横向关联。这一举措可以确保文化自信在教材中得到充分体现，从而有助于培养学生的文化自信意识。为了推进教材建设的整体规划，有关部门深入研究并制定了传统文化融入教材的指导纲要，以此作为教材编审工作的重要参考。并在此基础上，系统地设计了教材建设的目标任务、内容要求及实施途径，以确保教材建设工作的全面性和协调性。在构建教材体系时，我们应积极探索不同领域的共同概念、主题与活动融合点，以为教材内容搭建一个全面、综合的理论框架。同时，还应加强学科间的有机融合，以提升教材的整体性和连贯性。为了确保教材建设的连续性和递进性，我们要系统地规划和设计教材的内容与活动，以确保不同阶段的教材建设能够依次递进、有序过渡。

（3）高中教材成为中小学教材建设的重点

2017年，教育部印发《普通高中课程方案（2017年版）》，提出"教材编写以课程标准为依据，遵循思想性、时代性、基础性、选择性和关联性的基本原则精选课程内容"。可见，我国在教材建设过程中，不断探索教材建设的基本规律，建立了以新的教育思想为指导的具有中国特色的教材体系。2018年，教育部印发《关于做好普通高中新课程新教材实施工作的指导意见》，指出到2025年，新课程新教材的理念、内容和要求全面落实到普通高中教育教学各个环节。

（二）中小学教材建设的历史经验

新中国成立以来，党和国家一直对中小学阶段的教材建设给予高度重视。深入探索中小学教材的改革发展路径，并汲取过去的成功经验，这对于保持教材建设的持续性和稳健性，坚持以习近平新时代中国特色社会主义思想为指导，牢牢把握党对教材管理的领导权，以立德树人为统领系统构建中小学教材体系，具有十分重要的意义。

1. 坚持党对教材的领导是中小学教材建设的根本保证

坚持党对教材建设的领导，首先需要有思想引领。思想引领突出表现在要坚持正确的指导思想。一个社会、一个国家的教育制度，核心是教育指导思想、教育指导方针。[1]指导思想清晰界定了培养目标，即确定了为谁培养人才、培养何种类型的人才及采用何种方式进行有效培养。中小学教材改革首先需要坚持正确的指导思想，以正确的政治方向和价值导向引领教材建设。新时代，中小学教材改革要践行老一辈无产阶级革命家的教材建设思想，尤其要坚持以习近平新时代

---

① 课程教材研究所. 教材制度沿革篇（上下册）[M]. 北京：人民教育出版社，2004：8.

第三章　大中小学教材一体化建设和管理的历史镜鉴

中国特色社会主义思想为指导，充分体现马克思主义的指导思想地位，培育和践行社会主义核心价值观，深化教材国家事权，整体推进中小学教材建设，为培养担当中华民族伟大复兴大任的时代新人提供有力的培育工具和载体。①

坚持党对教材的全面领导是教材落实国家事权的根本保证。习近平总书记在全国教育大会上强调，"加强党对教育工作的全面领导，是办好教育的根本保证"②。坚持党对教材的全面领导，要做到以下几个方面：第一，中小学教材必须体现党和国家意志，坚持马克思主义的指导地位，体现马克思主义中国化的要求，体现党和国家对教育的基本要求，体现国家和民族的基本价值观，体现人类文化知识积累和创新成果。第二，加强党对教材工作的整体领导，充分发挥国家教材委员会的功能，对审核加强把关，完善中小学教材的基础性制度建设。第三，顺应中小学教材建设的新形势，进一步明确教材在思想性、时代性、科学性、适宜性等方面需要遵守的要求，为新形势下中小学教材的建设工作助力。③

2. 明确课程标准是中小学教材编写的基本遵循

国家课程标准是国家对中小学课程教学的基本规范和要求。2001年，教育部印发《基础教育课程改革纲要（试行）》，指出国家课程标准是教材编写的依据，教材内容的选择应符合课程标准的要求。其必要性不言而喻，原因如下：第一，中小学教材编写必须严格遵循课程标准，编写者需要深入理解和掌握课程标准的核心内容，确保教材的编写思路与课程标准保持一致，并在教材中充分体现课程标准的思维导向。教材是课程标准呈现的重要载体，教材中呈现的内容要达到课程标准的要求，设计方式也要有利于学生的学习。第二，中小学教材是对课程标准的再创造。不同地区、不同版本的教材会依据当地的经济发展、人文差异等有些许变化，符合当地中小学的发展，并满足学生身心发展的需求。第三，中小学教材的编写和试验可以检测课程标准的合理性。中小学教材与课程标准相辅相成，课程标准需要靠教材的编写来检验，同时教材的编写也可以反过来影响和完善课程标准。教师在使用教材的过程中，也可以更深层次地理解课程改革的理念和实质，所以明确课程标准是中小学编写教材的基本遵循。

---

① 2018年教育大事记[EB/OL].（2018-12-29）[2024-09-24]. http://www.jyb.cn/rmtsy1240/jyyw/201812/t20181229_127245.html.

② 习近平出席全国教育大会并发表重要讲话[EB/OL].（2018-09-10）[2024-09-24]. https://www.gov.cn/xinwen/2018-09/10/content_5320835.htm.

③ 教育部：义务教育学校不得使用境外教材[EB/OL].（2020-01-08）[2024-09-24]. http://www.moe.gov.cn/jyb_xwfb/xw_zt/moe_357/jyzt_2020n/2020_zt04/baodao/202004/t20200409_441846.html.

3. 充分认识统筹规划是中小学教材体系建设的关键路径

规划是中国特色社会主义制度的一大优势，也是中国共产党治国理政的重大方略。教材领域的系统规划强调整体性和连贯性，旨在通过系统设计整合各方资源，协调各方力量，推动教材建设各个环节的改革。因此，应在继承传统的基础上，注重创新，确保教材改革的连续性和可持续性，以适应新时期教育发展的新需求，从而全面推动教材的整体建设。系统规划是中小学教材建设需要长期坚持的一个重大方略。第一，中小学教材建设应该把握育人准则。第二，要建立现代中小学教材体系。第三，进一步加强重点教材建设，突出中小学教材的原创性、高水平、前瞻性。

4. 抓牢统编教材是中小学教材建设的重点工程

统编教材的使用成为中小学教育改革发展中的重要事件，引发了全社会的广泛关注。统编教材破解了之前国家与地方不同版本教材质量参差不齐，在体现国家意志和意识形态方面不明确、不统一的现实问题，再次明确了国家在教材建设中的主体地位，明确了教材落实社会主义核心价值观、服务于立德树人根本任务的国家意志。2020年，习近平总书记在教育文化卫生体育领域专家代表座谈会上强调，"强化教材建设国家事权地位"。[1]为有效落实这项国家事权，国务院设立了国家教材委员会，教育部成立了教材局和课程教材研究所。2017年，普通高中思想政治、语文、历史三科教材的统一编写工作正式启动。教育部组织编写的义务教育《语文》《历史》《道德与法治》三科教材通过国家教材委员会的严格审查后，自2017年9月起在全国各地的中小学起始年级统一投入使用。[2]抓牢统编教材是中小学教材建设的重点工程，为新时代育人方式改革和立德树人根本任务的落实确立了新价值、新方向。

5. 重视学科教材融合是中小学教材改革的突破点

现今，在政策和全人教育理念的引领下，学科融合中小学教材的创设成为教材改革的突破点。以STEM教育为例，根据教育部2017年印发的《义务教育小学科学课程标准》，STEM的概念已经有了本土化改变，外国比较强调工科，而我国更加重视跨学科及项目制的学习培养，主要是为了对学生进行三方面能力的

---

[1] 习近平在教育文化卫生体育领域专家代表座谈会上的讲话[EB/OL]. （2020-09-22）[2024-09-24]. https://jhsjk.people.cn/article/31871323.

[2] 新编义务教育语文、历史、道德与法治三科教材今秋覆盖全国[EB/OL]. （2019-06-26）[2024-09-24]. https://www.sohu.com/a/323011325_473325.

培育，即实践能力、创新能力、解决问题能力。STEM 教育是指在全球化教育创新与变革背景下的学科融合教育，指向综合性人才的培养。[①]要做到课程融合，首先要进行教材融合。学科教材的融合是多门学科的交叉融合，通过各门学科多种资源的相互介入，以更加有效的方式解决问题，更好地实现教育目标，培养学生的综合能力和素养。教材的交叉融合不只是高校建设中的突破口，在中小学也是突破点。

二、大学教材建设的历史回顾与经验

教材是育人育才的重要载体。明确新时代高校人才培养目标，推进高校教材建设，是高校教育改革的重要方向。2019 年，教育部印发《关于首批国家教材建设重点研究基地认定结果的通知》，指出各地和学校要高度重视教材建设研究工作，加强与国家教材建设重点研究基地沟通，争取对本地教材建设提供专业支持。同时要把握教材建设方向和重点要求，结合实际，合理规划地方、学校教材建设研究基地，努力构建教材建设的专业支撑体系，不断提升教材建设科学化、专业化水平。这表明，教材建设在高校教育中已经处于重要地位。党的十九大报告指出，要"加快一流大学和一流学科建设，实现高等教育内涵式发展"。依托大学"双一流"建设，培养高端创新型人才，是我国大学改革的顶层战略和目标。因此，为实现大学内涵式发展，应把教材建设作为重点工程加以推进和优化。以史为鉴，是大学教材研究的重要方法和路径。为此，本书研究全面回顾了新中国成立以来大学教材建设的艰难曲折的伟大历程，总结了大学教材建设的经验和问题，进而探索了大学教材建设的新趋向。

（一）大学教材建设的历史沿革

1. 大学教材初建期（1949—1977 年）

新中国成立初期，我国主动学习苏联的教育体制，并在此基础上逐步构建起符合我国大学改革与发展需求的教材体系。在这一背景下，1952 年，教育部印发《关于翻译苏联高等学校教材的暂行规定》，指出"翻译苏联高等学校教材的工作，由中央人民政府教育部（以下简称本部）成立高等学校教材编审委员会（以下简称编委会）统筹掌握，组织全国高等学校及其他有关单位的现有人力，

[①] 林焕新，郑翅. 为什么选择中国？——解码设立国际 STEM 教育研究所的前与后[N]. 中国教育报，2023-12-21（001）.

进行翻译工作"①。同时指出，各校（院）应根据本部规定的总方针总要求及本身的具体条件，制订各校（院）的翻译计划草案，报请编委会审核批准后施行。②在此期间，大批高等学校的教师和学生以学习俄文作为突破口，大量翻译苏联教材，两年左右的时间里，翻译了1393种苏联教材。③1956年开始，我国有意识地开创属于我国的教材体系，开辟教育建设的新途径，当年教育部编制了第一批438种教材的组稿计划④。但是因为现实的阻碍，在接下来的一年之中，教材编写未得以完成。1962年，出版了通用教材564种，供应学校的通用教材3603种。1963年秋季，90%的通用教材在开学前发到了学校，这个时期也被称为我国高等教材建设的"第一个黄金时期"。⑤

1956年，高等教育部发布了《高等学校教材编写暂行办法》，明确了高等教育部、卫生部、文化部及相关业务部门在各类高校教材的编写与审批工作中的具体职责和分工。同年，《关于高等学校自编教材出版分工暂行规定》确定了由43个出版社承担高校自编教材的出版任务。⑥1962年，高等学校理科与工科的基础课程教材审核组织正式设立，其全面审视了各科目和各课程教材的三年规划，并对教材审核的基本原则等文件进行了深入研究与修订。⑦此后，在党中央和国务院的指引下，中央的多个相关部门开始根据各自的专业领域分工，负责教材的审核与出版工作，使教材的管理逐渐步入正轨。

"文化大革命"时期，教材建设工作在一定程度上受到了冲击与破坏。

2. 大学教材探索期（1978—1986年）

这一时期，大学教材建设和管理主要是在教育部和国务院的带领下进行，通过部委对口，不断摸索大学教材自主发展道路，并逐步恢复和推进教材分类建设工作。

首先，建立以国务院和教育部为主导的部委对口教材建设体系。1978年，《关于全国教材出版发行工作会议的报告》提出，高等学校的教材由国务院和教育部、其他有关部委及所属出版社，按专业对口的原则，在地方的协助下分工负

---

① 高等教育部办公厅. 高等教育文献法令汇编 1949—1952[G]. 高等教育部办公厅, 1958：72.
② 高等教育部办公厅. 高等教育文献法令汇编 1949—1952[G]. 高等教育部办公厅, 1958：72.
③ 杨东平. 新中国"十七年教育"的基本特征[J]. 清华大学教育研究, 2003（1）：9-16.
④ 孙成城. 中国教育行政简史[M]. 北京：地质出版社, 1999：155-156.
⑤ 毛礼锐, 沈灌群. 中国教育通史（第六卷）[M]. 济南：山东教育出版社, 1989：169.
⑥ 中国教育科学研究院. 中国共产党百年教育大事记（1921—2021）[M]. 北京：教育科学出版社, 2022：251.
⑦ 叶志明, 李俊峰, 王世斌等. 基础力学课程教材及教学体系分析（一）——国内基础力学教材基本情况简述[J]. 力学与实践, 2019（3）：314-319.

责编写、出版工作。同年，教育部在《关于高等学校教材编审出版工作若干问题的暂行规定》中指出，各类专业的公共课（包括基础外语和体育）教材、理科教材以及工科各类专业中适应面较广的基础课教材的编审与出版工作，由教育部及其下属出版社负责；工科全国通用的专业课和部分基础课教材，以及农科、医科、体育、艺术类的通用教材，则由相关对口部委及所属出版社负责；至于文科及艺术类教材，则由国家出版事业管理局所属有关出版社（教育类由教育部所属出版社）负责出版。各部委有交叉的教材，以对口部委为主通过协商解决。①

其次，引进教材断层后重启，在发展中不断摸索。中苏关系破裂对教育有一定程度的影响，直到 1978 年党的十一届三中全会，断层后的教材引进工作重启，重新打开了我国与西方教育的连接口。1978 年，《关于全国教材出版发行工作会议的报告》指出了当时我国教材出版发行中存在的问题，即数量与质量双向发展与国家需求均不相适应，同时也着重强调了高校教材建设的急迫性和必要性。通过初期对苏联教材的模仿，我国在此阶段翻译的高校教材几乎可以覆盖到每一所高校。《一九七八年度（供一九七八年秋季和一九七九年春季使用）高等学校、中等专业学校（理、工、农、医、体育）教材出版计划》提出，需要制定一套质量较高的大学参考书，创办一套能反映国内外先进科学水平的新教材。在邓小平同志的号召下，各大高校着重强调外语教育，教育部在六个大区设立了 9 个外国教材中心，为引进外国教材、打造教材多样性打下了基础。到 1985 年初，九个中心平均入藏外国教材图书 1.5 万余种，合计 10 万余册。②

最后，恢复和推进教材分类建设。改革开放初期，我国以理工科作为切入点开始了高校教材分类建设。③在 1978 年召开的全国教材工作会议上，教育部建议恢复高等学校的"理、工、农、医"教材工作领导小组。④1984 年，教育部指导高等工业学校成立物理、化学等学科教材编委会。⑤

---

① 中国新闻出版研究院. 中华人民共和国出版史料（15）[G]. 北京：中国书籍出版社，2013：255.
② 邓小平决策恢复高考后，一大批外国新教材是如何引进的[EB/OL].（2024-05-28）[2024-11-12]. https://news.inewsweek.cn/society/2024-05-28/22142.shtml；吕柏金. 高校图书馆与外国教材资源的开发[J]. 图书馆界，2003（4）：29-32；张立彬. 改革开放 30 年来我国引进和利用外国教材的历史进程与理性思考[EB/OL].（2019-06-12）[2024-11-12]. https://lib.nankai.edu.cn/wjzx/2019/0612/c14341a177395/page.htm.
③ 刘学智，丁浩然. 我国高等教育教材制度：沿革、问题与路径[J]. 东北师大学报（哲学社会科学版），2020（2）：140-147.
④ 杜瑞军，李芒. 我国高等学校教材管理的基本逻辑[J]. 教育研究，2019（6）：116-127.
⑤ 夏鲁惠. 我国高等学校教学指导委员会的回顾与展望[EB/OL].（2006-07-03）[2024-11-30]. https://www.edu.cn/edu/cooperate/crct/seventh06/jxyj/200607/t20060703_186707.shtml.

3. 大学教材重塑期（1987—2000 年）

这一时期的大学主要为发展经济和现代化建设服务，要构建一个充满生机的教育体系，适应社会主义市场经济体制。1991 年，国家教育委员会上报的《关于重点建设好一批重点大学和重点学科的报告》提出建设"211 工程"，1998 年提出建设"985 工程"。至此，中国的大学开始从精英化走向普及化、大众化、规范化、科学化的道路。

首先，这一时期国家教育委员会统一指导下的教材建设体系完善。1991 年，国家教育委员会发布的《关于普通高等教育教材编审出版选用若干问题的暂行规定》中提到，国务院各有关部门在国家教育委员会的统一指导和部署下，"统一组织规划编审出版的教材，在封面左上角标印'普通高等教育×××类规划教材'标志"[1]。各地方教育行政部门要加强对本地区教材建设的指导。同时，该规定也提出学校领导要提高对教材建设的认识。

其次，教材建设开启自主编写模式，编用结合。1987—2000 年，教育部大体上制定并实施了四轮教材规划。这些高校教材是在参照苏联模式的基础之上，根据我国的实践经验，结合外国科技发展共同编写的具有一定中国特色风格的教材体系，并非完全依赖于国外。1991 年，国家教育委员会发布《关于普通高等教育教材编审出版选用若干问题的暂行规定》，提出高校要发挥本校学科优势，组织经验丰富的教师编写高校教材，各高校要正确处理自编和选用教材的关系，切忌单一强调本校教材的自给率。在自主进行教材编写的同时，采用编用结合的形式，虽未能完全满足教育需求，但促使高校教材质量稳步提升。

最后，强化教材的分类建设。为了推动高校理工科专业更有效地服务于社会主义现代化建设，国家教育委员会加大了对理工科教材建设的支持力度。1991 年，《国家教育委员会高等学校理科学科教学指导委员会章程（试行）》指出，学科教学指导委员会的主要任务是研究理科教材建设工作，审议理科教材建设规划，监督理科教材质量。同时，我国初步制定了学科分类标准。1992 年，国家技术监督局和国家标准化管理委员会颁布了《中华人民共和国学科分类与代码国家标准》[以下简称《学科分类与代码（第一版）》]，共设自然科学、农业科学、医药科学、工程与技术科学、人文与社会科学 5 个门类，58 个一级学科。学科分类标准的制定，进一步为教材分类建设指明了方向。

---

[1] 《中国教育年鉴》编辑部. 中国教育年鉴（1992）[A]. 北京：人民教育出版社，1993：773.

第三章 大中小学教材一体化建设和管理的历史镜鉴

4. 大学教材深化期（2001年至今）

为贯彻落实《国家中长期教育改革和发展规划纲要（2010—2020年）》的精神，教育部颁布了《关于"十二五"普通高等教育本科教材建设的若干意见》，全面提升大学本科教育的基础性培养作用。2023年，教育部办公厅印发《"十四五"普通高等教育本科国家级规划教材建设实施方案》，指出要"系统构建中国特色、世界水平的高等教育本科规划教材体系，支撑服务高等教育走好高质量人才自主培养之路"。

首先，全面深化各类教材建设。"十二五"普通高等教育教材建设的基本原则是以国家、省（区、市）、高等学校三级教材建设为基础，全面建设主干基础教材和专业核心教材，并且推进数字化教材建设。同时，将三级教材建设机制与管理融合对接落到实处，加强教材建设的宏观指导，深化教材建设，鼓励名师、学科带头人联合编写教材。

其次，侧重优质教材自主建设，强化教材质量保障。各高校应当完善教材编写的激励机制，促进优质教材的自主建设，摒弃滥竽充数的高校教材，完善教材选用机制。如2006年，哈尔滨工业大学的10门国家精品课程中，有5门课程（包括机械原理、电工学、计算机组成原理、结构力学和管理新信息工程）的教材编写着眼于21世纪的新全面需求，致力于打造可持续发展的高质量精品教材，以满足现代教育的需要。[①]

最后，深化教材分类建设。新时期，要进一步深化教材分类建设。一方面，加强马克思主义理论学科建设。教育部印发了《新时代马克思主义理论研究和建设工程教育部重点教材建设推进方案》，明确了"马工程"教材建设的重点任务、实施安排等内容。另一方面，强化自然科学等门类的教材分类建设。例如，对于农业科学类，《农业农村部"十四五"规划教材建设指导方案》指出教材建设要"树立质量为本意识，严把申报关、评审关、编写关和出版关，严格落实教材建设各项管理措施"等。

（二）我国大学教材建设改革面临的主要问题

总结新中国70余年高校教材建设的伟大成就和经验，梳理大学教材建设存在的问题，对探索新时代高校教材建设的新路径，具有举足轻重的意义。我国大

---

① 吴春燕，陈复光，杨华靖. 抓精品教材建设 提高教学质量：哈工大"面向21世纪课程教材"建设工作的回顾与展望[A]. 黑龙江省高等教育学会. 高教科研2006（上册：校长论坛·教育改革）[C]. 黑龙江省高等教育学会，2006：108-111.

学教材建设改革面临的主要问题有以下几个。

1. 大学基本政治方向和价值导向与知识教育的融合度不够

大学教材体现人才培养模式变革的新理念、新要求不足。世界处在大发展、大变革、大调整时期，新媒体迅速普及，不同价值观念相互碰撞，不同文化相互交流，给教材建设带来了更加严峻的挑战。[①]这必然导致政治方向、价值导向与知识教育融合程度不够深，主要体现在以下两个方面：第一，高校"马工程"教材的政治导向和价值与知识的融合可以做到较强贴合性，但其他学科的教材并未有所提升及体现；第二，教材展现出知识较为单一的问题，没有深度体现出"融合"的概念，新时代特征和技术发展没有在知识本身、价值塑造方面起到良好的衔接作用。

2. 大学的高质量教材需求与教材供给不充分的矛盾依然存在

长期以来，大学教材建设，除了满足原有的"数量"需求之外，更加注重"质量"的体现。同时，大学教材质量的高需求与产出水平产生了一定的偏差，主要体现在以下两个方面：第一，低水平重复建设。近年来，制止低水平大学教材的声音一直不断。大学教材与中小学教材有着显著的差异，大学教材的选择会根据大学本身及学科专业的不同而有不同的倾向。目前，撰写教材与职称晋升及各部门的利益具有紧密联系，导致教材建设数量持续上升，盲目的数量扩张并未实现水平层级的显著提高。第二，新学科教材的参考数量不足。大学教材建设要与大学课程建设相一致。目前，大学的新工科、新医科及交叉学科等的教材都出现了短板。以新工科为例，当前大数据、云计算、区块链、虚拟现实、智能科学与技术等相关工科专业的教材编写和出版仍存在不足。

3. 大学教材体系分类建设滞后于学科体系建设的瓶颈十分突出

大学教材分类建设取得了显著突破。"马工程"教材体系的构建有效填补了哲学社会科学教材的空白，显著提高了人文社会科学教材分类建设的品质。与此同时，自然科学、农业科学、医药科学等领域的教材分类建设日趋科学化，极大地提高了理工科教材的前沿性和国际化程度。但是，我国大学教材分类建设依然面临艰巨的任务。尽管"马工程"教材建设在文科领域取得了显著成效，但其他文科类别的教材建设相对而言仍存在一定的滞后性。大学文理科教材建设不平

---

① 教育部：集中力量编写人工智能、区块链等领域新教材[EB/OL].（2020-01-07）[2024-09-24]. http://tech.china.com.cn/ai/20200107/362378.shtml.

衡、不充分的问题仍比较突出，这在很大程度上影响了大学学科体系建设的水平。若教材体系的建设滞后于学科体系的发展，不可避免地会限制大学内涵式发展的步伐。

（三）大学教材建设的历史经验

1. 坚持党对教材工作的全面领导

教材是大中小学教育教学活动的核心载体，要完善大中小学教材一体化建设，加强大中小学教材建设整体规划。①第一，坚持政治方向，将习近平新时代中国特色社会主义思想及关于教材建设的论述体现在教材中。第二，整体设计，对大中小学各个学段、各学科领域、各专业的教材建设进行统筹规划②，把握好学段之间的衔接，将"偏离感"逐步取缔，增强适切过渡性。第三，立足当下，总结成绩，厘清问题，明确挑战，关注科技发展动态、社会经济发展趋势③，着力培养创新型、复合型、技术型人才。

2. 补全哲学社会学类教材短板，推进教材体系分类建设

习近平总书记在哲学社会科学工作座谈会上指出，"学科体系同教材体系密不可分。学科体系建设上不去，教材体系就上不去；反过来，教材体系上不去，学科体系就没有后劲"④。学科体系为教材体系建设提供了根本依据，而教材体系则是推动学科体系进步的重要驱动力，因此依据学科体系来分类构建教材体系具有深远的意义。教材制度的改革应当与学科体系及教材体系的发展相协调，即需要根据各学科的特点和分类，对教材进行针对性的建设，并为不同学科门类制定贴合其需求的教材管理制度。首先，要强化哲学社会科学类教材制度改革。在教材编写上，要系统反映习近平新时代中国特色社会主义思想的内涵，全面落实社会主义核心价值观、中华优秀传统文化、民族团结等内容；在教材审定上，要坚持政治审查、思想审查、安全审查，落实盲审制度；在教材选用上，要坚持统一选用，保证国家统编的哲学社会科学类教材进高校课堂。总之，通过哲学社

---

① 凝聚培养时代新人的强大合力：全国各地推进大中小学思政课一体化建设综述[EB/OL].（2020-03-20）[2024-09-24]. http://www.wenming.cn/zyh/tsyj/202003/t20200320_5486567.shtml.

② 描绘新时代教材建设蓝图 《全国大中小学教材建设规划（2019-2022年）》发布[EB/OL].（2020-01-15）[2024-09-24]. http://www.moe.gov.cn/jyb_xwfb/xw_zt/moe_357/jyzt_2020n/2020_zt04/baodao/202004/t20200409_441835.html.

③ 新中国成立以来首次！大中小学教材建设规划发布[EB/OL].（2020-01-07）[2024-09-24]. https://www.sohu.com/a/365402012_120074.

④ 习近平. 在哲学社会科学工作座谈会上的讲话[N]. 人民日报，2016-05-19（002）.

科学类教材制度改革，可以在制度层面解决一些学科中马克思主义"失语"、教材中"失踪"、论坛上"失声"的问题，保证"着力构建中国特色哲学社会科学，在指导思想、学科体系、学术体系、话语体系等方面充分体现中国特色、中国风格、中国气派"①。其次，要深化自然科学等门类教材分类建设。自然科学、农业科学、医药科学、工程与技术科学等四个门类的理工科教材分类建设比较成熟，已经形成了比较系统的理工科教材体系。

3. 提升教师的教材编写水平，打造高水平的教材建设队伍

保障教材质量的关键是有优质的教材编审队伍。第一，坚持"培养"与"培训"并行不悖，致力于建设一支具备高素质和专业能力的教材编审队伍。第二，积极吸纳优秀人才参与教材编写，同时编写者所在单位要制定一套详尽的评估体系，以精准统计成果与科学评定职称等，确保编写工作的顺利进行并提供编写质量。第三，强化教材队伍建设，引导教材编写人员开展教材建设规律研究。

4. 多介质综合运用，打造融合新形态教材

教育行政部门负责制定全国大学教材建设规划。大学的内涵式发展需要体现在教材的深度内涵发展上。我们要保证教材的先进性。高校教材编写要瞄准人工智能、大数据、区块链等领域。②这些领域主要针对的是自然科学，应使教材内容与世界先进水平接轨。同时集中力量编写有关数学、物理等基础学科的经典教材，在有组织地引进优质教材的同时，要适应信息技术和教育教学的深度融合，建设多介质综合运用的高等学校新形态教材。③

第二节　大中小学教材管理的历史回顾与经验

大中小学教材管理史是教材建设史的重要组成部分。针对不同历史阶段的教

---

① 习近平. 在哲学社会科学工作座谈会上的讲话[N]. 人民日报, 2016-05-19（002）.
② 围绕人工智能、大数据等领域编写高校新教材　全国大中小学教材建设规划发布[EB/OL].（2020-01-07）[2024-09-24]. http://www.moe.gov.cn/jyb_xwfb/xw_zt/moe_357/jyzt_2020n/2020_zt04/baodao/202004/t20200409_441807.html.
③ 大数据、区块链要入高校教材，这五大领域也是重点，国家教材建设顶层设计出炉[EB/OL].（2020-01-07）[2024-09-24]. https://www.sohu.com/a/365355195_115362.

第三章　大中小学教材一体化建设和管理的历史镜鉴

育诉求,本章梳理了相应的教材管理体制、教材管理制度和教材管理机制,以揭示我国大中小学教材管理实践中的主要矛盾和重要线索。基于此,本章以历史视角梳理新中国成立以来我国大中小学教材管理的实践脉络,分阶段呈现各学段教材管理的发展状况,并对各学段教材建设的问题与经验进行分析和总结。

一、中小学教材管理的历史回顾与经验

(一)小学、初中阶段教材管理改革:历史沿革、成就与问题

1. 小学、初中阶段教材管理改革的历史沿革

(1)建立中小学教材制度,为小学、初中阶段教材制度建立奠定基础(1949—1986 年)

新中国成立初期,中小学教学迫切需要新教材来取代国民政府统治时期使用的旧教材。1950 年,全国出版会议提出中小学教材必须坚持全国统一供应的方针。同年 12 月,人民教育出版社正式挂牌成立。这一时期,我国中小学教材主要由人民教育出版社负责统一编写。当然,地方教育部门也可以根据当地的实际情况进行适度的调整,并编写补充性的地方教材和乡土教材,以满足不同地区的教学需求。1978 年,伴随着改革开放的伟大进程,中小学教育工作重新步入正轨。1985 年,《中共中央关于教育体制改革的决定》指出,要"有步骤地实行九年制义务教育"。至此,九年制义务教育的实施纳入国家基础教育改革议事日程。1986 年 4 月,我国颁布《中华人民共和国义务教育法》,从而建立了九年制义务教育制度。在这一背景下,从国家到地方开始全面探索和建立小学、初中阶段的教材管理制度。[1]

(2)初步建立小学、初中阶段教材管理制度(1986—2000 年)

这一时期,小学、初中阶段教材管理的体制机制得到初步确定,为 21 世纪义务教育教材制度的建立与完善提供了基本框架。

首先,建立了国家和地方两级教材管理体制。国家掌握教材管理的主导权,是教材管理的重要主体。1986 年 9 月,全国中小学教材审定委员会成立,并被赋予教材建设方向、建设质量的掌控权和审查权。[2] 1988 年,国家教育委员会颁发的《九年制义务教育教材编写规划方案》指出,地方编写的全国通用教材,"要经全国中小学教材审定委员会审定后,向全国推荐由学校选用"。同时,国家

---

[1] 丁浩然,刘学智. 改革开放 40 年义务教育教材制度建设的回顾与展望[J]. 教育科学,2018(5):27-32.
[2] 丁浩然,刘学智. 改革开放 40 年义务教育教材制度建设的回顾与展望[J]. 教育科学,2018(5):27-32.

赋予地方教材建设的权力，地方成为教材管理的重要主体。一是国家将全国通用教材编写权让渡给地方，地方成为通用教材编写的主体。《九年制义务教育教材编写规划方案》指出，"省、市或教育科研单位，编写全国通用教材"。二是在地方教材建设上，国家向地方全权让渡，地方成为地方教材建设和管理的主体。《九年制义务教育教材编写规划方案》指出，"乡土教材、小学劳动课和中学劳动技术课教材，以及本地区需要的补充教材，由地方编写，省、自治区、直辖市中小学教材审查委员会审查通过后，在本地区推荐使用"。三是建立地方教材选用审议委员会，指导地方和学校的教材选用工作。[①]1995年，国家教育委员会颁发的《中小学教材编写、审查和选用的规定》指出，"各省、自治区、直辖市教育行政部门要积极创造条件尽快建立由熟悉中小学教学情况、具有一定课程理论水平的人员组成的教材选用审议委员会"。这一时期，国家和地方两级教材管理体制的建立，为小学、初中阶段的教材制度建设提供了保障。

其次，初步建立编审分离等教材管理制度。第一，明确教材编写团队和人员要求。一是对教材编写队伍提出明确要求。《九年制义务教育教材编写规划方案》指出，编写教材提倡专家、编辑、教学研究人员和教师三结合。二是对教材编写人员的资格提出明确要求。《九年制义务教育教材编写规划方案》从专业知识水平、教育学和心理学基本知识、教学实践经验及写作能力等方面对教材编写人员资格进行了说明，此外还要求音像教材编制人员具备一定的电化教育工作经验。第二，建立编审分离等教材审定制度。一是实行教材编审分离。[②]《九年制义务教育教材编写规划方案》指出，要"实行编、审分开的原则，严格把好审查关"。二是建立教材审定标准。1987年，国家教育委员会制定了《中小学教材审定标准》，并从教材的内容、体系、组织呈现等方面做出了相关的要求与规定。三是切实开展教材审查工作。1992年，全国中小学教材审定委员会在北京举行义务教育教学大纲和教材审查工作，按评审标准审查了小学阶段的13个学科共计24科教学大纲及243册由人民教育出版社编写的义务教育"六三"和"五四"学制教材。[③]第三，建立选用目录制等教材选用制度。一是实行教材选用"目录制"。1992年，《国家教委关于九年义务教育小学、初级中学教材选用工作的意见》指出，"九年义务教育小学、初级中学教材中经全国中小学教材审定委员会审查通过的，由国家教委列入中小学教学用书目录，供全国各地选择试

---

① 丁浩然，刘学智. 改革开放40年义务教育教材制度建设的回顾与展望[J]. 教育科学，2018（5）：27-32.
② 丁浩然，刘学智. 改革开放40年义务教育教材制度建设的回顾与展望[J]. 教育科学，2018（5）：27-32.
③ 《中国教育年鉴》编辑部. 中国教育年鉴（1993）[A]. 北京：人民教育出版社，1994：245.

用"。二是支持地方选用本地编写的全国通用教材。①1995 年,《中小学教材编写、审查和选用的规定》指出,"承担国家统一规划教材编写任务的省(自治区、直辖市),可确定在本省(自治区、直辖市)使用这些教材的最低的保护性订数"。

最后,竞争机制成为教材管理的重要手段。为满足教材统一性与多样性相结合的要求,教材管理引入了竞争机制。国家实行"一纲多本",鼓励学校、科研院所、出版社或个人按照相关规定编写教材,择优推荐。②《九年制义务教育教材编写规划方案》指出,"把竞争机制引入教材建设,通过竞争促进教材事业的繁荣和教材质量的提高"。柳斌也强调指出,鼓励竞争,建立竞争机制。③这一时期,竞争机制成为教材管理的重要调节手段。④

(3)建立小学、初中阶段教材管理制度体系(2001—2011 年)

首先,建立了国家、地方、学校三级教材管理体制。2001 年,教育部印发《基础教育课程改革纲要(试行)》,指出要"改变课程管理过于集中的状况,实行国家、地方、学校三级课程管理"。在此背景下,我国基本上建立了国家、地方、学校三级管理的教材体制。

第一,加强国家教材管理的组织机构建设。2010 年,《教育部关于成立国家基础教育课程教材工作领导小组的通知》指出,"国家基础教育课程教材工作领导小组主要负责基础教育课程教材建设的领导决策";《教育部关于成立国家基础教育课程教材专家咨询委员会的通知》指出,为"提高课程教材建设水平,我部决定成立国家基础教育课程教材专家咨询委员会"。国家基础教育课程教材工作领导小组和国家基础教育课程教材专家咨询委员会的成立,强化了国家对教材的宏观管理。

第二,明确地方教材管理主体的职责,成立地方教材审定委员会和教材选用委员会。①成立省级中小学教材审定委员会,负责教材审定工作。2001 年,教育部印发《中小学教材编写审定管理暂行办法》,指出"各省、自治区、直辖市教育行政部门成立省级中小学教材审定委员会,负责地方课程教材的初审和审定"。②成立教材选用委员会,负责教材选用工作。2005 年,《教育部办公厅关于做好义务教育课程标准实验教材选用工作的通知》指出,"地(市)教育行政

---

① 丁浩然,刘学智. 改革开放 40 年义务教育教材制度建设的回顾与展望[J]. 教育科学,2018(5):27-32.
② 丁浩然,刘学智. 改革开放 40 年义务教育教材制度建设的回顾与展望[J]. 教育科学,2018(5):27-32.
③ 柳斌. 关于义务教育教材建设的几个问题[J]. 课程·教材·教法,1988(7):5-7.
④ 丁浩然,刘学智. 改革开放 40 年义务教育教材制度建设的回顾与展望[J]. 教育科学,2018(5):27-32.

部门应成立教材选用委员会,负责教材选用工作"。

第三,落实学校教材管理主体的职能。部分学校制定了本校教材管理制度,如吉林省长春市某学校依据《吉林省义务教育循环使用教科书管理办法》制定了教材循环使用管理制度,由图书室负责保存和管理,各年级班主任组织,任课教师配合做好教材的循环使用工作。①

其次,完善了编写、审定等教材管理制度。一是完善教材编写制度,主要包括立项核准制和教材编写人员的资格要求。其中,立项核准制是指开展教材编写工作之前,要向有关部门提起申请并得到批准。如《中小学教材编写审定管理暂行办法》规定,"编写教材须事先依本办法规定向相应的教育行政部门申请立项,经核准后方可进行"。对于教材编写人员的资质,需要考量三个方面:国家公务员及教育行政部门人员不得以任何形式参与教材编写;教材审查人员在聘期内不得参与教材编写;每位编写者只能参加一套教材的编写。②二是建立教材审定人员信息库。教材审定人员的选择要采取随机抽取的形式,以保证教材审定的公平性与公正性。如《中小学教材编写审定管理暂行办法》指出,"全国和省级中小学教材审定委员会应建立委员信息库,负责审定教材的委员应按随机抽取的原则,从信息库中选定"。三是优化教材选用制度。通过明确教材选用队伍水平、教材选用人员资质及教材选用程序规范,保证教材选用工作的顺利开展。如《教育部办公厅关于做好2006年普通高中新课程实验地区教材选用工作的通知》要求,"地(市)级教育行政部门应成立教材选用委员会","教材选用委员会要通过民主程序产生,进行公示",且"应尽可能使每种教材都有一定的实验范围,每个学科的教材在一个省内至少要选用两种,本省(自治区、直辖市)所辖出版社出版的教材使用量不得超过该科教材在本地使用量的60%"。

最后,健全更新机制等教材管理机制。一是实行教材奖励机制,以鼓励有关单位、团体、个人编写优质的教材。如《中小学教材编写审定管理暂行办法》规定,对于优秀教材的编写者,国家和各省(自治区、直辖市)等对其进行表彰奖励。二是实施监督评价机制,以保障教材建设的质量水平。如《中小学教材编写审定管理暂行办法》提出,国家和省级教育行政部门要对通过审定的教材进行评价。三是引入教材更新机制,以保证教材内容的科学性、前沿性和时代性。如《中小学教材编写审定管理暂行办法》指出,教材要及时反映经济、社会和科技

---

① 丁浩然,刘学智. 改革开放40年义务教育教材制度建设的回顾与展望[J]. 教育科学,2018(5):27-32.
② 邓凯. 基础教材出版要适应教育改革需要——访教育部基础教育司教材管理处处长臧爱珍[J]. 中国编辑,2003(2):6-10.

第三章 大中小学教材一体化建设和管理的历史镜鉴

的新发展，形成教材更新的机制。

（4）国家顶层设计小学、初中阶段教材制度体系（2012年至今）

首先，确立了国家宏观管理的教材管理体制。这一时期，党和国家加强了对教材建设的宏观管理。2017年，国家设立国家教材委员会与教材局；次年5月，课程教材研究所应运而生。具体而言，国家教材委员会担当全国教材建设工作的领导与协调责任；教材局则负责执行国家教材委员会的决策，包括日常办公、规划全国教材建设蓝图等；课程教材研究所专注于课程教材领域的重大理论与实践探索，为国家级决策提供智力支持，三者共同构建了决策、执行、研究紧密结合的运作体系。此外，为响应中央关于教材建设的战略安排，部分地方政府成立了相应的教材委员会，负责区域内教材建设工作的统一规划与协调。如《中共安徽省委教育工委 安徽省教育厅2018年工作要点》指出，要"成立安徽省教材委员会，指导和统筹全省教材工作"[1]。2019年，《中小学教材管理办法》指出，"在国家教材委员会指导和统筹下，中小学教材实行国家、地方和学校分级管理"。至此，我国形成了较为完善的国家宏观管理下的三级教材管理体制。

其次，进一步完善了教材管理的各项制度。①完善教材编写制度。一是建立了专业的统编教材编写团队。2012年，教育部筹划统编意识形态属性较强的义务教育《道德与法治》《语文》《历史》三科教材，为使三科统编教材更好地贯彻党的教育方针、强化国家意志、全面落实立德树人根本任务，教育部在全国范围内遴选了政治立场坚定、学术造诣精深的一流专家担任总主编，同时还调集全国知名学科专家、优秀教研员和一线教师，组成了140多人的编写团队共同编写。[2]二是废止了立项核准制度。2015年，为取消和下放行政审批事项，教育部对《中小学教材编写审定管理暂行办法》进行修订，将第一章第四条的"编写教材事先须经有关教材管理部门核准"改为"完成编写的教材须经教材审定机构审定后才能在中小学使用"。②教材审定实行"四审"制度。"四审"，即思想政治审查、学科审查、专题审查和综合审查。③教材选用制度更加完善。一是补充了对教材选用团队的要求。2014年，教育部印发《中小学教科书选用管理暂行办法》，指出"教科书选用委员会应当由课程教材专家、教研员、中小学校长和教师等组成，其中一线教师不少于1/2"。二是规范了教材选用程序。《中小学教科书选用管理暂行办法》中对教材选用流程进行了规定，应包括学科组初选、选用

---

[1] 中共安徽省委教育工委 安徽省教育厅2018年工作要点[EB/OL].（2018-03-16）[2024-10-15]. https://www.ictdedu.cn/laws/yaodian/n20180316_50543.shtml.

[2] 刘学智. 基础教育课程教材改革前沿问题研究[M]. 长春：东北师范大学出版社，2019：186.

委员会讨论、选用结果公示等环节，且"教科书版本选定使用后，应当保持稳定。"④出台了较为完善的中小学教材管理制度。2019年，教育部出台了较为全面的《中小学教材管理办法》。该办法对教材编写、审定、选用的流程、标准、人员组成和资格要求等都做出了详细说明。例如，教材编写实行主编负责制，主编负责组织编制教材编写大纲、统稿和定稿，对教材编写质量负总责。

最后，建立教材跟踪反馈机制。建立教材跟踪反馈机制，有助于深入了解教材的实际应用状况，并准确评估其适用性和实用性。①郑富芝指出，要抓好国家统编教材使用推进工程。按照中央关于义务教育三科教材使用3年全覆盖的要求，稳妥推进教材统一使用，建立跟踪反馈机制，加强教师培训和解读，发挥好教材的育人实效。②2019年，《中小学教材管理办法》指出，"教材编写、出版单位须建立教材使用跟踪机制，通过多种途径和方式收集教材使用意见，形成教材使用跟踪报告，在教材进行修订审核时作为必备的送审材料"。有了跟踪反馈机制，便于国家对教材建设进行宏观把控，进而做出合理的调整，同时也为建立教材更新机制提供了有力的支持。③

2. 小学、初中阶段教材管理的主要成就与问题

目前，我国小学、初中阶段教材建设进入了飞速发展的高质量阶段。因此，总结新中国成立以来小学、初中阶段教材制度建设的主要成就，分析小学、初中阶段教材制度建设中仍存在的问题，对新时代小学、初中阶段教材管理制度创新与发展有重要意义。

（1）主要成就

新中国成立以来，我国在小学、初中阶段教材建设领域取得了显著成就，建立了一套符合中国国情、独具特色的小学和初中阶段教材管理体系，为确保教材的高质量发展奠定了坚实的制度基础。

首先，建立了国家、地方、学校三级教材管理体制。在国家层面，我国已设立国家教材委员会、教育部下属的教材局，以及课程与教材研究所等多个负责教材管理的机构。在全国教材建设工作中，国家教材委员会主要发挥着统筹与指导的作用，而教材局和课程教材研究所则分别扮演着规划者和研究者的角色，由此我国形成了决策、实施、研究三位一体的教材管理格局。④在地方层面，地方教

---

① 丁浩然, 刘学智. 改革开放40年义务教育教材制度建设的回顾与展望[J]. 教育科学, 2018（5）: 27-32.
② 郑富芝. 促内涵抓保障让十九大精神落地生根[N]. 中国教育报, 2017-11-15 (001).
③ 丁浩然, 刘学智. 改革开放40年义务教育教材制度建设的回顾与展望[J]. 教育科学, 2018（5）: 27-32.
④ 丁浩然, 刘学智. 改革开放40年义务教育教材制度建设的回顾与展望[J]. 教育科学, 2018（5）: 27-32.

第三章 大中小学教材一体化建设和管理的历史镜鉴

材委员会的组建促进了中央政策部署的有效落实,使得地方教材的建设工作更加符合实际需求,更具有针对性。此外,部分学校制定了本校教材管理制度。

其次,完善了小学、初中阶段教材管理的各项制度。①完善了小学、初中阶段教材编写制度。一是建立了专业的统编教材编写团队。为确保小学、初中阶段教材能深入贯彻党的教育方针,全面落实立德树人的根本任务,我国组织了包括全国知名学科专家、杰出教研人员及经验丰富的一线教师在内的多位成员,共同组成教材编写团队。二是建立了教材编写立项核准制。三是建设教材审定人员信息系统,实现教材审定人员抽取的随机性,提高教材审定的公正性与有效性。②建立了教材审定"四审"制度。"四审",即思想政治审查、学科审查、专题审查和综合审查。③汇聚了全国范围内多名顶尖学科专家、优秀教研工作者及资深一线教师,共同构建起一支强大的教材编纂团队,以保障小学、初中阶段教材紧密贴合党的教育方针,落实立德树人的根本任务。[1]

最后,健全小学、初中阶段教材管理机制。一是健全教材奖励机制,对在教材编写中有突出表现的单位、团体、个人予以表彰奖励。二是健全教材监督评价机制,对教材各环节中的行为进行评估,并定期进行督查。三是健全教材更新机制,以保证教材内容的科学性、时代性与前沿性。四是健全教材跟踪反馈机制,对教材的适切性与实用性进行了解和考察。建立小学、初中阶段教材管理机制,有助于全面而灵活地调控教材建设,为小学、初中阶段教材的持续优化与机制创新奠定坚实的基础。

(2)主要问题

回顾我国义务教育教材制度改革的历程,虽然已取得显著进展,但仍存在一些有待解决的问题。

首先,作为教材管理主体,地方、学校的权责界定不明确,影响了国家、地方、学校三级教材管理体系的有效协同。改革开放以来,小学、初中阶段教材体制逐步完善,解决了过去管理分散、政策执行不一致的问题,但新问题也随之出现。第一,地方教材管理权责模糊,导致信息传递不畅,影响了党和国家的教材政策的有效落地,同时削弱了学校参与教材管理的积极性。地方管理主体在执行政策时面临困难,难以保障政策精神准确地传达至基层。第二,学校教材管理权责不明,影响了教材选用的主动参与度。一方面,部分学校缺乏专门的教材管理机构,导致政策执行不力,出现了"政策失真"的现象。教材通常由教务处等部

---

[1] 丁浩然,刘学智.改革开放40年义务教育教材制度建设的回顾与展望[J].教育科学,2018(5):27-32.

门兼职管理，但仅限于教材的订购、分发等基础事务。另一方面，学校在教材选用上缺乏话语权，直接采用上级指定的教材，教材选用缺乏基于学校实际的反馈与选择，这限制了更合适的教材的进入。第三，三级教材管理协同效应受限。地方与学校管理权责不清，管理环节薄弱，导致中央与地方、地方与学校间的沟通不畅，共同目标不明确，难以形成合力，整体管理效率有待提高，以充分发挥三级管理的协同优势。①

其次，各项教材管理制度不完善，制约了教材的规范化管理。改革开放以来，我国教材管理制度建设虽已取得显著进步，但仍未达到规范化管理的理想状态，难以满足教育改革对高质量教材资源的迫切需求。具体而言，存在以下挑战。第一，非统编教材编写流程不明确，导致教材质量参差不齐，为后续审定工作增加了难度。尽管小学、初中阶段三科教材已建立了严格的编写程序，但在其他教材的管理上仅对编写人员资格和条件有所规定，缺乏清晰的编写流程指导。第二，教材审定过程的规范性不足，影响了审定的公平性和公正性。一方面，编审分离制度执行不力，部分省份存在编写者兼任审定者的情况，损害了审定的公正性。另一方面，审定标准尚不完善、依据不充分，导致审查不够全面和客观。尽管已建立两级审定委员会和相关审查制度及具体标准，但针对意识形态属性较强的内容，仍缺乏明确的审查标准，影响了教材的整体质量和审查的全面性。第三，教材选用程序不完备，导致选用的教材难以充分满足教学需求。当前的选用程序仅包括选择和公示两个环节，缺乏前期的准备和规划，使得选用人员对教学需求的了解不足，易受主观因素的影响，更适合教学的教材未能被选用。例如，当前教学中已不再使用录音机，但仍有带有磁带的教材被选用。②

最后，教材管理机制不健全，导致教材管理的动力不足。我国教材管理机制不够健全，亟待创新。第一，教材管理中计划手段与市场手段并行实施时存在不协调问题，阻碍了两者在管理中形成合力。计划手段偏重可能会导致国家宏观调控过于僵化，而市场手段偏重则可能导致教材管理缺乏前瞻性和灵活性，使得国家宏观调控（有形的手）与市场调节（无形的手）难以有效融合。第二，教材准入机制尚待完善。教材准入机制不完善，既可能导致教材质量控制困难，也可能加剧教材市场的无序竞争。尽管我国教材编写立项核准制中已初步涉及准入机制，但仍需进一步优化。由于缺乏明确的准入标准作为评价依据，教材进入市场时的评价过程显得不够客观，使得教材质量难以有效把控。第三，缺乏劣质教材

---

① 丁浩然，刘学智. 改革开放40年义务教育教材制度建设的回顾与展望[J]. 教育科学，2018（5）：27-32.
② 丁浩然，刘学智. 改革开放40年义务教育教材制度建设的回顾与展望[J]. 教育科学，2018（5）：27-32.

淘汰机制，制约了教材质量的整体提升。淘汰机制的缺失使得教材市场呈现"只增不减"的态势，市场膨胀严重。同时，部分存在内容错误或内容重复的教材混杂其中，给教材管理工作带来了巨大挑战。①

（二）普通高中阶段教材管理改革：历史沿革、成就与问题

1. 普通高中阶段教材管理改革的历史沿革

作为一种历史存在物，教材制度的发展是一个不断对自身进行扬弃的过程，这种扬弃的过程通常以革命性和渐进性两种方式呈现出来。新中国成立以来，我国高中教材制度主要经历了三次大的革命性变革：第一次是以新中国成立为起点，以确立国定制教材制度为标志；第二次是以改革开放为起点，以确立审定制教材制度为标志；第三次是以新时代中国特色社会主义为起点，以确立国定制与审定制并存的教材制度为标志。同时，在这三次变革中，每一阶段内的高中教材制度内部也经历了各种复杂的渐进性改革。可以说，整个普通高中教材制度的变迁就是一个革命性与渐进性、质变与量变相统一的发展过程。②

（1）从无序到有序：国定制教材管理制度的确立与改革（1949—1984年）③

新中国成立后，我国开始由新民主主义社会向社会主义社会过渡，其间生产资料公有制度逐步得到确立。与生产资料公有制相适应，高度集中统一的教育管理制度也逐渐形成。在此基础上，国家开始有计划、有步骤地改造旧的教育制度、教育内容和教学法。1952 年，教育部颁布《中学暂行规程（草案）》，对高中教育的领导体制做了明确的规定，要求对其实行集中统一的领导。与高度集中的计划经济管理制度相适应，建立和完善定制教材制度成为高中教材制度建设的主要任务。

首先，中央集权的教材管理体制开始确立。国定制教材管理体制的核心特质是由教育部和国务院各部委对教材的各项工作进行直接管理。1949 年，中央人民政府出版总署成立，下设编审局，专门负责全国教材的编审工作。1950 年 9 月，中央人民政府出版总署召开全国出版工作会议，确定了中小学教材由全国统一供应的方针；12 月，中央人民政府出版总署和教育部决定成立人民教育出版

---

① 丁浩然，刘学智. 改革开放 40 年义务教育教材制度建设的回顾与展望[J]. 教育科学，2018（5）：27-32.

② 刘学智，张振，张羽. 整合与分化：普通高中教材制度建设 70 年的回顾与展望[J]. 教育科学，2019（5）：30-35.

③ 刘学智，张振，张羽. 整合与分化：普通高中教材制度建设 70 年的回顾与展望[J]. 教育科学，2019（5）：30-35.

社，其成为全国统一的中小学教材编辑出版机构。1960年，教育部党组根据编审工作的实际需要，成立了中小学教材编审领导小组，负责组织力量编写新教材。

其次，国家统一管理的教材规章制度逐步形成。为了适应高度集中的教材管理体制，人民教育出版社在实际工作的基础上，制定了一系列教材规章制度，使教材编辑工作从不统一走向统一。在教材编写方面，制订了教材编辑施工计划，加强了编写人员的政治、教育、语言逻辑等方面的学习，聘请专家参与教材编写工作，制定了科学的工作方法。在教材审查方面，成立了普通中小学教材审核委员会，并建立了编辑部内部的正副总编辑初审、教育部专门审查组复审及教育部主管副部长终审的三审制度。在教材选用方面，一般由国家教育行政部门统一指定，有效地保障了"课前到书，人手一册"目标的实现。

最后，计划行政式的教材管理机制不断强化。与中央统一管理的教材体制相适应，这一时期的高中教材管理以计划和行政手段为主，突出表现在教材的出版发行上。1954年，《关于出版中学、小学、师范、幼儿园课本、教材、教学参考书和工农兵妇女课本、教材的规定》指出，凡中学、中等师范学校、小学、幼儿园的教材，一律由国家指定的出版社出版，其他出版社不得出版，已出版者售完为止，不得再版，将教材编辑出版纳入国家的直接管理范围。

（2）从规制到赋能：审定制教材管理制度的确立与改革（1985—2011年）[①]

对制度进行革命性变革，往往是赋予制度活力的重要手段。国定制过于强调集中统一管理，导致教材管理统得过死、管得过多、卡得过严，影响了地方和学校的教材管理积极性、主动性。1985年，《中共中央关于教育体制改革的决定》印发，指出"在教育事业管理权限的划分上，政府有关部门对学校主要是对高等学校统得过死，使学校缺乏应有的活力"。在新的教育改革背景下，教材管理权力开始由国家向地方和学校转移，建立与社会主义市场经济体制相适应的教材制度成为新的目标。

首先，分级管理的教材管理体制逐步确立。1986年，教育部成立全国中小学教材审定委员会及各学科教材审查委员会，负责审定全国通用的各门课程的大纲和教材，允许和鼓励地方、学校、个人编写风格不同的教材，标志着审定制教材制度开始确立。2001年，《教育部地方课程管理指南（征求意见稿）》指出，省级教育行政部门成立省级中小学教材审定委员会，负责地方课程教材的审定，赋予了地方政府参与教材管理的职权。与此同时，随着教材管理权力的下放，高

[①] 刘学智，张振，张羽. 整合与分化：普通高中教材制度建设70年的回顾与展望[J]. 教育科学，2019（5）：30-35.

第三章　大中小学教材一体化建设和管理的历史镜鉴

中学校也开始自主探索本校教材管理的程序和制度。例如，江苏省批准一些高中组织成立本校教材选用委员会，具体负责本校教材的选用工作。

其次，审定制教材管理环节规章制度的日益完善。这一时期，教育部制定了一系列教材编审制度，形成了与审定制教材制度相适应的教材规章制度体系。在教材编写方面，实行立项审核制度，明确了教材编写者的资格，并针对高中选修课教材确立了教育部门、省（自治区和直辖市）和学校三级组织编写的制度。在教材审查方面，实行编审分离的制度，以教材审查委员为主，同时邀请专家及一线的特级教师参与教材审定，并采用主审制和会议审查相结合的方法对教材进行审查。在教材选用方面，建立了教材目录制度，明确了教学用书选用的主体、程序、范围及方法等。在教材出版发行方面，实行招投标的办法，明确了招标出版单位的资质、时间要求、技术要求、质量要求、投标报价要求、评标标准等。

最后，市场机制逐步引入教材管理中。社会主义市场经济的确立必然会带动市场机制在经济社会各个领域全方位地渗透。高中教材管理也不例外，多样化的市场机制开始在教材管理中发挥重要的作用。一是竞争机制开始被引入高中教材管理中。2000年，国家在对教材管理制度调查的基础上，指出要深化教材出版发行体制改革，打破垄断，引入竞争机制。[①]二是建立了高中教材监督机制。2001年，新闻出版总署与教育部联合颁布了《中小学教辅材料管理办法》，指出"新闻出版总署、教育部及省级新闻出版和教育行政部门设立社会监督电话，接受学生、学生家长和社会各界的监督"。

（3）从管理到治理：国定制与审定制并存的教材制度的确立和改革（2012年至今）

教材制度改革是一个螺旋上升式的发展过程。进入新时代，高中教材管理既要解决审定制教材制度中的不公与混乱问题，又要为落实国家事权提供更加有效的教材管理制度。[②]2013年，习近平总书记明确强调，"全面深化改革的总目标是完善和发展中国特色社会主义制度，推进国家治理体系和治理能力现代化"[③]，这为新时代的教育制度改革提供了清晰的发展路径。2017年，教育部等四部门共同发布了《高中阶段教育普及攻坚计划（2017—2020年）》，明确指出

---

① 新闻出版总署出版管理司. 图书 音像 电子出版物出版管理手册（2013年版）[M]. 北京：中国法制出版社，2013：350.

② 刘学智，张振，张羽. 整合与分化：普通高中教材制度建设70年的回顾与展望[J]. 教育科学，2019（5）：30-35.

③ 中共十八届三中全会在京举行 中央政治局主持会议 中央委员会总书记习近平作重要讲话[EB/OL].（2013-11-13）[2024-10-15]. https://news.12371.cn/2013/11/13/ARTI1384290823679595.shtml.

要"着力破解体制障碍，构建长效机制，完善治理体系，确保高中阶段教育健康、可持续发展"。在这一背景下，我国教材建设从管理走向治理，完善教材管理体制机制成为新时代高中教材制度改革发展的时代主题。

首先，国家统一领导的教材体制形成。2012年，教育部印发《国家教育事业发展第十二个五年规划》，指出要"完善基础教育课程教材管理制度"。2016年，中共中央办公厅、国务院办公厅联合印发了《关于加强和改进新形势下大中小学教材建设的意见》，在国家战略规划层面明确了教材建设这一国家事权，成立了教材局和国家教材委员，加强了对教材建设的统筹指导，加大了对教材重点环节的把关力度。2019年，中共中央、国务院印发《中国教育现代化2035》，指出要"健全国家教材制度，统筹为主、统分结合、分类指导"，重点部署了国家教材制度现代化改革的发展方向。同年，《中小学教材管理办法》颁布，以国家教材委员会为指导与统筹，实施教材三级管理。至此，我国形成了较为完善的国家宏观管理下的三级教材管理体制。

其次，分类制定了高中教材管理环节的规章制度。其一，确立了自由与统一相结合的教材编写制度。2012年，国务院取消了教材编写的立项审核制度[1]，高中教材编写权力进一步下放。2018年，人民教育出版社根据2017年修订的高中课程标准开始统一编写普通高中语文、历史、政治三科教材，供高中阶段学生学习使用，加强了对意识形态属性较强的教材的管理。其二，完善了高中非统编教材的送审制度。2018年，教材局印发《关于普通高中非统编修订教材送审工作的通知》，对高中非统编教材送审的范围、时间、材料及有关事项等做出了具体的规定。其三，下放了高中教材的定价权力。2016年，国家发展和改革委员会废止了相关文件[2]，将教材的定价权力下放至省级管理，由省级价格主管部门会同同级政府有关部门制定教材价格和相关服务收费标准。另外，完善了高中教材选用规章制度。2014年，教育部在《中小学教科书选用管理暂行办法》中细化了教材选用的主体、程序、范围及方法等制度，进一步规范了高中教材的选用制度。其四，出台了较为完善的中小学教材管理制度。[3]2019年颁布的《中小学教材管理办法》包含了教材编写、审定、选用等环节的各方面的规定，为基础教育

---

[1] 国务院关于第六批取消和调整行政审批项目的决定[EB/OL].（2012-09-23）[2024-09-24]. https://www.gov.cn/zhengce/zhengceku/2012-10/10/content_1375.htm.

[2] 国家发展和改革委员会. 国家发展改革委关于废止教材价格和部分服务收费政策文件有关问题的通知[EB/OL].（2016-03-29）[2024-09-24]. https://www.ndrc.gov.cn/xxgk/zcfb/tz/201604/t20160401_963010.html.

[3] 刘学智，张振，张羽. 整合与分化：普通高中教材制度建设70年的回顾与展望[J]. 教育科学，2019（5）：30-35.

阶段的教材管理提供了进一步的详细指导。例如，《中小学教材管理办法》指出，教材编写实行主编负责制，一套教材原则上设一位主编，特殊情况下可设两位主编。

最后，综合协调的教材管理机制不断强化。一是完善了高中教辅资料的综合管理机制。2015年，国家新闻出版广电总局、教育部、国家发展和改革委员会印发了《中小学教辅材料管理办法》，指出"国家新闻出版广电总局、教育部、国家发展改革委及各省、自治区、直辖市新闻出版行政主管部门、教育行政主管部门、价格主管部门建立健全监督管理制度，接受社会监督"，加强了各个部门对高中教辅的综合治理。二是加强了教材监督机制。2016年，国务院第四次修订并颁布《出版管理条例（2016年修正本）》，指出要"对出版物的出版、印刷、复制、发行、进口单位进行行业监管，实施准入和退出管理"，完善了对教材管理环节的过程性监督。

2. 普通高中阶段教材管理改革的主要成就与问题

随着基于核心素养的高中课程改革的深化，高中教材建设进入了高质量发展阶段。因此，总结新中国成立以来高中教材制度建设的主要成就，剖析高中教材制度建设存在的问题，对新时代教材管理制度建设具有举足轻重的意义。

（1）主要成就

新中国成立以来，在党和国家的领导与支持下，在全国各界人民的努力下，我国形成了一套具有中国特色的高中教材管理制度，为高中教材优质建设提供了制度保障。

首先，建立了国家宏观管理的教材体制。在建立了国家、地方和学校三级教材管理体制的基础上，我国立足长远、统筹规划，成立了以国家教材委员会为统领，教材局、专家委员会、课程教材研究所等各负其责、紧密配合的"多位一体"的国家教材管理体制，加强了国家对高中教材的宏观管理。

其次，完善了高中教材编审选用等规章制度。在教材编写上，坚持意识形态较强的教材由教育部统一组织编写，保障国家事权在教材层面的落实，形成了由教育学专家、心理学专家、课程论专家、学科专家、科学家及社会其他领域专家等人员组成的高中统编教材编写队伍。在高中教材的审定上，加强对高中教材中政治、科学、教学、文字等多方面的审查，加大了国家对高中教材投入社会和市场之前的把控力度。在选用上，提出国家教材选用目录由教育部等联合发布，地方和学校要依据教材审定目标选用教材的原则和要求，部编高中《语文》《历史》《政治》教材要坚持统编统选统用原则，非统编教材可由地方教育行政部门和学校结合实际自主选用，这充分体现了教材选用的统一性和灵活性，保证了高中教材的优质供给。①

最后，创新了有效的教材管理机制。新中国成立初期，我国采取行政计划手段管理教材，解决了教材供应不足的问题，满足了广大高中师生对教材的基本需求。改革开放后，为适应社会主义市场经济的需要，促进教材质量的内涵式发展，在教材管理领域引入了市场竞争手段，充分满足了高中课程改革对多样化教材的需要。进入新时代，党和国家强化了教材领域的领导权，开始对事关国家意识形态的高中教材建设进行统一管理，同时强化了对非统编高中教材的审查，开始探索实行行政计划手段与市场竞争手段相结合的综合管理机制。同时，教材管理的准入机制、淘汰机制、监督与评价机制等也日益完善，实现了高中教材建设的有序进行。由此，高中教材管理机制进入了一个新的发展阶段。②

（2）主要问题

新中国成立以来，我国高中教材制度建设在取得成就的同时，也暴露出一些短板和问题，主要表现在以下几个方面。③

首先，集权与分权不平衡，教材管理体制缺乏联动性。集权与分权共同构成了教育行政改革的全景图，展现出国家、地方和学校之间的权责划分的结构性调整。从我国教材管理体制变迁的历程来看，其最显著的特征表现为集权与分权始终交替进行，最终目的是构建一个能够容纳变迁且富有弹性的教材管理体制。但是，地方和学校教材管理的主体责任还未得到有效落实，导致整个教材管理体制的上下联动性不足。一方面，由于传统教材管理体制的影响，以及地方政府主体意识和管理能力的薄弱，地方政府管理教材的主体责任未得到有效落实。有些地区尚未成立相应的高中教材管理机构；有些地方成立了高中教材管理机构，但机构虚设，导致相应的职能未得到充分发挥；还有些地方虽然成立了高中教材管理机构，但在发挥作用的过程中存在违规操作的现象。另一方面，学校参与教材管理的主体性缺失。为了发挥学校管理教材的主体性，国家和地方政府赋予学校参与教材管理的一些权力。但是，受学校教材管理者知识与经验不足、新教材培训

---

① 刘学智，张振，张羽. 整合与分化：普通高中教材制度建设70年的回顾与展望[J]. 教育科学，2019（5）：30-35.

② 刘学智，张振，张羽. 整合与分化：普通高中教材制度建设70年的回顾与展望[J]. 教育科学，2019（5）：30-35.

③ 刘学智，张振，张羽. 整合与分化：普通高中教材制度建设70年的回顾与展望[J]. 教育科学，2019（5）：30-35.

第三章 大中小学教材一体化建设和管理的历史镜鉴

及高考等因素的影响，学校教材管理的主体性缺失，主要表现为学校缺少专门的教材管理机构及学校和教师管理和开发教材的能力欠缺等。由于教材管理体制中地方和学校教材管理主体积极性与主动性的缺失，三级教材管理主体之间缺少有效的自上而下与自下而上的双重联动，进而影响到了整个三级教材管理体制功能的发挥。

其次，独立性与专业性不足，教材管理制度缺乏规范性。独立性和专业性是衡量高中教材制度成熟程度的重要尺度，是高中教材管理工作有效开展、高效运行的有力保障。当前，我国高中教材管理中的各项规章制度缺少应有的独立性和专业性。一方面，高中教材管理缺少独立的规章制度。普通高中虽然属于基础教育范畴，却具有自己独立的属性和特点。普通高中教育作为一个独立的、特殊的阶段，必然要求有与之相适应的独立且专业化的高中教材制度。基于此，各个国家建立了独立的高中教材管理规章制度，以最大限度地保证高中教材管理制度凸显高中教材的特点。例如，日本积极实施高中教材制度改革，制定了较为详细的高中教材管理和评价制度。以此为借鉴，我国高中教材制度应加强独立性，避免被一般性地纳入中小学教材管理范畴中笼统论之。另一方面，高中教材规章制度缺少专业性。我国在中小学教材建设的过程中制定了专门的义务教育教材管理规章制度，如 1988 年，国家教育委员会颁发《九年制义务教育教材编写规划方案》，充分保证了小学、初中阶段教材管理的针对性和专业性。与小学、初中阶段教材管理制度不同的是，我国缺少专业化的高中教材编写、审定、出版、选用等规章制度。例如，高中教材审定标准主要包含在《中小学教材审定标准》和高中课程标准等相关的课程政策文件中，导致高中教材的审定难以适应高中教材发展的特点。

最后，计划与市场不协调，教材管理机制缺乏长效性。现代教材管理更加强调计划与市场两种手段相结合，即在承认政府权威的有效性的基础上，更加强调采用参与、对话、协商、谈判与合作等多种方式和手段，以激发各教材管理主体的活力，形成长效的教材管理机制。目前我国教材管理还存在以下几个问题：一是教材准入机制有待健全，尤其是高中教辅读物比较混乱。由于市场准入门槛低，不需要教育行政部门的审批，各地甚至学校都可以自由选择，高中教辅读物缺乏严格的质量把关，造成了教辅市场的混乱。二是教材监督反馈机制有待完善。教材监督反馈机制是制定和践行教材政策法规的科学依据。当前，我国高中教材监督缺乏清晰、明确的和可操作化的教材评价指标体系。三是教材淘汰机制有待确立。由于我国教材管理中缺乏有效的淘汰机制，低水平的教材重复出版，存在教材内容拼凑的现象，在一定程度上制约了广大师生优质教材需求的满足。

（三）我国中小学教材管理制度改革的基本经验

教材体现了国家意志，完善教材制度是党和国家落实立德树人根本任务的关键举措。应答新时代中小学教材改革的重大需要，回顾中小学教材制度建设的曲折历程，我们总结出如下基本经验。①

1. 教材制度建设要紧紧把握教材制度改革的历史方位

教材是培养社会主义建设者和接班人的重要内容载体。教材具有国家意识形态的政治属性，教材制度建设须紧紧把握教材改革的历史方位。当前，我国教材制度改革应以习近平新时代中国特色社会主义思想为根本指南。习近平新时代中国特色社会主义思想是马克思主义中国化的最新成果，是中国特色社会主义理论体系的重要组成部分，是我国社会主义各项事业发展的行动指南。将习近平新时代中国特色社会主义思想确立为教材改革的指导思想，是新时代教材制度改革的必然选择。习近平新时代中国特色社会主义思想博大精深，将其作为教材制度改革的根本指南，既是落实立德树人根本任务的现实要求，也是教材建设迈向新阶段的根本准则。

2. 教材制度建设要把完善教材体制作为教材改革的关键

明确教材管理主体责任是教材体制改革的应有内涵。为此，创新教材管理体制体系必须采用相应的措施。首先，要进一步落实国家宏观管理教材的主体责任，坚持教材整体规划、系统设计，整合利用各种资源，统筹协调多方力量，以形成教材建设的合力。其次，要落实地方教材管理部门的主体责任，自主能动地制订和规划符合本地区实际的教材管理政策。最后，要落实学校教材管理的主体责任。一方面，学校要按照党和国家的教育方针，建设符合本校实际的校本教材；另一方面，学校要担负起国家教材、地方教材选用与评价的职责。总之，只有国家、地方和学校三级教材管理主体责权明晰、协同发展，才能保障教材建设的高效与优质。

3. 教材制度建设要把完善教材各环节的制度作为基础改革的重点

优化教材管理过程，破解教材各环节的制度薄弱的瓶颈，是教材制度建设的

---

① 刘学智，张振. 改革开放 40 年基础教育教材制度改革的回顾与展望[J]. 课程·教材·教法，2018（8）：27-33.

第三章　大中小学教材一体化建设和管理的历史镜鉴

重点。教材编写、审定、选用和出版诸环节是教材管理的基本制度，直接关涉教材建设的水平。因此，创新教材管理过程制度体系，需要解决教材管理环节制度薄弱的问题。首先，要完善教材编写人员资格认定制度，强化教材编写队伍建设。例如，一些国家的教材出版商为了在激烈的竞争中求得生存和发展，对教材编写者的资格和水准提出了较高的要求。例如，英国教材执笔者多数是大学及学院的教师、中小学教师、教师中心专职职员、地方当局督学及有经验的教育工作者。[1]建立教材编写人员资格认定制度，对保证教材编写质量具有重要意义。其次，要落实教材编审分离制度。教材编审分离是实现教材管理公平性的重要原则。它规定教材的编写与审定必须分开进行，确保承担教材编写任务的单位及其编写人员不参与后续的教材审定流程；负责教材审定工作的单位及其人员也不得参与教材的编写工作。再次，要完善教材审定标准，既要制定通识审定标准，又要研制学科审定标准，为教材审定提供科学的依据。最后，要规范教材选用制度。一方面，要发挥各级教材选用委员会的职能；另一方面，要推进教材选用程序公开、透明，保证选用结果的公平，以保证广大师生选用到优质的教材。[2]

4. 教材制度建设要把教材管理机制作为教材改革的突破点

健全教材管理机制，激活教材建设的内驱力，是教材治理的关键手段。因此，中小学教材管理机制创新应在如下几方面加以突破。首先，研制教材的准入资格标准。目前，一些国家有成熟的经验，如新加坡的教材制度规定，有意编写课本的私人出版社必须先到财政部注册，并持有良好的准时出版等记录。[3]我国应积极研制教材准入资格标准，并建立与之相配套的中小学教材准入实施细则，从源头上把关，维护教材市场秩序，确保教材建设质量。其次，完善教材评价机制。日本的做法可资借鉴。日本政府非常重视教材评价主体责任的厘清，文部科学省对教材的文本进行静态分析和评价，并向教科书编写者反馈修改意见，同时汇总教材目录和教材编写宗旨，发送到教材选用的关联机关。都道府县教育委员会组织教科书选定审议会、举办教科书展示会，向市町村教育委员、国立、私立学校提出建议。[4]对此，我国应积极创新教材评价机制，将其作为促进教材质量提升的重要策略。最后，建立教材的淘汰机制。淘汰机制是激发教材市场活力的

---

[1] 陈月茹，刘欣. 中外中小学教科书制度比较研究[M]. 济南：山东友谊出版社，2009：160.
[2] 刘学智，张振. 改革开放40年基础教育教材制度改革的回顾与展望[J]. 课程·教材·教法，2018（8）：27-33.
[3] 陈月茹，刘欣. 中外中小学教科书制度比较研究[M]. 济南：山东友谊出版社，2009：156.
[4] 陈月茹，刘欣. 中外中小学教科书制度比较研究[M]. 济南：山东友谊出版社，2009：173.

必备条件，应对在政治立场、价值导向、科学性等方面出现问题的教材予以淘汰，保证中小学师生选用到放心的优质教材。[1]

二、大学教材管理的历史回顾与经验

（一）我国大学教材管理的历史沿革

1. 初建教材管理制度，规范教材管理秩序（1949—1977年）

新中国成立初期，借鉴苏联的经验，我国教育体制不断完善并逐步发展出符合本国实际情况的大学教材管理体系。1956年，《高等学校教材编写暂行办法》颁布，清晰地界定了各部门在教材编写与审批中的职责，共同负责组织和监管各类大学教材的编写与审批流程。同年发布的《关于高等学校自编教材出版分工暂行规定》进一步明确了43个出版社将承担大学自编教材的出版职责，确保了教材出版工作的有序进行。[2]1962年，高等学校理科和工科基础课程教材编审委员会成立，审议了各科、各课程教材工作的三年规划，并研究修改了教材编审原则等文件。[3]至此，在党中央和国务院的指引下，中央各相关部门根据各自的专业领域，开始承担起教材的编审和出版工作，教材管理逐渐步入规范化轨道。然而，在"文化大革命"期间，教材制度在一定程度上受到了影响。[4]

2. 恢复教材管理制度，重建教材管理秩序（1978—1984年）

（1）建立以教育部为主导的部委对口教材管理体制

1978年，教育部发布的《关于高等学校教材编审出版工作若干问题的暂行规定》明确指出，教育部及其出版社将负责公共课、理科及工科基础课的教材组织、编审与出版。工科专业中全国通用的专业课和部分基础课教材，以及农科、医科、体育、艺术类的通用教材，则由相应部委及其出版社共同承担组织、编审与出版工作。至于文科与艺术类教材，则由国家出版事业管理局所属相关出版社出版，其中教育类教材由教育部管理的出版社负责。在出现各部委教材交叉的情况时，主要以对口部委为主，通过协商来解决相关出版问题。至此，我国建立了

---

[1] 刘学智，张振. 改革开放40年基础教育教材制度改革的回顾与展望[J]. 课程·教材·教法，2018（8）：27-33.

[2] 嘉定区政协文史资料编辑委员会. 嘉定文史资料（第二十七辑）[A]. 上海：上海新闻出版局，内部资料，2009：47.

[3] 吴本厦，欧百钢，张酉水等. 深切缅怀黄辛白同志[N]. 中国教育报，2009-03-01（003）.

[4] 刘学智，丁浩然. 我国高等教育教材制度：沿革、问题与路径[J]. 东北师大学报（哲学社会科学版），2020（2）：140-147.

第三章 大中小学教材一体化建设和管理的历史镜鉴

以教育部为主导的部委对口教材管理体制。①

（2）恢复各项教材管理环节制度

首先，建立教材编审制度。《关于高等学校教材编审出版工作若干问题的暂行规定》指出，国务院各有关部委和出版社可以根据需要，组织某些专业或课程的教材编审委员会（或小组），聘请若干水平较高的教师、专业人员，协助部门进行教材编审和评选工作。②其次，建立教材出版、选用制度。《关于高等学校教材编审出版工作若干问题的暂行规定》指出，要组织本地区院校向国务院有关部委推荐供全国出版、选用的教材。③最后，建立教材引进制度。为了尽快编审出版一整套能反映国内外科学技术先进水平的社会主义新教材，提高我国高等学校的教学质量④，1979年，教育部、外交部、财政部联合下发了《关于加速引进外国高等学校教材的几项规定》，指出迫切需要将美国、日本及其他国家的较新较好的教材尽快引进来。⑤为此，全国分批成立13个外国教材中心，分工引进各科教材。⑥

（3）恢复教材分类建设制度

改革开放之初，我国从理工科开始着手恢复教材分类制度。1979年，《教育部关于建立高等学校理科教材和工科基础课程教材编审委员会的通知》指出，先建立5个高等学校理科教材编审委员会，8个工科基础课程教材编审委员会和1个理工科公共外语教材编审委员会。⑦1984年，教育部发布《关于正式成立高等工业学校应用理科、技术科学及边缘学科八个教材编审委员会的通知》，指导成立理科应用物理、应用化学等学科的教材编审委员。至此，我国逐渐恢复了理工科教材分类建设制度。⑧

---

① 刘学智，丁浩然. 我国高等教育教材制度：沿革、问题与路径[J]. 东北师大学报（哲学社会科学版），2020（2）：140-147.
② 中国新闻出版研究院. 中华人民共和国出版史料（15）[G]. 北京：中国书籍出版社，2013：255-257.
③ 中国新闻出版研究院. 中华人民共和国出版史料（15）[G]. 北京：中国书籍出版社，2013：255-257.
④ 刘学智，丁浩然. 我国高等教育教材制度：沿革、问题与路径[J]. 东北师大学报（哲学社会科学版），2020（2）：140-147.
⑤ 全国人大常委会法制工作委员会研究室. 中华人民共和国行政法律法规全书（第6册）[A]. 北京：中国民主法制出版社，2000：3894-3895.
⑥ 刘学智，丁浩然. 我国高等教育教材制度：沿革、问题与路径[J]. 东北师大学报（哲学社会科学版），2020（2）：140-147.
⑦ 东北师范大学，陕西师范大学. 中华人民共和国高等教育大事记（一九四九—一九八一）[M]. 长春：东北师范大学出版社，1982：530-531.
⑧ 刘学智，丁浩然. 我国高等教育教材制度：沿革、问题与路径[J]. 东北师大学报（哲学社会科学版），2020（2）：140-147.

（4）恢复以计划手段为主导的教材管理机制

改革开放之初，我国采用计划手段管理各级各类教材。《关于高等学校教材编审出版工作若干问题的暂行规定》指出，"中央一级出版社和省、市、自治区一级出版社出版的高等学校教材所需纸张，单项列入各出版社出版用纸计划，由国家出版事业管理局协同国家计划委员会和轻工业部统筹保证，印刷力量由各部委和省、自治区、直辖市统一安排，有困难时由国家出版事业管理局协调"[①]。改革开放之初，教材管理采用国家统一编写出版、统一调度的方式，初步解决了大学教材的供给问题。[②]

3. 规范教材管理制度，初步探索大学教材管理体系（1985—1992年）

这一时期，党和国家推进高端人才培养战略，将大学体制改革作为突破口。为此，教材制度作为大学改革的重要内容被提上议事日程，大学教材建设步入规范化、科学化的轨道。

（1）建立了中央宏观管理的教材管理体制

1991年，国家教育委员会印发了《全国普通高等教育"八五"期间教材建设规划纲要》，指出"初步形成了由国家教委统一指导、规划、部署、协调，国务院各业务部门按照专业对口的原则分工负责制订规划、组织编审"。这一时期，中央宏观管理的教材管理体制初步建立，在一定程度上解决了各部委教材管理职能不清、责权边界模糊的问题。[③]

（2）探索编审、选用等各项教材规章制度

首先，建立了以国家部委为主体的教材编审制度。[④]《全国普通高等教育"八五"期间教材建设规划纲要》指出，"国务院各有关业务部门要按国务院发布的《高等教育管理职责暂行规定》的精神，在国家教委的统一部署下，'组织和规划对口专业的教材编审'工作"。其次，要加强对教材出版工作的宏观管理与指导。1991年，国家教育委员会印发《关于普通高等教育教材编审出版选用若干问题的暂行规定》，指出要加强对部属出版社的指导和管理，集中力量出好本部门分工负责专业的统一规划教材，还要加强对所属大学出版社的管理与教材选

[①] 中国新闻出版研究院. 中华人民共和国出版史料（15）[G]. 北京：中国书籍出版社，2013：255-257.

[②] 刘学智，丁浩然. 我国高等教育教材制度：沿革、问题与路径[J]. 东北师大学报（哲学社会科学版），2020（2）：140-147.

[③] 刘学智，丁浩然. 我国高等教育教材制度：沿革、问题与路径[J]. 东北师大学报（哲学社会科学版），2020（2）：140-147.

[④] 刘学智，丁浩然. 我国高等教育教材制度：沿革、问题与路径[J]. 东北师大学报（哲学社会科学版），2020（2）：140-147.

题的指导。①再次，实行选用目录制。1988年，国家教育委员会印发《高等学校教材工作规程（试行）》，指出"各校教材供应部门可通过新华书店教材目录、高校联合书目教材目录以及其它各种教材图书目录和全国各校的交流讲义目录选用教材"。最后，建立教材引进制度。1985年，国家教育委员会印发《关于加强外国教材引进和改进外国教材中心图书室工作的意见》，指出在引进方针上，由过去主要引进理工科教材转变为全面、系统、及时、有计划地成套引进国外著名大学的现用教材。②

（3）强化教材的分类建设

国家教育委员会提高了对理工科教材建设的重视程度。1991年，《国家教育委员会高等学校理科学科教学指导委员会章程（试行）》强调，学科教学指导委员会的核心职责在于深入探索理科教材的建设工作，审议其建设规划，并严密监控教材质量。同时，我国开始初步构建学科分类的规范标准。《学科分类与代码（第一版）》的发布，为学科分类提供了明确依据，进一步为教材分类建设指明了方向。③

（4）教材管理开始引入竞争、奖励和淘汰等机制

首先，引入竞争机制。教材建设只有恰当地引入竞争机制才能更好地提高教材质量，推动教学改革的深入发展。④其次，实行奖励机制。《全国普通高等教育"八五"期间教材建设规划纲要》强调，要坚持优秀教材评奖制度。再次，建立教材质量评价机制。《全国普通高等教育"八五"期间教材建设规划纲要》强调，要"有计划地组织专家、教授对教材质量的优良低劣进行评价"。最后，引入淘汰机制。《全国普通高等教育"八五"期间教材建设规划纲要》指出，"对于那些内容陈旧、质量差、缺乏特色而难以修订的教材，要予以淘汰，必要时重新组织编写"，这从制度层面规定了劣质、问题教材的退出机制。⑤

4. 稳步推进教材管理制度改革，基本形成大学教材管理体系（1993—2011年）

为了满足党的十四大报告提出的"建立和完善社会主义市场经济体制"的需要，国家开始实施"211工程""985工程"，大学开始从精英化向大众化转变。在

---

① 中国新闻出版研究院. 中华人民共和国出版史料（15）[G]. 北京：中国书籍出版社，2013：255-257.
② 刘英杰. 中国教育大事典（1949—1990）（下）[A]. 杭州：浙江教育出版社，1993：470.
③ 刘学智，丁浩然. 我国高等教育教材制度：沿革、问题与路径[J]. 东北师大学报（哲学社会科学版），2020（2）：140-147.
④ 武剑伦. 恰当地将竞争机制引进教材建设[J]. 教材通讯，1989（3）：26.
⑤ 国家教育委员会. 国家教委关于印发朱开轩同志在全国普通高等教育教材工作暨大学出版社第三次工作会议上的讲话及《全国普通高等教育"八五"期间教材建设规划纲要》等文件的通知[EB/OL].（1991-11-19）[2024-09-24]. https://www.110.com/fagui/law_168703.html.

这一背景下，我国基本上形成了与大学整体改革相适应的大学教材管理体系。[①]

（1）确立宏观管理下的"三级"教材管理体制

2001年，教育部印发了《关于"十五"期间普通高等教育教材建设与改革的意见》，明确要求国务院有关部委教育司（局）可以受教育部的委托制订相关专业的'十五'教材规划；各省、自治区、直辖市教育行政部门可根据实际情况，组织制订反映本地区学科优势与特色的教材规划；各高等学校、特别是重点高校要做好本校有优势、有特色的学科（专业）教材规划"。《关于"十五"期间普通高等教育教材建设与改革的意见》明确了国家、地方和学校三级管理的主体责任及责权关系，为今后的教材制度体系建设指明了方向。[②]

（2）建立教材管理环节的各项制度

首先，确立教材编审主编负责制度。《关于"十五"期间普通高等教育教材建设与改革的意见》明确指出，"建立通过评审、择优确定主编的评聘制度和实行主编负责制"。其次，教材出版实行出版社负责制。2011年，《教育部关于"十二五"普通高等教育本科教材建设的若干意见》指出，"出版发行实行出版社负责制，主编和其他编者所在单位及出版社上级主管部门承担监督检查责任"。再次，完善教材选用制度。《关于"十五"期间普通高等教育教材建设与改革的意见》指出，要"大力推动高质量教材的选用，各专业（课程）教学指导委员会、各有关出版社要大力开展对新出版的高水平教材的宣传评介工作"。最后，完善国外教材引进制度。《关于"十五"期间普通高等教育教材建设与改革的意见》指出，"要加强国外教材的引进工作"，同时还要"注意把国内已出版的高水平教材推荐到国外，打入国际市场"。教材引进制度的完善扩大了我国在教育领域的国际影响力。

（3）以"马工程"教材为突破口，有序推进教材分类建设

首先，完善教材分类建设国家标准。《学科分类与代码（第一版）》发布后，经过修订后，更加科学、准确，为教材分类建设提供了依据。其次，抓好"马工程"教材分类建设工作。2004年，国家正式启动"马工程"教材建设工作，基本涵盖了哲学社会科学各专业的专业基础课程和主要的专业课程。[③]"马工程"

[①] 刘学智，丁浩然. 我国高等教育教材制度：沿革、问题与路径[J]. 东北师大学报（哲学社会科学版），2020（2）：140-147.

[②] 刘学智，丁浩然. 我国高等教育教材制度：沿革、问题与路径[J]. 东北师大学报（哲学社会科学版），2020（2）：140-147.

[③] 马克思主义理论研究和建设工程第一批重点教材出版[N]. 中国青年报，2011-01-04（006）.

教材建设在一定程度上弥补了人文社会科学类教材建设的不足。[1]

（4）完善竞争、激励、评价监控等教材管理机制

首先，完善竞争机制。为了提升教材编写质量，教育部将竞争机制作为教材选题和编写提纲招标的手段。同时，还将竞争机制作为选拔主编的手段，即依靠专家，通过申报、评审确定主编人选，择优落实。其次，建立有效的激励机制。《教育部关于"十二五"普通高等教育本科教材建设的若干意见》强调，要"完善教材建设的激励机制"。[2]最后，建立评价监控机制，确保教材质量。《关于"十五"期间普通高等教育教材建设与改革的意见》明确提出，"'十五'期间要进一步强化质量意识，建立严格的质量监控机制"。

5. 深化教材制度改革，顶层设计教材管理体系（2012年至今）

党的十八大以来，我国教材建设的步伐加快。2016年，中共中央办公厅、国务院办公厅联合印发的《关于加强和改进新形势下大中小学教材建设的意见》提出了整体推动教材建设、创新教材体制机制改革的新要求。[3]2017年，教育部、财政部、国家发展和改革委员会印发《统筹推进世界一流大学和一流学科建设实施办法（暂行）》，加快了大学"双一流"建设。党和国家各项大学改革政策和精神推动了大学教材制度改革的深化。

（1）深化教材管理体制改革

为落实《教育部关于"十二五"普通高等教育本科教材建设的若干意见》精神，2017年，国务院成立国家教材委员会，其职能是统筹、指导、管理全国的教材工作。为使国家教材委员会政令通达，教育部成立了教材局，在承担教育部各级各类学校教材管理职能的同时，还肩负起国家教材委员会办公室职能工作。国家教材委员会和教材局的成立，明确了国家宏观管理教材的主体责任和义务。2018年，教育部搭建了国家高水平课程教材专业研究平台——课程教材研究所，形成了决策、实施、研究三位一体的工作格局。与此同时，部分地方政府积极响应党中央的号召，成立了地方教材委员会，致力于加强教材建设的实际工作。[4]例

---

[1] 刘学智，丁浩然. 我国高等教育教材制度：沿革、问题与路径[J]. 东北师大学报（哲学社会科学版），2020（2）：140-147.

[2] 刘学智，丁浩然. 我国高等教育教材制度：沿革、问题与路径[J]. 东北师大学报（哲学社会科学版），2020（2）：140-147.

[3] 刘学智，丁浩然. 我国高等教育教材制度：沿革、问题与路径[J]. 东北师大学报（哲学社会科学版），2020（2）：140-147.

[4] 刘学智，丁浩然. 我国高等教育教材制度：沿革、问题与路径[J]. 东北师大学报（哲学社会科学版），2020（2）：140-147.

如,《中共安徽省委教育工委 安徽省教育厅2018年工作要点》指出,要在安徽省成立教材委员会,旨在全面指导和统筹本省范围内的教材工作[1],为中央教材决策落地提供了组织保障。2019年,《教育部关于首批国家教材建设重点研究基地认定结果的通知》指出,"首批国家教材建设重点研究基地所在单位要加强基地工作的组织领导,在基地机构设置、人员配置、运行管理等方面强化条件保障,实行人、财、物相对独立,工作有专人负责,经费专户管理,确保基地工作有序高效开展"。至此,我国形成了国家宏观管理下的三级教材管理体制。

（2）深化教材管理环节改革

2017年,教育部召开会议,启动部署全国大中小学教材建设五年规划和教管理办法研制工作,"研制任务主要包括大中小学教材建设五年规划和四个教材管理办法,教材管理办法覆盖中小学、中等职业教育、高等教育教材,以及引进教材选用,建立健全各级各类教材编写、审查、使用及引进等各环节的制度"[2]。具体改革措施包括以下两个方面：一是创新编审制度。《教育部2017年工作要点》指出,要研制教材编写审定管理办法。二是完善教材选用目录制度。《教育部2017年工作要点》指出,构建高校哲学社会科学学科专业核心课程教材目录制度。此外,进一步规范和加强了对教材改革专项资金的管理。2018年,教育部印发《教育课程教材改革与质量标准工作专项资金管理办法》,指出在高校教材建设方面,专项资金主要用于研制课程教材建设规划和管理制度规范；编写、修订和审查中小学各学科国家课程教材,中等职业学校德育类课程教材,高等学校"马工程"重点教材及国家统编的其他高校教材；对"马工程"重点教材质量、选用使用情况等进行跟踪、监测、评估和管理等,以及由国家组织开展的教材使用培训。[3]2019年,我国出台了较为全面、完善的大学教材管理制度,对教材编写队伍和人员资格、教材审核流程、教材审核队伍、教材选用原则和流程等方面都提出了明确的要求。

（3）深化教材分类建设

新时代背景下,要进一步深化教材分类建设。一方面,加强马克思主义理论学科建设。2019年,教育部印发了《普通高等学校教材管理办法》,指出"马克

---

[1] 中共安徽省委教育工委 安徽省教育厅2018年工作要点[EB/OL].（2018-03-16）[2024-10-15]. https://www.ictdedu.cn/laws/yaodian/n20180316_50543.shtml.

[2] 教育部. 教育部启动全国大中小学教材建设五年规划和管理办法研制工作[EB/OL].（2017-05-21）[2024-09-24]. http://www.moe.gov.cn/jyb_xwfb/gzdt_gzdt/moe_1485/201705/t20170521_305303.html.

[3] 刘学智,丁浩然. 我国高等教育教材制度：沿革、问题与路径[J]. 东北师大学报（哲学社会科学版）,2020（2）：140-147.

思主义理论研究和建设工程重点教材实行国家统一编写、统一审核、统一使用"。另一方面，进一步强化了自然科学等门类的教材分类建设。例如，《农业农村部"十四五"规划教材建设指导方案》指出在教材建设过程中，应牢固"树立质量为本意识，严把申报关、评审关、编写关和出版关"，"打造一批经得起实践和历史检验的精品教材"。

（4）创新教材管理机制

首先，创新了奖励机制。《教育部2017年工作要点》指出，要"建立国家优秀教材评选奖励制度"。2024年，国家教材委员会就加强教材建设和管理做出重要工作部署，指出要"健全教材使用监测、问题监督和处置、责任追究、引导激励等机制"[①]。其次，完善了教材监测机制。省级教育行政部门应完善民族文字教材质量监控和评价机制，加强对本区域内使用的民族文字教材的检查和监督"。再次，建立了问责机制。2019年，《普通高等学校教材管理办法》指出，出现教材内容的政治方向和价值导向存在问题等情形的，教材须停止使用，视情节轻重和所造成的影响，由上级或同级主管部门给予通报批评、责令停止违规行为，并由主管部门按规定对相关责任人给予相应处分。最后，强化了准入、淘汰机制。《出版管理条例（2016年修正本）》要求相关部门对出版、印刷、复制、发行及进口单位实施严格的行业监管，包括准入和退出机制的执行，以确保行业的健康发展。《普通高等学校教材管理办法》指出，"及时淘汰内容陈旧、缺乏特色或难以修订的教材"。教材管理机制的不断完善，推动了大学教材建设。

（二）我国大学教材管理的主要成就与问题

当前，随着大学课程改革的推进不断深化，大学教材建设工作进入了高质量发展的新阶段。为了进一步创新发展我国在新时代对教材管理的规章制度，总结新中国成立以来大学教材制度建设的基本成就，剖析大学教材制度建设中存在的问题，势在必行。

1. 主要成就

新中国成立以来，在党和国家的不懈努力推动与引导下，各族人民通力合作，独创了一套具有中国特色的、适宜中国特色社会主义道路的大学教材管理制

---

① 国家教材委员会就加强教材建设和管理作出重要工作部署[EB/OL].（2024-01-03）[2024-10-30]. https://www.gov.cn/lianbo/bumen/202401/content_6923946.htm.

度，为大学教材的优质建设提供了保障。①

（1）建立了国家宏观管理下的三级教材管理体制

改革开放后，我国恢复、重建了以教育部为主导的部委对口教材管理体制，后来又进一步完善为由国家教育委员会统一指导、规划、部署、协调的中央宏观管理的教材管理体制，在一定程度上解决了各部委教材管理职能不清、责权边界模糊的问题。后来，教育部将大学教材编写权力部分下放至地方，为我国之后的教材制度体系建设指明了方向。2017年，国家教材委员会统筹、指导、管理全国教材工作，还成立了教材局，规范了国家在教材宏观管理方面承担的主体责任和义务，从而确保了教材的质量和适应性。此外，为了加强教材研究，教育部认定北京师范大学大中小学德育一体化教材研究基地等为首批国家教材建设重点研究基地。2019年，教育部印发《普通高等学校教材管理办法》，确立了国家宏观管理下的三级教材管理体制。大学教材管理体系已构建完成，建立了涵盖国务院教育行政部门、省级教育部门及高校的三级分层管理结构。

（2）逐步完善教材管理环节的各项制度

我国确立教材编审主编负责制度，完善了国外教材引进制度，扩大了在教育领域的国际影响力。创新了编审制度，汇聚全国顶尖的专家、学术界的领军人物及具备卓越学术造诣和教学经验的学科带头人，并积极倡导教学名师、优秀教师等优秀人才参与教材编写工作，且教材审核实行个人审读与会议审核相结合；深化教材出版制度，紧跟数字化时代的浪潮，探索纸质出版与多种形态的数字化出版融合制度；强化教材选用目录制度，构建高校哲学社会科学学科专业核心课程的教材清单体系。

改革开放之初，为了解决大学教材荒问题，党和国家着手恢复与重建教材秩序，如教材编审、出版、选用制度等。后来，我国建立了以国家部委为主体的教材编审制度和选用目录制度，并且恢复了教材引进制度，全国分批成立了多个外国教材中心，分工引进各科教材。21世纪初期，我国确立了教材编审主编负责制，教材出版实行出版社负责制，大力推动高质量教材的选用，完善国外教材引进制度，同时开展对国外教材的比较研究，扩大了大学教材的国际交流。《普通高等学校教材管理办法》对教材建设各环节的队伍建设、人员配备、流程开展等方面都提出了明确要求。

---

① 刘学智，丁浩然. 我国高等教育教材制度：沿革、问题与路径[J]. 东北师大学报（哲学社会科学版），2020（2）：140-147.

第三章 大中小学教材一体化建设和管理的历史镜鉴

（3）逐步完善大学教材分类制度

改革开放之初，我国从理工科开始着手恢复教材分类制度。国家教育委员会强化了理工科教材体系的发展，推动高等学府理工科专业更有效地服务于社会主义现代化建设，并成立了学科教学指导委员会，以对理科教材建设的相关工作进行研究、审议规划及监督。《学科分类与代码（第一版）》为教材的分类建设提供了指引。2004年，国家正式启动"马工程"教材建设工作，有效弥补了人文社会科学类教材建设中的部分不足，为相关学科的发展提供了有力的支持。党的十八大后，国家进一步深化了教材分类建设。一方面，"马工程"教材实行国家统一编写、统一审核、统一使用。另一方面，进一步强化了自然科学等门类的教材分类建设，例如，制定《农业农村部"十四五"规划教材建设指导方案》等。

（4）引入了竞争、激励、评价监控等教材管理机制

改革开放前，我国主要本着"从无到有、课前到书、人手一册、印刷清楚"的原则，由国家统一供应大学教材，建立了以计划手段为主导的教材管理机制，采用国家统一编写出版、统一调度的方式，初步解决了大学教材的供给问题。这一时期，教材管理开始引入竞争、激励、评价监控和淘汰等机制，例如，进一步完善优秀教材的评定标准指标体系及评奖办法，有计划地组织专家等对教材质量进行评价，对于那些内容陈旧、质量差、缺乏特色而难以修订的教材，予以淘汰等。21世纪初期，我国进一步完善了竞争、激励、评价监控等教材管理机制，例如，为了提升教材编写质量，教育部将竞争机制作为教材选题、编写提纲、招标和选拔主编的手段。党的十八大以后，党和国家高度重视教材建设，进一步创新了激励、奖励、评价监控、准入、淘汰等教材管理机制，例如，建立优秀教材编写激励保障机制，完善教材质量监控和评价机制，对问题教材的相关人员、机构予以惩罚和淘汰。

2. 主要问题

纵观我国大学教材制度改革的历程，教材制度建设成绩斐然，但仍存在着亟待破解的矛盾和问题，主要表现在如下几方面。[1]

（1）国家宏观教材管理主体职能发挥与地方、学校教材管理主体责任落实不到位的矛盾

改革开放以来，大学教材管理体制不断深化，逐渐从以教育部为主导的部委

---

[1] 刘学智，丁浩然. 我国高等教育教材制度：沿革、问题与路径[J]. 东北师大学报（哲学社会科学版），2020（2）：140-147.

对口教材管理体制，向国家宏观领导下的三级教材管理体制转变。国家教材管理机构的职能发挥不够畅通。党和国家成立了国家教材委员会和教材局，并赋予其统筹规划和管理教材建设的职能，理顺了国家教材管理的主体责权，解决了长期以来中央层面教材管理存在的政出多门、条块分割的问题，保障了国家大学教材建设的方向和质量。然而，三级管理主体的职能发挥存在冲突，主要表现在：一是地方管理组织机构不够健全，虽然有些地方成立了教材委员会，但是大部分地方教材管理工作仍由教育厅高教处负责。由于缺乏专门的教材管理组织机构依托，无法形成上下合力治理教材的新机制。二是大学教材组织机构相对薄弱。尽管部分高校成立了教材建设委员会，负责教材的规划、咨询与监督工作，然而由于缺乏专门的教材管理机构来直接行使管理职责，这些职能多由教务处等部门兼任，教材管理功能未能充分发挥，进而在一定程度上阻碍了大学教材管理效率与质量的提升。

（2）教材治理科学化与教材管理制度不完善的矛盾

在大学教材建设的过程中，教材的编写、审核、选用和引进等各项制度存在着难以有效落实及不完善等问题，这些问题成了制约教材建设进一步发展的关键因素。首先，教材编写环节监管不力。一方面，学校把管理权下放到基层学院，学校只负责对学院上报的教材进行"备案"，缺少整体的教材建设规划；另一方面，有的学校将编写教材算作教研成果，教师既能获得稿酬，又有利于评优和晋升职称。因此，部分功利倾向严重的大学教师乐此不疲地东拼西凑编写教材，这样一来必然导致教材质量下降。其次，教材审定制度有待完善。一是编审界限不明，一些高校在教材编写和审定方面通常依赖于出版社，这导致部分编写人员同时也担任审定人员，从而难以确保教材审定的公正性；二是缺乏科学的审定标准作为依据。大学教材审定中只有审定要求，并无审定标准，因而教材审定缺乏有效的参照依据。再次，教材选用目录制落实不好，"定选用"问题严重。尽管国家提供了教材选用目录，但地方高校在教材选择上的自由度受限，大多仅能局限于选用指南中"指定"的教材，"指定选用"成为普遍现象，限制了优质教材的引入。最后，教材引进机制尚不完善，如缺乏针对国外教材的引进标准、政治及安全审查流程，这可能会导致含有偏离正确价值导向或危害国家安全内容的国外教材进入高校教学体系中。

（3）大学教材体系建设与大学教材分类建设不足的矛盾

这一时期，大学教材分类建设有了突破性进展。"马工程"教材体系有效填补了哲学社会科学教材的空白，显著提升了人文社会科学教材的整体质量。此

第三章 大中小学教材一体化建设和管理的历史镜鉴

外,自然科学、农业科学、医药科学等领域的教材建设在科学化分类上也取得了显著进展,有效促进了理工科教材的前沿性和国际化。然而,我国大学教材分类建设仍面临诸多挑战。尽管"马工程"教材的建设取得了显著成果,但其他文科类教材的发展仍相对滞后。高校文科与理科教材建设的不平衡和不充分问题日益突出,这已对高校的学科体系建设产生了较大影响。教材体系的发展滞后于学科体系的建设,必然会限制大学在内涵层面的发展。

(4)大学教材质量提升与教材管理机制不健全的矛盾

完善教材管理机制是提升教材质量的重要保障。奖励机制的引入,充分调动了专家、教师编写教材的积极性,有效提升了教材质量;评价机制的引入,在一定程度上革除了长期以来教材管理中存在的教材评价不公正、不透明等制度弊端,促进了教材建设的公平与健康发展。但是,我国教材管理机制的创新依然不足。首先,教材准入机制难落实。教材准入资格制度不健全,如对准入条件、准入标准、准入程序等内容的规定不明确。教材进入高校的门槛低,导致教材质量参差不齐。其次,教材评价机制落实不到位。已有的大学教材质量标准不够成熟,这就使得教材质量评估指标体系的构建和评价方法的开发难以深入开展,进而使得现有的评价机制较难落实。最后,教材淘汰机制有待创新。淘汰机制在大学教材建设中落实得并不够好,由于淘汰标准的缺失,高校淘汰劣质教材难度大,有质量问题的低劣教材出不去,优质教材进不来。

(三)我国大学教材管理的历史经验

我国大学教材制度改革的历史经验,立足新时代党和国家对大学教材建设的新要求,探索大学教材制度改革新路,具有十分重要的历史借鉴意义。

1. 深化大学教材管理体制改革,须依法厘清教材治理的三级主体责任

体制是机构与规范的结合体,核心内涵是权力主体及其责权规范。教材管理一般由国家、地方和学校三级权力主体构成。深化教材管理体制改革,本质上是落实国家、地方和学校三级教材治理的主体责任。首先,教材建设要协调好国家、地方和学校三级教材管理的责权关系。国家是最核心的社会治理主体,其以纷繁复杂的方式操纵和控制着从地方到国家等各个层级的事务。①因此,教材体制改革必须以国家为教材管理的主体,保证国家对教材管理的宏观领导权。同

---

① 奥斯本. 新公共治理?——公共治理理论和实践方面的新观点[M]. 包国宪等译. 北京:科学出版社,2016:7.

时，教材体制改革也要积极调动地方政府主体和高校主体参与教材建设的主动性，增权赋能，推动国家各项教材政策在地方和高校得到深入贯彻。其次，教材建设要理顺政府与市场的主体责任关系。国家和市场是互动演化的，在某些领域，它们相互竞争和制约；在某些领域，它们相互加强；在另一些领域，它们则相互适应和改变对方。①这表明，市场作为一种治理主体，也拥有独特的多样性、复杂性和动态性特征。在教材管理中，除意识形态很强的教材由国家统编以外，其他类的教材往往通过政府分权、职能让渡等方式引导市场主体参与教材建设，这在一定程度上会为高校供给更为丰富的教材。同时，也要发挥政府对市场的监管职能，保障教材市场竞争公平有序和公开透明。最后，教材体制改革，要健全教材管理法律制度。依法进行教材管理是教材治理的重要保障。党的十九大报告指出，"全面依法治国是国家治理的一场深刻革命"。就教育领域而言，探索教材法律制度，既是教育改革的基本实践，更是教材制度改革的重要依据。当前，我国大学法律制度建设已经取得了一定的成就。但是，大学教材法律制度建设还比较薄弱，在一定程度制约了大学教材制度体系的建设与完善。因此，我国应积极推进大学教材法律制度建设，在法理层面明确三级教材治理主体的责任和义务，推进大学教材制度的法制化建设。②

2. 完善大学教材管理环节制度改革，须统筹教材治理的现代化

教材管理环节制度是指从教材的研制到使用的全过程，其主要包括教材的编写、审定、出版发行、选用（引进）等一系列环节，其中任一管理环节都会直接影响教材建设质量。对此，要推进教材治理的科学化，必须完善教材管理环节制度。首先，落实编审分离制度，全面提升教材的编写质量。大学教材编写、审定是教材建设的两大重要环节，建立教材编审分离制度，须采取如下措施：推行编审队伍建设分离制度，教材的编写人员不能参与教材审定，教材审定人员不能申请立项主编教材或参与编写教材；制定教材审定标准，将国家主权、国家安全、国家价值导向等内容融入教材审定标准，为教材审查提供可操作的依据；严格教材审定程序，对政治思想属性强的教材实行国家统一编写、统一审查、统一使用，充分体现审定程序的公正性、合法性。其次，加强对教材出版的管理，实行教材出版监管制，从而保障在尊重教材出版规律的基础上充分发挥教材市场的竞争作用。出版机构要执行重大选题备案制度，对涉及国家主权、国家安全、海洋

---

① 冯仕政. 当代中国的社会治理与政治秩序[M]. 北京：中国人民大学出版社，2013：81.
② 刘学智，丁浩然. 我国高等教育教材制度：沿革、问题与路径[J]. 东北师大学报（哲学社会科学版），2020（2）：140-147.

权益、社会安全及革命题材、历史题材等方面内容的教材，出版社要进行自查，编辑要履行专业审查职责，在出版环节保证教材质量。①

3. 补齐哲学社会科学类教材短板，须分类推进教材体系建设

学科体系构成了教材体系建设的基础，而教材体系反过来又对学科体系的发展起着重要的推动作用。因此，按照学科体系进行分类来建设教材体系至关重要。为了使教材制度改革与学科体系、教材体系建设相匹配，需要根据不同学科门类的特点和要求，实行教材分类建设，并针对性地制定各学科门类的教材管理制度。首先，要强化哲学社会科学类教材制度改革。着力构建完善的教材体系，确保其既符合中国特色社会主义的发展需求，又能立足于国际学术前沿，且门类全面，涵盖哲学社会科学各领域。在教材编写、推广和使用的各个环节，需要注重体制机制的创新，激发学者、学校、出版机构等多方的积极性，共同推动这项工作的顺利开展。②在教材编写过程中，要深入体现习近平新时代中国特色社会主义思想的精髓，全面融入社会主义核心价值观、中华优秀传统文化及民族团结等核心要素。在教材审定环节，需要严格执行政治审查、思想审查和安全审查，并实行盲审制度，确保教材内容的严谨性和准确性。在教材选用上，应坚持统一选用，确保国家统编的哲学社会科学类教材能够进入大学课堂，为学生提供优质的学习资源。其次，要深化自然科学等门类教材分类建设。新时代背景下，自然科学学科门类的教材体系建设需要聚焦于以下几点：一是教材编写需要坚守社会主义核心价值观，充分融入习近平新时代中国特色社会主义思想的指导要求；二是教材审定需要彰显国家意志，体现教材建设国家事权，同时遵循理工科的发展规律和创新需求；三是在教材选用上，既要贴合产业发展的实际需求，也要与学科门类的人才培养和学科建设重点需求相契合，以此推动理工科各门类教材体系的进一步完善。③

4. 保障大学教材建设质量，须深化教材管理机制创新

教材机制是指制约教材管理活动系统各要素之间的关系及其运作方式的制度规范。与体制相比，机制具有更加内在、深层的决定作用，教材机制的完善与否

---

① 刘学智，丁浩然. 我国高等教育教材制度：沿革、问题与路径[J]. 东北师大学报（哲学社会科学版），2020（2）：140-147.

② 姚晓红，冉冉，任霏. 中华优秀传统文化与当代大学生社会主义核心价值观的构建[M]. 石家庄：河北人民出版社，2017：294.

③ 刘学智，丁浩然. 我国高等教育教材制度：沿革、问题与路径[J]. 东北师大学报（哲学社会科学版），2020（2）：140-147.

在一定程度上直接决定了一个国家教材制度的优劣。对此,为了保证教材建设质量,就有必要加强教材管理机制创新。首先,要落实教材准入机制,为教材进入教学领域设立门槛。落实教材准入机制,国家应建立科学的准入标准,为教材准入审查和评估提供依据;要严格准入程序,严把入门关,坚决杜绝低水平重复、内容雷同或存在价值导向问题的教材堂而皇之地走进大学课堂。其次,要健全教材选用监测机制。完善教材选用监测机制,是发挥教材评价功能的重要保障。国家教材委员会要做好教材质量标准的顶层设计,完善教材监测体系,指导各高校的教材监测工作;建立教材选用的第三方跟踪调查制度,对选用的教材进行质量评估,促进教材质量的提升。最后,要完善教材淘汰机制。国家要制定具有可操作性的淘汰标准,令劣质教材退出,且对现行使用的教材进行周期性审查,严厉查处并淘汰在政治倾向性等方面存在问题的教材。

第三节　大中小学教材一体化建设与管理的历史趋向

我国对教材的建设与管理始终基于教材建设与管理的发展逻辑和国家的实际需求与情形,逐步探索教材一体化建设与管理的特色化模式。从新民主主义革命时期到中国特色社会主义新时代,我国教材一体化建设与管理逐渐形成了强有力的教材政策制度、现代化的教材发展道路等。因此,面向未来,要实现中国教材的高质量发展,就要继续把握教材建设的根本方向,把牢党对教材建设的领导权,打造人民满意的优质教材,落实教材建设的国家事权,以全面推进中国特色的一体化教材体系建设。

一、坚持以马克思主义为指导,把握教材建设的根本方向

马克思主义是认识、把握和运用发展规律的根本理论和方法。只有坚持以马克思主义为指导,才能保证教材建设方向正确,不会误入歧途。坚持走中国教材建设的特色化道路的关键在于,从马克思主义基本理论出发,对当前我国教材建设的新形势进行理论上的把握,使教材建设能够不断地从马克思主义理论中获得新的价值与理念,从而始终把握好教材建设的根本方向。

第三章　大中小学教材一体化建设和管理的历史镜鉴

第一，继承和创新，体现中国和中华民族风格。教材建设的特色化道路是一种历史性的存在，其历史逻辑在于中国教材建设的特色化之路是在国际和国内环境的挑战下，由中国共产党领导人民不断创造和推进教材建设的价值、内容、制度和文化的历史过程。作为一种历史性存在，教材建设的特色化道路应兼容不同时间和空间教材建设承载的具有活力的"特色"基因。一方面，善于从已有的文化和固有的思维与行动中汲取教材建设的成功经验，保持教材建设的连续性和稳定性；另一方面，依据新时代中国特色社会主义发展的新要求，创造性地回答为什么要构建中国特色化的教材建设道路，构建什么样的中国特色化的教材建设道路，以及如何构建中国特色化的教材建设道路等问题。

第二，扎根中国大地，体现国家和民族基本价值观。我国教材建设之所以能够取得持久成效，其奥秘在于领导教材建设的中国共产党始终是从国家建设的需要出发来推进教材建设的，使教材建设能够扎根中国大地。基于此，推进教材建设的深入发展，需要站在新时代的历史方位，科学地分析我国教材建设面临的新机遇和新挑战，深刻把握我国教材建设发展面临的新课题和新矛盾，扎根中国大地、聚焦中国问题、立足中国国情，在制定教材政策方针、设计教材建设目的、创新教材编写体例、优化教材体系结构和完善教材编审制度等一系列教材建设实践中，体现国家和民族的基本价值观，弘扬民族精神。

第三，拓宽国际视野，体现人类文化知识积累和创新成果。中国教材建设的特色化道路有其明确的底线，但这并不意味着其发展是自我封闭式的。特别是在全球化的时代潮流中，学习和创新已经成为世界各国教材发展的关键动力。党领导下的教材建设不仅要跟上世界教材建设的步伐，还要成为引领世界教材建设的风向标。为此，教材建设的特色化道路要在尊重中国国情、社情和教情的基础上，充分借鉴世界教材建设的先进经验，提升中国教材建设特色化道路的品质，使中国教材建设的价值、制度、内容、程序和方法更加科学化、规范化和系统化。

二、坚持中国共产党的领导，把牢党对教材管理的领导权

我们的教材建设是党领导下的教材建设，党的领导确定了教材建设的政治边界与制度外框。百年来，我国教材建设的历史经验表明，什么时候加强党对教材的领导，什么时候的人才培养就过硬、可靠；什么地方放松党对教材的领导，什么地方的育人效果就疲弱、堪忧。新时代教材建设必须始终把牢党对教材建设工

作的领导权,通过加强党的思想领导、政治领导和组织领导,使教材建设领域成为坚持党领导的坚强阵地。

第一,增强党的思想领导,保证教材建设的价值性。把牢党对教材建设的领导权,最为关键的就是要使党的核心领导地位能在日益复杂和多元的教材建设过程中得到广泛认同。这涉及党高效的价值分配,即党必须把科学的思想意识和先进的文化传输给每个公民,从而在整个社会形成共同的理想和目标。因此,应牢牢掌握党对意识形态工作的领导权,为凝聚教材建设中的基本共识提供关键性的资源,通过建立合理有效的价值分配系统,把党的理想信念和政治信仰深入整合到教材建设的各个环节和全过程,使教材建设者充分熟悉、理解、认同和信仰党的指导思想,并在教材建设过程中践行党的指导思想。

第二,强化党的政治领导,提升教材建设的权威性。坚持中国共产党的领导是教材建设的政治前提,是推进教材建设的核心主体。只有党强有力地参与,才能使教材建设得到充分的支持和协调发展。百年中国教材建设的特色化历程,正是在这一逻辑的历史下展开的。由此,加强党对教材建设的政治领导,提升党在教材建设中的权威性,成为中国教材建设特色化之路的内在机理。新时代教材建设要坚决维护党中央的权威,自觉在政治立场、政治原则、政治道路上同党中央保持高度一致,把习近平新时代中国特色社会主义思想贯穿于教材建设的各个环节和全部过程之中。

第三,加强党的组织领导,促进教材建设权力的理性化。坚持党的领导,从根本意义上说,是通过不同的组织和运作体系实现的。党组织领导的理想状态是要使权力和理性充分结合起来,即在保证党对教材建设权威性领导的基础上,促使党领导权力的制度化和法律化,以形成一套联系紧密、政令通畅的组织网络体系。因此,新时代,坚持和完善党对教材建设的组织领导,就是要在党的全面领导下,在现代教材建设的法律制度框架内,遵循依法治教的原则,促进党领导下教材建设方略和方式的转变,把日益多层次、多向度和多类型的教材建设工作整合为一个和谐统一的有机共同体。

三、关切广大人民的根本利益,打造人民满意的优质教材

教材是学校最关键和最广泛的教学载体。党领导下教材建设的特色化之路的关键在于,把广大师生对教材的满意度作为教材建设的关键指标,通过充分彰显教材的思想性、科学性与适应性等,打造出人民满意的优质教材,进而使党领导

教材特色化建设具有现实的合法性。

第一,增强教材的思想性,植入红色基因。教材建设作为落实立德树人根本任务的关键环节,在植入红色基因的过程中发挥着不可替代的作用。新时代建设教材强国,必须坚持正确的政治方向和价值导向,把符合马克思主义中国化要求的重大理论创新成果全面、系统、有机地融入教材,分学段、按学科层层递进阐释好,培育和弘扬社会主义核心价值观。

第二,增强教材的科学性,符合学生认知特点。坚持科学性,就是要遵循事物发展的内在规律,不随意而为、肆意妄为,凡事皆有理有据、合乎逻辑。新时代的教材建设理应纳入科学的范畴来筹划,按照教材的自身规律来建设。在教材编制中,应深入研究和灵活运用教材编制的科学理论,按照循序渐进的设计原则,科学设置不同学段和不同学科的知识结构,以确保各个学段和各个学科之间的教材能够在纵向上相互衔接,在横向上相互配合。

第三,增强教材的适宜性,满足教学改革要求。教材是教学活动中最基本的要素。在信息技术不断改变着人类思维、行为、生活和学习方式的当下,要主动应对技术变革对教材编制提出的挑战。教材建设应尊重教材编制的内在规律,体现教学的最新理念,遵循教学规律,为广大师生提供多种教学资源和方案,最大限度地满足新时代课程教学的改革需求。

四、坚持中国特色社会主义制度,落实教材建设国家事权

教材制度对教材建设具有战略性意义。实际上,教材建设中出现的许多新问题是可以通过制度创新解决的。新时代,我国教材建设取得的伟大成就,在很大程度上归功于教材制度的优势。教材是育人的载体,以促进人的全面发展为主要任务,这就客观要求教材制度建设要围绕教材的育人功能进行,形成一套民主、法治、科学和有效的教材建设体制和机制。

第一,以统筹为主,绘制教材建设蓝图。在教材建设过程中,党对教材建设的领导主要体现为科学的决策和对全局的调控,主要体现在教材建设蓝图的规划中。因此,推进教材建设,要依据国家对教育改革发展的新要求与新期待,整体规划和系统设计每个阶段的具体目标、支撑条件、配套改革,保证教材规划能够适应教材建设的时代需要,统筹推进教材体系建设。

第二,统分结合,分层管理各级教材。教材建设要以国家统筹规划教材建设为基础,通过分层管理的方式,充分调动地方和学校等教材建设主体的积极性。

首先,国家通过教材管理的综合改革,为政府、学校和社会多元主体参与教材建设提供共同的行动目标和行为准则,构建政府依法宏观管理、学校依法自主办学、社会有序参与、各方合力推进的教材治理新格局。其次,地方既要直接对中央政府负责,积极贯彻和落实国家的教材政策,也要对所管辖地区的教材建设负责,因地制宜地制定本地区的教材建设方案,促进地方教材的高质量建设。最后,学校作为教材管理的重要主体,需要在国家的统筹规划下,结合学校的实际情况,主动承担起教材管理的相关职责,树立特色意识,精准把握学校所在区域的特色,确定切实可行的校本政策。

第三,分类指导,分类管理各种教材。多样性是新时代教材制度改革的重要标志。顺应教材制度发展的多样化趋势,要对其实行分类管理,针对统编教材和非统编教材,分类制定相应教材的编写、审定、选用和出版发行等具体管理措施,重点完善意识形态属性较强的统编教材管理规章制度。针对义务教育教材,要构建专门化的义务教育教材制度,凸显义务教育教材制度具体化、个别化、情景化的特征。针对普通高中教材,要明确高中教材建设的基本原则、建设目标、重点任务和重大措施,充分体现高中教材制度建设的内在机理和发展规律,建立一套独立的普通高中教材管理制度。针对数字化教材,要加大数字化教材制度的供给,制定国家层面的数字化教材发展规划,整合相关出版企业、专家学者、科技人员共同破解数字化教材的标准、产权、审定、人员培训及数字化平台建设等方面的问题,构建一套有效服务数字化教材发展的制度体系。

第四章
大中小学教材一体化建设和管理的现实考察

  落脚于现状，能够直接、精准地了解研究对象的实际状况，把握研究对象在发展过程中遇到的困境与难点，有利于提高研究成果的针对性与有效性。对现状的调查应该采用自填式问卷或结构式访谈的方法，系统、直接地从一个总体中抽取样本，收集这些样本的资料，并通过分析这些资料来认识社会现象及其规律。[1]本章对我国教材一体化建设和管理的利益相关者展开问卷调查，以了解我国教材一体化建设和管理的现实状况；并对我国教材一体化建设和管理的利益相关者进行一对一访谈，推动研究的深层次化，为问卷调查结果提供"文化"或"价值"等高维度的解释与见解。本章研究采用问卷调查、案例追踪与结构性访谈相结合的方法，对教材一体化建设和管理的现状进行调查，把握其实际状况，以期进一步为其研究与展望提供切入点。

---

[1] 风笑天. 现代社会调查方法[M]. 3版. 武汉：华中科技大学出版社，2005：4.

第一节 调查设计与方法

长期以来，学校课程内容中大中小学课程内容之间的相互衔接问题往往被忽视。课程内容的简单重复，不仅会挫伤学生学习的兴趣和积极性，而且不能满足学生成才的需要，迫切需要探索适应新时代人才培养要求的教材建设新路径。为此，需要了解当前教材一体化建设现状，分析知识衔接中的断点、学科融合中的壁垒，从根本上解决大中小学教材育人目标缺少层次、衔接不紧密，以及课程内容简单重复交叉、课程组织松散不系统等问题，构建大中小学育人新体系。本次重点调查了小学、初中、高中各教育阶段教材一体化状况，以此为中小学教材一体化建设提供现实依据。

一、对象

本次调查对象包括两类：第一类是中小学教师，主要包括语文、思想政治（小学、初中为"道德与法治"）、历史学科的教师。调查采用分层抽样、随机抽样与整群抽样相结合的方法，对中小学三科教师进行问卷调查。在对初级抽样单元进行分层的基础上，综合考虑到地区教育发展特点、城乡差异、社会经济文化差异等，依据经济区划、人均 GDP、教育发展情况等指标，抽取天津、福建、辽宁、河南、吉林、四川、甘肃 7 个省份进行调研，调查共涉及 4512 名教师。第二类是大学教师和教材管理人员。大学调查部分重点访谈了 5 名"马工程"教材编写者，以及 20 名各专业学科授课教师、高校教材管理人员。

二、调查工具

本次研究的调查工具分两大部分：中小学教材建设状况调查问卷和访谈提纲。

1. 中小学教材建设状况调查问卷

该问卷由教育学理论专家、课程与教学论专家、教师教育专家、各学科专家及中小学教师等组成的专家组共同研制开发。自然情况主要包含研究对象的职称、教龄、所处学段、学校类型、所教学科、年级、地域等方面的 11 个题项选

第四章 大中小学教材一体化建设和管理的现实考察

择题;教材建设状况主要包含涉及整体性、全面性和系统性 3 个维度的 36 个题项。我们对该问卷进行了信度和效度分析,结果如下。问卷采用利克特五点计分法,"完全不符合"计 1 分,"比较不符合"计 2 分,"不确定"计 3 分,"比较符合"计 4 分,"完全符合"计 5 分。分数越高,表明被试在该题项或维度上的反应越强烈。教师的问卷均分越高,表示教师对教材一体化现状的认同程度越高,即教材一体化状况越好。

其一,信度分析。本研究采用内部一致性系数对研究工具进行信度检验。内部一致性系数的判定原则如下:分层面的内部一致性系数要在 0.5 以上,总量表的内部一致性系数要在 0.7 以上,最好高于 0.8。[①]中小学教材建设状况调查问卷(3 个维度,36 个题项)各维度的内部一致性系数为 0.870~0.973。其中,整体性维度的一致性系数为 0.870,全面性维度的一致性系数为 0.961,系统性维度的一致性系数为 0.891,总量表的内部一致性系数为 0.973。可见,本调查问卷的内部一致性系数指标基本达到了测量学要求,适宜作为测量工具。

其二,效度分析。本研究采用 KMO 检验及巴特利特球形度检验,对研究工具进行效度检验。KMO 值为 0.981,χ^2=144 401.869,df=630,p<0.01。基于 Kaiser 的 KMO 度量标准,本研究的数据适合进行因子分析。进一步进行因子分析发现,采用主成分分析,可抽取 3 个因素,共解释方差总变异的 59.26%。根据项目的内容,问卷可分为 3 个维度,分别为整体性、全面性和系统性维度,单个维度的解释率均高于 5%,总体方差解释率高于 50%。这说明问卷测量的指标良好,内容涵盖了调查信息,对题目所测的指标具有较高的贡献率,问卷整体的结构效度较好。

我们进一步考察了各因素之间的相关性,皮尔逊相关值为 0.840~0.961。两两因素之间均显著相关,表明各因素既方向一致又有差异,不可互相替代。维度分与总分之间存在正相关,表明各因素与总体概念一致,问卷的效度较好。

2. 访谈提纲

为了解教材一体化建设和管理存在的问题及其成因,我们设计了具体的访谈提纲。采用半结构化访谈的方式,针对东北、西北地区,以及北京等地的高校教师和教材管理人员实施访谈。其中,教材编写者有 5 人,高校教师与教材管理者有 20 人。

[①] 吴明隆. 问卷统计分析实务:SPSS 操作与应用[M]. 重庆:重庆大学出版社,2010:56.

三、数据收集和整理

本次调研共回收问卷 4512 份,其中有效问卷 4344 份,问卷有效率为 96.28%。采用 Excel 2010 和 SPSS 2.0 统计分析软件对数据进行处理与分析。

第二节 大中小学教材建设的基本状况与问题

一、中小学教材建设的状况与问题

(一)中小学教材一体化建设的现状

1. 中小学教材建设的总体状况

本研究从整体性、全面性、系统性 3 个维度分析基础教育教材的一体化情况。其中,整体性是指教材建设应整体体现的政治方向、社会主义核心价值观等思想定位;全面性是指教材建设应全面把握教材的基本属性;系统性是指不同学段的教材内容间纵向衔接、不同学科的教材内容间横向关联的教材体系结构。通过数据分析发现,中小学教材建设一体化程度较好,均值为 4.32,标准差为 0.58,各维度的分值情况如表 4-1 所示。其中,整体性维度均值最高,为 4.41;系统性和全面性次之,均值分别为 4.30、4.26。由此可见,中小学教材在整体体现政治方向、社会主义核心价值观等思想定位方面的表现最好,在不同层面、不同维度、纵向衔接及横向关联方面表现较好,在全面把握教材基本属性方面还有待加强。

表 4-1 中小学教材一体化建设的整体状况(N=4344)

类别	min	max	M	SD
样本总体	1.10	5.00	4.32	0.58
整体性维度	1.00	5.00	4.41	0.64
全面性维度	1.12	5.00	4.26	0.58
系统性维度	1.00	5.00	4.30	0.61

第四章　大中小学教材一体化建设和管理的现实考察

（1）整体性维度

整体性是教材一体化的基本特征。整体性要求从大处着眼，在教材建设过程中一贯地坚持马克思主义指导地位，用习近平新时代中国特色社会主义思想铸魂育人，落实立德树人根本任务、人才培养目标等。整体性维度主要包含指导思想、立德树人和培养目标3个指标，其中，指导思想是指教材在坚持马克思主义指导地位、以习近平新时代中国特色社会主义思想铸魂育人方面的情况；立德树人是指教材坚持落实立德树人根本任务的情况；培养目标是指教材与培养目标相一致的程度。由表4-2可以看出，在整体性维度中，中小学教材一体化建设在立德树人指标上的表现最好，均值为4.45；指导思想指标的表现次之，均值为4.41；培养目标指标的表现均值最低，为4.35。由此可见，中小学教材在落实立德树人根本任务方面的表现较好，在坚持马克思主义指导地位、学习贯彻习近平新时代中国特色社会主义思想，以及落实教育培养目标方面还有待加强。

表4-2　中小学教材一体化建设整体性维度各指标的得分情况（N=4344）

类别	min	max	M	SD
指导思想	1.00	5.00	4.41	0.68
立德树人	0.00	5.00	4.45	0.71
培养目标	0.00	5.00	4.35	0.76

（2）全面性维度

中小学教材全面性维度的情况相对较好，均值为4.26。全面性维度主要包含思想性、科学性、人文性、全纳性、适切性5个指标。其中，思想性主要是指教材全面地体现价值观和社会责任等方面的情况，均值为4.42；科学性是决定教材一体化程度的重要维度，均值为4.15；人文性主要是指教材全面地体现传统文化、革命传统、生态文明和生命关怀的情况，均值为4.40；全纳性主要考察教材是否能够适应特殊群体的需求，以及体现对多元文化的理解，均值为4.34；适切性主要是指教材中教学情境、教学活动、教学评价和教学方法等方面满足教学需要的情况，均值为4.19（表4-3）。由此可见，中小学教材在全面体现价值观和社会责任方面的表现最好，在全面体现传统文化、革命文化、生态文明和生命关怀方面较好，但在科学性与适切性方面有待加强。

表4-3　中小学教材一体化建设全面性维度的各指标情况（N=4344）

类别	min	max	M	SD
思想性	1.00	5.00	4.42	0.65

续表

类别	min	max	M	SD
科学性	1.00	5.00	4.15	0.60
人文性	1.00	5.00	4.40	0.63
全纳性	1.00	5.00	4.34	0.68
适切性	1.00	5.00	4.19	0.62

（3）系统性维度

教材本身就是一个系统，受规律的制约，需要遵循系统运行机制。系统性要求教材内容、组织和类型等方面实现协调有序、协作关联。总体看来，中小学教材系统性欠佳，均值仅为4.30。系统性维度主要包含要素关联、层次关联、学科关联、类型关联4个指标。其中，要素关联是指教材体现内容的真实性、知识的逻辑性和系统性，以及遵循学生心理认知特点和阶段性要求的情况，均值为4.33；层次关联是指教材体现各学段知识与能力的衔接要求的情况，均值为4.35；学科关联是指教材体现不同学科内容的交叉与融合要求的情况，均值为4.25；类型关联是指数字教材与纸质教材的关联情况，均值为4.18（表4-4）。由此可见，中小学教材在各学段知识与能力的衔接、体现内容真实性与知识逻辑性等方面的表现较好，但在不同学科内容的交叉、融合及数字教材与纸质教材的关联程度等方面还有待提高。

表4-4 中小学教材一体化建设系统性维度的各指标情况（N=4344）

指标	min	max	M	SD
要素关联	0.33	5.00	4.33	0.67
层次关联	0.00	5.00	4.35	0.67
学科关联	0.00	5.00	4.25	0.78
类型关联	0.00	5.00	4.18	0.86

2. 学科维度教材建设状况

本研究主要选取了中小学语文、历史和思想政治三个学科进行学科教材一体化分析。由于小学阶段不涉及历史学科，在本次调查中，历史学科教材仅包含初中历史教材与高中历史教材；义务教育阶段的道德与法治与高中的思想政治统称为"思想政治"。

数据显示，语文教材一体化的均值为4.36，思想政治教材一体化的均值为

4.29，历史教材一体化的均值为 4.26（表 4-5）。进一步进行单因素方差分析发现，语文、历史、思想政治教材的一体化水平存在显著差异（F=8.285，p=0.00<0.01）。由此可见，不同学段语文教材的一体化状况优于不同学段的思想政治教材、历史教材的一体化状况。

表4-5　各学科教材一体化建设总体状况

学科	n	$M \pm SD$	F	p
语文	2031	4.36 ± 0.58	8.285	0.00
历史	344	4.26 ± 0.60		
思想政治	1969	4.29 ± 0.58		

（1）整体性维度的学科差异

通过数据分析发现，语文教材在整体性维度的均值为 4.45，历史教材为 4.40，思想政治教材为 4.37（表 4-6）。单因素方差分析结果显示，语文、历史、思想政治教材在整体性维度上存在显著差异（F=8.285，p=0.00<0.01）。其中，语文教材在正确体现政治、社会主义核心价值观方面的表现最好，历史教材次之，思想政治教材得分最低。

表4-6　各学科教材一体化建设的整体性维度差异状况

学科	N	$M \pm SD$	F	p
语文	2031	4.45 ± 0.63	8.285	0.00
历史	344	4.40 ± 0.63		
思想政治	1969	4.37 ± 0.65		

具体来看，各学科教材在整体性维度的各指标上的表现情况如表 4-7 所示。在指导思想方面，语文教材的均值为 4.45，历史教材的均值为 4.46，思想政治教材的均值为 4.36。单因素方差分析结果显示，三门学科教材在指导思想方面的表现差异显著（F=9.657，p=0.00<0.01），其中语文教材和历史教材在整体体现指导思想上的表现较好，思想政治教材在这方面还有待提升。在立德树人方面，语文教材的均值为 4.50，历史教材的均值为 4.42，思想政治教材的均值为 4.39。单因素方差分析结果显示，三门学科教材在立德树人方面的表现差异显著（F=12.398，p=0.00<0.01），其中语文教材在整体落实立德树人根本任务方面的表现最好，历史教材次之，思想政治教材有待提高。在培养目标方面，语文教材的均值为 4.38，历史教材的均值为 4.27，思想政治教材的均值为 4.34。单因素方差

分析结果显示，三门学科教材在培养目标方面的表现差异显著（F=3.405，p=0.033<0.05），其中语文教材和思想政治教材在整体落实国家人才培养目标上的表现较好，历史教材还有待加强。

表 4-7　各学科教材一体化建设整体性维度各指标的差异状况

维度	学科（$M \pm SD$）			F	p
	语文	历史	思想政治		
指导思想	4.45±0.67	4.46±0.66	4.36±0.69	9.657	0.00
立德树人	4.50±0.69	4.42±0.73	4.39±0.72	12.398	0.00
培养目标	4.38±0.79	4.27±0.83	4.34±0.72	3.405	0.033

（2）全面性维度的学科差异

数据分析结果显示，语文教材的全面性均值为 4.41，历史教材为 4.28，思想政治教材为 4.14（表 4-8）。单因素方差分析结果显示，语文、历史、思想政治教材在全面性维度上存在显著差异（F=8.163，p=0.00<0.01）。其中，语文教材在全面把握语文学科的基本属性方面表现最好，历史教材和思想政治教材在全面把握本学科的基本属性方面则有待提高。

表 4-8　各学科教材一体化建设的全面性维度的差异状况

学科	n	$M \pm SD$	F	p
语文	2031	4.41 ± 0.64	8.163	0.00
历史	344	4.28 ± 0.58		
思想政治	1969	4.14 ± 0.60		

具体来看，各学科教材在全面性维度的各指标上的表现情况如表 4-9 所示。在思想性方面，语文教材的均值为 4.47，历史教材的均值为 4.36，思想政治教材的均值为 4.37。单因素方差分析结果显示，三门学科教材在思想性方面的表现差异显著（F=13.154，p=0.00<0.01），表明语文教材能够全面体现思想性，而历史教材和思想政治教材还有待加强。在科学性方面，思想政治教材的均值为 4.21，语文教材的均值为 4.11，历史教材的均值为 3.98。单因素方差分析结果显示，三门学科教材在科学性方面的表现差异显著（F=29.068，p=0.00<0.01），表明思想政治教材和语文教材能够较好地体现科学性，历史教材在这方面的表现则相对较弱。在人文性方面，语文教材的均值为 4.45，历史教材的均值为 4.37，思想政治教材的均值为 4.35。单因素方差分析结果显示，三门学科教材在人文性方面的表

现差异显著（F=14.792，p=0.00<0.01），说明语文教材能够全面体现中华传统文化、革命精神等，思想政治教材和历史教材在这方面还有待提升。在全纳性方面，语文教材的均值为4.38，思想政治教材的均值为4.31，历史教材的均值为4.29。单因素方差分析结果显示，三门学科教材在全纳性方面的表现差异显著（F=6.485，p=0.002<0.01），表明语文教材较好地体现了全纳性，历史教材和思想政治教材还稍有不足。在适切性方面，语文教材的均值为4.21，思想政治教材的均值为4.20，历史教材的均值为4.03。单因素方差分析结果显示，三门学科教材在适切性方面的表现差异显著（F=12.253，p=0.00<0.01），表明语文教材和思想政治教材能够较好地满足教师教和学生学，历史教材的表现则欠佳。

表4-9 各学科教材一体化建设全面性维度各指标的差异状况

指标	学科（$M\pm SD$）			F	p
	语文	历史	思想政治		
思想性	4.47±0.63	4.36±0.69	4.37±0.65	13.154	0.00
科学性	4.11±0.61	3.98±0.64	4.21±0.57	29.068	
人文性	4.45±0.62	4.37±0.63	4.35±0.63	14.792	0.00
全纳性	4.38±0.69	4.29±0.71	4.31±0.65	6.485	0.002
适切性	4.21±0.62	4.03±0.69	4.20±0.61	12.253	0.00

（3）系统性维度的学科差异

研究结果显示，语文教材系统性的均值为4.34，历史教材的均值为4.22，思想政治教材的均值为4.26（表4-10）。进一步进行单因素方差分析，发现语文、历史、思想政治教材在系统性维度上存在显著差异（F=11.852，p=0.00<0.01）。其中，语文教材在实现不同层面、不同维度教材内容的关联，落实纵向衔接、横向贯通方面的表现最好，历史教材和思想政治教材次之。

表4-10 各学科教材一体化建设的系统性维度的差异状况

学科	n	$M\pm SD$	F	p
语文	2031	4.34±0.63	11.852	0.00
历史	344	4.22±0.67		
思想政治	1969	4.26±0.59		

具体来看，各学科教材在系统性维度的各指标上的表现情况如表4-11所示。在要素关联方面，语文教材的均值为4.38，思想政治教材的均值为4.30，历

史教材的均值为 4.25。单因素方差分析结果显示，三门学科教材在要素关联方面的表现差异显著（F=9.704，p=0.00<0.01），语文教材能够较好地体现知识的逻辑性和系统性等，而思想政治教材和历史教材还有待加强。在层次关联方面，语文教材的均值为 4.47，历史教材的均值为 4.34，思想政治教材的均值为 4.24。单因素方差分析结果显示，三门学科教材在层次关联方面的表现差异显著（F=58.084，p=0.00<0.01），表明语文教材能够较好地满足不同学段、年级知识与能力的衔接要求，历史教材和思想政治教材的表现相对较弱。在学科关联方面，语文教材的均值为 4.27，思想政治教材的均值为 4.25，历史教材的均值为 4.11。单因素方差分析结果显示，三门学科教材在学科关联方面的表现差异显著（F=5.681，p=0.003<0.01），语文教材、思想政治教材与其他学科内容的交叉和关联程度较好，历史教材与其他学科教材的关联程度还有待加强。在类型关联方面，语文教材的均值为 4.19，思想政治教材的均值为 4.18，历史教材的均值为 4.11。单因素方差分析结果显示，三门学科教材在类型关联方面的表现差异不显著（F=1.322，p=0.267>0.05），三门学科教材在跨类型的关联方面均有待进一步提高。

表 4-11　各学科教材一体化建设的系统性维度各指标的差异状况

指标	学科（$M \pm SD$） 语文	历史	思想政治	F	p
要素关联	4.38±0.66	4.25±0.69	4.30±0.67	9.704	0.00
层次关联	4.47±0.73	4.34±0.77	4.24±0.55	58.084	0.00
学科关联	4.27±0.80	4.11±0.90	4.25±0.74	5.681	0.003
类型关联	4.19±0.87	4.11±0.86	4.18±0.83	1.322	0.267

3. 学段维度教材建设状况

教材建设不仅要体现在不同学科中，还要体现在不同学段中。中小学阶段包括小学、初中和高中三个学段。在分析了中小学阶段不同学科教材的建设状况之后，我们进一步对不同学段教材的一体化状况进行了分析。需要说明的是，在不同学段，三科统编教材有所不同，小学阶段为语文、道德与法治，初中阶段为语文、历史、道德与法治，高中阶段为语文、历史和思想政治。小学、初中和高中三个学段教材一体化的总体状况如表 4-12 所示。

第四章　大中小学教材一体化建设和管理的现实考察

表 4-12　各学段教材一体化建设的差异状况

学段	n	$M\pm SD$	F	p
小学	1961	4.35±0.57		
初中	1905	4.31±0.59	6.842	0.001
高中	478	4.32±0.58		

由表 4-12 可知，小学、初中、高中学段教材一体化的均值分别为 4.35、4.31 和 4.32，说明在三个学段，教材一体化建设均受到了重视，不同学段的教材均能在内容、组织等方面体现整体性、全面性和系统性等一体化特征。进一步的单因素方差分析发现，各学段教材一体化的总体状况存在显著差异（F=6.842，p=0.001），与初中和高中学段相比，小学教材一体化的总体状况相对更好。

（1）整体性维度上的学段差异

各学段教材在整体性维度上的表现如表 4-13 所示。三个学段教材在整体性维度上的均值相差无几，三个学段的教材均表现较好，均能在教材建设中整体、一贯地坚持国家政治方向、培养目标等。进一步进行单因素方差分析，发现三个学段在教材整体性维度上不存在显著差异（F=0.101，p=0.904>0.05），均能较好地遵循整体性要求。

表 4-13　各学段教材一体化建设的整体性维度差异状况

学段	n	$M\pm SD$	F	p
小学	1961	4.40±0.64		
初中	1905	4.41±0.65	0.101	0.904
高中	478	4.41±0.62		

具体来看，各学段教材在整体性指标上的表现情况如表 4-14 所示。在指导思想方面，小学、初中和高中教材的均值分别为 4.39、4.43 和 4.47，表明三个学段的教材均能做到整体一贯地遵循国家的指导思想，但是各学段之间还存在差异（F=3.799，p=0.022<0.05）。相对而言，高中教材的表现优于初中和小学，初中教材的表现优于小学。在立德树人方面，小学、初中和高中教材的均值分别为 4.45、4.45 和 4.44，均表现良好。进一步做单因素方差分析发现，三个学段的教材在立德树人的遵循程度方面不存在显著差异（F=0.088，p=0.916>0.05）。在培养目标方面，三个学段教材的均值分别是 4.39、4.34 和 4.27，均处于较高水平。进一步进行单因素方差分析，发现各学段教材之间存在显著差异（F=5.001，p=0.007<0.01），其中小学教材更能够整体地落实国家的人才培养目标。

表 4-14　各学段教材一体化建设的整体性维度各指标的差异状况

指标	学段（$M \pm SD$） 小学	初中	高中	F	p
指导思想	4.39±0.69	4.43±0.68	4.47±0.62	3.799	0.022
立德树人	4.45±0.70	4.45±0.71	4.44±0.69	0.088	0.916
培养目标	4.39±0.73	4.34±0.78	4.27±0.84	5.001	0.007

（2）全面性维度上的学段差异

在全面性维度，各学段教材的表现情况如表 4-15 所示。小学、初中和高中三个学段教材全面性状况的均值分别是 4.30、4.24 和 4.13。进一步进行单因素方差分析，发现各学段教材在全面性方面存在显著差异（F=18.512，p=0.00<0.01），相比初中、高中教材，小学教材在全面性方面表现较好。

表 4-15　各学段教材一体化建设的全面性维度的差异状况

学段	n	$M \pm SD$	F	p
小学	1961	4.30±0.56	18.512	0.00
初中	1905	4.24±0.59		
高中	478	4.13±0.61		

具体来看，小学、初中和高中三个学段的教材在全面性指标方面的表现略有不同，如表 4-16 所示。在思想性方面，小学、初中和高中教材的均值分别为 4.43、4.41 和 4.40，这说明各学段教材均能全面地体现思想性。进一步进行单因素方差分析发现，各学段教材在思想性方面不存在显著差异（F=0.798，p=0.450>0.05）。在科学性方面，小学、初中和高中教材的均值分别为 4.18、4.16 和 3.95，表明科学性在各学段教材中都有不同程度的体现。进行单因素方差分析发现，不同学段教材在科学性方面的表现存在显著差异（F=28.708，p=0.000<0.01），其中，小学教材的科学性稍好于初、高中教材，初中教材的科学性好于高中教材。在人文性方面，三个学段教材的均值分别为 4.41、4.40 和 4.36，各学段教材的人文性均处于较高水平。通过单因素方差分析发现，三个学段的教材在人文性方面不存在显著差异（F=1.284，p=0.277>0.05），小学、初中和高中教材均较好地融入了传统文化、革命精神等。在全纳性方面，小学、初中和高中教材的均值分别为 4.38、4.32 和 4.24，表明三个学段的教材在全纳性方面的表现均良好，能达到面向全体学生、服务各地区的要求。单因素方差分析结果显示，在全

纳性方面，各学段教材的表现有显著差异（$F=9.289$，$p=0.000<0.01$），小学教材的表现好于初、高中教材。在适切性方面，三个学段教材的均值分别为 4.25、4.16 和 4.01。进一步进行单因素方差分析发现，不同学段教材在适切性方面的表现存在显著差异（$F=32.811$，$p=0.000<0.01$）。相对而言，小学教材的适切性好于初中、高中教材，更符合教师的教与学生的学。

表 4-16　各学段教材一体化建设的全面性维度各指标的差异状况

指标	学段（$M\pm SD$） 小学	学段（$M\pm SD$） 初中	学段（$M\pm SD$） 高中	F	p
思想性	4.43±0.63	4.41±0.67	4.40±0.63	0.798	0.450
科学性	4.18±0.58	4.16±0.60	3.95±0.61	28.708	0.000
人文性	4.41±0.63	4.40±0.63	4.36±0.63	1.284	0.277
全纳性	4.38±0.64	4.32±0.69	4.24±0.76	9.289	0.000
适切性	4.25±0.58	4.16±0.63	4.01±0.71	32.811	0.000

（3）系统性维度的学段差异

在系统性维度，各学段教材的表现情况如表 4-17 所示。三个学段教材的系统性均值分别为 4.34、4.27 和 4.30。进一步进行单因素方差分析发现，不同学段教材在系统性维度上的表现情况存在显著差异（$F=13.834$，$p=0.000<0.01$），小学教材的系统性好于初中、高中教材。

表 4-17　各学段教材一体化建设的系统性维度的差异状况

学段	n	$M\pm SD$	F	p
小学	1961	4.34 ± 0.58	13.834	0.000
初中	1905	4.27 ± 0.62		
高中	478	4.30 ± 0.61		

具体来看，不同学段教材在系统性指标方面的表现不同，如表 4-18 所示。在要素关联方面，小学、初中和高中教材的均值分别为 4.43、4.41 和 4.40，三个学段教材在要素关联方面的表现均较好。单因素方差分析结果显示，三个学段教材在要素关联方面的表现存在显著差异（$F=11.779$，$p=0.000<0.01$），与初、高中教材相比，小学教材的要素关联性相对更好，教材内容更能体现出逻辑性、阶段性和真实性。在层次关联方面，三个学段教材的均值分别为 4.18、4.16 和 3.95，说明各学段教材的内容均符合特定年龄阶段学生的认知，且教材内容在学段内不

同年级之间实现了有效衔接。进一步进行单因素方差分析发现,不同学段教材的层次关联没有显著差异(F=23.780,p=0.000<0.01)。在学科关联方面,小学、初中和高中教材的均值分别为 4.38、4.32 和 4.24。进行单因素方差分析发现,三个学段教材在学科关联方面存在显著差异(F=28.037,p=0.000<0.01),相对而言,小学教材在不同学科内容的交叉与融入方面表现得较好。在类型关联方面,小学、初中和高中教材的均值分别为 4.25、4.16 和 4.01,说明各学段教材均实现了不同类型教材的配合关联。单因素方差分析结果表明,不同类型教材配合关联的程度在三个学段间存在显著差异(F=6.670,p=0.010<0.05)。

表 4-18 各学段教材一体化建设的系统性维度各指标差异分析

指标	学段($M\pm SD$) 小学	初中	高中	F	p
要素关联	4.43±0.63	4.41±0.67	4.40±0.63	11.779	0.000
层次关联	4.18±0.58	4.16±0.60	3.95±0.61	23.780	0.000
学科关联	4.38±0.64	4.32±0.69	4.24±0.76	28.037	0.000
类型关联	4.25±0.58	4.16±0.63	4.01±0.71	6.670	0.010

(二)中小学教材一体化建设的主要成就与问题

调查数据显示,在党和国家的高度重视下,我国中小学教材一体化建设既取得了骄人的成就,也面临着与新时代教材一体化建设和发展不适应、相对滞后等问题。破解这些矛盾和问题,是大中小学教材一体化建设的难点和重点。

1. 主要成就

(1)教材能够一贯地落实立德树人根本任务

教材一体化建设应将立德树人根本任务落实到教材建设的方方面面,充分体现理想信念教育与知识教育的深度融合,以此加强对中小学教材建设的整体领导,统筹推进中小学教材一体化建设。本次调查发现,立德树人维度的均值为 4.45。从学科上看,语文教材能够较好地落实立德树人这一根本教育任务,历史教材在整体贯彻立德树人教育根本任务上的表现则次于语文教材,而思想政治教材在该方面的表现则有待进一步提高。从学段上看,小学、初中和高中教材在落实立德树人根本任务方面的均值分别为 4.45、4.45 和 4.44。高中教材、小学教材与初中教材在坚持落实立德树人根本任务方面的表现均较好。由此可见,中小学教材能够一贯地坚持落实立德树人根本任务,教师对教材坚持落实立德树人根本任务的认可度也较高。

（2）教材能够凸显育人与育才的全面性

实现人的全面发展，是教材一体化建设的核心目标之一，且教材建设也要全面把握教材建设中的各类关系，包括教材与教育系统的关系、教材内部要素的关系及各类教材的关系等。调查发现，中小学教材全面性的均值为 4.26。具体来看，中小学教材体现思想性、人文性、全纳性的情况相对较好，均值分别为 4.42、4.40 和 4.34。三门学科中，在保证教材育人与育才使命落实的全面性上，语文教材的均值高于思想政治教材、历史教材，三门学科的均值在 4.20~4.32。进一步进行多重比较发现，在 0.05 水平上，历史教材与语文教材、历史教材与思想政治教材、语文教材与思想政治教材在全面性维度上均存在显著差异。从学段上看，小学、初中和高中三个学段教材全面性状况的均值分别为 4.30、4.24 和 4.13，各学段教材在全面性方面存在显著差异。在对教师的访谈过程中，教师也普遍认可教材育人育才的全面性。一名初中历史教师（CC-22）说道：

教材的思想性，指的是教材是为什么服务的，就是在历史这个学科的范围内如何促进学生学习，使其掌握历史学科的逻辑性、塑造历史审美等，这都需要在教知识的过程中进行。

一名小学语文教师（XA-16）说道：

语文教材有许多与社会生活融合的内容，比如练习题与节日、社会实践等的结合，在学习的过程中，这些可以促进学生的德智体美劳全面发展。

可见，中小学教材能够将德智体美劳"五育"内容全面地融入教材的各个要素中，从多个层面、全方位地启发和引导学生发展。

（3）教材能够充分体现各学段知识与能力的衔接要求

教材体系具有一定的层次性，每一阶段的教材都是居于整个教材体系的某一层次，为此教材应该符合学段内和学段间纵向衔接的要求。调查数据显示，各学段教材在层次关联方面的均值较高，表明各学段教材的知识与能力衔接情况较好。在访谈过程中，教师普遍认可教材的衔接性。一名初中道德与法治教师（CB-26）说道：

我觉得衔接上应该没有问题。七年级的教材主要是思想教育，八年级的教材主要是法治教育，九年级的教材主要侧重法治和国情教育。法治国情、方针政策等方面的内容，由浅入深。

一名初中语文教师（CA-15）说道：

小学更注重基础，他们的阅读题也多停留在对文章表面的理解，如理解这句话的含义是什么。初中相对较为综合，但是从历年的情况来看，教材内容衔接得还不错。

由此可见，多数教师对教材知识与能力的衔接较为满意，教材内容能够做到全局把握、整体协调，构建层层递进、螺旋式上升的中小学教材体系。

2. 主要问题

（1）教材内容要素的科学性薄弱

调查数据表明，教材内容要素的科学性水平较低，亟待提高。教材内容要素的科学性薄弱主要表现为两个方面。

一是教材内容量大小分布不均。一些教材的内容量偏小，需要教师另外补充材料。例如，一名小学道德与法治教师（XB-35）说道：

我教的是二年和三年级，每一节课的教学内容都比较少，教材一页大部分是画，所以就得另外增加一些教学内容。

一名高中历史教师（GC-8）说道：

客观来说，教材的内容不够，教辅感觉还行……现在很多史料都是老师上网查的。

同时，一些教材的内容量偏大，导致教师的授课压力大。例如，一名初中道德与法治教师（CB-24）认为：

八年级，尤其是到下学期的时候，教材内容的量太大了，包含的知识点太多，如果能稍微往前分散一下，或者是往后分散一下，可能会更好。

二是教材之间的融合性和渗透性不足。一名初中道德与法治教师（CB-27）说道：

跟其他学科相比，我觉得道德与法治这个学科的专业性还是比较强的，要么是思想品德，要么是法律内政、国家政策，至于跟其他学科的联系，感觉不是很大。

（2）部分学科教材配合不当

不同学科教材的配合是中小学教材一体化建设的重要突破口。学科教材融合是多门学科的参与和介入，旨在通过多门学科资源的介入，有效地化解问题，更好地达成人才培养目标。调查发现，许多教师认为教材在各自领域内的配合情况还是较好的，但文科教材与理科教材之间的配合不是很好，文科教材中较少涉及理科教材内容，并且某些关联学科也存在配合不当的问题。一名高中历史教师（GC-8）说道：

我感觉历史教材跟其他学科教材融合得并不多，也就是跟政治、语文能有一点联系，跟地理也有一些小的联系，跟别的学科没什么联系。

调查中部分教师提出，本学科教材内容有时涉及或要使用其他学科教材内容，但是学生尚未学习相关学科教材内容，或者有些内容已经在其他学科的教学中学习了。一名初中历史教师（CC-21）说道：

我觉得道德与法治和历史的融合特别多，特别是八年级下册，二者之间的连接特别多。但也有一些重复的内容，有时候学生会告诉我一部分内容在道德与法治课上已经讲过了。

（3）数字教材与纸质教材缺乏关联

在教材横向结构建设中，数字教材要与纸质教材均衡搭配、合理布局，实现教材结构的有序均衡。调查数据显示，中小学数字教材与纸质教材的关联程度有待提高，均值为4.17。就学科方面而言，语文教材、思想政治教材、历史教材的均值分别为4.19、4.11和4.18，三门学科教材在类型关联方面的表现水平均低于系统性中的其他指标，这反映出了三门学科教材在类型关联上略有不足。从学段来看，小学、初中和高中各学段的均值分别为4.25，4.16和4.01，不同类型教材配合关联的程度在三个学段存在显著差异，相比小学教材，初中、高中学段的纸质教材与数字教材相对缺乏关联。访谈也发现，教师对数字教材较为陌生，在教学中很难将数字教材与纸质教材结合使用。一名高中语文教师（GA-2）说道：

我们很少使用数字教材，用的话，也就是纸质教材的电子版。

一名初中道德与法治教师（CB-25）说道：

从目前来说，我基本上没找到能够与纸质教材完美配套的数字教材。

一名小学道德与法治教师（XB-37）说道：

我在教学中使用过数字资源，这些资源通常与教材的单元主题相关，但是并不是纸质教材的所有主题都配有数字资源。数字教材只是应用于部分内容的学习，并且当前数字教材内容对学生深度学习的支持力度也不够。

二、大学教材建设状况与问题

大学教材是国家高端人才培养的重要工具。我国大学教材建设始于20世纪50年代，并随着改革开放的深入而不断发展。改革开放以来，党和国家对大学教材建设的高度重视和大力支持，推动了教材建设工作的深入开展。尤其是党的二十大以来，党中央、国务院及教育部等部门先后出台了一系列加强大学教材建设的文件，明确了教材工作的指导思想和基本原则，确立了"以人为本"的教材建设理念，明确了"立德树人"的教材编写原则，完善了国家、地方和高校三级教材管理体制机制，推动形成了教育部统一指导、部署，地方教育行政部门管理本地区教材建设，高校自编自选教材三种不同类型相互补充、相互衔接的教材建设体系，为我国大学事业持续健康发展提供了强有力的支撑。2023年，教育部办公厅印发《"十四五"普通高等教育本科国家级规划教材建设实施方案》，提出为深入贯彻党的二十大精神，加快推进自主知识体系、学科专业体系、教材教学体系建设，全面加强教材建设和管理，系统构建中国特色、世界水平的大学本科规划教材体系，支撑服务大学走好高质量人才自主培养之路。[①]新时代背景下，大学教材建设有了显著的发展与进步，取得了诸多重要成果，并逐步构建起了独具中国特色的大学教材体系。这一体系对于培育符合社会主义建设要求的合格人才及可靠接班人起到了至关重要的作用。

（一）大学教材建设的现状

1. 大学教材建设形成规模

进入"十四五"时期，党和国家把教材建设摆在更加突出的位置。2017年，国家教材委员会和教材局成立，负责指导和统筹全国教材建设工作，2018年成立了课程教材研究所。2019年，教育部印发《普通高等学校教材管理办法》，明确了大学教材建设的规划、编写、审核、选用等环节的要求。同时，在"双一流"（即世界一流大学和一流学科）建设等重大工程的引领下，教材建设成为大学内涵式发展的重要抓手。在政策支持和各方的共同努力下，我国大学教材建设取得了一定成就，形成了规模体系。

一是门类齐全，品种丰富。"十三五"期间，我国正式出版的、版权页标注"教材"字样的新增大学教材数量达4.3万余种，理论课教材涵盖了全部12个学科门类的公共基础课、专业基础课及专业课，还有为数不少的实验实践教材、实习实训教材，以及理论与实践有机结合的教材[②]，教材出版规模不断扩大。

二是类型多样，适用性增强。各地各高校持续强化教材建设顶层设计，以适应人才培养类型多样化的需求。继续实施规划教材精品战略，优秀教材、精品教材、规划教材示范引领，以满足人才培养需求为导向，以产业技术进步和学科发

[①] 教育部办公厅关于印发《"十四五"普通高等教育本科国家级规划教材建设实施方案》的通知[EB/OL].（2023-11-20）[2024-11-12]. https://www.gov.cn/zhengce/zhengceku/202312/content_6919662.htm.

[②] 教育部："十三五"期间高校新增教材数量达4.3万余种[EB/OL].（2020-12-24）[2024-11-14]. http://www.moe.gov.cn/fbh/live/2020/52842/mtbd/202012/t20201224_507462.html.

第四章 大中小学教材一体化建设和管理的现实考察

展为驱动,适应不同类型高校和学科专业人才培养需要的优质教材层出不穷。

2. 大学各类教材建设稳步推进

教材是教育教学的重要依据和基本载体,教材质量关系着立德树人成效,以及国家和民族的根本利益与长远发展。在正确的思想指导、方向指引下,大学教材建设取得了长足进步,推出了一批具有系统性、科学性和先进性的高质量教材。

一是"马工程"教材彰显中国特色,实施选用机制完善。"马工程"实施的根本在于,巩固马克思主义在意识形态领域的指导地位,马工程重点教材的编写与出版使用也正是为完成这一根本任务而开展的。"马工程"教材的组织编写充分体现了新时代教材建设的国家事权。每种教材的课题组都是通过严格的立项招标程序遴选组建的,由国内相关学科领域的权威专家组成。"马工程"教材在内容上具有鲜明的中国特色。"马工程"教材坚持运用马克思主义立场、观点、方法,批判地继承、吸收和借鉴古今中外优秀的思想文化成果,立足中国实际,回答重大问题,进一步推进了哲学社会科学学科体系和教材体系建设。从已经完成编写的教材来看,其最突出的特点是,既坚持以马克思主义为指导,把马克思主义中国化最新成果体现到教材之中,又坚持最高的学术标准和最严格的教材规范,把各学科领域的最新进展体现到教材中,赋予教材鲜明的实践特色、民族特色、时代特色。"马工程"教材的实施与选用机制较为完善。在教材体系的建设中,编写是基础,使用是关键。近年来,为了在教学实践中有效转化教材成果,在"马工程"教材的实施与选用方面,中央、地方与高校都制定并实行了相应的保障措施,使教材内容进人才培养方案、进课程计划、进课堂、进头脑,将"马工程"教材的推进工作落到实处。总的来说,主要通过组织领导、教师培训与信息技术的保障,助力"马工程"教材的使用。

二是哲学社会科学教材体现学科专业领域新进展。在哲学社会科学领域,教材要提炼标识性概念,打造易于为国际社会理解和接受的新概念、新范畴、新表述。[1]哲学社会科学的基本理论、学术范畴和术语及研究方法是学科体系与教材体系建设的基本构件,是教材体系建设的基础工程,应从治国理政的新理念、新思想、新战略的高度,从改革开放和社会主义现代化建设实践中挖掘与提炼。同时,要以教材体系建设的新成果来体现、支撑和彰显中国特色哲学社会科学的新发展,充分反映马克思主义中国化的最新成果、中国特色社会主义丰富实践,以及本学科专业领域的最新进展,使教材体系在提升国家教育和文化力量、体现国

---

[1] 习近平. 在哲学社会科学工作座谈会上的讲话 [N]. 人民日报, 2016-05-19(002).

家综合实力上做出更大的贡献。①

三是自然科学与工程技术推出新兴学科配套教材体系。在自然科学与工程技术等领域，基础研究是整个科学体系的源头，工程科技是促进产业革命、经济发展、社会进步的有力杠杆。教材建设应在继承我国教材编写优良传统的基础上，重点打造一批基础学科经典教材，不断吸收新成果，对教材内容进行修订和更新；推动高校原创学术成果转化为教材；借鉴国外教材研发的先进经验，有组织地引进或翻译出版一批境外优质教材；对于人工智能、大数据等新兴学科领域，重点解决从无到有的问题，集中力量打造新教材，鼓励新兴学科配套教材开发。

3. 大学教材建设体制机制稳定发展

党的十八大以来，以习近平同志为核心的党中央高度重视教材建设工作，对新时代教材建设做出了一系列重要部署。习近平总书记强调："要把立德树人融入思想道德教育、文化知识教育、社会实践教育各环节，贯穿基础教育、职业教育、高等教育各领域。"②这充分体现了党中央对新时代加强与改进人民教育工作的高度重视和对广大人民群众的亲切关怀。大学教材作为国家通用语言文字的重要载体和教育教学活动的基本依据，也是国家通用语言文字教育的重要内容和有机组成部分。新时代大学教材建设取得了新的显著成就，为培养德智体美劳全面发展的社会主义建设者和接班人做出了重要贡献。

首先，政策保障机制日益健全。为了落实党中央关于加强教材建设的决策部署，根据《中华人民共和国教育法》《中华人民共和国高等教育法》，教育部印发了《普通高等学校教材管理办法》。该文件强调，高校教材必须体现党和国家意志。教材建设坚持以马克思主义为指导，全面贯彻落实习近平新时代中国特色社会主义思想和党的教育方针，充分体现党和国家对教育工作的基本要求与重大部署。《普通高等学校教材管理办法》的内容具体包括总则、管理职责、教材规划、教材编写、教材审核、教材选用、支持保障及检查监督等，是新中国成立以来第一个专门针对大学教材工作制定的部门规章。它明确了新时代大学教材管理工作的基本要求和规范，对加强大学教材建设工作具有重要意义。

根据《普通高等学校教材管理办法》，教育部修订了《普通高等学校本科专业目录（2012年）》，并印发了新的本科专业目录（2021年）。这是我国大学领域

---

① 顾海良. 加快中国特色哲学社会科学教材体系建设[EB/OL].（2017-05-11）[2024-09-24]. http://www.moe.gov.cn/jyb_xwfb/moe_2082/zl_2017n/2017_gxzd/201705/t20170511_304420.html.

② 习近平. 坚持中国特色社会主义教育发展道路 培养德智体美劳全面发展的社会主义建设者和接班人[EB/OL].（2018-09-10）[2024-09-24]. https://jhsjk.people.cn/article/30284598.

首次进行专业目录调整。此次修订包括专业大类名称的调整，以及从专业内涵和外延到人才培养方案、教学计划等方面的调整，体现了与国家教育方针和大学人才培养目标相适应。此后，这一目录根据专业增补情况进行调整。大学应结合新修订的本科专业目录对人才培养方案进行相应调整，在修订过程中要加强对教学计划和课程标准的审查把关。

其次，教材建设制度体系日趋形成。目前，大学教材建立了一套科学规范的教材建设标准和制度体系。2018年，教育部高等教育司颁发《普通高等学校本科专业类教学质量国家标准》，进一步规范了教材建设工作，形成了国家、地方、学校三级教材工作机制。[1]《高等学校哲学社会科学繁荣计划（2011—2020年）》提出建设一批有重大影响的马克思主义理论研究和建设工程项目。《普通高等学校本科专业类教学质量国家标准》明确提出了专业培养目标、课程设置、课程思政等内容，强调坚持正确的政治方向和价值导向，把好教材政治关。2021年，教育部印发《普通高等学校本科教育教学审核评估实施方案（2021—2025年）》，进一步细化了评价指标和评分标准，明确了课程思政和教材建设的要求。

最后，教材建设各项行动实施开展。教材作为人才培养的重要载体，是教师教学活动的基本依据，是学生获取知识与技能的重要工具，教材质量决定着人才培养质量。因此，教材建设必须坚持以学生为中心的理念，遵循学生身心发展规律，体现学习者学习规律，突出育人导向，充分体现党和国家对人才培养提出的要求与期望，坚持马克思主义指导地位，体现中国特色社会主义理论体系的要求。

党的十八大以来，大学教材领域开展了一系列教材建设行动。一是加强教材理论研究。通过举办国家级和省级教材建设学术活动，推动我国教材理论研究工作的进一步发展。二是开展重点领域的教材研究。在课程与教材理论、教材编写技术与方法、新形态教材、课程思政等领域开展了一系列研究，提出了许多新观点、新思路和新方法。三是加强大学教材建设实践探索。通过开展高校教师教学竞赛、全国优秀教材评选、国家级精品课程遴选等活动[2]，在实践中总结经验，提高高校教师的教学能力和水平，促进高校教师不断改进教学方法和手段，提高教学质量和水平。

---

[1] 教育部介绍《普通高等学校本科专业类教学质量国家标准》有关情况[EB/OL].（2018-01-30）[2024-09-24]. https://www.gov.cn/xinwen/2018-01/30/content_5262462.htm.

[2] 施佳欢，秦安平，阎燕. 新时代高校教材建设高质量发展的历史逻辑和实践指向——基于南京大学教材建设经验的考察[J]. 中国大学教学，2023（6）：83-89.

（二）大学教材建设的主要成就与问题

经过多年的建设，我国大学教材建设取得了长足进步，但与国家对教材建设提出的新要求、新任务相比，还存在一些亟待解决的问题。

一是教材数量多，精品少。我国大学教材总量巨大，但高水平的精品教材数量较少。高校教师普遍反映，在全国范围内能够编写出精品教材的教师不到1%。[1]随着大学改革的深入推进和"双一流"建设的持续实施，学校教学工作面临着更高的要求，但目前能承担国家规划教材和精品课程建设任务的高校数量不足、质量不高。

二是教材结构不尽合理。目前，一些大学主要学科专业使用的通用型本科专业基础课程用书结构不尽合理，有的高校通用基础课程教学内容重复较多、内容陈旧。部分学科专业教材编写缺乏统一的规划和管理，专业用书较为散乱，各校教材选用的自主性大但专业性不足的现象比较突出，"水课""平课"依然存在。判断高校教学质量的主要依据是教学成果或毕业论文等情况，而评价大学教材质量的关键指标是高校教师和学生对本门课程（或专业）的满意程度。教材是教学内容的重要载体，只有质量上乘的专业教材才能带给学生良好的学习体验。

三是教材建设各环节的科学性有待提升。部分高校出版的大学非规划教材质量不高、水平较低，有的甚至存在严重错误观点和错误内容。部分高校出版的大学非规划教材在内容、体系结构、编写规范等方面有待改进；部分高校教师编写的大学非规划教材质量不高，不能满足人才培养需求；部分高校评价教学质量的主要依据是本科毕业论文（设计）等情况；部分高校教师出版的大学非规划教材在内容上存在重复、滞后等问题。上述问题都影响着教材建设质量和人才培养质量。

第三节 大中小学教材管理的基本状况与问题

一、中小学教材管理状况与问题

近年来，我国有关教材的研究处于活跃期，文献总数也不断增加，中小学教

---

[1] 谭文芳. 高校新形态教材建设浅谈[J]. 科技与出版，2022（9）：86-92.

材建设与管理进入了飞速发展的高质量阶段。目前，我国教材管理的主要内容涉及规划、编写、出版发行、选用、监督等各个环节，教材管理一直是我国教材建设的重要方面。我国教材建设与管理取得了一些成就，也存在一些待改进之处。分析义务教育教材管理中仍存在的问题，对促进新时代义务教育教材管理制度、体制和机制的创新与发展有重要意义。

（一）中小学教材管理现状

近年来，国内对教材的研究进入一个活跃期，研究文献大量增加。2019年2月，中共中央、国务院印发《中国教育现代化2035》，提出要加强课程教材体系建设，健全国家教材制度，完善教材编写、修订、审查、选用、退出机制。2019年12月，教育部发布了《中小学教材管理办法》，对中小学教材的编写修订、审核、出版发行、选用使用等各环节进行了明确且详细的规定。具有中国特色的义务教育教材管理体系、规章制度和运作机制，为打造高质量的义务教育教材奠定了坚实的制度基础。

1. 建立国家、地方、学校三级教材管理体制

为强化国家对教材建设的整体调控，我国设立了国家教材委员会、教材局及课程教材研究所等机构。具体而言，国家教材委员会负责全国教材建设的引领与协调工作；教材局负责执行国家教材委员会的决策，制定全国教材建设规划，并兼任其办公室工作；课程教材研究所则专注于课程教材领域的理论与实践研究，为政策制定提供专业咨询。三者共同构成了决策、执行与研究紧密结合的工作体系。此外，为贯彻中共中央关于教材建设的指示精神，多地政府成立了地方教材委员会，负责区域的教材建设与管理，部分学校还建立了校内教材管理制度。这一系列举措标志着我国形成了涵盖中央、地方、学校三级的教材管理体制，明确了各级部门之间的协作机制，为义务教育教材管理体制的进一步革新与发展奠定了坚实的基础。国家级教材管理体制是我国教材管理体系的顶层设计，主要职能是制定教材政策、标准和发展规划。在国家层面上，教材管理经历了从高度集中到逐渐放权的转变。国家对教材实行统一审定、备案制度，确保教材内容的正确性、科学性和适宜性。在国家和地方教育行政部门的共同努力下，地方级教材管理体制逐渐形成了各具特色的管理模式。地方级教材管理主要负责实施国家的教材政策、监督教材的选用和实施情况，并根据本地区的实际情况，研发相应的地方课程和教材。这种管理体制既保证了国家教育方针政策的统一性，又兼顾了地

方教育的特殊性和多样性。学校是教材实施的前线，因此校级教材管理体制的建设对于教材的有效利用至关重要。我国校级教材管理体制的建设突出体现在加强学校教材管理的自主权。在遵循国家教材政策的基础上，学校可以根据自身的实际情况选择和使用教材，开展特色教学活动。学校还负责组织教师对教材内容进行适当的调整和补充，以满足不同学生的学习需求。三级教材管理体制的有效运行，是在国家、地方和学校之间的良好衔接的基础上实现的。国家层面制定教材政策和标准，确保了教材达到基本要求；地方层面负责教材的选用和监督，保障了教材的多样化和地域性；学校层面则侧重于教材的实际应用和教学效果的提升。这种层级分明而又相互协调的管理体制，保证了我国中小学教材的质量和效率。

2. 完善义务教育教材管理的各项制度

首先，统编教材编写队伍建设。教材编写队伍的水平会直接影响教材的质量。统编教材编写团队主要涵盖国内的知名学科专家、优秀教研员和一线教师等，有助于增强教材内容编写的多元性与实用性。此外，有关部门强化了对教材编写人员的专业培训，不断提高教材编写人员对教育理论、内容知识和教学法等把握的正确性及前沿性。

其次，教材审定制度完善。一是实施"四审"制度，对教材进行思想政治审查、学科审查、专题审查和综合审查，以保证教材审查的全面性。二是搭建教材审定人员信息库，以随机抽取的原则在教材审定人员信息库中选择教材审定人员，以保证教材审定的公平性。三是公开教材审定有关信息。对于教材审定的标准、结果及反馈意见等，教材审定机构会予以公开，以保护社会公众的知情权，保证教材审定过程的透明。

最后，教材选用制度优化。改革教材选用制度，促进教材的多样化和个性化。以往一本教材"一刀切"的情况正在改变，不同地区的学校可以根据实际情况，从教育部门审定通过的教材中自主选择符合本校和学生需求的教材。另外，基层教育主体在教材选用方面拥有了更大的自主权，学校和教师能够根据教学实践和学生特点挑选或推荐教材，促进了教学方法的多样化。

3. 优化义务教育教材管理机制

首先，实施教材奖励机制。对教材编写过程中做出突出贡献的单位、团队和个人予以一定的表彰奖励，激发其教材编写的积极性，促进优质教材的编写。

其次，采取教材监督评价机制。对教材的编写、审查、选用等环节的队伍建设、程序设置等方面进行检查与纠正。这一机制可以保障教材在科学性、系统性和准确性上的要求得到满足,并且对存在的问题进行实时调整和改进。例如,专家评审团会定期对教材进行评估,并给予建议,学校和教师的反馈也会被认真考虑,在下一版教材的编写中得到体现。教材评价旨在通过规律性的评价活动,对教材的内容、结构、适用性及其对学习成效的影响进行全面审视。定期评价有助于监控教材的质量,确保其内容准确无误、科学合理,并及时更新,反映最新的教育研究成果和社会发展需求。

再次,实施教材修订机制。为了保证教材内容的科学性、时代性和前沿性,义务教育教材管理引入了更新机制,使教材能够跟上时代发展的步伐,反映最新的教育理念和学科发展动态。更新机制要求教材不仅在每次教学大纲修订后进行更新,而且定期审视和修改已有内容。这确保了教材能够及时纳入最新的科学发现、历史事件、文化成就等,保证内容的活力和前瞻性。

最后,建立教材跟踪评价与反馈机制。义务教育教材的跟踪评价与反馈机制的建立,是为了准确掌握教材的实际应用状况,以评估其适用性和实用性。义务教育教材跟踪反馈机制的建立,则是为了从一线教学实践中收集有关教材使用效果的反馈信息。通过学校、教师、学生及家长的反馈,教育管理部门能够了解教材在实际教学中的运用情况,评估其适切性和实用性。如果发现教材存在不符合实际教学需求的地方,可以及时进行调整。这种机制的建立,使得教材编写不再是一次性的工作,而是一个持续改进的过程,最终编定出符合教育教学需求的优质教材。义务教育教材管理机制的构建,有助于对教材建设实施全面指导与适时调整,为义务教育教材的持续优化与创新提供了坚实的支撑。

(二)中小学教材管理的问题

回溯我国义务教育教材制度改革的历程,相关体制机制已得到大幅度的完善与优化,但仍存在一些问题与不足。

1. 地方、学校教材管理体制主体责权不清

地方、学校教材管理主体责权模糊,制约了三级教材管理协同效应的发挥。改革开放以来,义务教育教材体制的不断健全,在一定程度上解决了国家教材管理政出多门、条块分割的问题。但是,仍存在着一些突出问题。

第一,地方教材管理主体责权不清,导致地方教材管理主体的"上情下达"和"下情上达"的渠道不畅,党和国家的相关教材政策存在落实难、执行不到位

的问题，同时也挫伤了学校管理教材的积极性。例如，某省的教材审定委员会"身兼多职"，既负责教材的审定工作，又负责教材的征订、循环使用等工作；又如，某省直接设立教材选用与审定委员会，统一负责地方课程教材的编写、审查和选用，以及研究决定全省中小学教材的各项重大事项。

第二，学校教材管理主体责权不清，教材选用参与度不高。一是部分学校缺少专门管理教材的组织机构，导致学校对中央和地方的政策执行无力，"政策失真"现象频发。例如，大部分学校仍由教务处或教导处代为管理教材，仅负责教材的订购、发放、运输和保管等工作。二是一些学校在教材选用过程中不发声，直接选用上级"指定"的教材。教材选用缺少学校的反馈意见，有可能使得更合适的教材未被选用。

第三，三级教材管理协同效应发挥不畅。充分发挥协同效应可以使整个系统的功能倍增，产生协同价值。然而，地方和学校教材管理主体责权不清，管理环节相对薄弱，导致中央和地方、地方和学校难以有效沟通、配合，各级间的共同目标不清晰，没有形成教材管理的合力，教材管理整体效率不高，难以发挥三级教材管理的协同效应。[①]

2. 教材管理的各项制度不完善

教材管理的各项制度不完善，制约了教材的规范化管理。改革开放以来，尽管我国的教材管理制度已逐步健全，但仍未完全达到规范化管理的标准水平，无法充分满足教育改革对高质量教材资源的紧迫需求。目前，我国大中小学教材"编写、审定、出版、选用、评价"标准内容、要求不统一，没有系统的标准体系框架，导致在教材建设与管理过程中，教材编写、教材审定、教材出版、教材选用的标准执行条块分割，社会对教材建设与管理过程中的程序公平、公正、民主及透明提出了意见。另外，标准不统一也会导致大中小学教材建设与管理的质量参差不齐。

第一，非统编教材编写程序不够清晰，导致教材编写质量良莠不齐，也为后续审定工作带来了困难。虽然义务教育三科教材已有规范的编写程序，但其他教材仍然只对教材编写人员的资格和条件做出了要求，缺少规范的编写流程说明。当前，教材的编审流程复杂，需要经过多个环节批准，导致教材更新周期长，难以及时反映教育和社会的最新发展。教材编制常常由政府主导，缺乏多元与开放的视角。教材编制过程中往往缺乏对市场需求的敏感性，导致部分教材内容与学

[①] 丁浩然，刘学智. 改革开放40年义务教育教材制度建设的回顾与展望[J]. 教育科学，2018（5）：27-32.

生实际需求和社会发展需求不相符合。当前，教材编制缺乏高效的反馈机制，无法快速响应一线教师和学生的意见，从而影响了教材的时效性和实用性。

第二，教材审定过程不够规范，导致教材审定的公平公正性难以保证。一是编审分离制度落实得不够好，仍有部分省份存在着教材编写者同时担任教材审定者的情况，造成教材审查有失公平。二是教材审定标准不够完善，审定依据不够充分，造成教材审查不全面、不客观。当前，教材审查已有两级教材审定委员会和四个审查制度及相应的具体标准，教材审查环节基本趋于完备。然而，由于缺少对意识形态属性较强的内容的审查标准，教材审查不够全面，教材质量难以保证。

第三，教材选用程序不够完备，导致选用的教材难以满足教学需求。当前的教材选用程序仅包含选择和公示两个环节，缺少教材选用前的准备和规划，致使教材选用人员对教学需要了解不够充分，教材选用受到主观因素的影响，更符合教学需求的教材没有被选用。例如，当前教学过程中已不再使用录音机，可带有磁带的一些教材仍然被选用。[1]

3. 教材管理机制不健全

教材管理机制不健全会导致教材管理的动力不足。总体而言，我国教材管理机制不够健全，亟待创新。中小学教材的一体化建设与管理机制可从以下两方面得以体现：建立"准入、竞争、淘汰"机制，以此作为保障教材质量的一体化机制；建立综合"评价、反馈、调控"机制，以此作为监督教材一体化建设与管理成效的机制。

第一，教材准入机制尚待完善，这不仅使教材质量控制面临挑战，还可能会加剧教材市场的无序竞争。尽管我国教材编写立项已初步涉及准入机制，但仍需进一步细化与完善。由于缺乏明确的准入标准作为评估基准，教材评价过程显得主观性较强，难以有效确保教材质量。

第二，市场竞争与计划管理在教材领域的并行实施存在不协调之处，影响了两者在教材管理中的协同效应。计划管理偏重可能会束缚国家宏观调控的灵活性，而市场手段过度则可能会导致教材管理的盲目性和滞后性，使得国家调控与市场调节难以有效融合、形成合力。

第三，缺乏有效的淘汰机制。劣质教材淘汰机制的缺失，成为制约教材整体质量提升的关键因素，教材市场呈现出"只增不减"的态势，市场膨胀问题突

---

[1] 丁浩然，刘学智. 改革开放40年义务教育教材制度建设的回顾与展望[J]. 教育科学，2018（5）：27-32.

出。同时，内容存在某些错误或高度重复的教材充斥市场，给教材管理工作带来了沉重负担。在我国中小学教材建设中，"评价、反馈、调控"机制是确保教育质量的关键一环。然而，"评价、反馈、调控"机制可以合理地对当前的教材质量体系进行监控，但在评价、反馈和调控机制中，仍存在许多问题与挑战，主要表现在评估体系和方法不完善及监控机制和责任不清晰等方面。首先，教材评估是确保教材质量的重要环节，在评价维度上表现出一定的局限性，现有的教材评估标准多聚焦于内容的准确性与完整性，缺乏对教材适用性、趣味性及创新性的评价。评估标准往往忽略了不同地区、学校类型和学生群体的具体差异，缺乏针对性和灵活性，体现了标准的通用性问题。在评估方法上，教材评估过程往往依赖于专家审读，忽视了教师和学生实际使用过程中的直接反馈。当前，评估多为一次性的，缺少对教材长期使用效果的跟踪评估。其次，监控机制和责任不清晰，缺乏有效监控措施，教材一旦出版发行后，缺少有效的监控手段来确保其质量符合预期标准，问题教材难以及时被发现和纠正。信息反馈机制不够通畅，教材使用过程中的问题反馈路径不明确，导致问题信息不能及时上报和处理。责任分散，难以追究，教材编写、审定、出版和使用涉及多个主体，当出现问题时，责任主体不明确，责任追究难度大。另外，未建立完善的教材质量责任制度，相关参与方的责任和义务不清晰，影响了对教材质量的整体监控。

二、大学教材管理状况与问题

为了了解大学教材建设情况，我们对东北、西北地区，以及北京、天津等地的多所高校进行了调研，收集了相关高校的教材管理文件，结合国家、地方的政策文件进行了综合分析，同时对部分高校的教材管理人员进行了访谈。调研发现，我国大学教材制度建设成绩斐然，已建立起以国家教材委员会为领导的国家、地方、高校三级教材管理制度。高校基本上制定了涵盖大学教材编写、审定、选用等制度的教材管理办法，采用自编和引进两种方式丰富教材种类，重视教材质量，定期开展关于教材质量和教材使用情况的跟踪调查，但在管理体制、管理制度、分类建设、管理机制等方面仍存在着亟待破解的矛盾和问题。

（一）大学教材管理现状

近年来，我国的教材建设受到越来越多的关注。国家教材委员会的成立，体现了新时期国家对教材建设做出的新的战略部署，在组织上突出体现了教材作为

第四章　大中小学教材一体化建设和管理的现实考察

国家事权的属性，以及在内容上突出强调了教材建设和管理的思想性。

1. 建立以国家教材委员会为领导的国家、地方、高校三级教材管理体制

"十三五"期间，教材建设的重要性得到不断凸显，在此期间我国教材体系建设取得了显著进展。[1]为了积极推进教材的建设和发展，强化国家对教材建设的整体调控，我国初步建立起以国家教材委员会为领导的国家、地方和高校三级教材管理体制。国家教材委员会在中央教育工作领导小组的直接领导下，肩负起全国教材工作的总体指导与协调任务，主管全国高等教育工作，制定指导性的教学文件，规划、组织教材编审，并具体负责各学段、学科专业的教材建设事务。省级政府根据教育部的教材规划意见，采取多种途径鼓励高校和教师参与教材的编写。大学根据党和国家的教育方针政策及修业年限、培养规格，可以按社会需要调整专业服务方向，制订教学计划（培养方案）、教学大纲，选用教材，进行教学内容和方法的改革。在三级教材管理体制下，我国的大学教材管理体制逐渐完善，教材管理走向制度化、规范化。

2. 健全大学教材编写、审定、选用的管理制度

教材是教学内容和培养目标的具体化和知识载体，保证高质量教材进课堂是提高教学质量的重要前提。2019年12月16日，新中国第一个系统的大学教材管理办法《普通高等学校教材管理办法》发布实施，为大学建立健全管理制度，提升管理规范化、科学化水平，提供了遵循，指明了方向。

首先，创新编审制度。大学教材需要适应新时代教育发展的需求，确保教材内容的前沿性和科学性。

其次，深化教材出版制度创新，探索纸质出版与多种形态的数字化出版融合制度。另外，拓宽教材传播的渠道与形式，积极探索纸质出版与多种新兴形态数字化出版深度融合的有效路径，如电子书、在线互动平台等，以此促进教材资源的广泛共享与高效利用。

最后，完善教材选用目录制，建立大学哲学社会科学学科专业核心课程教材目录制度。各地大学参照"十二五""十三五""十四五"规划教材书目，做好教材选用工作，确保优质教材进课堂。同时，进一步规范和加强了对教材改革专项资金的管理，为高校师生提供更加精准、优质的教材选择参考，从而进一步提升

---

[1] 教育部教材局. 坚持加强党的领导 整体构建"五大体系" 全面推进大中小学教材建设——"十三五"期间教材建设总体情况介绍[EB/OL].（2020-12-24）[2024-09-24]. http://www.moe.gov.cn/fbh/live/2020/52842/sfcl/202012/t20201224_507267.html.

了教学质量与学术水平。

3. 健全大学教材管理机制

首先，为了有效提升大学教材质量，鼓励各单位、团体和个人编写出更优秀的教材，国家积极构建教材建设激励机制；组织开展全国优秀教材评选活动，对优秀教材予以奖励；通过评选国家优秀教材，带动各部委、各行业、各学校开展优秀教材的评选，极大地调动了教师编写教材的积极性。在此基础上，教育部门还先后组织开展了教书育人优秀奖、实验室工作优秀奖、优秀教学成果奖的评选活动，整体上带动了学校对教学工作的重视。

其次，探索构建教材质量保障机制。为了保证教材质量、满足教学需要，教材质量保障机制要求建立教材质量跟踪调查制度，开展教材质量评价，要求各部门按照专业分工管理的原则，对已出版的规划教材及自编教材，在跟踪调查的基础上，有计划地组织专家、教授对教材质量进行评价，定期公布结果，以促进教材质量的提高。这一机制可以对教材的内容、结构、适用性及其对学习成效的影响进行全面审视，有助于监控教材的质量，确保其内容准确无误、科学合理。

最后，强化教材准入、淘汰机制。2016年，国务院修订并颁布《出版管理条例（2016年修正本）》，指出"对出版物的出版、印刷、复制、发行、进口单位进行行业监管，实施准入和退出管理"，保障大学教材质量。

（二）大学教材管理的问题

1. 大学教材管理主体责任落实不到位

调研发现，部分高校教材组织机构相对薄弱。尽管部分高校已设立教材建设委员会，旨在通过规划、咨询与督导等手段促进教材发展。然而，由于缺乏一个独立的、专门负责教材管理的组织机构来集中行使管理权限，该职能往往分散于教务处等部门。这种安排导致了教材管理职能的履行不够顺畅，进而在一定程度上限制了高校在教材治理方面的效率优化与质量提升空间。某高校教师（U-L-3）说道：

我们没有专门管理教材的机构和人员，教材管理都由教务处负责。教务处的老师也不需要做什么，都是各个学院的任课教师上报选用什么教材，由教研室审批，然后学院审批，最后学院以书单的形式上报给教务处，教务处的老师进行备案，然后集体采购。

2. 大学教材管理制度有待完善

一是教材编写环节监管不力。调研发现，部分高校缺少教材编写出版规划，部分高校的教材管理办法中虽然对教材编写提出了要求，但大多是关于教材本体的编写要求。有高校管理人员（DM-17）说道：

教材编写要注意质量，突出学科优势，注重理论联系实际，确保编写出的教材具有较强的理论性、科学性、启发性和适用性，以利于培养学生的自学和创新能力，更能反映出我校的学术水平。

也有高校教师（DL-8）指出：

教材建设对教材编写人员资格、编写依据、编写流程、编写时间、自编率等方面缺少相应的要求。

二是教材审定制度不够完善。调研发现，一些高校对教材编审分离制度的落实不够。一些高校依托出版社编写和审定教材，部分编写人员担任审定人员，教材审定的公正性难以得到保证。此外，部分仅供本校学生使用的自编教材缺少审查环节，如某高校教师（DL-5）表示：

讲义性质的自编教材不涉及出版问题，只要学院通过了，上报到学校就可以了，没有审查的环节。

调研还发现，部分高校的教材管理办法中缺少教材审定制度，还有部分高校的教材管理办法中有教材审定的流程要求，却没有详细的教材审定标准。例如，某高校教材管理办法中只有对教材审定的流程要求："组织专家通读备选教材，并根据专家的审读意见，召开审核会议，集体讨论决定，最后形成书面审核意见。"其缺少审定标准，因而教材审定缺乏有效的参照依据。

三是教材选用制度的制定、落实不够好。一方面，教材选用制度中选用要求较为宏观，缺少详细的教材选用标准；另一方面，教材选用目录制的落实不够好，"定选用"问题严重。国家提供教材选用目录，但高校的自主选择权却不大，大部分采用"定选用"的方式选用教材。"定选"成为常态，导致优质教材进不来。例如，某高校教师（DL-13）表示：

虽然教材选用目录中有很多教材可以选择，但一般学校会让我们选择国家、省、部级获奖教材、规划教材等这种指定的教材。

四是教材引进制度亟待建立。当前，在引进国外教材的过程中，缺乏一套明确且全面的标准体系，包括但不限于对教材内容的政治导向审查及安全性评估。这种制度上的空白可能会引发一些问题，使得某些偏离正确价值导向或潜在危害国家安全的国外教材不慎被引入高校，进而对课堂教学内容和学生思想产生不良影响。例如，某高校的教材管理办法中只提出要"选用先进的、能反映学科发展前沿的国外原版教材和高质量的电子教材"，却缺少对国外引进教材的具体审定要求。

3. 大学教材分类建设不足

虽然现阶段大学教材分类建设已取得了突破性进展，如"马工程"教材体系在很大程度上补齐了哲学社会科学教材的短板，极大地提高了人文社会科学教材分类建设的质量，但教材分类管理在学校层面依然存在较大问题。调研发现，多数高校缺少教材分类管理制度，没有对哲学社会科学、自然科学、农业科学、医药科学等不同门类的教材进行分类管理，除"马工程"教材有特殊的管理要求外，其他教材均使用相同的教材管理办法。

4. 教材管理缺乏长效机制

调研发现，多数高校的教材管理办法中都涉及了教材评价、激励、监控、准入、淘汰等机制。奖励机制的引入，充分调动了专家、教师编写教材的积极性，有效提升了教材质量。评价机制的引入，在一定程度上革除了长期以来教材管理中存在的教材评价不公正、不透明等制度弊端，促进了教材建设的公平与健康发展。然而，在学校落实方面还存在一些问题，主要包括以下几个方面。

一是教材准入机制难落实。国务院印发的《出版管理条例（2016年修正本）》提出要实施准入与退出管理。但是，调研发现，多数高校的教材管理办法中并未涉及教材准入制度，缺少教材准入资格标准，如教材的准入条件、准入标准、准入程序等。教材进入高校的门槛难以把控，导致教材质量参差不齐。

二是教材评价机制落实不到位。调研发现，多数高校缺少一套成熟的教材质量评价标准，教材质量评估指标体系构建和评价方法的开发尚处于初始阶段，导致现有的评价机制落实难，无法实现以评价促进教材质量提高的目的。例如，某高校的教材管理人员（DM-20）说道：

我们学校没有具体的教材评价制度，但我们有一个麦可思教学质量管理系统，教师会在这一系统上对教材进行评价，学校也是通过这一系统了解教师对教材的使用情况，但现在还没有评价反馈。

三是教材淘汰机制有待创新。早在1991年，《全国普通高等教育"八五"期间教材建设规划纲要》就提出了"对于那些内容陈旧、质量差、缺乏特色而难以修订的教材，要予以淘汰"的要求。然而，淘汰机制在大学教材建设中落实得并不够好。调研发现，多数高校缺少教材淘汰标准。例如，某高校的教材管理人员（DM-15）提到：

  我们有淘汰机制，但没有你说的淘汰标准。我们就是根据库存量来判断是否淘汰某本教材。比如，某个老师自己编的教材或者他使用的教材，用了几年后，使用量逐渐减少，库存量特别大，那这一教材就不会再使用了。

第五章
大中小学教材一体化建设和管理的国际视野

　　本章以国家为单位对教材一体化建设和管理的活动及其成果进行比较。一方面，这是一种辩证性比较，即承认国家间存在的差异与同一是暂时的，是相对的；另一方面，这也是一种汇通性比较，即基于一种隐含的、内在的标准进行比较，换言之，是以我国教材一体化建设和管理的相关活动及其成果作为测量点。基于此，本章对集权型国家、分权型国家中的代表性国家的教材一体化建设和管理的活动及成果进行了分析，以期为我国教材一体化建设和管理提供可供借鉴的经验与启示。

第一节 集权型国家大中小学教材一体化建设和管理研究

在集权型国家中,中央政府在教材一体化建设和管理中,尤其是在教材一体化建设和管理中的重点环节发挥着主导性作用。那么,日本、法国等集权型国家是如何应对教材一体化建设和管理中的重点环节的?他们是如何处理中央政府与地方政府之间的关系、中央政府与非中央政府组织的关系的?基于此,本节从国际视野出发,探寻集权型国家教材一体化建设和管理的一般理论、经验与做法。

一、日本大中小学教材一体化建设和管理研究

21世纪以来,日本迎来了一个关键的社会变革时期,社会变革的步伐加快,知识的积累也呈爆炸式增长。相对地,那些只具备基本或低级问题解决能力的中低技能劳动者的需求则在逐渐降低。2005年,日本中央教育审议会指出,新知识、新信息、新技术在知识型社会作为以政治、经济与文化为首的社会所有领域活动之基础,其重要性日益凸显。[①] 5G时代,面临更大的挑战,日本更加不敢松懈,努力提高教育水平与质量,培养高质量、高精尖的人才自然也刻不容缓。为了适应这一时代要求,日本致力于大中小学课程改革,强化各级各类教材建设和管理。同时,随着国家意志强化的需要,日本不断通过修订教材审定标准等,在大中小学教材中渗透国家意识,宣称国家主权等,以体现国家意志。

(一)日本教材建设和管理改革的缘起

课程改革是人才培养的生命线。日本推行的"课程标准",即《学习指导要领》,是文部科学大臣在严格遵循《教育基本法》《学校教育法》的框架基础上制定的,是课程改革的重要参考依据。自1947年日本颁布《学习指导要领》以来,平均每十年都会迎来一次全面的修订与更新。这些定期的修订不仅是教育体系自我完善、与时俱进的体现,更是对日本的教育产生了深远的影响。因此,伴随《学习指导要领》的修订,日本不断进行中小学课程改革。第二次世界大战后,日本课程改革聚焦于学生的学力,经历了几次重大转折,第一次是20世纪

---

① 刘继和. 解读日本新订初中理科课程标准[J]. 全球教育展望,2009(3):64-68.

第五章 大中小学教材一体化建设和管理的国际视野

50年代，日本文部省基于对"新教育"功过的反思，推行由经验主义课程向学科中心课程的转变；第二次是20世纪70年代，日本文部省基于"落后生"问题的探讨，展开了从"知识中心课程"向"宽松教育"政策的转变；第三次从1999年开始，由于日本学生学力下降，文部省展开了由"宽松"转向"扎实的学力"政策的转变。①由此而论，日本的教材改革与不同时期的课程改革紧密相关。

1.《学习指导要领》成为课程改革的基准

日本学生"学历低下"的问题长期困扰着日本教育改革。20世纪七八十年代，日本大学升学考试竞争十分激烈，为了顺利通过大学升学考试，学生不得不提前踏入私塾的门槛，专心学习考试所需的知识点和应试技巧。为了纠正社会上普遍存在的过分看重学历的不良风气，日本政府迅速行动，成立了"临时教育审议会"。②日本政府对1989年版《学习指导要领》进行了深入的修订，并于1998年发布了新的版本。自2002年4月1日起，这一新纲领正式在小学和初中实施。③

进入21世纪，日本以培养学生的"生存能力"为核心，推行了以"宽松教育"为主旨的中小学教育改革，标志着日本以"宽松教育"为基调的教育改革序幕的拉开。日本的此次教育改革以"生存能力"为核心，培养目标具体体现在以下三个层面。

第一，达成目标强调对学习成果的重视，构成了学生基础且显性的学力。这一目标主要聚焦于知识与理解、表现与技能两个方面，旨在确保学生掌握扎实的基础知识，并具备相应的技能。

第二，向上目标着眼于培养学生的思考力、判断力，以及关心、态度和积极性等非显性学力。这一目标旨在塑造学生的价值观和促进其个性发展，使他们具备独立思考、积极向上的品质。

第三，体验性目标侧重于学生的自我观察与自我感悟，这一目标的实现可以进一步促进达成目标和向上目标的实现。这一目标强调学生的内省与感悟，有助于他们在学习中获得更深刻的体验和认识。

课程评价改革正是基于这三大目标展开的，通过对学生的学力进行综合评

---

① 田辉. 日本基础教育[M]. 上海：同济大学出版社，2015：79-80.
② 三宅貴也. 新しい時代にふさわしい高大接続の実現に向けた高等学校教育, 大学教育、大学入学者選抜の一体的改革について[J]. 比較教育学研究，2015（12）：7.
③ 谭建川. 日本"宽松教育"的兴衰及其启示[J]. 吉林教育，2017（29）：77-79.

价，推动其全面发展。①2008 年，日本修订的《学习指导要领》仍坚持 1998 年版提出的"生存能力"的教育理念，同时也强调了"学习基础知识和基本技能""学习时间的保证"，并提出"扎实学力"的培养必须重视基础知识的学习，必要时间需要得到保证。②后来，日本政府对《学习指导要领》进行了重要的修订，2011 年首先在小学阶段实施，以便更好地观察和评估改革的效果，2012 年这一改革举措开始在中学阶段普遍执行。③2016 年，日本实施了新一轮中小学课程改革，以培养学生适应未来社会生活必备的"资质与能力"为目标，以"面向社会的课程"为理念，以"主体性、对话式、深度"的主动学习为学习方式。④

自日本实施基于"宽松教育"的中小学改革以来，学生"学力下降"已成为无可争辩的事实。为顺应新时代人才培养的新要求，回应民众的呼声，日本政府在 2016 年 12 月 21 日第 109 次大会上提出了"关于改善幼儿园、小学、中学、高等学校及特别支援学校的学习指导要领等必要的措施（答申）"（以简称"中央教育审议会答申"）。中央教育审议会答申提出，"通过更好的学校教育创造更好的社会创造"是学校和社会共有的目标，一边合作，一边追求新时代以培养孩子所需资质能力的"向社会开放的教育课程"为目标，学校、家庭、地区的相关人员可以广泛共享和活用《学习指导要领》等，充分发挥其"学习地图"的作用。⑤

在改善结构的同时，日本政府要求各学校以教育课程为中心，以实现创造出良性循环的课程管理为目标，努力改善、充实学校教育，具体有以下六个方面。⑥

1）能做些什么？（以培养为目标的资质和能力）

2）学什么？（根据学科意义和学科关联、学段衔接编制教育课程）

3）如何学习？（各学科等指导计划的制订和实施，学习指导的改善和充实）

4）如何支持每个孩子的发展？（以孩子的发展为立足点的指导）

---

① 加藤明. 評価規準づくりの基礎・基本：学力と成長を保障する教育方法[M]. 東京：明治図書出版株式会社，2003：25.

② 陈城城. 日本现行《学习指导要领》修订研究[D]. 长春：东北师范大学，2012.

③ 陈城城. 日本现行《学习指导要领》修订研究[D]. 长春：东北师范大学，2012.

④ 蒋妍，李芒. 日本高校"主动学习"的构建与发展[J]. 复旦教育论坛，2023（6）：121-128.

⑤ 中央教育審議会. 幼稚園、小学校、中学校、高等学校及び特別支援学校の学習指導要領等の改善及び必要な方策等について（答申）[EB/OL].（2016-12-21）[2024-09-24]. https://www.mext.go.jp/bmenu/shingi/chukyo/chukyo0/toushin/__icsFiles/afieldfile/2017/01/10/1380902_0.pdf.

⑥ 中央教育審議会. 幼稚園、小学校、中学校、高等学校及び特別支援学校の学習指導要領等の改善及び必要な方策等について（答申）[EB/OL].（2016-12-21）[2024-09-24]. https://www.mext.go.jp/b_menu/shingi/chukyo/chukyo0/toushin/__icsFiles/afieldfile/2017/01/10/1380902_0.pdf.

5）掌握了什么？（开展学习评价）

6）为了实施需要什么？（为了实现《学习指导要领》等理念采取的必要对策）

在此基础上，在充分考虑民众对教育改革的反馈和意见后，日本文部科学省决定从 2020 年起在公立小学、中学和高中陆续实施修订后的《学习指导要领》。新《学习指导要领》的亮点在于，将"扎实的学习，扎实的学力"确立为今后实现高质量教育的主要指导方针。[1]这意味着教育体系将更加注重学生的学习效果和实际能力，而非仅仅关注教学内容的传授。为了实现这一目标，新《学习指导要领》在大量增加学校课程学时和教育内容的基础上，力求达到知识和思考的平衡。

2. 日本课程改革紧扣核心素养主旋律：核心素养贯穿课程改革的全过程

进入 21 世纪，随着全球竞争的加剧和科技的迅猛发展，世界各国都认识到了教育改革对于人才培养的重要性。为了在 21 世纪的竞争中处于领先地位，各国纷纷提出对未来人才培养的构想，并致力于培养具备综合素质和能力的人才。2009 年，日本发起了一项名为"教育课程编制基础研究"的项目，其核心目标在于培育学生的"21 世纪型能力"。这一目标的实质，正是对核心素养的深度挖掘与培养。这些核心素养主要涵盖 3 大领域：基础能力、思维能力与实践能力。现代社会强调"学力"甚至比"学历"更加重要。[2]在核心素养的理念指引下，《学习指导要领》将这一思想切实融入各个教学科目的目标与内容中。同时，该要领还强调了对学生学力和人性的培养。基于此，日本通过一系列教材建设与改革，培养了一批真正适合 21 世纪发展的现代人才。

3. 系统推进大中小学一体化教育改革：大中小学教育改革有序展开

鉴于课程与教材是培养人才的重要资源，日本自 1947 年以来实施小学、初中分别设置的六三学制义务教育制度，其虽然在一定程度上呈现出了教育的基本框架，但随着时间的推移，其课程衔接不畅的问题逐渐显现，进而导致了"初一鸿沟"现象的加剧。这一现象主要是指小学生升入初中后，在学习节奏、内容难度及生活环境的转变中出现大量难以适应的情况。这不仅影响了学生的学业成

---

[1] 中央教育審議会. 幼稚園、小学校、中学校、高等学校及び特別支援学校の学習指導要領等の改善及び必要な方策等について（答申）（中教審第 197 号）[EB/OL].（2016-12-21）[2024-09-24]. https://www.mext.go.jp/b_menu/shingi/chukyo/chukyo0/toushin/__icsFiles/afieldfile/2017/01/10/1380902_0.pdf.

[2] 林崇德. 21 世纪学生发展核心素养研究[M]. 北京：北京师范大学出版社，2016：90.

绩，更可能对其身心健康和未来发展产生不良影响。为了有效应对这一问题，日本政府积极寻求改革之路。其中，实施系统化、弹性化的九年一贯制课程与活动成为关键举措。日本政府期望这一举措能够打破小学与初中的壁垒，通过连贯的课程设置和灵活的教学方式，更好地适应学生身体和心理的发展特点，从而激发他们的学习兴趣和积极性。继 1999 年 4 月日本开始推行初高中一贯制教育，实现了中等教育多样化之后，新修订的《教育基本法》《学校教育法》明确呈现出重视小中一贯制教育发展的倾向。[1]小初高一贯制教育是指小学、初中和高中三个教育阶段在共同制定教育目标、培养目标的基础上，共同编制相应的各学科课程与教材，以确保教育的连贯性和整体性。为了落实小初高一贯制，日本设置了"设施一体型"小中一贯校，小学生和中学生在同一校舍内进行学习，实施学校设施、组织机构、运营方式均为一体的小中一贯制教育。在组织、运营上，中小学教师在同一名校长的带领下开展教育教学工作。东京都的品川区根据"教育特区制"，最初开设的学校基本是"设施一体型"小中一贯校。[2]这样做的好处是有利于日常生活中教师之间和学生之间的沟通交流，以及实现小初教育管理一体化。

（二）日本建立和完善教材体系

1. 明确教材体系建设的法理遵循

首先，日本的《教育基本法》是宪法中有关教育条目的具体化，地位相当于日本教育的根本大法，因此被称为日本"教育界的宪法"。《教育基本法》的前言开宗明义地阐释了其立法精神，表明了其准宪法的性质，因此《教育基本法》与其他法规有着明显的不同，较其他法规高出一级。同时，其把宪法的其他诸规定的精神以教育法规的形式表现出来。[3]《教育基本法》规定了教育的指导思想及教育的基本事项，是教育决策的重要依据，为教育改革提供了法律上的依据和保障，也规定了日本教育的基本理念，指明了日本教育的发展方向。[4]2006 年修订后的《教育基本法》在教育目标和育人理念上进行了重要的更新和深化。该法期望通过教育培养出尊重个人尊严、追求真理和正义、尊重公共精神、具有丰富的情感及具有创造性的人。除此之外，该法还特别强调学生要树立终身学习的理

---

[1] 孟嘉. 关于日本小中一贯制教育实施的研究[D]. 大连：辽宁师范大学，2015.
[2] 孟嘉. 关于日本小中一贯制教育实施的研究[D]. 大连：辽宁师范大学，2015.
[3] 孟嘉. 关于日本小中一贯制教育实施的研究[D]. 大连：辽宁师范大学，2015.
[4] 陈城城. 日本现行《学习指导要领》修订研究[D]. 长春：东北师范大学，2012.

第五章 大中小学教材一体化建设和管理的国际视野

念,学校教育是社会教育必不可少的一部分。《教育基本法》的修订确实体现了对继承传统和创造新文化的重视,不仅是教材结构改革推进的目标,也是整个日本教育体系发展的核心理念。该法旨在根据《日本国宪法》的精神,确立和开拓日本未来教育的发展基础,为谋求日本教育的振兴提供法律保障和指导。[1]由此可以看出,《教育基本法》的修订背景与之前是完全不同的,此时的日本已经成为经济大国、教育大国,教育目的不再是摆脱军国主义的阴影、建立民主的教育,而是适应全球化发展的趋势,顺应时代发展的潮流,保持和进一步发展自身的优势,在继承本国优秀传统的基础之上,吸收他国成功经验,进一步提高学生的核心竞争力。

其次,《学校教育法》是依据《日本国宪法》《教育基本法》制定的有关日本学校制度的法规。该法规是以教育机会均等、九年义务教育和男女共学等为学制的基本指导思想。随着《教育基本法》的修订,日本于2007年修订了《学校教育法》。修订的主要内容有以下三点:重新认识不同种类学校的教育目的、目标;副校长、骨干教师等新职位的设立;增加了与学校评价及信息提供相关的规定。[2]除此之外,新修订的《学校教育法》要求依据新的教育理念,重新审视义务教育的目标和各类学校的教育目的,通过实施一以贯之的教育内容,解决各级学校间的沟通衔接问题。[3]因此,无论是课程编制还是教育计划的制订,都应该充分考虑到日本各方面的目标要求与导向,在《学校教育法》的引领下,遵循时代发展理念,实现各级各类学校的横向与纵向衔接。

最后,《学习指导要领》在日本教育体系中占据着举足轻重的地位,其作用与我国的课程标准或教学大纲相当。它是由日本文部科学省依据教育法律、法规及各学校教学课程的设置精心编制而成的教育标准,全国各学校在对国民实施教育时必须严格遵守这一标准。《学习指导要领》除了有关课程编制的基本方针(总则)之外,还明确了各学段的学科种类,阐述了各学段的课程教学目标、教学基本内容、课时数等,并对各学段教材的编写和内容等进行了规定。[4]。

2. 完善教材体系的基本结构

日本重视小、初、高课程教材的一体化建设,体现了教材内容的学段衔接和学科融合的要求。

---

[1] 日本新《教育基本法》(全文) [J]. 张德伟译. 外国教育研究, 2009 (3): 95-96.
[2] 陈城城. 日本现行《学习指导要领》修订研究 [D]. 长春:东北师范大学, 2012.
[3] 孟嘉. 关于日本小中一贯制教育实施的研究 [D]. 大连:辽宁师范大学, 2015.
[4] 文部科学省. 小学校学習指導要領(平成29年告示) [EB/OL]. (2017-03) [2024-09-24]. https://www.mext.go.jp/content/20230120-mxt_kyoiku02-100002604_01.pdf.

一方面，日本注重学科教材内容的纵向衔接。以日本地理学科为例，地理课程在高中阶段单独设科，在小学、初中则编在"社会科"课程下。其中，小学第三年开始有社会课程，地理内容融合在"生活教育"中，与历史、公民内容分开在不同的章节讲授。小学阶段，要求以生活中的所见所闻为中心，以身边的社区作为主要活动范围，通过形象生动的教学方式，让小学生初步认识地理事物和地理现象，了解社会生活，培育其对"乡土"的理解及情感。日本小学地理主要以乡土教育为主题，注重生活技能训练。到了初中阶段，以"日本地理"为主，逐渐拓展学生的视野，加强日本国土教育，让学生了解日本国土的整体特点、各地区人们生活的区域特色。在高中阶段，以"世界地理"为核心的学习内容极为丰富和深入。它不仅涵盖了世界地理的多个主题，还涉及不同区域的地理特征，旨在通过探索世界各地的地理环境状况，帮助学生理解人类生活与自然及社会环境之间的紧密联系。可见，日本地理学科虽然在中学阶段开始设置，但是从小学阶段已经开始渗透地理思想，体现出学科的纵向衔接，并且是渗透在"生活"课程中，也体现出了学科之间的横向联系。[①]

另一方面，日本注重学科教材的关联与配合。以初中物理教材（东京书籍株式会社版）为例，物理"超声波"的学习在日本教材中是将这个知识点放在科学与生活的拓展栏目中，进而突出了物理学科与社会学科的联系。由此可见，重视学科间的横向关联是日本教材体系建设的重要要求。

（三）日本教材管理制度改革

1. 日本教材制度改革的历史沿革

日本在 1872 年左右开始建立教材制度。最初，教材的建设主要依赖文部省编纂和出版的、模仿欧美风格的教材，同时也采纳了一些民间出版的启蒙书籍。19 世纪末，教材的管理经历了申报制、认可制和审查制等多个阶段。20 世纪初到第二次世界大战结束，为了加强军国主义思想的灌输，日本规定小学义务教育实行国定制，即由文部省直接组织专家编写教材。

后来，为了确保教育的个性化和机会的均等性，无论地区、种族、阶级和性别，日本都力求维持同一水准的教育。因此，日本开始实行教材审定制度。对于教材及补充教材的出版、发行和使用，日本有明确的规定。只有符合规定的教材才能被称为真正的教材，并非所有按照课程纲要编写的教材都能被认定为教材。

---

① 段玉山，李曼. 日本新编中学地理教材特点浅析[J]. 外国中小学教育，2005（3）：41-43.

第五章　大中小学教材一体化建设和管理的国际视野

对于教材之外的图书或资料，日本的《学校教育法》第二十一条第二项规定明确指出，只要这些资料是适当且有益的，就可以在学校中使用。此外，《地方教育行政组织及运营有关之法律》第二十三条第六款规定，学校使用的教材以外的资料，在使用前必须提交教育委员会进行审查并获得认可。[①]

2. 以审定制为特征的教材管理制度

日本教材的制度体系涵盖编、审、选、用及出版等各项规章制度。其中，日本着重对教材审定制度进行了研制。

（1）审定制度

日本教材建设实施审定制度。日本教材主要由民间编写，为了确保教材的品质，相关部门非常重视对教材的审定。日本教材审定流程严谨，由文部省（后改为文部科学省）内部的教材调查课与教材审议会共同执行。这两大机构依据既定基准和程序，对民间编写的教材原稿进行细致的审查。只有通过这一严格审查流程的教材，才能被正式冠以"教材"之名，并得以出版和使用。没有经过其审定或审查的图书，不得作为教材使用。日本各学科教材的审定大约每4年为一个周期，文部科学省大臣于审定的前一年通告审定种类和期限。审定工作开始之前，调研员和教材调查官预先开展调查，从多种角度了解教材审定程序与质量情况，保证教材审定实施的公平与公正。

为了从实质上保障国民接受教育的权利，提升小学、初中、高中学校教育的全国学力水平，保障教育的机会均等，日本建立了富有特色的教材审定制度。

第一，明确了日本教材的审定主体。日本审定教材的责任机构是文部科学省，主管负责人是文部科学大臣。文部科学省内部设有专门的教材调查课（处），配备了大约50名专业的教材调查官。他们的主要工作是专门处理与教材审定相关的申请。[②]教材原稿提交之后，这些调查官会对其进行仔细的审核，并将符合要求的教材提交至教科用图书检定调查审议会进行进一步的审查。随后，根据审定会的审查结果，教材调查官会向教材申请人提出具体的修订建议，以确保教材的质量和内容符合教育部的标准。日本教材审定过程中，教材调查官扮演着十分重要的角色，一般聘用具有大学教职经历的人员担任，是文部科学省的专任职员。这些调查官不仅是教材对外审定的窗口，还是筹组"教科用图书检定调查审议会"的负责人员。为了公平、审慎地调查与审议，文部科学省还设有教科

---

① 杨妍梅. 日本教科书制度及其启示[J]. 教育科学, 2003（1）: 32-34.
② 吴履平. 日本中小学教科书的审查制度[J]. 课程·教材·教法, 1987（8）: 59-60.

书检定调查审议会。教科书检定调查审议会作为文部科学大臣的咨询机构，审议提出申请的教材，并就教材审查的重要事项向文部科学大臣提出适当的建议，负责教材的具体审查工作。审议会由3个分科会（教科书检定调查分科会、教科书分科会、教科书价格分科会）和10个部会组成。3个分科会中，教科书检定调查分科会具体负责审定工作。审议会由120名以内的委员和500名左右的调查员（有人称为"专门委员"）组成。[1]文部科学大臣负责任命审议会委员，每名委员的任期为两年。这些委员由3类人员构成：①文部科学省内部的相关工作人员，具备丰富的教育行政经验和专业知识；②从大学教授或学校教师中遴选出的优秀人才，他们在各自领域具有深厚的学术背景和教学实践经验；③对教育事业充满热情的社会贤达，他们能够从不同角度为教育发展提出宝贵的意见和建议。为了确保透明度和公信力，这些审议会委员的名单会定期在网上公布，供公众查阅和监督。教科书检定调查审议会中设有专门的调查员，负责深入调查各门具体学科的教材情况。这些调查员并非随意挑选的，而是经过严格的选拔程序产生的。他们由都道府县教育委员会或大学校长推荐，并从全国各地的大、中、小学教师及具备深厚学识和丰富经验的社会人士中精心挑选，任期1年。他们属于兼任性质，人数多寡依据学校的种类及科目而定。调查员根据各自的专业特点，被分配到国语、社会、数学、理科、音乐、园工、美术、书法、外国语、保健、体育、家政、职业、生活等相应的部会（学科小组）。为了确保教材调查的公正和公平，这些调查员全部匿名，且采用保密处理（图5-1）。

第二，建立教材审定标准。日本不仅制定了《教科用图书审定规则》作为基本指导，文部科学省还进一步发布了更为详尽、具体的标准，即教科用图书审定基准。所有教材的审定工作主要涵盖三个核心方面：绝对条件、必要条件和实质性标准。绝对条件扮演着至关重要的角色。这些绝对条件构成了教材通过审定必须满足的基本且不可或缺的要求。具体来说，教材必须与教育目标保持高度一致，教材应贯彻《教育基本法》中涵盖的教育目标和方针、《学校教育法》中设定的各类学校的培养目标及学科教学目标，并保证政治立场和宗教信仰的正确。必要条件，即对教材内容和制作细节设定的一系列审查基准，包括教材内容在科学与表现、物理形态等方面是否严格遵循了《学习指导要领》划定的范畴，此外，创新性也是教材审定的重要维度。[2]实质性标准是针对具体某学科的教材而

---

[1] 吴履平. 日本中小学教科书的审查制度[J]. 课程·教材·教法, 1987（8）：59-60.
[2] 唐磊. 走近日本教科书制度[M]. 北京：人民教育出版社, 2006：5.

第五章　大中小学教材一体化建设和管理的国际视野

言，即某学科的《学习指导要领》就是教材审定的实质性标准。①

```
文部科学省 ──────────── 文部科学大臣
    │
    ├── 教科书检定调查审议会
    │
    ├── 教科书调查 ──── 调查官50人左右
    │              ├── 委员120人以内
    │              └── 调查员500人左右
    │
    └── 三个分科会：
        教科书检定调查分科会、
        教科书分科会、教科书
        价格分科会

十个部会：
第一部会（国语）、第二部会（社会）、第三部
会（数学）、第四部会（理科）、第五部会（音
乐）、第六部会（园工、美术、书法）、第七部
会（外国语）、第八部会（保健、体育）、第九
部会（家政、职业）、第十部会（生活）
```

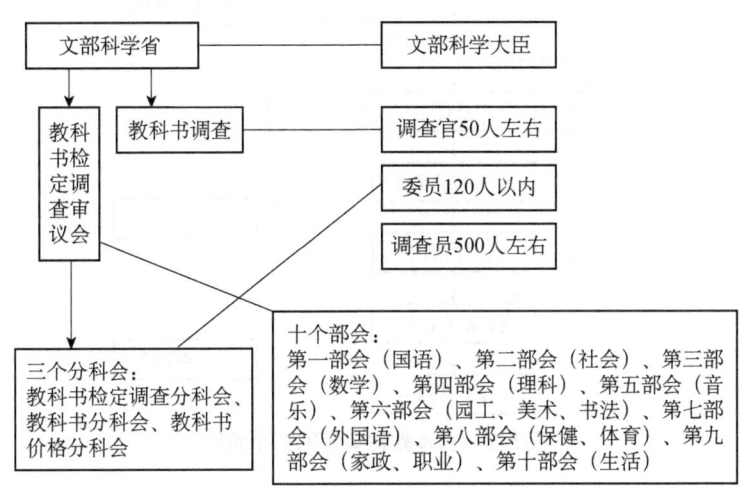

图 5-1　教材审定的机构和人员

资料来源：王向红，康长运. 日本教科书制度的现状、问题与发展趋势[J]. 外国教育研究，2010（2）：53-56

第三，规范教材审定流程。日本教材通常每 4 年申请审定一次。按照日本的审定流程，如果原稿本经过审核获得通过，那么可以直接进入样张本的审查阶段。然而，如果原稿本未能达到审查标准，那么就需要对原稿本进行修改，提出内阁本（即修订本）。内阁本经过审查后，如果获得通过，那么同样可以进入样张本的审查阶段。在日本的审定体系中，样张本与我国的"样书"概念相似，都是审定过程中的一个重要环节（图 5-2）。

第一阶段，原稿本审查是教材审定流程中的关键环节。在这一阶段，提交的原稿本并不会注明作者和出版发行者的信息，因此通常被称为"白表纸本"。教材的审定工作远非简单的文字校对，更侧重于对教材内容和形式的全面审视。为确保审定的客观性和准确性，采用量化评价的方式，以 1000 分为基准对各项审查项目进行评分，并详细填写"评定书"。若各项总分合计未能达到 800 分，则视为不合格。经过审查，根据得分对教材做出"合格""不合格""附带条件合格"的结论。②

第二阶段，内阁本审查。如果某原稿本的审查结论是"附带条件合格"，就必须再通过内阁本审查。每年的 12 月至次年 1 月，教材申请者需要根据文部科

---

① 田辉. 日本基础教育[M]. 上海：同济大学出版社，2015：126.
② 教科用図書検定規則（平成元年 4 月 4 日文部省令第 20 号）[EB/OL].（1989-04-04）[2024-09-24]. https://www.mext.go.jp/a_menu/shotou/kyoukasho/kentei/021201.htm.

— 173

```
            提出原稿本（申请）
                    ↓                    ⎫
         教科书检定调查审议会审查          ⎬ 原稿本审查
                    ↓                    ⎭
        ┌───────────┼───────────┐
      合格      附带条件合格     不合格
                    ↓
              通知修正意见                ⎫
                    ↓                    ⎬ 内阁本审查
              提出内阁本                  ⎭
                    ↓
              提出样张本                  ⎫
                    ↓                    ⎬ 样张本审查
              检定结果决定                ⎭
```

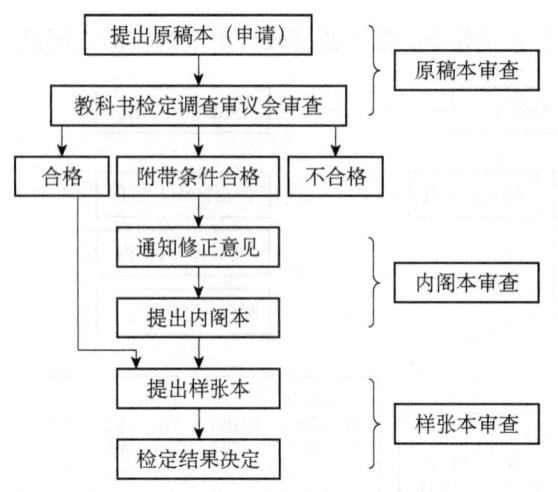

图 5-2　日本教材审定的三个阶段

学省提出的修正意见，在 15 天内对原稿本进行细致的修改，这些修正意见可能包括订正、删除或追加等内容。完成修改后，申请者需要将修订后的教材作"内阁本"再次提交至文部科学省进行复审。在这一阶段，文部科学省的调查官将负责对内阁本进行严格的审查，并尽可能提出进一步的修正意见。若申请者拒绝接受这些修正意见或决定不再继续提交申请进行审查，那么该教材将被判定为"不合格"，没有资格进入下一阶段样张本的审查。[①]

第三阶段，样张本审查。申请者在 40 天内完成内阁本修改和通过内阁本审查后，与第一阶段原稿本审查合格者一起提出样张本审查。每年的 2—4 月，文部科学省的调查官会对提交的样张本进行详尽的审查，并在审查完成后及时通知申请者相关的审定结果。教材的审定工作通常有着明确的时间限制，一般而言，审定年限为 1 年。为了确保教材的及时供应和满足教学需求，最迟必须在当年 7 月的教材展示会之前完成审定工作。若教材未能在这个时间节点前通过审定，便有可能被判定为"不合格"。若与事实不符，审定合格的教材也要重新修订，并有可能会被判定为"不合格"。以上教材审定的三个阶段可以进一步细化成更具体的教材审定流程，一般由以下 10 个步骤组成（图 5-3）：①由教材的编写者或出版社提出教材的审定申请。②文部科学大臣委托 50 名左右的专任教材调查官调查，进行误记、误植等的初步审查。③文部科学大臣再交给教科书检定调查审议会咨询。④审议会委托约 120 名的调查委员进行合宿调查。所谓合宿调查，就

---

① 文部科学省. 第 2 申請図書の審査手続[EB/OL]. [2024-09-24]. https://www.mext.go.jp/a_menu/shotou/kyoukasho/1260066.htm.

第五章 大中小学教材一体化建设和管理的国际视野

是为了确保审查的公正、公平，免受外界的干涉，调查员在调查期间会集中在一个隐秘的地方审定教材，并提出答申报告（审查结论）。⑤文部科学省根据教材调查官及调查员提出的审议报告，判定申请的教材合格与否，发出审定决定通知。⑥不合格的教材有申诉答辩的机会，根据审定决定通知，向文部科学大臣提出修正请求。⑦教材调查官进行复审，向审议会提交修正表。⑧审议会复审后，向文部科学大臣提出答申报告。⑨文部科学大臣结合教材调查官和审议会的审定结果，决定教材是否合格，并通知教材申请者。⑩合格的教材，可以将完成的样本图书提送文部科学省。最后合格的教材，将在日本770多个教材研究中心的展示会上进行公开展示。①

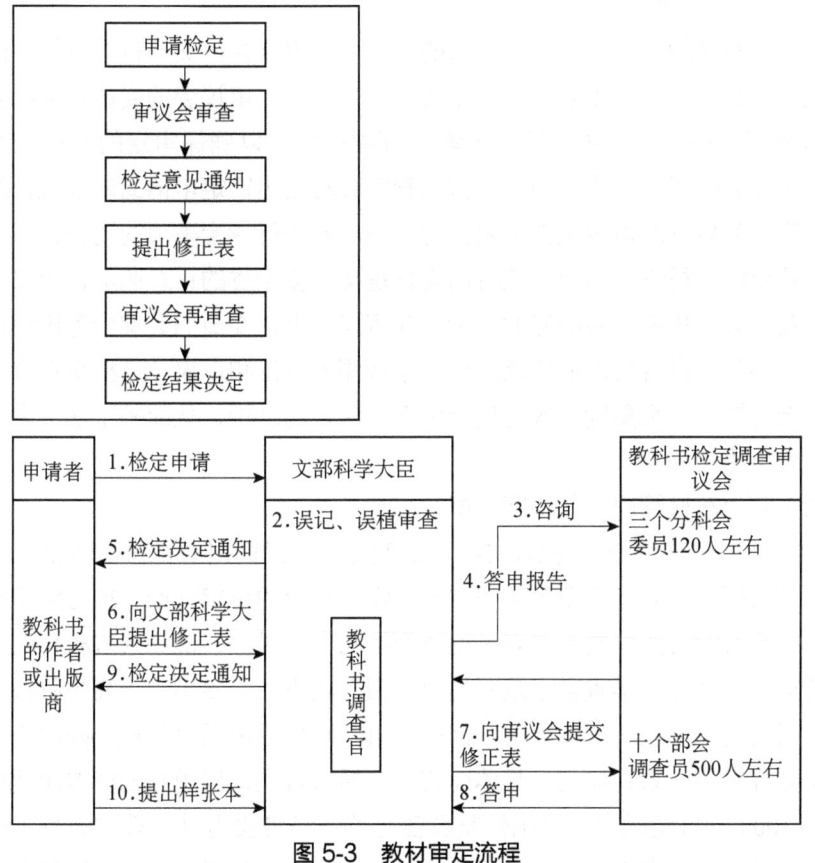

图 5-3　教材审定流程

资料来源：王向红，康长运. 日本教科书制度的现状、问题与发展趋势[J]. 外国教育研究，2010（2）：53-56

---

① 文部科学省. 第 2 申請図書の審査手続[EB/OL]. [2024-09-24]. https://www.mext.go.jp/a_menu/shotou/kyoukasho/1260066.htm.

第四阶段，教材的审定。日本在教材审定方面采用了多样化的方法。其中最为核心的方法包括以下两个。

其一，依据教科用图书审定基准来进行审核。为此，文部科学省特地制定并公布了适用于义务教育各类学校的教科用图书审定基准，以及针对高中教科用图书审定基准。这些基准为审定工作提供了明确的参照标准，教材的审查鉴定基于其审定标准而适当和公正地进行。审定基准除了总则，也就是审查鉴定的基本方针以外，还包括各课程共通的条件及各课程固有的条件，每个条件通过"基本条件"（也就是和《教育基本法》《学校教育法》《学习指导要领》的要求及学生的身心发展是否一致）、"选择·处理以及组织·分量"、"正确性以及表记·表现"三个方面来表示。①

其二，教材的审定还依赖于专门的检定调查审议会。文部科学省特别设立了这一机构，其审定工作主要基于审议会的汇报展开。审议会的委员及临时委员均从大学教授及小学、初中、高中的教师等中选定，以确保审定的专业性和权威性。在审议会的正式审查之前，教材调查官会对提出审定申请的课本进行细致的预审调查，为后续的审定工作提供有力支持。若进行特定事项的调查，需要审议会内设置专门委员进行调查。教材调查官是文部科学省的正式职员，审议会通常会聘请具有大学执教经验的专业人士。在审议会上，委员们会综合考虑教材调查官、专门委员及自身得出的调查结果，进行深入讨论和审议。这种审查方式确保了审议会能够从多个角度对教材进行全面、深入的剖析，从而基于众多专家的综合意见做出决策。

（2）其他教材管理环节制度改革

1）教材的编写制度。在教材编写制度方面，民间出版社扮演着至关重要的角色。其根据《学习指导要领》和文部科学省制定的审定标准，精心组织并编写教材。文部科学省的主要职责则是通过严格的审定过程，确保这些教材的编写质量符合标准。文部科学省自己编写的教材相对较少，主要集中于高中阶段的一些职业科目及特殊学校所需的教材。但是，编写教材的民间出版社必须严格遵循文部科学省提出的一系列原则。具体而言，包括：首先，出版社的资本额或资产额必须在1000万日元以上，以确保其具备足够的经济实力进行教材编写工作；其次，出版社必须拥有至少5名专职的教材编辑人员，并确认这些编辑具备胜任工作的能力，以保障教材编写的专业性和质量；再次，出版社还需要拥有具备相关

---

① 文部科学省. 義務教育諸学校教科用図書検定基準（平成29年8月10日文部科学省告示第105号）[EB/OL].（2017-08-10）[2024-09-24]. https://www.mext.go.jp/a_menu/shotou/kyoukasho/kentei/1411168.htm.

第五章　大中小学教材一体化建设和管理的国际视野

图书出版经验的人员，以提供丰富的出版经验和资源支持；最后，出版社必须保证在图书出版发行方面从未有过明显不公正的行为，以维护公平竞争和良好的市场秩序。为了确保这些原则的严格执行，文部科学省每年都会要求指定的出版社提交必要的报告，并对其进行调查。①

2）教材的选用制度。日本将义务教育阶段的公立小学的教材选择权限赋予公立学校的办学主管单位，即都道府县以及市、町、村各级行政机构的教育委员会。日本对高中阶段的教材选择权限没有法律上的明文规定，一般根据各学校的具体情况而定，公立高中的教材选择由拥有选择权的主管的教育委员会决定。为了保证教材的质量，各都道府县管辖的义务教育阶段公立学校在选择教材之前，先听取由校长、教师、家长及教育行政人员组成的教材选择委员会的意见，为每一种类教材选择一个版本供本地区使用。②根据《学校教育法》的相关规定，无论是小学、中学、高等学校，还是特殊学校、养护学校等各类教育机构，都必须使用经过文部科学大臣严格审定的教学用图书，或是那些明确标注有文部科学省著作名义的教学用图书。③然而，考虑到实际教学中可能存在的特殊情况，《学校教育法》关于"教科用书使用特例"的内容中也做出了相应的规定。这一规定既体现了法律的灵活性，也尊重了教育实践的多样性和复杂性。教师在使用教材时，既要依据教材的基本框架和内容，确保教学的系统性和科学性，同时又不应拘泥于教材，应根据学生的学习情况和实际需求，灵活调整教学内容和方法。这种正确的教材观要求教师用教材教，而不是一味地教教材。④在教材的选择权限方面，日本的教育体系有着明确的规定。对于公立学校，使用何种教材是由设置该学校的市町村或都道府县的教育委员来确定的。对于国立及私立学校，选择权则掌握在学校校长手中。为了确保教材选用的水平，都道府县教育委员会发挥着关键的作用。他们需要对市町村教育委员会和国立、私立学校校长进行教材选用方面的指导，并提供援助。为此，都道府县内设立了教学用图书选定审议会，这是一个由20名以内的委员组成的机构，专门负责教材的选定工作。审议会内还配备了若干名调查员，专门从事各个学科教材的调查和研究，以确保教材选用的科学性和适用性。

3）教材的选择方式。在教材的选择方式上，日本遵循《有关义务教育各学

---

① 胡旺. 中日中小学教科书制度比较[J]. 当代教育论坛（学科教育研究），2008（4）：124-127.
② 田辉. 日本基础教育[M]. 上海：同济大学出版社，2015：115.
③ 《基础教育教材建设丛书》编委会. 世界主要国家教科书管理制度[M]. 北京：人民教育出版社，2005：100.
④ 杨妍梅. 日本教科书制度及其启示[J]. 教育科学，2003（1）：32-34.

校教科用书免费措施的法律》规定的区域统一原则。这意味着教材的采用以市区或郡区为单位，或以市郡组成的区域为单位进行。这样的安排有助于学生转学时课业的衔接，方便教师开展集体研究，也有利于教材的供应和管理。在同一使用区域内，学校应使用相同的教材，每一科别选用一种教材，以确保教学的连贯性和一致性。此外，一本教材在特定区域内的使用期限为4年，这有助于保证教材内容的稳定性和时效性。①

4）教材的出版制度。选定教材后，整个供应流程便紧锣密鼓地展开。市町村教育委员会或各校校长会迅速将所需教材的册数报告给都道府县教育委员会。这一环节至关重要，能确保都道府县教育委员会准确掌握各学校对教材的实际需求。

随后，都道府县教育委员会归纳并整理这些数据，制成清晰的一览表。在每年的8月31日前，这份一览表会被提交给文部科学大臣，并同时送交给相关的教材刊行者。文部科学大臣在收到这些数据后，会进一步整合，根据全国范围内的需求情况，向教材出版发行者发出明确的指示，包括需要发行的教材种类和数量。

教材出版发行者在接到指示后会立即做出响应，承诺发行这些教材，并确保按时、按量提供给各学校。为了保障发行工作的顺利进行，各出版社通常会与一些书店签订合作协议。这些书店作为出版社的发行场所，负责具体的教材发行业务，确保教材能够及时、准确地送达各学校。②同时，为了规范教材出版市场，日本还规定出版社一旦签订协议后不履行其承诺的义务，将在3年内取消其出版教材的资格。这一措施有效地维护了市场的公平竞争，也保障了学校能够获取高质量的教材。此外，日本还积极倡导各地区成立教材选用审议会，并鼓励吸收家长参与。这些审议会的成立，不仅为市町村教育委员会和国立、私立学校校长在选用教材时提供了宝贵的建议，还增强了教材选用工作的透明度和公正性。

5）教材审定公示制度。这一制度要求将审定结果公告全国公民，通过多个场所进行公布，其中日本财团法人教材研究中心是这一公示制度的常设机构。教材公示制度的实施，不仅提高了教材审定的透明度，也进一步扩大了日本教材的影响。③

---

① 杨妍梅. 日本教科书制度及其启示[J]. 教育科学，2003（1）：32-34.
② 《基础教育教材建设丛书》编委会. 世界主要国家教科书管理制度[M]. 北京：人民教育出版社，2005：106.
③ 胡旺. 中日中小学教科书制度比较[J]. 当代教育论坛（学科教育研究），2008（4）：124-127.

第五章　大中小学教材一体化建设和管理的国际视野

3. 日本教材审定机制

教材审定机制在教材审定工作中占据着不可或缺的地位，发挥着重要的保障作用。为了确保教材审定工作能够顺利、持续地进行，需要有周期性的审定机制及公众评议监督机制等制度作为支撑。在义务教育教材审定阶段，日本在明确教材审定基本机构和相关职能的基础上，建立了一系列义务教育教材审定机制，从而确保义务教育教材审定工作的有序性和高效性得以充分展现。

（1）建立无偿供给机制

1951年，日本开始实行教材的部分无偿供给机制。同年，日本颁布了《关于向1951年入学的小学生提供教科书的法律》，当时，无偿提供的对象仅限于当年入学的小学一年级新生，无偿提供的教材种类为国语和算数，无偿发放的费用由国家和地方政府对半负担。[①]私立学校的小学生被排除在无偿提供对象之外。1954年以后，无偿教材的提供对象仅限于处于最低生活保障标准以下的低收入家庭子女。后来，随着经济的发展，日本民众对教材无偿提供的呼声越来越高。1962年，日本正式出台《义务教育各学校教科用图书无偿提供的相关法律》，表明正式提出义务教育阶段的教材无偿供给原则。1963年4月1日，开始为全国小学一年级新生提供免费教材。之后，按学年上升方式逐渐扩大免费提供的范围，到1969年，日本完成了所有中小学各学年教材的无偿供给。[②]日本向义务教育阶段的国立、公立和私立学校的全体学生免费供给教材，是实现宪法"义务教育是无偿的"宗旨的重要一环。法律规定了教材的使用义务，与学生接受义务教育紧密相连，旨在确保每一名学生都能平等地接受教育。在这项制度的推行下，学生不仅无须缴纳学费，还能无偿获得教材，真正实现了教育的公平与普及。这一制度不仅体现了全体国民对担当下一个时代重任的儿童的深切期待，也切实减轻了家长的教育和经济负担，避免部分贫困学生因经济问题而无法接受教育。

（2）建立教材周期修订机制

在日本，《学习指导要领》在教材审定过程中发挥着举足轻重的作用。作为重要的参考与依据，它指导着教材内容的选定与编写。为了确保教育理念与时俱进，该要领基本上每过几年就进行一次大的调整。每当《学习指导要领》进行大调整时，教材审定及相关工作也会随之发生重大的变革，以适应新的教育要求和发展方向。

---

① 辛继湘. 日本中小学课程与教学[M]. 长沙：湖南师范大学出版社，2011：189.
② 田辉. 日本基础教育[M]. 上海：同济大学出版社，2015：116-117.

目前，日本义务教育教材的审定周期为 4 年，意味着文部科学省每 4 年都会组织一次对中小学教材的全面审定。在这个周期内，文部科学省会对教材的内容、形式等相关方面进行细致的审查和评估，并根据需要进行必要的调整。审定的前一年，文部科学省会提前公布关于教材审定图书的种类及审定的具体时间安排，以确保审定工作的有序进行。只有经过严格审定合格的中小学教材，才能在下一年度被选用和发行。

（3）建立教材公众监督与评议机制

公众监督与评议机制的建立，对于确保义务教育教材审定工作的民主性与公开性起到了至关重要的作用。这一机制不仅为民众提供了参与和监督教材审定过程的有效途径，更是维护审定程序正义与公平不可或缺的重要保障。在日本，义务教育教材审定工作始终将民众的话语权与监督权置于重要地位。从审定工作的启动到最终结果的公布，公众始终被纳入其中，对审定过程及结果进行全程监督与评议。这种广泛的公众参与，不仅大大提升了审定工作的透明度和公信力，也使教育审定过程更加公开、民主。

（四）日本教材改革的基本趋向

1. 明确教材建设和管理改革的重点

日本教材改革的重点聚焦于义务教育和高中阶段的教材审定标准。随着日本义务教育课程改革的不断深入，义务教育教材建设工作始终占据教育及课程改革的核心位置。因此，日本在义务教育教材审定及管理制度的建设工作上投入了大量的精力。在教材审定领域，日本尤为注重审定标准的研制。经过多年的探索与实践，日本已经制定了针对义务教育教材审定的纲领性文件——《义务教育各学校教学用书审定标准》。日本义务教育教材的审定标准的特点可以概括为以下几个方面：首先，在审定的指导思想上，强调教材对国家意志的体现。例如，日本歪曲历史与破坏他国领土主权，不顾中国政府的强烈反对，通过修改教材审定标准，将中国的钓鱼岛表述为日本的领土，并纳入地理和历史教材中。其次，在审定依据上，要符合《教育基本法》《学校教育法》《学习指导要领》的基本要求。最后，日本在教材审定中注重强调知识掌握与能力发展的并重，力求筛选出具有发展性的学习内容，旨在有效促进学生的能力养成。这种做法将知识的掌握与能力的发展紧密结合，从而实现了两者的相互促进与有机统一。[1]

---

[1] 杨雪. 中日义务教育教材审定制度比较研究[D]. 长春：东北师范大学，2019.

第五章 大中小学教材一体化建设和管理的国际视野

2. 明确教材建设和管理改革的方向

首先，教材建设和管理要体现人才培养目标的要求。在日本的教育体系中，加强教材建设、提升教材质量一直是课程改革的重要任务。要构建体现国家意志、适应课程教学改革的高质量教材体系，必须在教材管理制度上深耕细作。教材管理制度不仅是规范教材建设的重要程序，也是确保教材质量的法律依据。它涵盖了从教材编写到发行、选用的全过程，每一个环节都至关重要。具体而言，教材管理环节制度相互衔接、相互制约，共同构成了教材管理的完整体系。任何一个环节都是国家意志的重要体现，对于实现培养目标具有重要作用。其次，教材管理要体现编、审、选、用的一体化要求。日本教材的编写、审定、选用都是基于《学习指导要领》进行的，在客观上要遵循《学校教育法》《教育基本法》等的要求。在审定制度层面，教材通过审定需要满足若干核心条件，主要包括教材必须与教育目标相契合，符合《教育基本法》确立的教育目标与方针，也要与《学校教育法》对该类学校教育目标的具体规定保持一致。这些条件是教材审定不可或缺的基础要求。

3. 教材审定强化国家控制

20 世纪 80 年代末，日本政府大幅度修改了教材审定制度，从 1990 年起，全新的教材审定制度正式投入实施。经过深入改革，日本的教材审定制度在表面上确实展现出了简化、民主化和公开化的新气象，然而实质上这一改革逐步强化了日本政府对教材内容的控制力度。具体表现在以下几个方面。

第一，虽然改革名义上简化了审定流程，但实质上大幅缩短了修改时间，对教材编写者形成了强有力的约束。原本编写者有 4~5 个月的时间进行细致的修改和完善，但新制度却将提交第一次修改表的时间压缩至 35 天，提交第二次修改表的时间也同样限制在 35 天内，两次修改总时长甚至不足 3 个月。[①]这种时间上的压缩，实际上是在迫使编写者更加高效地按照文部科学省的要求进行修改，从而实现对教材内容的更为严格的控制。

第二，原制度中的"有条件合格"项，实际上是在教材被判定为合格的基础上，再提出相应的修改意见。然而，在新制度下，教材的合格与否要基于第二次修改的结果来判定。这导致教材编写者在追求通过审定的过程中，不得不无条件

---

① 文部科学省. 義務教育諸学校教科用図書検定基準全部改正新旧対照表[EB/OL].（1999）[2024-09-24] https://www.mext.go.jp/component/a_menu/education/detail/icsFiles/afieldfile/2009/04/03/1260038_004_1.pdf.

地接受文部科学省提出的修改意见,以确保教材最终符合审定标准。[①]由此可见,日本的教材审定是政府主导的,教材日益成为政府掌控国家意识形态的重要工具。

二、法国大中小学教材建设和管理研究

近200年来,法国始终实行中央集权的教育行政体制。法国政界和教育界始终存在着对教育应当加强控制还是应当给予自由的争论。总的来说,法国整体的教育一直尝试在坚守传统与追逐时代、凝聚共识与弘扬个性之间寻求平衡。法国中小学有着深厚的文化传统和文化积淀,"自由、平等、博爱"不仅是其国家意识与民族共识,也为法国教育理念的形成奠定了基础。随着时代的发展,法国教育质量的提升出现停滞、教育不平等日益加深、学业竞争日益激烈和不信任感在社会蔓延。为了化解这些矛盾,2005年,法国政府颁布了《学校未来的导向与纲要法》(Loi d'orientation et Deprogramme pour l'avenir de l'école),为其后20年教育发展的宏观框架奠定了基础,提出新世纪教育改革的目标"为了全体学生的成功"。

(一)法国教材体系的建立与完善

1. 教材体系建设的法理遵循

(1)《教育法典》

法国《教育法典》(Code de l'éducation)第一条规定:"教育是国家的第一要务。对教育的公共服务是根据各类学生的需要进行设计和组织的,旨在促进机会平等,国家还把培养学生的共和国价值观作为学校的首要任务。"[②]

(2)《教育指导法》

法国的教材制度演进与课程演变过程密不可分。20世纪末,法国教育迎来了一系列重要的变革。1989年,法国颁布了具有统领性质的《教育指导法》(La loi d'orientation sur l'éducation),为整个教育体系的发展提供了明确的指导方向。1992年,法国教育部(Ministère de l'Éducation nationale)颁布了《课程宪章》(Charte des programmes),将其作为全国课程大纲制定的规范性文件。随着时代

---

① 田辉. 日本基础教育[M]. 上海:同济大学出版社,2015:121.

② Ministère de l'Éducation nationale. Code de l'éducation[EB/OL]. (2021-09-06)[2024-09-24]. https://www.legifrance.gouv.fr/codes/section_lc/LEGITEXT000006071191/LEGISCTA000006095794/2021-09-06/#LEGISCTA000006095794.

第五章 大中小学教材一体化建设和管理的国际视野

的进步，法国教育界对教育目标和内容进行了更为深入的探讨。2004年，法国学校未来全国讨论委员会向教育部提交了一份重要报告，其中提出了"必不可少的共同基础"这一核心概念。为了进一步贯彻这一教育理念，法国政府在2005年通过了《学校未来规划及导向法》（Loi d'orientation et de programme pour l'avenir de l'ecole），对"必不可少的共同基础"进行了深入的解读。[①]该法案明确提出要发掘并整合各个学科领域的基础知识和基本文化，旨在构建一个连贯且全面的知识体系。同时，该法案也强调，在课程改革的过程中，要精心平衡"共同基础"与学生"个性发展"之间的关系，确保学生在掌握基础知识的同时，能够充分发展个人的特长和兴趣。此外，该法案还就课程的"整合导向"与"分科导向"之间的关系进行了细致的调整，力求在保持学科独立性的基础上，实现知识的有效融合和互补。这些改革理念不仅体现在课程设计上，也深刻影响了教材的建设和管理。

（3）《共同基础法》

2005年，法国颁布《学校未来规划及导向》。它是经过多党激烈讨论后罕见地达成多方共识的重要政治决策，标志着中小学领域的一次重大革新。2006年，法国根据《学校未来规划及导向》出台了《关于知识与能力的共同基础》（Socle commun de connaissances et de compétences），明确规定了小学生、初中生毕业时必须具有的基础知识及核心能力。[②]《关于知识与能力的共同基础》的颁布，不仅为法国中小学阶段的课程教材与教学设立了最高准则，成为指导教学实践的权威标准，也为教育评估和质量监控工作提供了稳固的基石与有力的支撑。

"共同基础"这一概念，实际上是对新时代学生应具备的个人能力的全面规划。它涵盖了五大核心领域，即思考与交流的语言、学习的方法与工具、人格与公民性的形成、自然与科技的系统、理解世界及人类活动。[③]每个领域都设有具体而明确的培养目标，具体内容如下。

第一个领域：思考与交流的语言。让学生学会思考，形成批判性思维，掌握语言，是融入其他领域的基础。其中包含四个具体目标：其一，学生能够理解和运用法语的口语和书面语，自如地用法语表达自己的想法和观点；其二，学生应

---

① 范蔚，褚远辉. 比较课程论[M]. 北京：人民教育出版社，2012：144.
② 朱莹希，裴新宁. 法国义务教育的"新共同基础"解读[J]. 比较教育研究，2016（8）：36-42.
③ 罗杰-弗朗索瓦·戈蒂埃，赵晶. 法国中小学的"共同基础"与课程改革[J]. 全球教育展望，2017（11）：21-29.

具备理解和使用至少一门外语或其他地区语言的能力，包括口语和书面语表达，以便能够进行跨文化交流；其三，学生需要理解科学的语言，能够运用科学术语和表达方式阐述科学概念与原理；其四，学生还应理解艺术和身体的语言，并能用该语言进行自我表达。

第二个领域：学习的方法与工具。让学生掌握高效学习的策略和技巧，同时培养他们的自主学习能力和创新精神。这一领域设有四个具体目标：其一，学生应能够运用各种工具来组织与管理自己的学习，实现个性化学习路径的规划；其二，学生需要具备与他人合作的能力，能够利用工具与团队成员协同完成项目，培养团队合作和沟通能力；其三，学生还应掌握常用的电子信息技术、信息检索技术及多媒体技术，以便在数字化时代有效地获取和处理信息；其四，学生需要熟悉互联网工具的使用规则和技巧，能够安全、合规地在网络环境中进行学习和交流。

第三个领域：人格与公民性的形成。让学生通过具体社会生活情境培养自主生活的能力，积极参与公共生活，为公民生活做准备。其一，学生要具备表达自我感受的能力，能够清晰、真实地表达自己的想法和情感，同时尊重他人的观点和感受。其二，学生应树立正确的法律与公平意识，了解并遵守社会规范，维护公平与正义。其三，学生需要具备在复杂环境中进行反思和思辨的能力，能够独立思考、分析问题。其四，学生应展现出集体协作和创新精神，能够积极参与团队合作，激发创新思维，共同解决问题。

第四个领域：自然与科技的系统。培养学生的思考能力、动手实践能力及批判性思维，同时提升他们的演讲和讨论能力。在这一领域，学生将深入理解数学作为科学建模工具的重要性，认识到数学的发展与其他领域的相互促进关系。具体来说，该领域包含以下五个目标：其一，学生需要理解人类身体的主要机能，掌握生物世界的特点与共性，以及物种的演变与多样性，从而建立起对生命科学的基本认识；其二，学生应理解宇宙和物质的结构，探索生物圈的特点及其转变过程；其三，学生需要掌握能量及其多种形式，理解运动及其作用力；其四，学生应理解数字和数量、几何体和随机现象等数学概念，培养数学思维和提升逻辑推理能力；其五，学生需要了解技术产品和技术体系的主要特点，以及科技发展的主要趋势。①

第五个领域：理解世界及人类活动。它不仅旨在培育学生的时空观念、想象

---

① 朱婕. 中小学课程标准修订的国际比较研究[D]. 上海：华东师范大学，2019.

力与创造力，激发他们的艺术与体育热情，更致力于提升他们的判断力与审美水平。通过这一领域的学习，学生将学会自我反思，接纳多元文化，并能够以独到的见解参与当代社会的讨论，成为有担当的公民。该领域包含以下8个核心目标：①通过年表与重大历史事件，掌握人类历史的主要分期；②理解人类活动空间的主要组织模式；③认识生活模式的多样性；④掌握思想与宗教信仰的历史演变；⑤了解科技的主要发现与演进历程；⑥理解艺术的表现形式，提升艺术鉴赏能力；⑦理解政治与社会的不同表现形式，掌握共和国和民主的理念；⑧学习经济产品的生产与分配机制，理解经济社会相关规则与法律。①

这五大领域是学生迈向合格公民之路不可或缺的关键部分，贯穿于他们生活与学习的方方面面。这些领域相辅相成，形成了一个相互依存、协同发展的有机体系。通过接受义务教育的学习，学生应当达到这五大领域设定的能力要求。虽然在课程标准中并未明确指出课程目标，但"共同基础"中提到的五个领域则起到了课程总目标的功能。教材建设的依据，即各阶段的"教学大纲"，也是在一定程度上以"共同基础"提出的目标对具体学科的教学内容和学生的学习能力进行制定。②

（4）《重建共和国基础教育规划法》

法国高中改革是其课程改革的重点。2009年底，法国教育部公布了高中教育改革方案，目的是解决高中留级率较高、学业失败、各专业地位不同的问题。法国高中的改革方案提出了以下几项内容：更好定向、更好辅导、学好外语，给予学生错选权。法国教育部颁布的《为了21世纪的高中》（Pour un lycée du XXIe siècle）强调学生应当选择一个方向，为进入高等教育或职业生活进行有效的准备。另外，持续地提高面向所有学生的教育水平，在避免任何形式的马尔萨斯主义或者从宽主义的同时，确保每一名学生在结束高中学习之际都获得一份资格保证。③法国高中各科目的教学大纲由学科技术小组进行编制，法国教学大纲委员会（Conseil National des Programmes，CNP）针对教育现象及教育问题，对学科技术小组提出建议。修改后的教材依据教学大纲进行编写。

2013年，法国正式颁布了《重建共和国基础教育规划法》（Loi d'Orientation et de Programmation Pour la Refondation de l'Ecole de la République）。此法不仅为

---

① Le socle commun de connaissances, de compétences et de culture [EB/OL]. (2023-11) [2024-09-24]. https://eduscol.education.fr/139/le-socle-commun-de-connaissances-de-competences-et-de-culture.

② 陈月兰. 聚焦能力的法国数学课程标准分析及启示[J]. 课程·教材·教法, 2017 (11): 122-127.

③ 汪凌. 法国普通高中的课程研究[J]. 全球教育展望, 2002 (3): 22-26.

法国中小学阶段的教学大纲确立了最高指导原则，更是国家教育发展的重要里程碑。基于这一法律框架，法国还颁布了文件《关于知识、技能和文化的共同核心》（Socle commun de connaissances, de compétences et de culture），规定了总体培养目标。[①]

新的教学大纲在"共同基础"的指引下，将初中与小学视为一个统一的体系，不再单纯以学科分类为导向，也不再仅仅为升入大学做准备。这一新的阶段具有其独特价值，致力于为学生更好地融入社会文化生活奠定基础，培养学生的自主学习能力、共同的文化底蕴，以及批判性和创新性思维。

2. 教材体系的基本结构

教材作为课程实施的重要媒介，在课程建设中发挥着重要的作用。法国教材体系的搭建，旨在服务于法国不同学段、不同学科、不同教育类型的课程建设，满足其特殊教育与普通教育相融合、升学与就业并行的职普融通的教育发展需求。[②]

（1）教材的纵向结构

2004年10月，法国发布报告《为了全体学生成功》（Pour la réussite de tous les élèves），明确指出语言与数学是法国教育的两大核心支柱。这一观点强调了数学在法国教育体系中的关键地位，凸显了其对于学生全面发展的重要性。作为中小学的必修科目，数学的教学大纲由法国教学大纲委员会下属的数学科学技术小组专门负责制定，确保教学内容的科学性和系统性。在初中阶段，法国实行统一的数学教学大纲，确保所有学生接受基础且一致的数学教育。然而，到了高中阶段，由于学生开始面临不同的发展路径和需求，数学教学便呈现出多样化的特点。普通高中、技术高中和职业高中在数学教学内容、教学要求及教学时数上有所不同，以适应各自的教育目标和学生的实际需求。此外，法国中学使用的数学教材呈现出多元化的特点。初中阶段，虽然存在多套教材，但它们在整体上遵循统一的教学大纲，这与我国"一纲多本"的做法相似。然而，到了高中阶段，由于教学大纲的多样化，教材也呈现出"多纲多本"的特点。[③]

从教材的纵向结构来看，法国教材的纵向组织是螺旋上升、循序渐进的。无论是大学教材还是中小学教材，其主要内容都分为代数、几何、测量、统计等部

---

① 朱婕. 中小学课程标准修订的国际比较研究[D]. 上海：华东师范大学，2019.
② 岳河，冯永刚，王永丽. 注重各学段衔接的学制体系构建——法国基础教育学制研究[J]. 基础教育参考，2023（7）：58-70.
③ 蒲淑萍. 法国中学数学教材的特色及启示[J]. 外国中小学教育，2012（8）：53-59.

第五章 大中小学教材一体化建设和管理的国际视野

分,例如,中小学阶段代数部分涉及的内容为书写、命名、比较、使用一百以内的整数、小数和分数;整数和小数的四则运算;分数的计算和比较大小;估计操作测量结果;用四则运算解决实际问题;使用计算器。在初中阶段,学生将逐渐深入学习和运用整数、小数和分数,并掌握心算、笔算等计算技能,同时能够熟练运用计算器或电脑进行计算。此外,学生还需要逐步理解代数语言,并学会运用代数知识解决实际问题,特别是在等式、方程展开和计算等方面,需要通过不断练习和深入探究,逐渐提升问题解决能力。在高中阶段则是开始进行函数、导数等内容的学习。教材内容的编排重视了知识的系统性和连贯性,保证了知识的完整体系。数学教材中的内容,不是一个个独立的知识模块,而是相互联系的整体。

(2)教材的横向结构

从教材横向结构来看,长久以来,法国的数学教育与自然科学学科,特别是物理学科呈现出紧密的交织。为了进一步加强数学与其他学科的联系,特别是在自然科学领域,法国的高二年级特别引入了跨学科项目,即"有指导的学生个人研究性实践活动"(Travaux Personnels Encadrés,TPE)。这一项目的引入旨在通过实际应用,使学生更深入地理解数学原理,并将其与自然科学知识结合起来。例如,在高三年级,学生会接触与放射性活动相关的跨学科工作。在这一过程中,学生不仅需要掌握放射性活动的基本知识,还需要运用数学中的指数函数模型进行深入分析。这种跨学科的工作方式极具挑战性,因为它要求学生将数学理论应用到实际的解决自然科学问题的过程中,同时需要学生具备解决复杂问题的能力。[1]法国的中小学阶段教材充分体现了数学与生活、艺术、天文、科技、建筑等多个领域的紧密联系,凸显了数学的人文价值和应用价值。[2]法国的数学教材不仅注重数学知识的传授,更强调数学与科技的联系。在各个年级的数学教材中,都可以找到许多与科技相关的实例和应用。法国教学大纲委员会在给负责具体制定数学教学大纲的数学科学技术小组的"教学大纲框架信"中明确指出,数学教学应与其他学科建立联系,并通过让学生掌握逻辑推理来实现这一目标。逻辑推理能力的培养,不仅有助于学生在数学学习中取得更好的成绩,还能使他们在未来成为具有批判性思维的公民,能够识别并纠正科学文献、技术文献及媒体环境中可能出现的错误。在数学内容的编排与设计方面,法国的教材注重研究生活、艺术、科技等横向领域提出的数学问题。这些数学问题不仅丰富了数学的教

---

[1] 米歇尔·阿蒂格. 法国高中数学教学[J]. 郭玉峰整理. 数学通报,2009(12):1-4.
[2] 蒲淑萍. 法国中学数学教材的特色及启示[J]. 外国中小学教育,2012(8):53-59.

学内容，也使学生能够更加深入地理解数学在这些领域的应用。[①]

3. 教材建设的主要类型

法国教材的具体类型依据各学段课程的内容设置，更加强调学科之间的联系和融合，如将语言学习与文化、历史等内容相融合，确保每个学生具备共同的基础。

（1）法国的小学课程设置

法国小学课程中对教材内容的设置，如表5-1所示。

表5-1 法国小学课程基本内容

课程	教材内容
法语学习	包括口头表达、阅读、写作，以及语法、拼写、词汇
人文教育	包括集体生活、历史、地理、一门外语或方言的启蒙教育
科学教育	包括数学、实验科学、科技
艺术教育	包括音乐教育与造型艺术
体育和运动	包括养成可衡量的最佳性能，使自己的动作适应不同环境，以艺术性动作表达个人和领导、集体之间的对抗等内容
公民与道德教育	使每个学生学会处理个性与共性、个体与集体的关系，培养其国际性理解的能力，用开放的视角看待世界

资料来源：庄金秋，陈勇. 法国小学课程设置与发展对中国教育的启示[J]. 外国中小学教育，2011（12）：47-51

（2）法国的高中课程设置

"普通高中教育"分为文科系列（série littraire，L）、经济与社会系列（série économique sociale，ES）和科学系列（série scientifique，S）。从课程类型上看，每个学年的课程基本上分为三大模块：共同课程、探索课程、可选课程。这有利于更好地引导学生选择合适的系列，为学生提供重新考虑或调整发展方向的可能性。法国高中课程中对教材内容的设置如表5-2所示。

表5-2 法国高中课程基本内容

课程	教材内容
文科系列	法语、文学、哲学等
经济社会系列	经济、社会科学、数学和几何史
科学系列	数学、化学、物理、生命和地球科学等

资料来源：何珊云，周子玥. 法国普通高中课程多样化改革：国家方案与学校行动[J]. 全球教育展望，2020（11）：21-41

[①] 汪凌. 法国普通教育高中的数学教育课程[J]. 全球教育展望，2002（10）：10，28-30；蒲淑萍. 法国中学数学教材的特色及启示[J]. 外国中小学教育，2012（8）：53-59.

4. 教材建设的特色内容

（1）公民教育和道德教育

"学校应培养公民"是法国教育政策的总体目标。"共同基础"中要求中小学生作为公民，应掌握社会、学校生活的基本规则，具体包括公民的权利和义务、责任与自由的概念及其相互关系，国家和欧盟的功能与性质。法国教学大纲委员会也对法国各阶段学校公民道德教育的目标提出了要求。小学的教学大纲要求公民道德教育使每个学生能更好地融入课堂和学校，同时凸显自身的个性和独立。初中的教学大纲把"学生能对自己的行为负责，获得基本知识，从而了解并践行公民性"作为公民道德教育的目标。高中阶段，公民道德教育被称为"公民、法律和社会教育"，课程大纲要求学生通过具体的学习，领悟组成社会生活和建立国家的集体规则。各省根据法国政府对其公民教育的统一教育指导大纲，结合本地情况开展具体的公民道德教育。尽管法国之后下放地方教育权，但在公民教育方面始终统一集中管理，也显示出了其较高的组织化程度。公民道德教育不仅在专门教材中得以体现，学校也越来越重视将其融入各个学科课程中，如历史–地理、环境保护、社会–经济等。

（2）传统文化教育

法国中小学法语教育和经典阅读充分体现了法国以语言为载体的传统文化教育。法国小学实行全科教学，依据《小学教学大纲》(Programmes de l'école primaire)将经典著作的文本作为阅读教材。初中阶段依据法国教学大纲委员会起草的《在初中学什么？》(Que faut-il apprendre au école secondaire du premier cycle?)，分阶段引导学生阅读文学作品《变形记》等。在高中阶段，依据教育部2001年颁布的针对高中1～2年级法语教学制定的教学大纲，要求学生获得知识、建构个人修养和公民教养，阅读的经典书目涉及戏剧、小说、诗歌等。其将经典文学著作作为学生本国语言学习的教材这一做法，值得我们关注和借鉴。[1]

（二）法国教材制度体系的建立和完善

1. 教材管理体制

法国虽然是中央集权国家，但是并没有统一的中小学教材管理机构负责管理教材建设，出版社是教材建设的主体。通常情况下，教育部负责统领全局，制定

---

[1] 王晓宁，张梦琦. 法国基础教育[M]. 上海：同济大学出版社，2015：81-82.

适用于全国的统一教学大纲。随后，出版社会根据这一大纲的要求，精心编写并出版相关教材。然而，在选择具体教材方面，学校和教师则拥有最终的决定权。值得注意的是，尽管教学大纲是全国统一的，但教材的选择却呈现出多样化的特点，几乎没有一种教材是全国各地统一使用的。为了制定更为具体和精细的教学大纲草案，法国教学大纲委员会会根据实际情况提名，组建由各类教育代表构成的学科小组、跨学科组或按教学等级划分的小组。这些小组在主管部长确定的总方针的指引下，并在主管部相关司局的直接领导下开展工作。此外，还有一些专门咨询委员会，在国民教育部中学司的指导下，承担着与教学大纲委员会相似的职责，负责为职业和技术教育等领域制定教学大纲草案。法国教学大纲委员会在完成这些工作后，会对上述小组的工作成果进行审核，并提出意见和建议，随后将这些意见公开发表。根据法国教学大纲委员会颁布的教学大纲，出版社进行教材的编写。[①]

2. 教材管理环节制度

（1）教材的编写制度

在法国，并没有一个中央级的统一机构来负责教材的编写与出版工作。这些任务主要是由一些商业性的出版社来完成的，其会组织并邀请外部的作者来参与编写工作。其中，阿歇特出版社、拉鲁斯出版社等几家历史悠久、实力雄厚的出版社，在法国中小学教材的编写与出版领域占据了主导地位。随着现代科技知识的爆炸式增长，学校不仅需要为中小学教育提供教材，还需要配备丰富的教学参考书和各种学习参考资料。因此，除了组织编写和出版教材外，教学参考书和学习参考资料的编写与出版也成了法国教材出版业的一个重要组成部分。在这一领域，不仅出版社在积极编写和出版相关资料，各大学区的教育文献中心也发挥了重要作用。

（2）教材的审定制度

在法国，教材的编写依赖于教学大纲，但并无专门机构对教材是否符合教学大纲进行审核。因此，在出版教材时，出版社承担着重要的责任。在选定作者后，出版社首先要求作者提交全书的设想和第一章的初稿，并深入学校，广泛征求教师的意见。只有在初选合格后，作者才可以继续编写教材。随后，出版社还会邀请专家和教师进行评议，以确保教材的质量。

实际上，教材的主要审查者并非专门的审核机构，而是教材的使用者，包括

---

① 朱小玉. 法国现行教育管理体制之一[J]. 法国研究，1995（2）：143-151.

第五章　大中小学教材一体化建设和管理的国际视野

学生、教师、学校领导及学生家长。此外，法国教育部和学生家长委员会也可以对教材的使用提出意见，为教材的改进提供参考。当教学大纲发生变动、教材使用一定年限后需要更新，或需要反映最新的知识进展时，教材出版机构便会着手修订或重新编写教材。在这一过程中，出版社将积极收集各方意见，结合新的教学大纲和知识点，对教材进行全面的更新和改进，以满足教育教学的需要。①

（3）教材的选用制度

在法国，教材的选择权主要掌握在教师手中，主要通过两种方式来进行选择。一种是定期性选择，即每年在教材供应时节，教师会参考市政府下发的下一年度财政预算单和拨款，以及教材目录，在预算范围内挑选合适的教材。另一种是经常性选择。除了定期提供教材目录和样书外，出版社还会根据新书的出版情况，随时为教师提供教材供其选择。这种选择方式每年可以进行数次。当同一个年级有多个平行班且有两名以上任课教师相同时，教师需要协商共同选择教材。如果教师对教材的选择存在分歧，那么可以由校长组织投票决定，或由校长直接裁定使用哪种教材。

3. 教材管理机制

（1）教材免费供应机制

法国中小学的教材免费供给政策于1998年在包括巴黎学区在内的8个学区试行，之后中断。2004年，社会党再度执政，该项政策在中断之后重新启动。法国各个学区对此给予的补贴政策不同，每个学生每年为30～160欧元。法国的教材免费制度确实在减轻学生经济负担方面发挥了积极作用，与此同时，也在实际使用中产生了不便。这在一定程度上限制了学生的学习空间和时间。学生假期主要依赖学校提供的教学参考书和课堂笔记本来完成学习任务。每个学期开学，小学生和初中生都是从学校的图书馆免费借课本来使用，学期末须将课本完整归还，供下一年级的学生使用，教材一般4～5年更新一次。②

（2）教材使用培训机制

法国十分重视教师教材使用培训。法国在1998年的一次报告中指出，大多数教师从来没有接受过指导，来按照学生需要对教材进行思考和使用。在职前培训中，未来的教师有时候学习在课堂上利用一些因素（资料、图像等），但是他

---

① 巨瑛梅，吴明海. 法国基础教育概览[M]. 北京：中国城市出版社，1997：28.
② 王晓宁，张梦琦. 法国基础教育[M]. 上海：同济大学出版社，2015：86-87.

们从来没有接受过指导，也没有对自己的角色加以思考。[①]为此，法国分类开展教材分类培训：有一些方式通过对一本教材的观察或几本教材的比较，一方面揭示出教材设计者设计的特征和多样性，另一方面显现出使用者的各种期望；有些方式是为了让教师编制一整套复杂体系，其中包括对某一本教材的使用方法、评估工具等；有些方式是让职后教师编制培训工具或利用培训软盘中的资料进行自我培训。[②]

（三）法国教材建设和管理的基本趋向

首先，明确教材建设和管理的价值导向。法国以"培养学生未来能够成为合格公民"为人才战略，以培养学生"必不可少的共同基础"为课程改革宗旨，改革的最终目标指向"为了全体学生的成功"。其注重传授人道的、科学的、艺术的文化，体现教材的人文性，也强调公民教育和道德教育的重要地位。其教材中体现出的"法国特色"富有启迪性。

其次，基于标准构建纵向衔接、横向关联的特色教材体系。法国虽然无统一的教材，但由于其教材严格按照国家统一的教学大纲进行编写，教材体系在纵向上呈螺旋上升的趋势。各学科内容都按照各学段教学大纲依次深入，逐步培养学生的认知和实践能力，使其成为合格的社会公民。为了使学生能够适应社会、科学和专业的不断进步，法国对教材进行了诸多创新和尝试。法国的教育体系更加注重学科之间的横向联系，尤其是在数学教材中，不仅注重数学的基础知识和技能的传授，还强调数学在实际生活中的应用价值，致力于培养学生的科技意识和跨学科解决问题的能力。值得注意的是，法国非常重视教材的文化性功能，将经典文学著作作为阅读教材，强调教材中法语的学习，这也是法国以语言为载体进行传统文化教育的一大特点。

最后，建立中央集权与自由市场化的双重管理模式。一方面，教材编写严格依据国家教学大纲进行，并由国家、学区、省等各级督导监督和评估教师是否严格执行了教学大纲；另一方面，教材出版市场化，并尊重教师教学的自由权，教师可以自主选择教材及教辅材料，并基于充分自主权决定是否使用相关教材。

[①] 阿兰·肖邦. 法国的教科书：编写、使用和培训[J]. 汪凌译. 全球教育展望，2003（6）：8-12.
[②] 阿兰·肖邦. 法国的教科书：编写、使用和培训[J]. 汪凌译. 全球教育展望，2003（6）：8-12.

第二节　分权型国家大中小学教材一体化建设和管理研究

在分权型国家，相较于中央政府，地方政府在教材的建设和管理中发挥着更重要的作用。地方政府在教材建设和管理中应具有何种权力？如何处理地方政府与市场、政府与非政府组织之间的关系？本节将以国际视野深入研究分权型国家的教材建设和管理的成功经验与失败教训，以期为我国大中小学教材一体化建设和管理中增强地方政府的能动性提供一定的借鉴。

一、美国大中小学教材建设和管理研究

（一）美国教材制度建设和管理的时代背景

1. 基于州课程标准的教材改革

1983 年，美国中小学教育质量调查委员会制定了名为《国家在危机中：教育改革势在必行》（A Nation at Risk：The Imperative for Educational Reform）的报告，标志着美国基于课程标准的教育改革的开始。[1]2001 年，布什政府颁布《不让一个孩子掉队》（No Child Left Behind，NCLB）法案，进一步推动了基于州标准的课程改革。[2]2015 年，美国总统奥巴马签署了《每一个学生成功法案》（Every Student Succeeds Act，ESSA）。这一法案的出台，摒弃了原有的以测试成绩为基础的联邦问责制，转而实行州问责制，从而赋予了各州和地方学区更大的教育自主权。在这一背景下，美国各州把教材建设作为课程改革的重要目标。为了提升教材建设质量，美国州立教材审定协会（State Instructional Materials Review Association）全面深化中小学教材管理制度，直接推动了各成员州教材建设工作的发展。

2. 基于州共同核心课程标准的教材改革

截至 2012 年，美国有 45 个州、美属维尔京群岛、北马里亚纳群岛以及首府

---

[1] 刘秀红. 冷战时期美国教育的改革[J]. 教育评论，2011（2）：155-157.
[2] 杨秀治. 从《不让一个孩子掉队法案》到《每个学生都成功法案》：美国中小学教育问责体系的演变[J]. 外国教育研究，2017（5）：18-25.

华盛顿哥伦比亚特区正式承诺采纳州共同核心课程标准（common core state standards，CCSS），并推进其实施。①CCSS 的主要内容包括：一是标准的制定和研究应该以事实为依据，清晰、明了、连贯；二是标准中 K-12 的学生所学的知识与技能应该能够更好地为学生进入大学和就业做准备；三是以严谨的内容为基础，通过高阶思维技巧运用知识；四是标准的编制应该参考当前各州编制的课程标准的优点；五是标准的编制应该借鉴其他国家的优秀课程标准，以让学生能够在未来适应全球化的不断变化和发展。②

该标准颁布的主要目的在于让学生能够在整个 K-12 教育过程中获得更完备的知识和技能，以便其在高中毕业后步入大学、职业工作、劳动力培训中能够更好地适应，并取得成功。以美国新版的加利福尼亚州教材 Wonders 为例，Wonders 是美国四大出版商之一的麦格劳·希尔公司（McGraw-Hill）旗下的麦格劳·希尔教育公司（McGraw-Hill Education）出版的教材。麦格劳·希尔教育公司也是专门负责出版幼儿教育、中小学教育、职业教育、师范教育、专业教育、继续教育相关教材的公司。③Wonders 是第一部根据 CCSS 编制的教材。Wonders 根据 CCSS 中对学生所应掌握的基本知识与技能制定了相应的教材目标。例如，CCSS 从阅读、写作、听说、语言四个方面做了明确的要求，而 Wonders 根据 CCSS 的规定将语文教材的阅读目标定为"通过图片理解故事或通过提问理解故事；能够获取细节信息；能够概括主题；能够进行分段理解（因果关系；问题和解决）；可以理解作者的写作意图"。将写作的目标定为"把握句子的流畅度；把握标点符号的使用；对主题观点能够进行陈述；能够组织句子；了解语态的使用"。④由此可见，CCSS 成了美国教材建设工作最为重要的目标与依据。

3. 基于 ESSA 的教材改革

2015 年，美国颁布 ESSA，赋予各州对本州教材进行建设和管理的权力，各州可以根据本州的实际教学情况选择继续沿用州立共同标准或是研制新的州立课程标准。美国各州于 2017 年春季和秋季向联邦教育部提交了本州的 ESSA 教育

---

① 廖青. 美国《共同核心州立标准》政策的形成及其初步实施[J]. 比较教育研究，2012（12）：70-74.

② Common Core State Standards Initiative Introduction to the Common Core State Standards[EB/OL]. [2024-10-15]. http://www.thecorestandards.org/read-the-standards/corestandards/about-the-standards.

③ 郑旺全. 美国中小学教科书概况[J]. 课程·教材·教法，2004（3）：88-90.

④ 孙甜甜，冯生尧. 美国母语教材 Wonders 阅读选文组织特色与启示——基于美国 CCSS 课程标准[J]. 现代中小学教育，2021（5）：92-95.

计划。①以美国田纳西州为例，美国联邦教育部经过审定后，通过了田纳西州教育厅（Tennessee Department of Education）提交的《田纳西州ESSA计划》（Tennessee's ESSA Plan）。在该计划中，田纳西州教育厅将为大学就业做准备定为本州的课程标准，明确地将本州的教材建设工作目标定为为了日后的大学课业生活及就业应做好相应的知识与技能方面的准备。②

（二）美国构建完善的教材体系

1. 教材体系建设的法理遵循

首先，教材体系建设遵循相关法律。尽管美国教材建设的主体是多元的，甚至是自由的，但在具体的建设过程中，依然要遵循必要的法律法规。美国国家宪法及州法令为教材内容的编写提供了明确而严格的标准。美国国家宪法明确禁止任何教材中包含宣扬暴力、分裂国家、诋毁民主平等或否定信仰自由的内容，这些规定旨在确保教材内容符合国家的核心价值观念和社会秩序。以加利福尼亚州为例，其颁布的教育法也详细规定了教材内容的范围。该法明确指出，教材不得含有任何因种族、肤色、信仰、国籍、血统、性别或残疾等因素对人造成不利影响的内容。③得克萨斯州的法律也规定教材中不得含有诋毁政府的内容。④总之，国家及州规定的法律法规一定是教材建设的首要依据。

其次，教材体系建设依据课程标准及教学大纲。课程标准也是美国教材建设的重要依据。在美国，教材建设深受课程标准的影响，这些标准构成了教材编写的基石。然而，值得注意的是，美国的课程标准体系呈现出一定的复杂性。具体而言，一方面，部分州采纳CCSS作为教材编写的指导框架；另一方面，有的州依据ESSA赋予的灵活性，独立制定本州的课程标准，以满足各自教育体系的独特需求。这种多样化的课程标准体系反映了美国教育管理的灵活性与州具有自主权的特点。自行制定课程标准的州，也有不同的情况。例如，一些州制定的课程标准较为详细，地方教育部门及学区依照州课程标准执行即可；另外一些州通常只制定一些宏观的基本要领，而将具体的细节规定和要求交由地方教育部门制

---

① U. S. Department of Education. ESSA State Plan Submission[EB/OL]. [2024-10-15]. https://www2.ed.gov/admins/lead/account/stateplan17/statesubmission.html.

② Tennessee State Government. Tennessee's ESSA Plan[EB/OL]. [2024-10-30]. https://www.tn.gov/education/districts/essa.htmlt.

③ 石鸥，李卉君. 美国现行中小学教科书制度探究——以加利福尼亚州为例[J]. 湖南师范大学教育科学学报，2011（6）：5-9, 56.

④《基础教育教材建设丛书》编委会. 世界主要国家教科书管理制度[M]. 北京：人民教育出版社，2005：2.

定。不同的课程标准使得美国教材丰富多样，而教材是否合乎标准，则看它是否严格按照国家或州课程标准的要求来建设。

再次，教材体系建设遵循美国出版商协会（Association of American Publishers，AAP）关于教材建设的规定。美国出版商协会具有集团化的特点，其中规模较大的几家出版商占据了教材市场的半壁江山。为了规范教材出版行业，形成良性的竞争，以及更好地在政府和企业之间进行协调，美国出版商协会常常会制定一些规定来约束教材的建设。1976年，美国出版商协会就教材的内容、插图、语言三方面如何消除偏见做了详细的规定，这些规定都是教材建设必须遵循的依据。其指出教材的内容要符合如下要求：一是在反映不同的社会活动及各种职业时，皆有取得成功的希望和机遇，同时向儿童显示可以有不同的职业抱负；二是公正、准确地叙述历史及现代人物的成就，包括提出均衡教材中关于女性及少数族裔之比例；三是诚实地描述被剥削的人及被剥削的人遭受的困苦；四是描述男女具有同样的人性、性情及行为的种种表现，并具有追求成功的强烈愿望，以及有自尊感；五是从城市至郊区，在不同社区及所有社会阶层中，表达少数族裔及多数族裔人的意愿。[①]

最后，教材体系建设践行社会主流文化价值。美国社会的文化价值是多元的，如强调个人主义、追求自由平等、追求物质财富等。这就要求在教材建设的过程中维护各方面人群的意愿，若教材引起了一些人的争议，极易遭到起诉，最终可能导致教材被禁用。同时，体现国家意志也是美国教材建设必须遵循的。因此，在教材建设过程中，教材编写者需要对社会主流文化价值进行严格把关，既要让教材的使用者满意，又要做到在政治上不违背国家利益，这样才能让教材建设取得更好的效果。

2. 美国教材体系的基本结构

（1）小学阶段

美国小学阶段的核心课程主要涉及语文、社会、数学、科学、体育、艺术6门核心课程，而每一门学科教材内容的表现方式和要求也各不相同。在语文教材中，学习语文的目的是希望能够学会读、写、说，通过学习更好地与他人交流；社会教材涉及综合学科，其内容包括历史、心理、政治、经济、社会、人类等学科方面的知识；数学教材的内容通常包括算数、几何、统计、逻辑、函数、概率等，其主要目的是让学生能够更好地解决现实问题；科学教材主要让学生既掌握

[①]《基础教育教材建设丛书》编委会. 世界主要国家教科书管理制度[M]. 北京：人民教育出版社，2005：5-6.

第五章　大中小学教材一体化建设和管理的国际视野

理论与概念等知识性的内容，又要让学生学会观察、推理、测量等；体育教材主要是让学生养成积极健康的习惯，了解日常生活中如何进行身体上的保健；艺术教材涉及音乐、美术、舞蹈等方面的内容，主要是让学生学会欣赏美与创造美。

（2）中学阶段

美国的中学主要有三三制学校、中间学校、四年制学校3种类型，其中三三制学校更为普遍，学校一般设置必修课与选修课两类课程，并根据学科目标将教材分为两类，一类是包含社科、理科、外语等在内的学术类教材，另一类是包含音乐、美术、体育等在内的非学术类教材。[1]这里主要介绍一下美国高中的基本课程，美国高中主要采用单轨制的教学计划，由共同的核心必修课与一些选修课组成。核心必修课主要涉及的学科为语文、历史、科学、数学、技术、健康、公民等，教材根据学科来编制相应的内容。选修课是在必修课的基础上开设的，提供能够满足学生多样化发展需求的教材。学生可以在高中的后两年继续学习必修课程，但是每个学生必须选修至少5门课程。选修既可以为以后升学做准备，也可以为日后就业做打算，或是两者兼备。

（3）大学阶段

追溯美国大学课程的演进历程，我们可以将其概括为一条从"选修制"起步，经过"集中分配制"的过渡，进而发展至"课程计划"的深化，随后迈向"通识教育计划"的拓宽，并最终迈向"核心课程制"的整合与升华的发展路线。这条发展路线并非单线前进的，而是多种课程结构共同发展、齐头并进。每种课程结构都独具特色，体现了不同的教育理念和教学方法，因此受到了不同大学的青睐。20世纪70年代，美国著名高等教育学者莱文（R. C. Levin）对美国大学课程结构进行分析后归纳出4种类型，分别是核心课程型、分布课程型、著名课程型、自由选修型。其中，分布课程型得到了大家的认可。核心课程型最为知名，著名课程型最富有个性，自由选修型最符合美国自由主义的精神。[2]这些课程结构都会直接影响教材内容的建设，或是依据课程内容的不同选择与之适应的教材。美国大学有相当大的自主权，所以大学使用的教材内容可谓五花八门，但是美国大学阶段教材内容的建设方向是有一定的共性的。

首先，在编撰过程中，教材编写者致力于将最新的科学技术与方法引入课堂之中，旨在确保当前的教育水平能够与时俱进，紧跟时代发展的步伐。这就要求教材内容必须具有开放性，以及时接纳科技发展的先进知识。大学教材并没有足

---

[1] 杨孔炽. 美国公立中学200年[M]. 太原：山西人民出版社，2019：6.
[2] 张凤娟. 美国大学本科课程设置的模式、特点与发展趋势[J]. 教育发展研究，2011（3）：76-80.

够的空间去满足这些新知识的融入，并且这些新知识也是需要时间去验证的。所以，大学教材往往以一些知识的基本概念为基础来组织内容，并对影响社会发展的新知识保持高度的敏感性。

其次，教材也越发重视人文精神的培养。当前，美国大学生暴力、自杀、酗酒事件频频发生，一些大学教材力图通过对学生人文性的培养，赋予学生在生活中所必需的人生态度与价值标准，培养学生在生活中思考与判断的能力。

再次，教材越来越关注影响人类生活的现实问题。当前，环境与生态、和平与安全、健康与疾病等问题已经与人类的生活密不可分。青年作为社会发展的核心驱动力，承担着解决环境、人口、卫生等诸多问题的重大责任。因此，美国的教育体系开始进行全面改革，将环境、人口、卫生等领域的相关知识融入大学教材中，旨在教育学生关心人类社会，培养其社会责任感。

最后，美国大学的教材内容越来越国际化和多元化。随着信息社会的不断发展，世界各国的联系越来越紧密，文化发展越来越国际化，教材内容的国际化也让学生能够更好地与其他国家或地区的人进行交流。每个民族都有其独特的传统和灿烂的文化，教材内容的多元化可以使这些优秀的文化得到传承创新与发扬光大。

（三）美国教材管理制度改革

1. 教材编写制度

美国的教材通常由出版商负责组织编写和出版，教材出版在各行业中只是一个规模较小的产业，而且这个产业在市场中极其不稳定。但教材出版的竞争性十分强，往往会出现集中或垄断的情况。此外，相比其他产业，美国教材的出版受政治、意识形态的影响较大。美国教材出版商主要是以盈利为目的的，教材能否出版并热卖是出版商最为关心的。为了使教材能够出版并盈利，出版商会严格依照州、地方、学校等的要求进行教材的编写。这里简述一下对美国教材编写影响较大的几个因素。

1）美国的教材编写受州或学区州立课程标准的影响。在美国，各州在编写教材时，主要依据的是各自的州立课程标准。不同于集权型国家存在一个全国统一的课程标准，美国采取的是由各个州或地方依据本地实际情况来制定相应标准的做法。这种做法导致课程标准的多样性，并进而使得依据这些州课程标准开发出的课程各具特色。所以，编写教材的出版商常常会调查本州或本学区对教材的需求后才编写教材。

第五章 大中小学教材一体化建设和管理的国际视野

2）美国的教材编写受到选用制度的影响。美国教材内容并不是绝对地根据市场所需而编制的，政府在一定程度上也会影响教材的编写内容。例如，美国一些州设立了教材质量委员会，而该机构的一项职责就是推荐官方教材目录。地方学区若从官方教材目录中选择教材，则会得到州政府大笔的财政补助。虽然并未严格指定教材的选用，但事实上，由于财政上的原因，学校等于是被指定选用了教材。[1]编制教材的出版商出于获利的目的，总是力图使自己的教材出现在官方指定的教材目录中。相关机构对教材能否进入官方目录的审定条件之一，就是该教材是否采用了州制定的政策，以及是否符合州的政治方向与意识形态。教材编写是一个复杂且漫长的过程，而为了能够让教材盈利，并占有市场，出版商不得不考虑这些问题。所以教材编写在一定程度上会受到教材选用制度的影响。

3）美国的教材编写受到社会团体的影响。美国有各种社会团体，如宗教组织、民间慈善基金会、民间认证机构、民间服务机构等。这些团体的规模会影响整个学区乃至整个州的思维方式或意识形态，从而进一步影响教材编写的内容。另外，为了消除种族、性别、宗教等方面的歧视，各州制定了相应的法律法规，这都会影响教材内容的编写。

2. 教材审定制度

在美国，教材通常是由各州教育组织、地方教育委员会、社区大众或家长进行审查。有一些州进行书单的批定，凡是学校选用的教材都要经过州教育组织或教育委员会的审查，通过后方可使用。不过，各州对教材的审定，大多是从教育的角度出发，旨在提高教育质量。其对教材审查的角度也非常全面，如教材的内容、难度、功能、顺序、结构、包容性、多样性等。州教育委员会为了做好教材的审定工作，通常将书单编制的任务委派给值得信任与足够专业的教育组织，力图让其所编制的书单质量更高，涉及范围也足够广泛，这样才能够满足本地的需求。以加利福尼亚州为例，加利福尼亚州教育委员会将书单编制的任务委托给课程发展和补充教材委员会（Curriculum Development and Supplemental Material Commission），并委托其对教材进行检查。在《美国社会教科书：政治、政策和教育学》（Textbooks in American Society：Politics, Policy and Pedagoy）一书中，美国学者阿特巴赫（P. G. Altbach）结合阿普尔（M. W. Apple）的教材政治学，认为美国教材审定的发展过程是由一个个政治事件、社会事件组成的，更是一个个不同的社会阶层、团体、组织、宗教、种族之间相互斗争、协商、妥协的政治

---

[1] 王婷. 美国中小学教科书制度述评[J]. 外国教育研究，2002（7）：30-32.

过程，①，美国的教材审定是一个非常复杂的过程，其中会涉及许多阶层、团体、组织之间的矛盾和利益上的冲突，而这些问题不是教育能够解决的，是美国社会的多元化导致的。

以加利福尼亚州的教材审定制度为例，加利福尼亚州是美国最大的教材市场，2021—2022学年学生人数达到590万，是影响教材发展的中坚力量。②加利福尼亚州负责审定教材的机构可以划分为3类（表5-3），分别是州教育部门、地方教育部门、出版商。负责审定教材的州教育部门由州教育委员会、州教学质量委员会、州教材审定顾问组构成。这3个部门的职责与人员构成不同，州教育委员会为最上位的部门，最早成立于1852年，通常由10名人员组成，任期为4年，是由州长推荐经2/3以上参议员通过后任命的；州教学质量委员会于1927年成立，是州教育委员会的咨询部门，由18名成员构成，州教育委员会确保在任何时候该部门至少有7名成员应当是教师，以确保该领域的专业性；州教材审定顾问组又分为教材审定组和内容审定专家组，由99名教材审定成员和21名内容审定专家构成，并进一步分成10个小组进行单独审定。③州教育委员会的主要职责是对幼儿园到8年级的教材进行审定。地方教育部门由地方学区、县教育局、特许学校构成，主要负责制定严格的教材审定机制，并对9～12年级的教材进行审定。教材出版商的主要职责是在编写教材结束之后，提交教材之前，对教材进行自审，以确保教材符合标准。这里将加利福尼亚州与美国另外两个人口较多，经济、政治、文化、教育较为发达的州进行对比，分别是田纳西州和得克萨斯州，具体情况如表5-4所示。

表5-3 美国三大州的教材审定机构比较

审定州	加利福尼亚州	田纳西州	得克萨斯州
	出版商	出版商	出版商
审定层次	州教育部门 州教材审定顾问组 州教学质量委员会 州教育委员会	州教育部门 州教材顾问小组 州教材质量委员会 州教育委员会	州教育部门 州审定小组 州教育行政官 州教育委员会
	地方教育部门	地方教育委员会	学区校董会

资料来源：张祎. 美国州立中小学教材审定制度研究[D]. 长春：东北师范大学，2019

---

① Altbach P G. Textbooks in American Society: Politics, Policy and Pedagoy[M]. New York: State University of New York Press, 1991.

② White J. California Educational System Statistics for 2023[EB/OL].（2023-09-25）[2024-09-24]. https://californiadegrees.org/california-educational-statistics-for-2023/.

③ 张祎. 美国州立中小学教材审定制度研究[D]. 长春：东北师范大学，2019.

第五章 大中小学教材一体化建设和管理的国际视野

表 5-4 美国三大州的教材审定职能比较

审定州	加利福尼亚州	田纳西州	得克萨斯州
审定职能	出版商投标教材前自审	出版商投标教材前自审	出版商投标教材前自审
	州教育部门审定 州教材审定组：对1~8年级教材进行单独审定 内容专家组：对1~8年级教材进行单独审定	州教育部门审定 州教材顾问小组：对1~12年级教材进行审定，为州教材质量委员会提供审定意见	州教育部门审定 州审定小组：对1~12年级教材进行审定，将审定结果提交给州教育行政官
	州教学质量委员会：对1~8年级教材进行审定，向教育委员会提交审定结果报告以及推荐使用教材的清单，推荐州教材审定顾问成员	州教材质量委员会：对1~12年级教材进行审定，向州教育委员会提交推荐使用的教材清单，组建州教材顾问小组，举办听证会	州教育行政官：对1~12年级教材进行审定，向州教育委员会提交审定结果，以及推荐使用教材的清单，组建州审定小组，举办听证会
	州教育委员会：对1~8年级教材进行审定，决定是否通过最终的教材推荐清单	州教育委员会：对1~12年级教材进行审定，确定最终的教材推荐清单，举办听证会	州教育委员会：对1~12年级教材进行审定，确定最终的教材推荐清单，举办听证会
	地方教育部门需要对9~12年级教材进行审定，自行选择或从教材清单中选出1~8年级教材	地方教育委员会需要自行选择或从教材清单中选出1~12年级教材	学区校董会需要自行选择或从教材清单中选出1~12年级教材

资料来源：张祎. 美国州立中小学教材审定制度研究[D]. 长春：东北师范大学，2019

不同审定机构依照的标准有所不同，州教育委员会主要对教材是否符合美国社会文化、州课程大纲的内容，以及是否参考了公众提出的意见进行审定。州教材审定顾问组主要对教材内容的以下四个方面进行审定：是否符合州课程大纲标准、是否符合学科内容标准、是否符合学年标准、是否符合学生的发展标准。州教学质量委员会主要审定教材与课程标准一致性的程度，以及教材的恰切性、通用性、指导性等。地方教育机构与出版商审定教材的标准与州审定教材依照的标准基本相同，基本依照课程大纲、内容标准、评价标准来对教材进行审定。这里仍以加利福尼亚州、田纳西州、得克萨斯州三个州进行对比，如表5-5所示。

表 5-5 美国三大州的教材审定标准比较

审定州	加利福尼亚州	田纳西州	得克萨斯州
审定标准	出版商自我审定标准： 教材内容是否符合州课程标准，是否符合州教育委员会审定标准，教材的物理材料是否规范	出版商自我审定标准： 教材的内容是否科学，教材文字的编辑是否正确，教材的排版设计是否便于教学	出版商自我审定标准： 教材内容是否符合州课程标准，教材用语是否准确、恰切
	州教育部门审定标准： 教材是否符合州课程标准，语言是否规范	州教育部门审定标准： 州教材顾问小组：教材内容是否符合州课程标准要求，教材的物理材料是否规范	州教育部门审定标准： 州审定小组：教材内容是否符合州课程标准，内容是否具有实质性错误，教材用语是否准确、恰切

— 201 —

续表

审定州	加利福尼亚州	田纳西州	得克萨斯州
审定标准	州教学质量委员会：教材内容与课程标准是否一致，教材内容是否具有恰切性、通用性、指导性，教材的物理材料是否规范	州教材质量委员会：教材内容是否符合州课程标准，教材内容是否科学、连贯、具有指导性，教材的物理材料是否规范	州教育行政官：教材内容是否符合州课程标准，内容是否有实质性错误，教材用语是否准确、恰切，教材的物理材料是否规范
	州教育委员会：教材内容是否符合社会主流文化，是否符合公众所需，是否具有教学价值	州教育委员会：教材内容是否符合课程标准，教材用语是否准确，思想性是否正确，教材的物理材料是否规范	州教育委员会：教材内容是否符合课程标准，教材用语是否准确，思想性是否正确，内容是否具有实质性错误，教材的物理材料是否规范
	地方教育部门审定标准：教材内容是否符合州课程标准及州教育委员会审定标准	地方教育委员会审定标准：教材内容是否符合审定标准	学区校董会审定标准：教材内容是否符合州课程标准，内容是否具有实质性错误，教材用语是否准确、恰切

资料来源：张祎. 美国州立中小学教材审定制度研究[D]. 长春：东北师范大学，2019

教材审定的基本流程通常是由出版商进行教材的编写，编写完成后先进行教材的自我审定，将审定后的教材交由教材审定组和内容审定专家组。教材审定组和内容审定专家组根据课程标准对教材进行审定，以确保教材内容的准确性。审定后，教材审定组和内容审定专家组的所有成员组织会议，对教材的审定结果进行讨论，讨论结束后，撰写审定结果报告。教材审定组在报告中提出相应的教材修改意见，供出版商进行修改，并对教材内容中违反课程标准的内容进行标注，最后将报告上交给州教材质量委员会。州教材质量委员会根据报告提出自己的审定意见，最后将审定报告上交州教育委员会，由州教育委员会进行最终的审定。州教育委员会审定结束后，会将审定通过的教材在官方网站公布，供地方进行选择。

3. 教材选用制度

美国教材以选用制为核心，主要分为开放制及州选用制两种方式。美国教材选用制的出现，是公共教育事业不断发展的产物。同时，美国战后的重建、平民主义的宪法、选举制任命官员等一系列历史事件的诞生，也在一定程度上促进了美国教材选用制的诞生。美国的教材选用制主要分为开放型选用制和州选用制两种。开放式教材政策最早出现于19世纪80年代，马萨诸塞州第一个在全州范围内实行开放式教材政策，当时美国还有19个城市也实行了同样的政策。1915年，美国已经有15个州及多数城市有相关的教材开放式法律。[1]19世纪50年

---

[1] Currey V. The politics of textbook adoption[J]. PS：Political Science & Politics，1988（1）：25-30.

第五章 大中小学教材一体化建设和管理的国际视野

代,美国实行按照年龄分组的教育等级制度。为了满足当时的教育模式,教材的统一成为必需,一些州采用教材选用制对地方教材的选用进行管理。随着社会的不断发展和进步,人口的流动速度越来越快,数量也越来越大,不同学区转学的学生也越来越多,这也为教材的购买带来了新的问题。这些新问题的产生,让相关行政人员意识到有必要在比学区更大的地域范围使教材保持持续性与一致性。[1]19世纪末,根据教材中出现的相应问题,美国立法通过了州教材选用政策。1883年,美国有10个州陆续实行了州教材选用制度。1891年,最早的教材选用表问世。1915年,美国已经有约半数的州在不同程度上实行了州教材选用制。这之后的数十年中,对教材采取开放型选用制与州选用制已经基本趋于稳定。值得一提的是,美国各州采用什么类型的教材选用制,有着地理区域上的划分。美国中西部地区、东北部地区及北大西洋和新英格兰各州,基本上保持着地方选用教材的制度,而大部分南方各州都保持及发展了州教材选用制度。[2]

美国主要采用开放制与州选用制两种教材选用制度,开放制是指地方教育当局和学校依据课程标准与自身惯例,自主制定和实施课程;州选用制是指州教育委员会或州课程委员会负责对教科书进行审查,并根据州课程标准和当地社会文化、政治政策推荐适合本州公立学校的教材。[3]开放制和选用制还可以划分为4种更详细的类型:①完全自由选用;②在州级教育行政主管部门提供的选择中做一定选择;③在州制定的框架内,地方学区能够灵活地从州提供的初选名单中进行多重选择;④开放制和选用制兼用。[4]

在美国,往往由地方教育委员会来行使地方学区的教材选用权力。地方教育委员会的设立通常由地方学区来进行,还有部分地区由州和地方学区共同设立地方教育委员会。地方教育委员会主要负责选取教材,并承担相应的法律责任。教育长为大多数地方教育委员会的主要管理人员,是教材选择的核心人物,同时也负责地方教育委员会成员的委任。地方教育委员会的成员主要由有着丰厚教学经验的学科专家、教师、教育行政人员等构成。负责选定教材的委员则由教育长直接任命,通常为经验丰富的教师。教材选定委员主要根据各州制定的课程标准,对教材进行审定。

---

[1] Farr R, Tulley M. State level adoption of basal readers: Goals, processes, and recommendations[J]. Theory Into Practice, 1989(4): 248-253.
[2] 陈月茹,刘欣. 中外中小学教科书制度比较研究[M]. 济南:山东友谊出版社,2009: 81-82.
[3] 高湘平,李彦群. 美国中小学教科书审定制度及启示[J]. 教育学术月刊,2018(6): 105-111.
[4] 刘力. 如何建立规范有序的教科书选用机制——日美法等国经验及其启示[J]. 教育发展研究,2003(7): 61-63.

教材选定之后，每个州的教材供应方式不尽相同。美国大部分州教材的供应是免费的。各州免费供应教材的阶段不仅限于义务教育，也包括幼儿园阶段及高中阶段。因各州的财政情况有所不同，每个州对教材免费供应的方式也有所不同。一些州由各自的学区决定教材是否免费供应；一些州仅为无力负担教材费用的家庭或学生免费供应教材；一些州仅向学生免费提供教学使用的教材，而相应的辅助类教材并不免费；还有一些州的所有教材都向学生免费提供。

以美国加利福尼亚州教材选用方式为例，教材选用通常是州教材评价小组（Instructional Materials Evaluation Panel）对教材进行审查后，将审查结果及推荐使用的教材上交给州课程委员会。州课程委员会商讨后将推荐使用的教材目录交给学区，学区根据教材目录选择合适的教材供地方学校使用。加利福尼亚州每年将用于购买教材的资金交给学区，供其购买需要的教材。当然，这笔资金的使用也有相应的要求。其中，80%的资金需用于购买州推荐教材目录中的教材，15%的资金需用于购买图书馆藏书或贸易类教材，5%的资金用于购买测试类和指导类教材。①

（四）美国教材建设和管理的基本趋向

1. 美国教材建设和管理的基本价值导向

美国教材建设与管理的核心价值导向在教材的编审过程中得以深刻体现。首先，编审工作具有鲜明的方向性，即教材的建设深受国家意识形态的引导与制约。具体而言，教材内容不仅需要符合国家宪法的精神，还需要与州的相关法律契合，更需严格遵循教育法与教育政策针对教材设定的标准。此外，对于采用州立审定制度的各州而言，对教材的审定同样严谨而细致。在这一过程中，要特别重视对教材与美国意识形态相关内容的审查。如果教材涉及此类内容，审定工作将依据美国《美利坚合众国宪法》（United States Constitution）、《独立宣言》（The Declaration of Independence）及州的相关法律法规进行严格把关。②美国的国家意识形态就像是无形的手，引领并控制着整个教材建设的方向。政府通过教材潜移默化地将国家意识传递给学生，为所培养的人才树立正确的政治方向，力图让学生的言行举止不违背美国的社会文化观念。其次，美国的教材审定十分注重教材学科的逻辑结构、学生身心发展的规律、教育教学的规律。教材编写的核心依据

---

① 李卉君. 美国现行中小学教科书制度探究——以加利福尼亚州为例[D]. 长沙：湖南师范大学，2011.
② 张祎. 美国州立中小学教材审定制度研究[D]. 长春：东北师范大学，2019.

第五章 大中小学教材一体化建设和管理的国际视野

在于课程标准,因此教材审定过程需要严格遵循课程标准。第一,其关注点是学科逻辑结构,审定应确保教材内容与学科知识结构和逻辑顺序相吻合。例如,核心概念的编排应符合学科体系的逻辑结构顺序;教材内容应涵盖该学科的最新发展动态等。第二,在学生的身心发展方面,审定过程强调教材内容要能够满足学生的学习需要,结合学生学习能力的发展规律,引导学生进行独立思考,让学生能够把已有经验迁移到具体情境中去解决问题,培养其自主学习能力。第三,在教育教学方面,审定过程强调教材能够在一定程度上引导教师开展教学活动,为教师提供一定的教学策略,有利于教师创设教学情境。

美国教材编审兼具方向性与逻辑性的特点,可以让教材在保证知识质量的同时,把握正确的政治方向。在教材的编写过程中,编写者严格依照国家法律法规及课程标准编制符合国家意志的教材内容。按照审定标准,审定人员对教材内容进行细致的审查,以确保其符合国家政治纲领的导向,准确描述国情现状,并凸显国家的主流价值观念。教材审定是为了保证教育能培养出合格的公民,促使公民维护国家政治的稳定,使国家长治久安。此外,教材编写兼顾方向性与逻辑性,还可以提高教学质量。教材的编审遵从学科的逻辑顺序及学生的身心发展规律,确保了教材内容与课程标准的一致性。课程标准是对某一阶段学生应该达到标准的总体要求,课程标准是教材的出发点和归宿,而教材是课程标准的主要载体。教材与课程标准保持一致符合教育规律,在保证教材质量的同时,也进一步提高了教学质量。

2. 明确大中小学教材体系一体化建设

杜威(J. Dewey)认为,各个教育阶段若不能很好地衔接,则会导致教育资源的极大浪费。[1]各阶段教育的衔接性是衡量一个教育体系的重要标准。高中与大学的衔接至关重要,是教育体制中关乎人才培养质量的关键环节,堪称衡量教育水平的重要分水岭。这一衔接不仅直接关系到创新人才的涌现,更是他们成长过程中的重要体制性基石。[2]当前,美国大学学习与生活表现出明显的差异,学生从高中升入大学后往往表现得不知所措,导致这些问题的直接原因是中小学与大学不能很好地衔接。为此,美国进行了数次教育改革,如 P-16 教育改革。P-16 教育改革的提出就是为了增强教育的衔接性,P-16 指从学前教育(preschool)到大学(grade)是一个有着完整联系的整体。其目的是提高学生在每个教育阶

---

[1] 约翰·杜威. 学校与社会[M]. 彭汉良译. 武汉:长江文艺出版社,2023:5.
[2] 王晓东,范武邱. 美国中学与大学衔接培养学生的政策及执行[J]. 湖南师范大学教育科学学报,2017(5):116-122.

段的学业能力，同时为读大学做好充分的准备，让学生在大学学习中更加得心应手。根据 P-16 教育改革的要求，美国教材体系越来越重视中小学与大学的衔接问题。教材是许多教育改革的物质依托，是 P-16 教育改革的重要一环。美国教材出版商聚集了大量的高中教师和大学教师，对教材体系进行了深入的研究，对语文、数学、科学、外语等高中与大学衔接紧密的教材体系进行重构，教材内容也适当地进行改变，以更好地衔接。再如，CCSS 颁布之初，为了让学生更好地升学，规定了美国 K-12 阶段学生应该掌握的知识与技能，目的是帮助学生实现高中学习内容与大学学习内容的更好衔接。如科罗拉多州将本州为大学生活做准备的内容定义为：''高中生在毕业后升学、就业、参与全球范围的经济角逐应该拥有的知识、技能、行为，包括学科内容知识、学习和行为技能。''[1]依据 CCSS 编制的教材，也就中小学与大学更好地衔接做了相应的改变，如将高中核心课程中的教材内容与大学学习的通识课程内容相衔接，改变美国高中毕业生学术能力水平考试（Scholastic Assessment Test，SAT）的考试内容，让试题符合 CCSS 的高中和大学的衔接要求，等等。无论是 P-16 课程改革还是 CCSS，都提出了要为学生更好地升学做准备。教材是课程标准的物化表现，P-16 课程改革和 CCSS 的提出在一定程度上缓解了以往美国大中小学教材衔接的问题，也可以看出美国教材建设正在向大中小学教材一体化的趋势发展。

3. 赋予地方和学校更大的教材选用权

美国对教材采取的是分权型管理制度，所以各州在教材管理上拥有很大的自主权。从管理制度本身来讲，分权型管理能大大促进教材建设的多样性发展。州和地方在选用教材时，首先要考虑的是教材是否适合本地区的教育需求，这样便可以使教材的使用更加具有针对性。此外，州内的学生使用同一种教材或相似的教材，更有利于本地区政府的治理与管控，使学生能够树立共同的文化，学生在州内地区进行转学时，更加容易进行知识的衔接，避免了因转学带来的学习困扰。同时，也更加有利于州内地区的教师进行学术上的交流与探讨，进而提高教师的教学质量。但由于各州的社会经济、教育发展不平衡，这种州教材选用制度使得一些州在一定程度上限制了学区或教师的教材选用权利，无法满足各地区发展的多样性需求。

在分权型教材管理制度下，教材的编写者对教材内容的把控具有很大的自主

---

[1] Colorado State Board of Education and the Colorado Commission on High Education. Joint Adoption of Statement Postsecondary Workforce Readiness[EB/OL]. [2024-05-20]. http://coloradostateplan.com/career-guidance/postsecondary-and-workforce-readiness-pwr/.

权，虽然这在一定程度上增加了教材的随意性，但也推动了美国教材多样性的发展。不过，美国教材的修订程序十分烦琐，给出版带来了很多不便。美国许多州的教材6年更新一次，每次更新都需要严格遵循更新的程序，按照更新内容的不同提前提出更新申请的时间也不同，短则数月，多则数年。例如，经历了"9·11"事件之后，美国很多出版商希望将这一重大事件写入教材，或是对教材的一些内容进行修改，但由于教材修订程序的复杂性，"9·11"事件进入教材比较滞后。美国的一些州完全不约束本州各个学区教材的使用权，这在一定程度上提高了学区教育的自由度。调查显示，在完全不受约束的学区中，全美有好几百个学区未成立教材选择委员会，而且许多学区缺乏书面的评价标准。[1]此外，在一些给予书单目录供学区进行选择的州中，负责选取教材的委员会往往缺乏能够对教材进行选择的专业人员，而非专业人员则很难选出最适切的教材，不适切的教材不利于教师和学生的使用，最终可能会导致教材供给质量下降。

二、加拿大大中小学教材建设和管理研究

（一）加拿大教材建设和管理改革的背景

1. 各省基础课程改革的推动

加拿大各省为了培养适应未来社会的高素质公民，纷纷积极推动中小学课程改革。在不列颠哥伦比亚省，这一改革进程尤为显著。该省启动了新一轮的中小学课程改革，旨在通过更新教学内容和教学方法，提升学生的综合素质，使他们更好地适应未来社会的挑战。

2015年，不列颠哥伦比亚省发布了《不列颠哥伦比亚省的课程改革介绍》（Introduction to British Columbia's Redesigned Curriculum）。不列颠哥伦比亚省在2017年6月发布了针对10~12年级的课程改革介绍，这一举措标志着该省在中小学教育改革领域又迈出了重要的一步。在这次新课程改革中，不列颠哥伦比亚省创新性地提出了认识-实践-理解（know-do-understand，KDU）课程模式，并将这一模式应用于K-12年级所有的课程领域。KDU课程模式的核心在于，将学习过程划分为三个紧密相连的阶段。"know"（认识）阶段以内容主题为核心的学习标准（content learning standard）为基础，确保课堂上的每一次学习都能让师生明确学习主题和基本内容，为后续的深入学习打下坚实基础。"do"（实践）阶

---

[1] 《基础教育教材建设丛书》编委会. 世界主要国家教科书管理制度[M]. 北京：人民教育出版社，2005：29.

段则侧重于以课程能力为核心的学习标准（curricular competency learning standard），强调在学习过程中逐渐发展和提升课程相关的技能与策略。这一阶段鼓励学生将所学知识应用于实践中，实现知行合一，从而加深对课程内容的理解和掌握。"understand"（理解）阶段聚焦于理念的提炼与归纳。在这一阶段，学生需要在掌握课程知识的基础上，能够宏观地对相关概念、原则和理论进行抽象归纳，形成自己的见解和思考。通过 KDU 课程模式的应用，每门课程的学习都将从对普通主题的微观探析开始，逐步过渡到知识技能的应用实践，最终达到对关键概念的理解与归纳。这一过程不仅有助于提升学生的交流能力（communication competencies，C）、思维能力（thinking competencies，T）及个人与社交能力（personal and social competencies，PS），还能促进学生在这些方面综合能力的提升，最终实现核心竞争力的培养。[1]此次不列颠哥伦比亚省课程改革是加拿大诸省课程改革的缩影，对于加拿大基于各科课程标准的教材建设都有重要的指导作用。

2. 建设独立教材体系的诉求

教材作为教师教、学生学的基本工具，对学生的知识和能力的培养具有重要作用。加拿大摆脱英法殖民之时，就竭力建设自己的教材体系。《1846 年公共学校法》（The Common School Act of 1846）的施行，有效地改善了之前"抓到篮子即是菜"的教材使用状况，使得教材的选择和使用更加规范与合理。[2]为了进一步落实相关思想，加拿大出台了相应的图书出版条例和补助政策，使教材的建设和管理归各个省级教育部所有。为了应对终身型社会体系的建立，加拿大教育部长理事会（Council of Ministers of Education，Canada，CMEC）颁布的《学习型加拿大 2020》（Learn Canada 2020），促使加拿大的教材建设呈现出了千姿百态、百家争鸣的现状。

（二）加拿大教材体系建设

教材建设是一个国家教育改革的重点。加拿教材体系构建主要是围绕建设的目标、内容和结构等方面展开的，体现了教材体系建设的整体性要求。

1. 教材建设目标

教材建设目标是教材建设的起点和归宿，与国家战略发展目标紧密相关，深

---

[1] 陈晓菲. 加拿大不列颠哥伦比亚省基础教育课程改革[J]. 外国教育研究，2019（11）：44-59.
[2] 汪丞，路春雷，荣文婷. 加拿大教育治理研究[M]. 武汉：湖北教育出版社，2020：25.

刻反映了一个国家在政治、经济和文化等多个层面对教育的追求与期待。《学习型加拿大 2020》是针对省级和地区教育局局长工作实施的框架，CMEC 将其用于加强加拿大的教育系统、提供学习机会及提升总体教育成果，愿景是为所有加拿大人提供优质的终身学习机会。《学习型加拿大 2020》提出了从幼儿到成年的终身学习的各项指导政策[①]，体现了加拿大教育一体化进程，对教材建设有重要意义。各省基于《学习型加拿大 2020》，对课程标准做出相应的修订，作为依据对各科课程标准进行进一步细化，作为各省课程实施的依据，教材也随之做出了相应的改变与更新，以此来适应加拿大终身教育体系，实现课程编制一体化建设，渗透教材建设一体化思想，为学生的终身发展奠定良好的教育基础。

2. 教材建设的法理依据

（1）教育法

加拿大联邦制强调地方分权，这在其教育法体系中表现得尤为突出。各省在教育立法上拥有显著的话语权，使得教育立法的重心得以向下延伸。在各省的教育法律体系中，教育基本法占据核心位置，不仅是各省教育发展的指南针，也是构建教育基本制度的关键。其法律效力和重要性不言而喻，它的出台与实施，标志着各省教育法制框架的稳固和确立，也显示出各省在教育法律建设上的日益成熟。19 世纪下半叶以来，加拿大各省纷纷出台了各自的教育基本法，如教育法或学校法，这些法律不仅为各省基本教育制度的建立奠定了基础，更展现了各自独特的教育特色。[②]

（2）课程标准

加拿大教材建设紧密围绕国家的人才目标和战略展开，确保教育内容与国家发展需求高度契合。在中小学阶段，教材建设严格遵循课程机构和各学科的课程标准，确保学生获得系统、全面的知识。在大学阶段，教材则与大学的培养理念和教学风格紧密相连，形成各具特色的教育风貌。

为了保障教材编写的质量，加拿大各省教育部精心制定了从幼儿园到 12 年级的详细教学大纲和课程标准。这些教学大纲和课程标准为教材开发者提供了清晰的指引，一旦课程标准经过修订，加拿大教育部门便迅速启动教材修订工作，确保教材内容与最新的教育理念和教学方法保持同步。除此之外，为了更好地适应本地学校和学生的特点，加拿大政府积极鼓励学校和教师发挥创新精神，结合

---

① Council of Ministers of Education, Canada. Learn Canada 2020[EB/OL]. [2024-10-30]. https://cmec.ca/Publications/Lists/Publications/Attachments/187/CMEC-2020-DECLARATION.en.pdf.

② 张湘洛. 加拿大的教育立法及其启示[J]. 教育评论，2003（1）：107-110.

当地情况编写校本课程。这些课程旨在丰富教学内容，提升教学效果。①以安大略省在 2007 年修订的《1～8 年级科学与技术课程》（Ontario Science and Technology Curriculum, Grades 1 to 8）标准为范例，其革新之处深刻映射了国际科学教育的前进方向和核心价值追求。在学校进行的科学教育活动中，需特别强调科学与技术、人类社会与环境的紧密联系，以此来丰富学生的科学知识和提升实践能力，并促使他们能在实际情境中灵活运用所学知识。这样的教育实践真正践行了 STSE（science，科学；technology，技术；society，社会；environment，环境）相结合的教育理念。这种变革在实质上展现了文化的交融，将科学文化和技术文化、社会文化和环境文化有机统一。②

（3）《K-12 年级科学学习成果共同框架》

加拿大的《K-12 年级科学学习成果共同框架》（Common Framework of Science Learning Outcomes K to 12）为加拿大学生的科学教育提供了全面且系统的指导。它强调无论学生的文化背景或性别如何，都应有机会发展科学思维和科学素养，体现了教育公平性和普及性的重要理念。科学素养作为与科学相关的态度、知识和技能的结合，是学生全面发展的重要组成部分。在该框架的指导下，学生在学习过程中将逐渐发展探索能力、解决问题能力和决策能力，这不仅有助于他们成为终身学习者，更能使其保持对周围世界的持久好奇心，从而激发他们的创新精神和实践积极性。此外，该框架还为加拿大的课程发展提供了统一框架，有助于促进跨司法管辖区的科学学习成果更加一致，提高教育质量。同时，它也可能带来其他潜在的好处，如科学课程的更加协调，加大学生的流动性，开发高质量的泛加拿大学习资源，以及促进科学教师在专业发展活动中的合作，从而进一步提升教师的专业素养和教学水平。③

3. 教材体系建设

首先，明确基于课程领域开展教材建设。K-12 年级的课程内容涉及 10 大领域，分别是应用设计、应用技能与应用科技课程、艺术教育、职业教育、核心法语、英语语言艺术、数学、身体健康教育、科学、社会学习。以科学领域的教育为例，加拿大教育系统主要聚焦于传授自然科学知识，涵盖了生物学、化学、物理学及地球与空间科学 4 个核心领域。这一设计旨在培养学生具备科学的基本素

---

① 胡军，刘万岑. 加拿大基础教育[M]. 上海：同济大学出版社，2015：84.
② 胡军，刘万岑. 加拿大基础教育[M]. 上海：同济大学出版社，2015：70.
③ Council of Ministers of Education, Canada. Common Framework of Science Learning Outcomes K to 12[EB/OL]. （1997-10-17）[2024-10-30]. https://www.cmec.ca/9/Publication.html?cat=11.

养和基本态度，为他们日后的学术发展和职业生涯奠定坚实的基础。在 K-9 年级，学生接触的是综合性科学课程。到了 11 年级，教育系统更加注重学生的兴趣和潜能。因此，科学课程会分化为化学、地球科学、环境科学、生命科学、物理及公民科学等多个方向。学生可以根据自己的兴趣和未来的职业规划，选择其中一门或多门进行深入学习。[1]具体规定为不列颠哥伦比亚省科学类课程实施过程中体现的科学核心素养指导着加拿大中小学科学类教材建设。加拿大不列颠哥伦比亚省科学课程标准充分体现了跨学科能力，对我国中小学生跨学科能力的培养、大中小学教材一体化建设有着重要的启示。

其次，形成教材特色。加拿大教材建设的特色是学科教材多样化，各套教材无论在学习内容还是呈现方式上，都尽可能地体现出学科特点和儿童身心发展的特点，激发他们学习的积极性，同时力争得到学校和教师的认可。下面以 GTK 出版社（GTK Press）的科学与技术活动资源（science and technology activities resource，STAR）教材为例，剖析其开发原则、依据、教材特色及修订等，以全面了解当前加拿大科学与技术的发展状况。具体而言，教材的动态变化及其特点如下：①课程标准调整；②主题调整；③着重强调环境教育的重要性，鼓励学生积极付诸实践，调查活动包括关心环境、节约能源、水的保护、再利用材料及适当关心动植物；④增加新活动，进一步提升学生对科学、技术、社会和环境之间相互联系的理解；⑤培养学生动手动脑做科学的学习习惯；⑥增加科学探究；⑦增加评估工具；⑧增加新资源，提供与 STSE 相关的最新资源，同时在一些活动中更多地整合了数学的运用，突出跨学科整合的理念，提供不同的学习机会；⑨价值观，涉及对物体和材料的设计、利用与评价，从而改善人们的生活，提高人们的能力；⑩反映新的教学方法。[2]STAR 教材内容特色充分体现了该教材内部各学科之间的横向连接，对各学科知识进行的系统整合，对于研究加拿大教材一体化建设有重要的借鉴意义。

4. 完善教材体系结构

在课程结构方面，安大略省在加拿大教育体系中处于重要地位，各项政策、制度较为完善，对于研究加拿大教材建设有着重要的参考和指导作用。2007 年修订的科学与技术课程精心设置了 4 个系列，即"理解生命系统""理解结构与机械""理解物质与能量""理解地球与宇宙系统"（表 5-6）。这 4 个系列相

---

[1] Council of Ministers of Education, Canada. The BC Curriculum[EB/OL]. [2024-10-30]. https://cmec.ca/299/Education-in-Canada-An-Overview/index.html.

[2] 胡军，刘万岑. 加拿大基础教育 [M]. 上海：同济大学出版社，2015：102-106.

辅相成，共同构成了1~8年级科学与技术课程的32个核心主题，使课程内容更为丰富和深入。同时，此次修订还充分考虑到了与9年级科学课程的衔接性。在加拿大，9年级科学课程涵盖了生物、物理、化学、地球与宇宙等多个学科领域，对学生的科学素养提出了更高的要求。因此，修订后的1~8年级科学与技术课程在内容安排上做了精心调整，确保与9年级科学课程无缝对接，为学生未来的学习和发展奠定坚实的基础。①

表5-6 安大略省1~8年级科学与技术课程（2007年修订版）

年级	理解生命系统	理解结构与机械	理解物质与能量	理解地球与宇宙系统
1年级	生命的特征和需要	材料、物体和常见结构	生活中的能量	昼夜和季节的交替
2年级	动物的生长和变化	运动	液体和固态的性质	环境中的空气和水
3年级	植物的生长和变化	固定和稳定的结构	引起运动的力	环境中的土壤
4年级	生境和生物群落	滑轮和齿轮	光和声	岩石和矿物
5年级	人体组织系统	作用在结构和机械上的力	物质的性质和变化	能源和资源的保护
6年级	生物多样性	电和用电装置	空气的性质和飞行原理	宇宙
7年级	生态系统间的相互作用	形式和功能	纯净物和混合物	环境中的热
8年级	细胞	系统工作	流体	水系统

资料来源：胡军. 加拿大1~8年级科学与技术课程标准（2007修订版）研究[J]. 课程·教材·教法，2008（6）：92-96.

在精简、调整与修订内容系列时，该省必须确保有充分的依据作为支撑，使之既符合特定的国情，又能彰显出鲜明的特色。为此，安大略省环境教育工作小组于2007年6月发布了一份题为《塑造我们的学校，塑造我们的未来——学校中的环境教育》（Shaping Our Schools, Shaping Our Future: Environmental Education in Ontario Schools）的报告。这份报告不仅对环境教育的定义进行了明确阐述，还对环境教育政策进行了详细规划，并提出了切实可行的环境教育行动计划。修订所有学科的课程标准时，必须贯彻这些理念和策略，以确保教育内容的连贯性和实效性。正是基于这样的考虑，修订后的科学与技术课程标准特别强调了环境和可持续发展教育的重要性，通过确保课程内容之间的连贯性和互补性，力求实现学生从小学到中学阶段的平稳过渡。②

在学制结构方面，中小学建设结构是教材目标转为教材成果的纽带，也是教

---

① 胡军. 加拿大1~8年级科学与技术课程标准（2007修订版）研究[J]. 课程·教材·教法，2008（6）：92-96.

② 胡军，刘万岑. 加拿大基础教育 [M]. 上海：同济大学出版社，2015：72-73.

材建设活动顺利开展的依据，《学习型加拿大 2020》为教材一体化建设提供了宝贵的指导。其强调实现终身学习，需要依托四大核心支柱：首先，幼儿学习与发展，即确保所有儿童都能享受到高质量的幼儿教育，为其未来的学校教育奠定坚实的基础；其次，小学至高中的教育，应培养学生国际水准的读写、运算及科学能力；再次，中学后教育，致力于提高接受此类教育的学生数量及教育质量，并确保其普及；最后，成人学习和技能发展，建立包容、多元且综合的成人学习体系，为满足加拿大人的终身学习需求提供有力支持。

在这 4 个支柱的基础上，《学习型加拿大 2020》还明确了 8 个具体活动领域及其目标，包括提升国民的识字和读写能力、缩小原住民与非原住民学生在学业上的差距、稳固并扩大中学后教育机会、通过教育推动可持续发展、在国际舞台上为加拿大教育发声、支持多元语言教育、实施学习评估与绩效指标，以及制定长期的教育数据和研究战略。这些具体领域和目标的设定，为教材一体化建设提供了明确的方向和指引，有助于加拿大教育体系更加完善、高效和包容。[1] 4 个支柱、8 个目标渗透在加拿大教育体系之中，指导了加拿大的课程教材改革。

（三）加拿大教材制度管理改革

1. 教材管理体制

加拿大是分权型国家，加拿大宪法赋予各省自主权。加拿大对教育权力的划分有详细的法律规定，每个省结合地区的政治、经济和文化，形成省、区和学校相互配合的教材管理制度。加拿大的教材管理不是教育部门一家独大，而是实行教育部门领导下的多层次的教材管理。省级部门在教材管理中对国家意识形态提出明确要求，指导教材编审选用。学区和学校的教材体制的设立则进一步增强了教材的适切性。

教材是一种特殊的商品，不仅具有教育性，还具有经济价值。高质量教材走进学校，除了教育部门等的政治力量的推动，也需要市场经济的调和。民间出版社需要按照省级政府的要求，针对教材投入的市场，编写有关的教材，更好地适应民众所需，增强教材市场的活力，创造市场最大的经济效益。国家和省级政府为了进一步落实国家意识形态，积极地制定了相关的补助政策，进一步激励教材出版商。教材是社会的产物，需要为社会中的人和物服务，即教材的管理过程需

---

[1] Council of Ministers of Education, Canada. Learn Canada 2020[EB/OL]. [2024-10-30]. https://cmec.ca/Publications/Lists/Publications.

要涉及教材使用者，以及社会需要参与教材管理过程，增强教材的适切性。在真实的课程中，通过教师的教和学生的学阐释教材内容，切实地感受教材的质量。公众会参与教材管理，对教材进行一定的监督，确保投入使用的教材的质量，同时增强了教材的适切性，使教材更加适合教师的教和学生的学。加拿大教材管理的运行主体涉及行政、市场和公民，围绕各自的利益相互配合对教材进行管理，提高教材质量。

2. 完善教材管理的环节制度

加拿大完善的教材建设体系使教材的编写能够做到有法可依、有据可立，使教材形成了完整的体系。加拿大有着"马赛克文化"理念，各省虽有自己独特的教育体系，但各省具有相似的历史文化背景，各省的教育体系虽不同，但仍有相似之处。加拿大的教材管理体系仍有很多相似、相通之处，体现出一些共同特征。[①]

（1）编写制度

加拿大各个省对教材编写制度没有明确规定，指明将课程标准作为教材编写的依据。一般情况下，加拿大教材均由民间教育出版社自行组织编写和发行，各省教育部门对民间出版社的教材进行评估认定，定期公布审定通过的教材目录，供各学校选用。教育部制定 K-12 的课程标准，制定每个阶段学生需要掌握的知识和技能等，定期对课程标准进行修改和更新，作为省级教材编写的主要依据。教材出版商依照省级教育部门的课程标准，自主策划并组建教师团队，以完成对应的教材编写工作。民间教材出版商自行负责组织编写教材，为了更好地通过第三方机构的审定，它们会争取进入省级的教材推荐目录，重视教材编写质量。教材出版商在组建编写团队时，会邀请学科专家、课程标准的制定者或退休的教育行政人员作为教材编写的顾问，聘请资深的学科教师、大学教授为主要编写者。[②]大学教材的编写由大学负责，大学会选择与地区的出版社巨头合作，完成教材的编写。安大略省的多伦多大学的教材编写主要由多伦多大学出版社负责，学术书籍会经过严格的同行评审和内部评估，包括由多伦多大学资深学者组成的手稿审查委员会进行评估。同时，多伦多大学出版社提供各种服务，包括在线同行评审和编辑支持；复制编辑，排版和 XML 结构；电子出版和印刷；营销管理和广告销售；流通和分配；财务管理和赠款准备，使教材使用者以最有效的方式

[①] 陈月茹，刘欣. 中外中小学教科书制度比较研究[M]. 济南：山东友谊出版社，2009：109.
[②] 胡军，刘万岑. 加拿大基础教育[M]. 上海：同济大学出版社，2015：84.

第五章　大中小学教材一体化建设和管理的国际视野

实现教育目标。①

（2）审定制度

教材审定是决定教材质量的关键环节。加拿大各省依据本地特色，形成了完整的教材审定制度，主要包括审定机构、审查标准、审查程序等层面，使教材审定系统化，教材审定做到有法可依，保证了教材的质量。我们主要以安大略省的教材审定制度为例，说明加拿大教材审定制度的主要特点。安大略省拥有加拿大最大的城市多伦多、首都渥太华，拥有得天独厚的地理优势。同时，教育体制完善，教育质量全国领先。其完善的教育体制，形成了系统化的教材管理制度，使其教材审定制度具有一定的代表性。

1）审定机构。安大略省的教材审定机构主要包括教材出版商、课程服务中心及学区三级。教材出版商为了更好地通过省级审查，提交需要审核的教材之前，会组织相关的学科专家或一线教师及相关行政人员自行审查。课程服务中心是第三方的非营利性的教材审定机构，是ISO 9002质量认定机构，能确保教材审查的质量。学区或者校长会与本地的教师进行商讨，根据课程目标或者课程标准对省级《延龄草清单》（Trillium List）目录选择教材或者对相应的补充性学习资源进行审定补充，使教材更具有地区性的特征。分权的审查机构，使省级教育部与地区做到衔接，使教材审查结果更加客观、公正。②

2）审查标准。教材出版商在提交审查教材之前，需要核实教材内容是否符合课程政策文件，能否实现85%的省级教育目标；是否具有配套的教师用书，教材若是被翻译，是否具有英、法两种语言的教师辅导用书；是否具有加拿大倾向，具体指教材内容是否承认加拿大的成就，是否引用了加拿大例子或符合加拿大人的拼写习惯等；是否是加拿大产品，出版社教材编写人员是否是加拿大的居住人口，是否是加拿大教材出版商等。③教育部将审查权力交予第三方非营利性的课程服务中心审查，审查标准主要包括两个方面、6个维度。两个方面主要指"内容"和"格式"。具体内容包括技术使用的反映、关注健康和安全、培养环境责任、语言水平、教材指导和评价的策略、偏见。对教材内在质量的评价不仅聚焦于教材文本的静态质量，还深入探索了教材在实际使用中的动态质量表现。这种全方位的审查方式使教材内容评估更加立体且全面，确保了对教材质量的综合

---

① University of Toronto Press[EB/OL]. [2024-10-30]. https://utorontopress.com/us/publish-with-utp.
② 胡军,刘万岑. 加拿大基础教育[M]. 上海：同济大学出版社，2015：85.
③ Ontario Ministry of Education. Submission Procedures for Textbooks for the Trillium List[EB/OL]. (2008) [2024-10-30]. https://files.ontario.ca/edu-submission-procedures-textbooks-en-2023-01-10.pdf.

— 215 —

考量。格式主要是指教材的适用性和耐用性。学区的教材审查标准是根据地区特点，对省级审定标准的进一步具体化。学校主要通过推荐目录获取所需的推荐教学资源，对于补充性的教材，校长可以与教师进行商讨，在省级审定的基础上进一步制定学校审定标准。审查标准是教材审批的核心，加拿大制定三级的审查标准，使教材审定做到有据可依。利克特量表和总结性的表格，为教材出版商提供了相应的反馈系统，为教材修改进一步提供了建议。①下面，我们以安大略省的教材内容审定标准为例进行具体说明，如表 5-7 所示。

表 5-7　教材评估标准中与教材内容相关的评估

标准	具体标准（细则）	评价等级
目的、用途	1. 教材提供了学习者所要获得的基础知识和基本技能 2. 教材建立在学习者已有知识和技能的基础上，并使之得到加强 3. 教材能与其他信息资源相联系	1234N/A
信息质量	1. 教材中的信息是准确的 2. 教材中的信息是较新的 3. 在教材开发过程中，利用了具有可信度的资讯和专家意见 4. 涉及与学科有关的一些概念 5. 呈现出的相关信息有足够的深度，以支撑学习者的认知和理解	1234N/A
技术的角色	1. 教材反映出与该课程相关的技术及其利用 2. 教材能促使学习者发展建构与该课程有关的技术方面的能力 3. 教材能促进对适用于该学科的信息技术的利用	1234N/A
语言的使用	1. 没有写作上的错误，如拼写、语法等错误 2. 语言风格适合教材信息的表达 3. 语言风格能帮助学习者理解与该学科有关的概念	1234N/A
可读性	1. 对使用者来说，表达是清楚的、可以理解的 2. 教材包括能够有利于获得信息的其他辅助手段，如图解、图表、视听材料等	1234N/A
与学科有关的术语	1. 能准确运用科学专业术语 2. 文中使用一些术语，使学习者能理解它们的意思 3. 符号、表格、图解是准确的，使用是正确的 4. 教材使用国际统一单位制	1234N/A
结合本国实例	1. 教材涉及本国人在该学科领域取得的公认的成绩和贡献 2. 教材描绘了对该学科领域有贡献的本国人的事迹 3. 尽可能地用本国的事例和数据 4. 用本国熟悉的词语和实例	1234N/A
安全实践	1. 教材注意在处理材料时的防御措施，并提供恰当的安全警告和注意安全的信息 2. 教材描述了人们在安全情况下的学习、工作和娱乐 3. 让学习者所做的活动是安全的 4. 活动有利于促进学习者领悟如何对个人的安全保持警惕和谨慎	1234N/A

① Ministry of Education. Guidelines for Approval of Textbooks[EB/OL].（2008）[2024-10-30]. http://www.edu.gov.on.ca.

第五章　大中小学教材一体化建设和管理的国际视野

续表

标准	具体标准（细则）	评价等级
对环境的责任	1. 教材能培养学习者对环境方面一些概念的理解 2. 教材为学习者提供了一些负责任的实践机会	1234N/A

注："评价等级"一列的数字1、2、3、4表示四个评估等级，数字越大，等级水平越高。"N/A"表示评估等级1、2、3、4对评价者而言不适用

资料来源：胡军，刘万岑. 加拿大基础教育[M]. 上海：同济大学出版社，2015：87

3）审查程序。安大略省在将教材送交课程服务中心进行正式审查之前，会进行严格的初步筛选。这一环节是为了确保只有那些经过精心准备和符合一定标准的教材，才能进入下一阶段的深入审查。没有经过初筛的教材将被退回教材出版商。通过课程服务中心严格审查的教材反馈至省级教育部，由教育部部长审核认定后，以目录的形式公布在官方教育网站，供学校董事会选用。公民可以对官方网站公布的推荐目录中的教材进行监督，向有关部门提出相应的反馈意见。教材作为国家意识形态的主要载体，是国家社会舆论形成的前提和基础，上级审定机构需要对其进行严格把关。安大略省的教材审定需要经过初筛，确定符合加拿大方向才能够进入下一阶段的审定，在源头上把控教材质量，同时有利于提高教材审定的效率。

（3）出版制度

加拿大教材出版制度与其多元化的国情紧密相连，具有一定的特色。加拿大的公共教育兴起之初，教材出版受到美国控制，教材极其匮乏和美国化。教材作为重要工具及核心内容，能够系统、有计划且大规模地推进社会教化和思想道德教育，同时也是国家传播意识形态的主要载体。为了更好地贯彻本国的意识形态，加拿大对教材出版进行了改革。其中取得最大成效的是图书出版的补助政策。例如，加拿大图书基金（Canada Book Fund，CBF）强调，只要是由75%的加拿大人控股的图书出版社，并且已完成为期12个月的初期出版任务，就有资格申请生产补充资金，该基金鼓励那些总部设在加拿大，且拥有75%加拿大籍员工的出版社提出申请，以支持图书的持续出版，进一步推动加拿大出版业的发展。[①] "图书出版发展计划"（Book Publish Development Program，BIDP）修改条例中指出，为了更有效地提升教材质量，应加大对加拿大本地小出版商的补助力度。[②]与此同时，对于魁北克省法语区的教材出版及销售，基于翻译拨款和支持，

---

① Support for Publishers：Publishing Support-Canada Book Fund[EB/OL]. [2024-10-30]. https://www.canada.ca/en/canadian-heritage/services/funding/book-fund/publishing-support.html.

② 王志标. 加拿大出版政策及其福利分析[J]. 中国出版，2016（16）：54-57.

这些补助有助于魁北克教材出版商进一步扩充市场，保证不被外国人控制的英语市场超越。

（4）供应与选用

加拿大没有统一的教材或正式的教材选用政策和说明，各省教材的选用权掌握在各级学校和教师手中，但省级教育部门会定期公布通过认定的教材目录，并推荐相应的学习材料。在实际的教材选用过程中，大部分学校都会从省级推荐目录中选择，以确保所选用的教材的质量。各省学区或学校董事会根据各地区的政治、经济、文化和学生学习习惯等特点，制定相关的教材使用管理条例，使选用的教材符合当地的教学需求，更好地实现相关的课程目标。经过省级认定和学校选用的教材，免费发放给学生，学生在学期末将教材交还，进行教材循环使用。中小学阶段的教材循环使用制度十分完善，符合免费教育的一般原则。

加拿大开放性教材的推行实施，进一步落实了教材的使用权。但值得注意的是，加拿大的教材循环使用并不是无期限的，不列颠哥伦比亚省指出学校选取学习资源一般使用的期限是3～5年，教材要根据课程标准或者国家战略性目标及时做出调整，紧跟国家和时代的发展。在使用过程中，要对遭受质疑的教材及时地做出回应。不列颠哥伦比亚省在《学校法》（School Act）和333/99号部长令第3部分"教育计划指南令"指出，5年使用期的教材会遇到一系列问题，如不符合学生的学习发展需要，遭到家长的投诉，需要对通过审核的学习资源再次进行审查，确保教材满足学区的真实所需。①

3. 教材管理机制

加拿大各省为了进一步保障教材质量，各个部门进行紧密的联系，进一步规范了教材管理制度。

1）评议机制。安大略省的公民可以对教材中有争议的问题提出相关的质疑，对进入审定目录或学校的教材进行监督。例如，多伦多学区指出，任何居住在学区的公民都有权利对印刷品或非印刷品的适当性提出质疑；对于提出的质疑，需要给予关切，应该得到认真对待和尊重。民主地支持有争议问题的讨论和宣传，使学区居民真正地参与到学校教材的选用和使用之中。

2）激励机制。加拿大政府为了更好地促进教材生产，给予教材出版商相应的补助，加大对中小学教材出版的支持力度，提高教材出版质量。政府在"图书出

---

① Victoria, British Columbia, Canada School Act [EB/OL].（1996-12-31）[2024-10-30]. https://www.bclaws.gov.bc.ca/civix/document/id/complete/statreg/96412_02.

版计划"中提出重新分配图书出版发展计划的拨款。加拿大交流中心（Department of Communication）和政府官员指出，在图书出版计划的"公司分析"项目下，有可用于发展市场战略的基金。对于魁北克教材在该省以外地区的法语市场上的销售，给予翻译拨款和支持。加拿大政府对教材出版的各种资金支持，使教材市场充满活力，在一定程度上确保了加拿大教材的质量。

（四）加拿大教材建设和管理的趋向

1. 教材建设和管理的目标体现了国家意志与人才培养的统一

一是教材建设和管理的目标体现了国家意识形态属性的目标，主要包括国家制度认同、国家主流价值观念和国家主权的体现；二是教材建设和管理的目标体现了人才培养目标，主要是指对培养人的知识、能力和素质结构的一种预期，决定着育人育才的主要规格。[1]加拿大教材建设过程中以国家的战略性目标为出发点，《学习型加拿大 2020》指出发展要促进知识型经济社会的转变，为所有加拿大人的个人成长提供机会，全面促进加拿大社会的可持续发展，形成泛加拿大的教育思想。在加拿大的教材编写、审定及出版中，强调了加拿大人和思想扮演的重要角色，有利于加拿大思想的传播与形成。加拿大作为多元国家，为了维持国家的跨文化性，全国教材无法做到统一编写、发行、选用，在各省教材编写、审查和出版过程中，努力塑造国家认同、文化认同、价值观认同的基本框架，表现为知识与政治的对话与协商。在教材审定制度的运行中，审定团体的基本目标在于依据学科标准遴选若干知识，以维护知识的整体性和科学性。同时，教育对政治的依附性决定了审定标准中有对国家意识形态的控制，即知识的遴选必须经由意识形态的考查，对于不符合统治集团的知识集合，在教材的审定环节将彻底剔除。[2]例如，对于加拿大出版，要求是加拿大本土出版商，送审教材必须具有加拿大倾向，以及学区要优先考虑加拿大教材的教育分权管理。各省教育情况和管理有所差别，但最终目的都是促成国家战略目标的达成，促进对人才的培养。加拿大教材建设和管理都是为了实现国家的战略目标，更好地促进泛加拿大思想的形成与传播。

2. 教材建设和管理的内容凸显了整合性与未来性的统一

加拿大教材编写的主要出发点是课程标准。课程标准规定了教材建设的方向

---

[1] 刘学智，王馨若. 基于立德树人的大中小学教材一体化建设[J]. 课程·教材·教法，2019（8）：12-19.
[2] 李虹霞. 中小学教科书审定制度的研究[D]. 长沙：湖南师范大学，2008.

和内容，是教材建设的主要依据。同时，教材也是课程标准稳定发挥示范、指导作用的承载系统。加拿大的课程标准是教材出版商编写教材的主要依据，中小学课程标准的制定是连贯、一致的，教材亦是同理。例如，加拿大科学教材的开发使用，对生物、科学和物理等内容进行了综合，促进教材内容的横向融合；科学课程的设置是一贯的、连续的，涉及大中小课程，使学生对科学课程的学习逐渐深入，深化学科知识体系，并使加拿大的教材建设做到了纵向链接、逐级深化。其中，安大略省的教材审查标准具有鲜明的特色。

3. 教材建设和管理体现了主体的多元性

加拿大教材建设和管理的多元性体现在各个方面，包括人员、机构和内容等。加拿大教材编审选用人员都是不同领域的。加拿大基础教材的编写人员、审定人员及选用人员，除了行政人员以外，还有相关课程、学科的专家，一线教师及学生，这样更加符合教学需求。教材的三级管理模式更好地处理了教材的商品和学习资源的双重属性，恰当地处理了利益集团之间权力的抗衡。教材内容更加鲜明地表现了加拿大教材的多元化。加拿大对多元文化采取尊重的态度，将其纳入教材内容之中。加拿大教材将因纽特人等纳入教材体系之中，成立了专门的学习资源管理部门，使受教育者形成了完整的世界观。开放性教材的推行，也使加拿大的教材使用形式更加多样化。

第六章
构建高质量的大中小学一体化教材体系

  大中小学一体化教材体系是大中小学教材一体化建设的核心内容。教材应当落实"立德树人"的任务，为时代培育新人。因此，不同学段教材的建设目标具有一致性，这就需要秉持系统观念，凸显教材建设的整体性，聚焦教材的结构化问题，着眼于大中小学教材体系建设，全面提升教材建设的质量。

第一节　构建独立与贯通相结合的大中小学课程标准体系

课程标准体系贯穿大中小学全过程，要树立系统思维，处理好教育目标一致性与内容方法梯度衔接的关系、教育主体整体性与不同学段身心发展规律的关系，构建大中小学独立与贯通相结合的课程标准体系。

一、独立与贯通相结合的大中小学课程标准体系的理念遵循

课程标准是经国家认可的权威机构制订，并由国家相关管理机关审核或认证的官方文件，规定了国家对国民在某些领域或某方面的素质要求，实际上反映了国家对学生学习结果的期望。因此，课程标准系统应致力于支持我国教育的核心使命——立德树人，体现教育原则的深层意义，并促进素质教育的全面发展，旨在培育具有道德、智力、体质、美感及劳动方面技能的全面发展的社会主义事业建设者与未来继承者。

（一）以立德树人为统领，明确课程标准体系建设的新方位

新时代教育要将立德树人贯穿教育全过程，根据立德树人的基本任务，正确把握发展方向，并层次分明地推动教育与教学的改革工作。[①]课程标准体系作为教材编写、教学、考试命题与评估的依据，体现了国家意志，承载着国家教育改革倡导的基本理念，必须以立德树人为统领，引领课程标准体系建设。

国无德不兴，人无德不立。立育人之德，树有德之人。"立德"规定了人才的前提与基础，凸显了德性对人的全面发展的正面导向作用，体现了党和国家对人的身心发展规律的深刻认识。十年树木，百年树人。"树人"表明了教育工作的长期性与复杂性，育人为本是教育的本质要求与价值诉求，教育的功利化与短视只能培养出片面发展的人。新时代，立德树人既是课程标准体系构建的起点，也是其目标，而推动课程标准体系的发展是实现立德树人目标的重要手段。两者互为补充，共同反映了人才培育的新标准。因此，要把课程标准体系建设作为重要抓手，为各级各类学校落实立德树人提供标准遵循。几经修订，我国的课程标

---

① 刘学智，王馨若．基于立德树人的大中小学教材一体化建设[J]．课程·教材·教法，2019（8）：12-19.

第六章 构建高质量的大中小学一体化教材体系

准体系已初具雏形,与国家对各级各类人才培养的目标要求基本吻合。同时,我们也需要认识到当前我国课程标准体系构建存在的不足之处,包括顶层设计的不完善、统筹规划的缺失、结构优化不足,以及学科间和不同学习阶段之间衔接的松散等问题。针对这些问题,迫切需要探索一种符合新时代人才培养需求的课程标准体系的新路径,即以立德树人统领课程标准体系建设,彰显立德树人的时代特质,贯通大学、中学与小学三大标准体系,围绕立德树人的根本任务做好顶层设计,发挥各级各类课程标准体系的协同育人功能。

(二)以新时代教育方针为课程标准体系建设的根本指向

培养什么样的人,是教育的质的规定。[1]教育方针是国家最高权力机关根据社会政治、经济发展的要求,在一定历史阶段提出的关于教育事业发展的总的方向与指导原则,包含对一个国家的教育性质、教育目的与教育道路等的规定。党的二十大报告指出,"全面贯彻党的教育方针","培养德智体美劳全面发展的社会主义建设者和接班人"。这表明我国的教育体系致力于保持社会主义的本质和方向,强调将教育与生产劳动及社会实践紧密结合,目的是促使受教育者在德智体美劳各方面实现全面成长,这为我国新时代的教育事业确定了前进的路线。建设课程标准体系时,应以教育政策为指导,阐明国家意图、教育政策与培养人才目标之间的联系,确保课程标准体系的发展方向与教育人才的目标相一致。

教育方针融入课程标准体系的程度,决定了课程标准体系的科学化水平。具体而言,就是将我国新时代教育方针的精神实质渗透到课程标准体系之中,发挥其全面育人的价值。不仅如此,当前社会环境发展日新月异,在经济全球化、社会信息化、人类命运共同体背景下,各种文化与价值碰撞和交融,带来了一定的机遇与挑战,更需要教育方针发挥其总的方向与原则的引领作用,以构建符合我国国情、具有中国特色的课程标准体系。对教育方针的时代性解读,是课程标准体系建设的前提与基础。首先,社会主义建设者和接班人彰显了我国教育事业的社会主义性质与方向,由此课程标准体系建设要结合中国国情与国际视野,体现中国特色。其次,德智体美劳全面发展的人才培养目标内蕴人的身心发展整体性,以往短视的应试教育过于重视学生"智"的发展,是对整体人的割裂,往往会导致学生的片面、畸形发展,因此要将"五育"并举的全面发展观贯穿大学、

---

[1] 王道俊,王汉澜. 教育学:新编本[M]. 2版. 北京:人民教育出版社,1989:28.

中学与小学三大课程标准体系建设之中，构建全时段、全维度、一体化的立体育人体系。然而，三大课程标准体系的形成，在一定程度上带来了人才培养的阶段性衔接问题，不仅会影响人才培养目标的一致性，还会使三大标准体系缺乏关联性。三大课程标准体系整合的实现，应遵循人的身心成长的阶段性和整体性原则，从而构建出一个整体规划、分层推进、协同作用的课程标准架构，推动课程标准体系向科学化方向发展。

（三）以发展学生核心素养为课程标准体系建设的基本遵循

2022年修订的课程标准坚持以核心素养导向为主线。[①]一方面，学生发展核心素养以人的素养为逻辑起点，将人才培养目标具化为必备品格与关键能力的要求，贯穿于各个学段与学科，有利于促进各个学段的上下贯通、有机衔接；另一方面，核心素养专注于培养学生终身成长及社会进步所需的基本品质和关键技能，在一定程度上弱化了"唯升学率""唯分数论"的非科学化评价导向，有利于促进学生综合素质的发展。课程标准体系作为课程目标、内容、实施与评价的指导性文件，应当为培养学生发展核心素养服务，融学生发展核心素养的指标维度于标准体系中，建设以育人为本的课程标准体系。

以发展学生核心素养为基本依据构建课程标准体系，要从发展学生核心素养入手，细化育人目标，进而将其贯穿于各个学段，融入各个学科，明确各个学段学生学习各科后应达到的水平，以此为基础完善课程标准体系的目的，促进课程内容方面的衔接与配套，最终作用于学生的发展。现有课程标准详细规定了学生学什么、学多少，在学生学习结果表现的规定方面则不甚明确，当依照课程标准评价学业质量时，往往缺乏具体可操作的能力表现标准。将发展学生核心素养融入课程标准体系建设，可以使学习目标、学习内容、学习结果与学习质量有章可循，形成更有指导性的课程标准体系，更好地为大中小学课程建设服务。

二、独立与贯通相结合的大中小学课程标准体系的建设依据

我国各级学校课程的复杂性和多样性导致了课程标准的多元化，形成了庞大的课程标准体系。从系统论的角度来看，课程标准体系被构建为一个依据特定分类和功能组成的系统，涵盖了不同学段、不同层次、多个领域、各种方向的课程

---

① 郭华. 让核心素养真正落地[EB/OL].（2022-04-21）[2024-09-24]. http://www.moe.gov.cn/fbh/live/2022/54382/zjwz/202204/t20220421_620116.html.

标准。[1]要使系统达到优化目标、发挥整体功能的最大化，就要协调好组成系统整体各要素的相互关系。由于标准是以特定形式发布的需要共同遵守的准则、规范与技术规定，推进教育标准化，建立科学的课程标准体系需要在标准科学的指导下，依据标准体系的结构与特征进行逻辑组合。近年来，我国教育事业进入高质量发展阶段，更加凸显了教育标准化工作的时代意义。

（一）标准体系本体论与课程标准体系建设

1. 标准体系的特征

标准体系构成了一个结构化的整体，由属于同一类别内相互联系的各种不同类型和层次的标准或标准元素组织而成。[2]可见，标准体系由一定范围内的各级各类具有内在联系的标准组成，并通过逻辑组合表征为一个具有更高级层次结构的整体，标准体系以标准为组成单元，表现出鲜明的目标性、整体性、层次性、关联性与环境适应性。

目标定义了行为旨在实现的结果，是基于客观发展规律和主观需求预设的行为成果的前瞻性表达，反映了人类的需求。从本质上讲，它代表了主体的价值观追求。[3]标准体系是人为建构且付诸行动的系统，具有鲜明的主体性与目的性。目标性一以贯之地体现在标准体系中，如果没有目标、方向与功能的设定，标准体系便会简化为简单叠加而非特定功能与特征的有序集合，也就不能称为标准体系。标准体系是为实现目标而存在的，标准体系的建构要依据目标进行，因此，在考察标准体系的内容、结构与类型之前，有必要先对其目标进行分析与梳理，根据规律，正确地设计构建标准体系，确保标准体系目标的实现。

标准体系的一体化特征在于，由各个标准作为构成元素，这些标准彼此之间的联系和互动共同形成了一个完整的标准体系。在一个标准体系中，不仅各个标准能发挥其自身的标准效应，标准以逻辑组合而成的标准集合也会产生整体效应。这充分说明了标准体系的重要性，离开了完整的标准体系，单一的标准单元难以完成整体活动。标准体系的整体性主要体现为其整体功能的发挥不是各个标准单元功能的简单叠加，也不是各个标准单元的简单拼凑，而是呈现出各个标准要素不具有的新功能，并且通过标准体系内部各个标准单元之间的相互联系形成

---

[1] 何玉海，王传金. 论课程标准及其体系建设[J]. 教育研究，2015（12）：89-98.
[2] 柯森. 课程标准体系基本结构分析及其意义[J]. 华南师范大学学报（社会科学版），2007（5）：110-117，160.
[3] 李德顺. 价值学大词典[Z]. 北京：中国人民大学出版社，1995：482.

协同作用，最终实现整体功能大于部分功能之和的效果。

要理解标准体系的层次性，首先要对"体系"加以分析。体系是在一定范围内，按照一定的秩序或内部关联组合而成的整体。这说明要形成体系，首先要将体系内部的各组成部分按照一定的标准进行必要的分类，这就存在一个层次性的问题。依据标准间的相互联系，标准可以展现出等级依赖或相关性。当相关标准或其组成部分共同依附于一个高级框架，并且它们之间具有密切的联系时，这套标准或组成部分便构成了一个标准体系。[1]标准体系作为一个层次结构体，是一个由若干层次的标准组成的相对独立的结构系统。因此，在认识标准体系的层次性时，首先要对标准体系内部各个标准单元进行科学的分层归类；其次，在此基础上，要对不同层次、不同种类的标准单元实行区别管理，从而切实提升标准实施的针对性与有效性；最后，低一级的标准不应在内容上与高一层次的标准内容有所冲突，否则会影响标准体系的协同效应，导致标准使用过程中的混乱与无序。

标准体系的关联性是指构成标准体系的各个标准单元由于相互联系、相互作用而使得标准体系内部各组成部分之间互相影响，任一标准单元的状态都与其他标准单元的状态相关，从而具有各个标准孤立时不具备的状态。与标准整体性强调的标准体系整体功能不同，标准体系的关联性更加关注标准体系各个组成部分之间的关系，以及各个部分与标准整体的关系。体系之所以成为体系，就在于其内部包含了复杂的层次结构，因要素与组织架构而成为体系整体。因此，在标准体系中，各部分之间必须是相互依存且互相制衡的。一个标准单元的变动，将促使其他相关单元进行必要的调整和变化。

与标准体系的其他特征相较而言，标准体系的环境适应性更加关注标准体系与外在环境的相互作用关系。标准体系的形成、发展及其协调配套程度，受到生产的社会化程度、科学技术发展水平、国家经济政策和经济管理体制、国家的自然条件等因素的影响和制约，这些影响标准体系的因素是可变的，标准体系也将随之变化，使标准体系的构成更加合理和完善。[2]因此，标准体系植根于特定的经济结构与社会政治背景之中，不可避免地会受到这些因素的影响和限制。这就要求标准体系必须调整自身，以适应其所处的经济和社会政治环境。具体来说，这种适应能力体现在标准的及时更新和持续的动态变化上。一方面，标准体系因

---

[1] 柯森. 课程标准体系基本结构分析及其意义[J]. 华南师范大学学报（社会科学版），2007（5）：110-117，160.

[2] 曹国荣. 包装标准化基础[M]. 北京：中国轻工业出版社，2006：44.

第六章 构建高质量的大中小学一体化教材体系

其环境适应性在内容方面表现出时效性,随着经济体制和社会政治环境的变化,标准体系做出相应的增删、修改,过时的标准单元不再发挥标准的指导效用;另一方面,标准还表现出连续动态性,当标准单元做出调整与改变时,标准体系也相应地做出完善与优化。

2. 标准体系的结构

标准体系是标准单元基于特定内部联系和结构逻辑地组合而成的一个整体,形成了一个以标准为基础的系统。鉴于标准化领域的广泛性和复杂性,体系中各标准子系统的组织方式通常呈现出多样的逻辑形态。标准体系按结构可以分为层次型和线性型两大类。

层次型结构有效地描绘了标准化对象之间的上下级关系、共同特点与个别特性等方面的关联。[1]层次结构类似于树状结构,在层次结构中,下层的概念继承了上层概念的所有特性,比上层概念更多地体现出共性与普遍性;反之,上层概念则更多地表现出个性与具体性。可以说,标准体系的层次结构反映了其是由相互关联、相互制约的各种类型与层次标准组成的系统化、结构化整体。标准体系层次结构的完备性凸显了标准体系的灵活性与关联性,是在复杂环境下标准体系环境适应性的表征,体现了对标准化对象管理的宽度与精度。将线性结构引入标准体系中,可以发现标准体系内部的标准是按照一定的联系与顺序关系组成的。线性型结构关注标准化对象的活动流程中的顺序性,强调标准之间的前后秩序与逻辑顺序,如某一标准的实施是另一标准实施的前提与条件。

(二)课程标准体系的规定性与课程标准体系建设

通过标准体系的目标性、整体性、层次性、关联性与环境适应性等特征及层次、线性结构,不仅可以将课程标准体系与一般标准区分开来,也为梳理与把握课程标准体系的规定性提供了依据。

上述内容阐述了从宏观角度对标准体系的特性和结构的概述。作为一个特定范畴的标准体系,课程标准体系既具有普遍标准体系的通性,同时也有自己的特性,因此要建设课程标准体系,既要遵循标准体系建设的共性规律,又不能忽视课程标准体系建设的具体规律。在构建课程标准体系时,首先要加强顶层设计、整体规划与系统整合,以立德树人的根本任务为统领,根据我国教育方针的精神实质,结合学生发展核心素养的具体内容维度构建课程标准体系的建设目标,作

---

[1] 桑滨生,邓文萍,卢传坚. 中医药标准化概论[M]. 北京:中国中医药出版社,2013:122.

为课程标准体系建设的出发点与落脚点；其次，秉持育人为本的精神，按照不同的分类标准将课程标准划分为不同类型，从使育人功能最大化的角度，按特定的组合统整各个相对独立的标准，形成具有特定结构与功能的课程标准体系；再次，把握标准体系的层次性、关联性与课程标准体系纵向衔接、横向配合的相通之处，科学地认识人的身心发展的阶段性与整体性，推动包括小学、中学和大学在内的一体化标准体系的发展；最后，标准体系的环境适应性启示我们，要与时俱进，不断推进课程标准体系的优化与完善，使课程标准体系改革常态化，对新时代的课程需求做出积极回应。

三、独立与贯通相结合的大中小学课程标准体系的建设路径

课程标准作为教育标准的重要组成部分，应当遵循国家教育标准体系建设的精神，围绕立德树人根本教育任务，以教育方针与学生发展核心素养为依据，结合标准体系建设的一般规律，构建与中国国情相适应，拥有国际视角、科学内容、合理结构的顺畅衔接的课程标准体系。

（一）坚持方位性，准确把握新时代人才培养的新要求

2024年，全国教育工作会议指出，应"牢牢把握教育的政治属性"[1]。全国教育工作会议的召开，进一步明确了新时代教育工作的方向。加快构建具有中国特色的课程标准体系，必须准确把握新时代人才培养的新要求，明确大中小学课程标准体系建设的方向和目标。

首先，强化党的全方位领导。课程标准作为国家认可的机构制定，并由国家权威监管部门批准或确认的文件，规定了国家对国民在某些领域或某些方面的素质要求，反映了国家对学生学习结果的期望，是解决培养什么人、怎样培养人、为谁培养这些根本教育问题的重要抓手，深刻体现了课程建设中的国家意志。因此，必须牢牢把握党对课程标准体系建设工作的领导权，加强党对课程标准体系建设工作的全面领导，把党的领导和党的主张落实到课程标准体系建设的各个方面。

其次，坚持正确的人才培养方向。课程标准规定了各门课程的性质、目标、

---

[1] 2024年全国教育工作会议召开[EB/OL].（2024-01-11）[2024-09-24]. http://www.moe.gov.cn/jyb_xwfb/gzdt_gzdt/moe_1485/202401/t20240111_1099814.html.

内容框架，提出了教学和评价建议①，是课程开发、课程实施、课程管理与课程评价工作的准绳。作为课程建设的标准与依据，课程标准体系对课程建设的重要性不言而喻。新时代课程标准体系建设要坚持马克思主义的指导，将立德树人贯穿于人才培养的始终，落实社会主义核心价值观与发展学生核心素养，通过课程标准体系进行教育，旨在培育全面发展的德智体美劳全面发展的社会主义建设者与未来继承者。

最后，使课程标准体系服务于国家发展战略。教育改革要"坚持社会主义办学方向，坚持扎根中国大地办教育，坚持以人民为中心发展教育，坚持深化教育改革创新，坚持把服务中华民族伟大复兴作为教育的重要使命"②。个人本位论和社会本位论两种不同的教育价值观的争议，总的来说，是对教育应当为人发展服务还是应当为社会发展服务的争论。教育作为一种培养人的社会实践活动，应当将促进个体的个性化与社会化发展，满足个人成长发展与价值实现的需要作为本体功能。同时，在人的发展过程中，只有结合社会发展的需要，个人的价值才能实现，脱离了社会环境与资源，个人也就不能真正实现健康发展。因此，要正确认识个人发展与社会发展之间辩证统一的关系，在促进学生个性而全面发展的基础上，围绕党和国家事业发展对人才的需求，培养能担当民族复兴大任的时代新人。

（二）立足环境适应性，明确课程标准体系建设的风向标

环境是指存在于系统以外的事物（物质、能量、信息）的总称，也可以说系统的所有外部事物就是环境。系统并不是封闭孤立的，而是与环境相互影响、相互制约，与环境进行着物质、能量和信息的交换。因此，系统必须适应环境的变化。③同样，能与环境保持最佳适应性的课程标准体系才是一个良好的标准体系。从马克思主义唯物辩证法关于事物发展的内外因出发，事物的外因是事物发展的外部条件，是事物发展的第二位影响因素。虽然两者的作用和地位不同，但在事物发展过程中，缺一不可。由此可见，课程标准体系决不能脱离外部环境而独立存在。

---

① 教育部. 基础教育课程改革纲要（试行）[EB/OL].（2001-06-08）[2024-09-24]. http://www.moe.gov.cn/srcsite/A26/jcj_kcjcgh/200106/t20010608_167343.html.

② 习近平出席全国教育大会并发表重要讲话[EB/OL].（2018-09-10）[2024-09-24]. https://www.gov.cn/xinwen/2018-09/10/content_5320835.htm.

③ 杨林泉. 系统工程方法与应用[M]. 北京：冶金工业出版社，2018：10.

立足于环境适应性，就要在准确把握新时代人才培养新要求的前提下，与时俱进，积极主动地完善与优化课程标准体系。当今社会是一个高速发展的信息社会，人类社会真正进入了知识爆炸时代。生活在这样一个知识经济时代，任何人都必须通过终身学习不断更新知识。课程标准规定了官方知识组织和选择的基本原则，发挥着重要的指导与规范作用，如果用一成不变的标准体系指导教学活动，就会导致学生的发展难以满足社会发展的需要。

立足于环境适应性，就要在人类命运共同体的时代背景下，处理好课程标准体系建设中国特色与国际视野的关系。当今世界多极化、经济全球化、社会信息化、文化多样化深入发展，各国之间相互依存、相互影响，新一轮科技革命和产业革命正在孕育成长，全球命运与共、休戚相关。在这样的大背景下，教育领域应当顺应和平、发展、合作、共赢的时代潮流，处理好中国特色与国际视野的关系，采用包容的思维，加强中西方教育对话，在竞争和比较中取长补短，在交流和互鉴中共同发展。在课程标准体系建设过程中，相关主体要兼顾课程标准体系的本土化与本土性研究，既要扎根中国大地办教育，从我国社会环境与教育实践中汲取营养；又要超越国别、种族与文化，借鉴他国优秀课程标准体系建设的经验，将人类文明的最新成果即时融入课程标准体系之中。

立足于环境适应性，就要把握好课程标准周期稳定性与课程标准体系动态性的关系。课程标准及其体系具有时效性，随着外界环境的发展变化不断做出相应的调整。如果是"朝令夕改"，不但课程标准不稳定，也难以发挥其指导与规范作用，还会造成标准执行对象活动的混乱无序，因此标准单元往往具有周期稳定性。相较于课程标准而言，课程标准体系则是由各个标准单元以特定的逻辑组合而成的整体，通常表现为相对连续的动态变化。在课程标准体系的建设中，若把握不好课程标准周期稳定性与课程标准体系动态性的关系，会影响课程标准体系的实施效用。

（三）把握整体性、层次性与关联性，建立贯通性课程标准体系

课程的复杂性和多样性本质上使得课程标准成为一个复合的体系。基于学科、学段、层级、类型、指向与领域的不同，我国课程标准按照其类别与作用形成了课程标准体系，具有鲜明的整体性、层次性与关联性。课程标准体系的整体性表现在是对多种具有内在关联性的课程标准或课程标准成分进行统合的一种称谓[1]，

---

[1] 柯森. 基础教育课程标准及其实施研究：一种基于问题的比较分析[M]. 上海：上海教育出版社，2012：32.

第六章 构建高质量的大中小学一体化教材体系

确保了各种课程标准之间的协调与互补，共同构成了一个完整、系统的教育教学指导框架。课程标准体系的层次性体现在课程标准可以根据不同的范围、对象或层级进行分类，而在特定组合下，每种类型的课程标准又能形成各具特色的课程标准体系，确保了标准体系的系统性和协调性，为教育教学的实施提供了有力的支撑。课程标准体系的关联性表现为课程标准体系是由相关课程标准单元以一定的逻辑组合而成的系统，体系内部的任一标准单元发生变化，相关标准单元也会做出相应的改变。

在此课程标准体系中，我们还可进一步将学科课程划分为分科课程标准与综合课程标准，将活动课程标准进一步划分为经验课程标准或实践课程标准，反映了其是由相互关联、相互制约的各种类型与层次标准组成的系统化、结构化体系；课程标准系统内的各要素，包括课程计划的设计规范、不同学科的课程要求、活动课程的标准、教材的制作与编辑规则、课程的执行准则、课程品质的监控规范及对课程标准进行评估的标准，都是密切相关的，一起形成了一个完善的结构体系。其中，课程方案设计标准在整个体系中发挥着统领作用，为课程的设计与标准化发展提供了总体指导。学科课程和活动课程作为两大核心课程类型，既遵循课程方案设计标准的总体方向，又依据各自的课程标准进行具体的内容、方法、评价和管理等要素的设计。这种结构确保了课程体系的协调性和一致性，为教育教学实践提供了有力的支持。教材作为课程实施的重要载体，其设计与编写也要遵循相应的设计与编写标准，从而更好地为课程与教学服务；课程实施标准为课程方案，以及学科、活动课程的实施提供了保障，在课程计划付诸的教育实践过程中，课程实施标准的示范指导作用不容小觑；要想使课程实施效能最大化，就要及时关注课程实施过程中出现的问题，这就有赖于课程质量管理标准的引入。课程质量管理标准通过规定课程与教学质量评价标准，为判断课程实施中课程与教学的质量提供了依据与准绳，推进课程实现高质量发展；课程标准的评价标准作为课程元评价标准，对各类课程标准体系组成部分的合理性、合法性与正当性进行审查，从而促进课程标准体系品质的提升。可见，课程标准体系是一个"牵一发而动全身"的整体。

目前，小学、中学及大学各自独立制定的课程标准系统之间缺少有效的联通机制，这不可避免地造成了各个教育阶段人才培养目标的不统一，同时也在很大程度上引发了三个教育阶段教材体系之间联系不紧密的问题。因此，把握整体性、层次性与关联性，建立贯通性课程标准体系势在必行。

第二节　构建现代化的大中小学一体化教材体系

教材体系是一个国家各级各类教材相互联系、相互衔接而构成的整体，涉及教材各个部分的相互关系及组合方式。研究人员正在关注如何利用教材内部的一致性对小学、中学及大学的教材进行融合的问题。教材一体化建设就是要探索教材系统内各要素、各部分、各环节和各层次具有的个性与共性，并揭示一体化建设的特性，实现整体优化，建成有序、高效的大中小学教材体系。

一、价值与知识：教材体系一体化建设的逻辑起点

教材既是知识分门别类的系统，也是社会结构的一部分，同时具有知识性、价值性的特点。这种双重属性构成了大中小学教材体系一体化建设的逻辑起点。

（一）教材体系一体化建设中的价值起点

教材建设的价值观念是教材体系中具有内隐性特征的要素。任何教材体系的构建，首先必须有教材构建的价值澄清，必须为了保证实现教材价值而建立基本的价值实现规范。常规意义的知识是教材编撰的要素，什么样的知识可以进入教材，其选择标准在于是否符合那个时代的群体共识或价值取向。新时代推进教材体系一体化建设，需要明确教材建设中的价值起点，澄清教材一体化建设的价值逻辑。大中小学教材一体化建设的价值逻辑起点主要包括以下几个方面。

第一，坚持中国共产党的领导。加强和改进教材建设，是新时代切实加强党对教育工作全面领导的重要体现。新时代，教材建设要从事关党对教育工作的领导、事关中国特色社会主义事业兴旺发达和后继有人、事关党和国家长治久安的高度，对全面加强和改进教材建设提出明确要求。针对高校思想政治理论教材、少数民族文字教材等，习近平总书记多次做出系列重要指示。针对高校思想政治理论教材，习近平总书记指出，"坚持思政课建设与党的创新理论武装同步推进，构建以新时代中国特色社会主义思想为核心内容的课程教材体系"[1]。针对

---

[1] 习近平对学校思政课建设作出重要指示强调　不断开创新时代思政教育新局面　努力培养更多让党放心爱国奉献担当民族复兴重任的时代新人[EB/OL].（2024-05-11）[2024-09-20]. https://www.chinacourt.org/article/detail/2024/05/id/7936194.shtml.

少数民族文字教材，习近平总书记强调，"要大力加强少数民族文字教材建设"①。坚持党的领导，在思想上要高举中国特色社会主义伟大旗帜，强化阵地意识，把好思想政治关，为努力建设中国特色、世界水平的教材体系提供坚强有力的政治保障。

第二，坚持中国特色社会主义方向。这意味着学校教材需要深入展现中国特色社会主义的形成、发展和逐步完善的客观规律与历史轨迹，详细解释中国特色社会主义的历史与文化根基，以及其在推进人类文明发展过程中的贡献，清晰地阐述中国特色社会主义的明显优势，并全面讨论支持中国特色社会主义的理论基础、发展路径和文化体系，说明持续发展和优化中国特色社会主义体系与推动国家管理体系与管理效能向现代化转型的重要性、核心理念、基本要求、主要目标，以及其分阶段目标、关键任务等。

第三，坚持"立德树人"根本任务。"立德树人"的核心理念主要涉及两个方面。首先，"立德"阐述了教育培养人的目的和方向。在这个方面，我们应当坚持正确的人才培养方向，以社会主义核心价值观为指导，促使学生健康成长。其次，"树人"定义了教育应当培养的人才类型。这要求我们设定明确的人才培养标准和质量标准，以满足新时代国家对教育的综合需求。无论是培养社会主义劳动力还是专业人才，都需要强调社会主义的特色和人才发展的全方位性。在讨论教材改革的过程中，我们必须清楚教材在实现立德树人基本目标中扮演的重要角色。教材不只是培育德智体美劳全面发展的社会主义建设者和未来接班人的关键资源，也是深化教育改革的一个重要环节。因此，坚持中国特色社会主义的教育方向，并为学校提供高质量的教材资源，对于促进教材和教学方法的改革有着至关重要的作用。

（二）教材体系一体化构建中的知识起点

教材是教学活动的根本支撑，构成了各个学科知识的标准和框架，并展示了学科基本理论及其在国家经济和社会发展中的应用。②各级各类教材组成的教材体系，本质上是各种各样知识组成的知识体系。从知识之间的联系出发，可以建立一种能够客观、完整地描述教材知识结构的网络模型。③新时代背景下，我国

---

① 习近平. 培养德智体美劳全面发展的社会主义建设者和接班人[EB/OL]. （2024-08-31）[2024-09-20]. https://www.gov.cn/yaowen/liebiao/202408/content_6971627.htm.

② 郑富芝. 尺子教材 悠悠国事——全面落实教材建设国家事权[J]. 人民教育，2020（Z1）：6-9.

③ 彭征，郭玉英. 基于复杂网络理论的教材知识结构模型研究——以初中物理教材为例[J]. 教育理论与实践，2017（20）：42-45.

教育正处于历史的新起点，迈向高品质发展的阶段。因此，我们的教材需要具备国际视角、面向未来的意识及达到世界级的标准，能够直接应对全球百年未遇的重大变化中普遍存在的时代性和趋势性问题。它们应该能够精准地概括出具有前瞻性的关键概念、议题和理论，指导学生展望全球、迈向未来，并成为人类命运共同体的一部分。

第一，致力于教育的开放性，我们应深入拓展国际交流与合作。在遵循"各有所长"的原则下，既要弘扬本国的教育传统与优势，也要理性地审视中国教材体系与发达国家的差异，不回避存在的短板。在科学分析的基础上，我们应积极吸纳全球优质的教材资源，学习并借鉴其先进的教育理念、学术见解、知识结构、教学技巧、质量标准和技术支撑等，以此推动教材现代化，进而促进高校的进步。同时，探索与国际知名院校、学术权威、名师和知名出版社合作，共同研发和编写能对世界产生深远影响的高质量教材，以增强中国教材的时代性、整合性和权威性。[1]

第二，要坚持理论创新，顺应新时代教育的变革。时代是思想之母，实践是理论之源。步入新时代，我国的教育进程需要与时俱进，持续坚持保留本源、融合外新、朝向未来的原则。在教材建设这一培养人才的关键环节，紧跟时代步伐、适应教育观念与目标的深层次转变显得尤为重要。首先，在选材方面，必须旨在满足社会的期望，既要传承中华优秀传统文化，又要精心挑选能够体现新时代要求、科技进步并具备深厚教育内涵的内容。其次，教材的呈现方式需要更加灵活开放，特别是在信息技术已经改变了人们的思维和生活方式的今天，应积极适应技术变革对教材编制的影响。因此，网络化、数字化、多维化成为教材发展的新趋势。最后，在教材的互动性方面，要充分利用信息技术的潜力，围绕知识内容开发教学辅助的数字化资源，推进教材在理念、技术、载体和形态上的创新发展。[2]

第三，增强科学精神，遵守教材标准。在当今日益兴盛的科学环境中，作为教材的核心特性和根本需求，自然应将教材的编制纳入科学性的考量之中。一方面，教材建设应遵循历史唯物主义和辩证唯物主义的科学视角及方法，尊重科学与学科发展的自然规律，同时密切关注学科体系与教材体系的紧密联系，并重视教育教学及学生发展的规律。这意味着必须将系统的、抽象的、复杂的及具有学术性的知识内容转换成适合不同年龄学生的学习材料，实现知识、技能、综合素

---

[1] 张文显. 新时代高等学校教材的"中国特色"和"世界水平"[J]. 教育研究，2020（3）：11-14.
[2] 余宏亮. 建设教材强国：时代使命、主要标志与基本路径[J]. 课程·教材·教法，2020（3）：95-103.

质、情感、态度和价值观的有机融合。另一方面，在教材的具体编制过程中，应当遵循逐步深入、由易到难、顺畅连接的原则，科学地规划各个学段和科目的知识架构，确保教学内容在不同学段之间的纵向连贯和课程内容之间的横向协调。

二、实质与形式：教材体系一体化建设的逻辑主轴

现代教材体系层次更多、类型更广、结构更加丰富精致，这都是外部的表层特征，而能够反映现代教材精神气质的实质性逻辑才是现代教材体系的深层特征。

（一）教材体系一体化建构的实质逻辑

教材体系的实质性逻辑是一种理想性和应然性相结合的教材体系。实质性框架根据思想政治课程内容的特性，在不同元素之间建立关联，例如，知识与经验之间的联系，以及知识、情感、人格在课程设置中的位置问题。[1]如果没有基本和普遍的价值文化支持，赋予教材生命，各级各类丰富多彩的教材都将变得毫无意义。

1. 方向性

确立教材开发的指导方向，是构建一体化教材体系的根本。对于教材一体化建设，应从如下几方面加以分析：一是合乎国家政治方向。教材建设作为国家的基础性与战略性工程，其系统性变革必须坚守正确的政治方向，并强化对教材建设领导权的把握。站在国家意识形态的高度，有关教育部门应全面规划并协同推进大中小学教材建设。在此过程中，要将立德树人的根本任务融入教材建设的各个环节，确保理想信念教育与知识教育在教材中得以深度融合，共同构筑学生全面发展的坚实基础。二是合乎核心价值观。人类发展的历程表明，全体社会成员普遍接受的核心价值观构成了一个民族或国家最为持久和深刻的动力。[2]为了有效推进社会主义核心价值观在教材中的系统融入，教材编写工作应精心挑选具有基础性和核心价值的德育要素与概念，同时选择那些具有发展潜力且富有弹性的议题作为学习重点。[3]具体而言，要把培育公民的理想信仰、对国家的认同及社

---

[1] Gaff J G, Ratcliff J L. Handbook of the Undergraduate Curriculum: A Comprehensive Guide to Purposes, Structures, Practices, and Change[M]. San Francisco: Jossey-Bass, 1996: 702.
[2] 吴小鸥,李想. 中小学教材建设对中华优秀传统文化的创造性转化[J]. 教育研究, 2019（8）: 51-58.
[3] 朱小蔓,王慧. 关于大中小学德育课程衔接的思考[J]. 课程·教材·教法, 2014（1）: 44-49.

会责任感等与国家意志密切相关的要素，作为教材开发的中心使命。在编写教材时，相关主体应以政治方向和价值观为指导，增强教材的内部价值和作用，明确其服务的目标群体。同时，还需要全面考虑教材开发的现状与追求的目标，确保两者相互协调、有序发展，从而真正促进人的全面发展这一本质目标的实现。

2. 全面性

人身心的全面发展性、人品德结构的全面性及影响人身心与品德发展的全面性，决定了教材建设过程中要坚持全面性。只有教材具有全面的目标和内容，才能塑造出具有完整政治素养的全面发展的社会主义新人。具体言之，一方面，教材一体化建设要凸显教材目标的全面性。教材目标的全面性体现在对总体目标的精准把握上，同时强调不同阶段教材目标之间的纵向连贯与横向联系。在构建教材目标体系时，需要重点关注目标建设中的主要矛盾和矛盾的主要方面，通过有针对性、有重点、有序的方式，将德育、智育、体育、美育和劳动教育等的内容有机融入其中，确保整个教材目标体系能够充分发挥其整体功能。另一方面，要注重教材内容的全面性。总体的目标只有转化为具体的教材内容，才能有效地践行马克思主义关于人全面发展的思想。这首先需要明确教材内容的基本组成部分，然后根据学生具体身心品德发展的规律与特点，将德育、智育、体育、美育和劳动教育有机地融入各级各类教材的具体内容中，全方位、多层面地助力学生核心素养的发展。

3. 系统性

教材建设作为学校教育的一个子系统，必须受大系统规律的制约，必须适应大系统改革的要求。[1]各个知识载体之间并非孤立地存在，也非杂乱无章地随意堆砌，而是经过精心组织，形成了一个有机相连的知识网络（从国家和学校的角度看），同时也构成了一条系统、完整的知识链条（针对某一学科或专业而言）。不同知识载体形成的联系，构成了教材系统的相互关联性。[2]因此，教材编制需要紧密围绕人才培养的目标，对中小学、大学的教材进行科学规划，确保对各学科内容的全面理解和整体配合，努力减少不同学科内容的交叉与重复，实现课程之间的互相补充和共同教育作用。对于具有较强意识形态特点的教材，需要遵循国家的统一编写、审查和使用政策。同时，对于中小学的统编教材和大学中的"马克思主义工程"这一关键教材，应加大质量监控力度，定期进行分析评估，

---

[1] 曾天山. 教材论[M]. 南昌：江西教育出版社，1997：175.
[2] 周士林，李嘉瑶. 教材建设浅论[M]. 北京：北京航空学院出版社，1986：23.

第六章 构建高质量的大中小学一体化教材体系

以便及时进行修订和完善。[1]

4. 整体性

整体性定义了各种系统的基本属性。作为将不同元素串联起来的有机整体，系统会展现出其各个组成部分不具备的新的特质。构建一体化教材的过程，应当遵循"全面教材构架"的理念，重视在内容的多层面、多维度上进行纵向与横向的协调和连接，旨在全方位地完善初等学校到大学教材的建设，以实现对学习者教学效果的最大化整合与增强。为此，要做好以下几个方面：①教材设计应把教材的整体功能作为出发点和归宿；②要采用系统工程的设计程序，确定主编负责制，统筹安排，形成有机统一体；③教材设计应强化学科间的实际联系，确保局部内容紧密贴合整体框架，避免无谓的重复，同时确保各部分内容之间的衔接自然流畅，避免产生盲目或生硬的割裂。[2]

（二）教材体系一体化建构的形式逻辑

教材种类，亦称为教材模式，涉及教材的排列方法及其设计的多样类别。对教材进行分类，有助于理解各种教材的特性和功能，为创建一个既纵向连贯又横向协调的教学材料体系提供依据。[3]每一种教材的类型都有其独特的属性及育人价值。教材体系研究的重点是各级各类教材之间的纵向衔接关系、横向沟通关系及结构比例关系。对教材进行科学、恰当地分类，有利于对大中小学各级各类教材进行合理明确的定位，有利于深刻认识教材体系内部组成部分的结构比例特征和相互依存关系，有利于针对不同的教材进行科学管理、分类指导。

1. 学段纵向衔接的逻辑

根据学习经历及教材应予传授的知识与价值的阶段性变化，可以将教材分为不同学段。各个学段的教材展示了知识从基本到高级的复杂性和专业化水平。学段越高的教材，其复杂性越高。"学习进阶"（learning progression）这一术语最初是在科学教育界正式引入的，侧重于通过对一系列核心概念的集成和深化探讨进行学习，详细阐述了学生从初步阶段到高级阶段对主要思想认知的持续进化过程。[4]在我国，各个学段，如小学、初中和高中的教材均有独立的设计方案，这

---

[1] 余宏亮. 建设教材强国：时代使命、主要标志与基本路径[J]. 课程·教材·教法, 2020（3）：95-103.
[2] 曾天山. 教材论[M]. 南昌：江西教育出版社, 1997：75.
[3] 刘学智, 张振. 教育治理视角下教材一体化建设的理论建构[J]. 教育研究, 2018（6）：139-145.
[4] 郭玉英, 姚建欣, 张静. 整合与发展——科学课程中概念体系的建构及其学习进阶[J]. 课程·教材·教法, 2013（2）：44-49.

种分割缺少必要的逻辑衔接，结果在教学过程中经常会出现断层和不连贯的情况。从根本上理解，知识发展实际上代表了一个纵向的整合过程，涉及将不同学习阶段的知识融合起来，确保小学、初中和高中的教材共同构成一个协调一致的整体。

2. 学科横向配合的逻辑

教材最基本的结构是知识结构，这一结构建立在学科结构之上，并融入了教学中涉及的相关学科知识，从而形成一个完整的知识体系。①伯顿·克拉克（B. R. Clark）认为，学科形成了基本原则，而知识专业化则是构建一切其他元素的根基。历史上，世界上大部分国家的教育系统都采用了按学段和学科分开设置课程的模式，并基于此模式开发了教材体系。这种做法在很大程度上确保了教育和教学的高效。然而，如果未能妥善处理不同学段和学科之间的联系，就可能会出现学段连接不顺畅、学科内容重叠，从而使学生遇到学习障碍，乃至失去学习的兴趣和动力。②特别是随着学科体系的持续进化，现有的学科分类变得更加精细，由此产生的学科间隔阂越发明显，不利于学科相互之间的融合和知识的集成与统一发展。在知识创新和驱动发展的新时代，学科面临着新的挑战。在这种情况下，通过将不同的学科整合到学科群中，促进了学科的相互融合，既突破了传统学科制的封闭和静态发展模式，同时在保留各自特点的基础上，形成了新的组织结构，为突破"学术界限"提供了有效的途径。

3. 类型关联的逻辑

推进常规教育教材的发展与增强职业教育教材的强度，是互为补充的过程。治理不同类别的教材，不仅代表了不同教育类型的结合，也反映了教材管理者对满足社会所有层次人才培养需求的共同努力。③构建跨学科教材体系，需要基于培养全面发展的人才这一核心目标，以促进职业与普通教育在多个领域内的教材管理相融合。目前，职业教育正在逐渐成为普通教育体系的一部分，同时越来越重视知识与技能并行发展的理念。因此，开发高品质的职业教育教材，需要关注教材的系统布局和层次发展，在职业教育和本科及研究生教育各阶段提供恰当的教材，并与普通教育教材形成转换机制，解决职业教育教材开发的边缘化问题，致力于建立一个互补的教材管理体系。具体言之，建立多类型教材体系，不仅能

---

① 范印哲. 大学教学与教材概论[M]. 北京：高等教育出版社，1990：166.
② 余宏亮. 建设教材强国：时代使命、主要标志与基本路径[J]. 课程·教材·教法，2020（3）：95-103.
③ 刘学智，张振. 教育治理视角下教材一体化建设的理论建构[J]. 教育研究，2018（6）：139-145.

促进教材管理从宏观的大框架向具体的类型细化转变，还能加强不同类型教育教材的需求沟通、结构整合和制度支持，为职业教育的普遍化与普通教育的职业化搭建了相互连接的通道。

三、中国特色与世界水平：教材体系一体化建设的旨归

2019年，国家教材委员会印发的《全国大中小学教材建设规划（2019—2022年）》，鲜明地体现了"中国特色、世界水平"两个基本面向，必将对教材建设起到划时代的引领作用。①发展具有中国特色、世界水平的现代教育，就是要扎根中国大地，瞄准世界前沿，遵循教育规律，创造性地推进教育发展。

（一）明确教材体系一体化建设的价值方位

教材体现了国家意志，是落实国家事权的重要载体。教材建设作为一项铸魂工程，事关中国特色社会主义事业和中华民族的未来发展。在构建一体化的大中小学教材体系时，必须确保马克思主义的核心指导作用，并以习近平新时代中国特色社会主义思想为方向，实施培养德性与才智的基本教育目标，提升学生的核心能力，以此培育具备全面发展能力的社会主义事业的建设者与未来领导者。

首先，必须把习近平新时代中国特色社会主义思想作为大中小学教材一体化建设的指导思想。习近平新时代中国特色社会主义思想代表着马克思主义传统的现代演化，并将其基础理论与中国特色社会主义的实践有效融合，形成了一项卓越的理论成果。因此，为培养中国特色社会主义事业的建设者和接班人，要基于中国具体情况，并以习近平新时代中国特色社会主义思想为导向，打造具有中国特色的中小学及大学教材体系。

其次，要把立德树人融入大中小学教材一体化建设之中。立德树人作为教育的根本任务，其实质就是践行马克思主义关于人的全面发展观。"凡是不利于实现这个目标的做法都要坚决改过来。"②由此可以看出，将立德树人融入大中小学教材一体化建设是大势所趋，也是凸显教育价值的必然要求。

最后，大中小学教材一体化建设要指向学科核心素养。为了充分利用学科教学材料在教育中的独特作用，教材编写者应依据每个学科的本质特点，精心提炼

---

① 张文显. 新时代高等学校教材的"中国特色"和"世界水平"[J]. 教育研究，2020（3）：11-14.
② 习近平出席全国教育大会并发表重要讲话[EB/OL].（2018-09-10）[2024-09-24]. https://www.gov.cn/xinwen/2018-09/10/content_5320835.htm.

相应学科的核心素质。大中小学教材一体化建设要指向思想政治学科核心素养，将政治认同、科学精神、法治意识和公共参与有机渗透大中小学教材之中，帮助学生保持正确的思想政治取向，建立恰当的世界观、人生观及价值观[①]，以此培养他们适应现代社会进步和个人持续成长所需的基本素质与关键技能。

（二）聚焦大中小学教材一体化建设的目标体系

知识是教材的核心，价值是教材的轴心，教材知识的价值自觉则是教材建设的靶心。教材一体化建设必须重新定位知识与价值的关系，既要思考学科知识的本体价值，也要摆脱学科本位的局限，思考学科知识的跨学科意义，基于学科素养精选教材内容。

首先，价值性与知识性相统一，整体规划教材建设目标。分析和研究教材的总目标，是优化教材建设目标的第一步。教材目标与教育目的保持高度一致，是党和国家基于特定时期社会发展的政治、经济、文化需求而设定的。这一设定是对教材建设的全面考虑和规划，具有普遍性、方向性和统一性的特点。它确保了教材建设与社会发展目标的紧密结合，为教育事业的发展提供了明确的方向和指导。教材的目标主要聚焦于价值观培养和知识传授，包含人格发展和才能培育两个维度。其中，传授知识是教材的核心，也是实现教材价值的基本条件。价值观教育则是教材的核心宗旨，促进了知识教育的实施。

其次，层次性与递进性相统一，贯通各级教材体系建设的纵向目标。学段间教材的目标既有共性，也有差异。其中，共性为学段间教材目标的相互递进奠定了基础，而差异性则强调了学段间教材目标分层的必要性。层次性与递进性的有机统一，有利于提高教材目标一体化建设的实效性。在此过程中，一方面，应注重教材体系建设的层次性，精准把握每一层次及不同层次间教材的特性、学生的心理认知特征及社会要求；另一方面，要强调教材体系建设的递进性，以培育学生的学科核心素养为核心，循序渐进、由浅入深，通过科学地研究不同学段的教材，建立起一套系统、连贯的渐进式纵向教材体系。

最后，统一性与特殊性相统一，分类制定教材体系建设的横向目标。在同一教育阶段，教材呈现出多样化的类型结构，如普通教育教材与职业教育教材等。这些不同类型的教材在遵循统一、严格、集中要求的同时，还需要根据特定类别和学校的需求制定具体的规范，以确保教材的多样性与针对性相结合。因此，在

---

① 高国希. 大中小学思想政治理论课一体化建设的思考[J]. 思想理论教育，2019（5）：22-27.

教材的编制中，应当融合一致性与差异性，有意识地将国家、社会及个人层面的价值追求整合进教材的具体目标之中，确保教材在培养人才和塑造人格上的双重职能得到有效执行。

（三）完善教材体系一体化建设的结构体系

现代教材体系并不只是一种"结构"存在，还是一种"灵魂"存在，是一个有灵魂的结构。教材的一体化结构是指将政治、文化、品德、法治等内容在多个层面、不同维度和序列中进行融合，包括教材的大体架构和细节布局、纵横交错的结构布局、线性与循环的结构方式，以及心理和知识的结构组织等各个方面。其目的在于通过优化和改革教材的目标、内容和组织方式等关键要素，实现一个协调一致的系统，从而最大化地提升学习者的综合学习效果。

1. 在构建层次时，遵循"逐步提升"的原则，形成一个纵向连贯、跨学段的教材体系

教材的连续性强调将知识点、技能，以及情感、态度和价值观目标与学生的个人经历相融合。通过螺旋式的教材架构，关键的道德教育精髓和基本要素能够在各个年级、不同环境中，按照学生发展阶段适宜的方式进行重复学习和探讨。因此，综合教材的构建，需要遵循逐层递进的原则，考虑学生身心发展和品德塑造的特点，周期性地强调基本的价值概念和中心议题，形成一个分明且递进的一体化教材架构。总体来说，首先，需要推动各学段教材之间的有效链接。教材应当依据整体目标和各学段的具体目标要求，结合不同年龄段学生的特性，科学地搭建并合理地调整各级教材，有序地实现从小学到大学各教育阶段教材的递进和螺旋上升。其次，不同学年的教材衔接也至关重要。教材不仅需要在不同学段之间体现出变化，也要在年级之间展现出差异。这种衔接建立在学生成长的阶段性与连续性的基础上，教材应根据不同年级的特点进行全面规划，确保教材内容在不同年级之间能够实现螺旋上升式的累进和纵向连接。

2. 在科目设置中突破学科间的隔阂，建立横向整合的多学科框架

学校课程主要以学科教材的方式而存在。随着复合型人才成为社会发展的新需求，迫切需要建立一个涵盖多个学科的教材体系。这样的教材体系旨在通过跨学科的融合，促进综合性人才的培养。首先，管理这种教材体系不仅仅是关注单一学科的更新，而是涉及不同学科的互动与融合，旨在寻找更广泛的管理策略和

更有效的发展路径。①这种互动不仅是学科目标的融合，如将文学与科学、人文科学与自然科学的知识结合起来，还包括将一个学科的精华内容融入其他学科的教材中，实现知识的全面交流和人才培养的多面性。例如，可以通过各学科特有的内容来寻找道德教育的切入点，实现学科间的无缝衔接，从而促进人才的全面发展。其次，随着学科间的相互渗透，教材的组织形式也需要相应地变化。传统的单一学科教学模式已无法满足新型、多元化教材体系的需求。因此，在构建跨学科教材体系的过程中，必须改革教材的组织方式，探索一种多学科共建的模式，确立一个有效的协调机制，通过组织创新来促进学科间的互动，共同塑造一个具有共享价值的教材体系。

3. 在教材分类上超越类型界限，打造一个能够跨类别互联的综合体系

随着教育材料体系朝着均衡、综合和灵活多样的方向发展，我们见证了各种教材形式的兴起，包括国家级、地方级、学校级教材，以及学科、活动、必修、选修、理论、实践、专业和通识教材等多样化的教材。整合这些教材结构，就是对教材类别和课程时间分配进行全面规划，确保不同类别教材有效配合，形成一个互联互通的教材网络。首先，需要增强普通教育与职业教育的连通性。教材结构中应适当融入更多应用和职业教育元素，强调其综合性、职业导向性和实用性。这种结构调整能够有效提升学生的就业能力和创新思维，进而增强其社会适应性。②因此，在优化教材结构时，需要同时考虑普通教育和职业教育的共同要求，关注培养学生的核心能力，打造集综合性、技术性及艺术性于一体的教材体系。其次，国家、地方和学校共同构成了三层级的教材体系。在这个体系中，应明确各层级之间的联系，以国家级教材为核心，同时考虑地方特色和学校实际，合理规划地方和学校特色教材，避免地方和学校教材取代国家教材的情况出现，也不应仅仅依赖国家教材而忽略地方和学校教材的开发。这样做可以确保形成一个层次分明、相互支持的三级教材体系。

（四）优化整合教材体系的管理架构

教材一体化建设具有复杂性，其覆盖范围广泛，牵涉多个部门的职能、众多政策支持及各方面利益协调，需要在统一与多样之间找到平衡，在国家、地方与学校三者间达成适当的动态平衡。因此，应通过综合构筑教材育人的体系和机

---

① 刘学智，张振. 教育治理视角下教材一体化建设的理论建构[J]. 教育研究，2018（6）：139-145.
② 孟艳，黄建红. 大学课程结构优化的逻辑[J]. 现代教育管理，2015（10）：67-71.

第六章 构建高质量的大中小学一体化教材体系

制,促进教材一体化建设向结构性转变迈进,形成全国统一的育人治理架构。

1. 建立统一领导与分级管理体制

加强党对教材的领导权,首先要改革教材的管理体制,强化党在教材建设中的总体指导作用,确保教材建设成为国家的核心职责。加强党对教材工作的全面领导,落实教材建设国家事权,建立健全集决策、执行、研究和咨询多位一体的教材工作体系,推动形成统筹为主、统分结合、分类指导,国家、地方和学校分层负责、上下联动、紧密配合的工作体制。[①]教材一体化建设的推进,只有在党的全面领导之下,才能有效实现立德树人的基本使命。只有加强党的领导,才能在教材体系中落实党和国家的育人育才意图,彰显教材的育人育才价值。同时,改革教材管理体制,是推进教材治理体系现代化的应有内涵。教材管理体制改革需要遵循三大原则,即管统筹、管重点、管协调。[②]

2. 构建多元化主体、层次分明的教材编审队伍

教材编审队伍是由负责编写教材和审定教材的两部分人组成的一个群体,教材编审队伍的建设水平直接决定了教材体系的建设质量和管理效率。[③]一是确保教材编审队伍结构合理。教材编修工作应吸纳具备多样背景的人员,涵盖学科领域专家、课程设计专家、教材开发专家、教育研究员、资深一线教师及教材管理工作者等。同时,还要体现学段、学科、类型要求,以适应打破基础教育、职业教育和高等教育三大领域教材一体化建设要求,从整体上规划大中小学教材体系。二是明确教材编审人员的资格要求。教材是铸魂育人的重要载体。因此,教材编审人员应具备较高的学术水平、过硬的政治素质、正确的思想认识、高尚的道德品质、创新的思维方式及广阔的视野等。

3. 深化教材体系一体化研究体系

教材建设是一件关系到树"人"、立"魂"的大事,提高教材质量,不能光凭经验,还要进行系统、深入、细致的基础研究。[④]教材研究的目标是应对教材一体化进程中遇到的主要问题和挑战。在此过程中,应遵循几个关键原则:首先,必须实现传统与创新的融合。鉴于教材开发的长周期、高标准和众多影响因

[①] 教育部教材局. 坚持加强党的领导 整体构建"五大体系" 全面推进大中小学教材建设——"十三五"期间教材建设总体情况介绍[EB/OL].(2020-12-24)[2024-10-30]. http://www.moe.gov.cn/fbh/live/2020/52842/sfcl/202012/ t20201224_507267.html.

[②] 郑富芝. 落实"五个体现" 把牢育人方向[J]. 人民教育,2018(20):11-13.

[③] 马云鹏,李哨兵. 德智体美劳培养体系下的教材体系建设[J]. 教育研究,2019(2):25-28.

[④] 郑富芝. 落实"五个体现" 把牢育人方向[J]. 人民教育,2018(20):11-13.

— 243 —

素，采用结合传统与创新的方法对统一编制的教材进行建设是至关重要的。这种方法不仅能够确保经验的有效积累，而且能够基于实践进行不断创新。其次，教材建设应该理论与实践相结合。教材研究和试验是推进教材发展的关键力量，对于统一编制教材具有不可或缺的作用。教材研究不仅可以总结实践中的经验，为教材试验提供理论依据和改进方向，而且实际的教材试验也能够为研究提供实践案例，成为验证理论的一个重要手段。教材的开发既要考虑理论的逻辑和规律，又要着眼于具体实践的创新和进步。再次，必须融合本土特色和国际视角。教材建设不仅要强调符合中国特色的解决方案，还要在中国特色社会主义理论的引领下，探索具有中国特色的教材理论、原则和方法。这意味着要超越简单的理论传授，努力进行从具体到抽象、从表象到本质的深入分析，从而建立起具有中国特色的教材研究框架。此外，应吸收西方教材开发的有效策略和经验教训，采用全球视角探索适合中国教材建设的理念、技术及方法。最后，坚持问题导向与重点突破相结合。教材研究既要着力解决教材建设中存在的痛点和短板，也要抓住教材建设中的重点和关键，在学理上破解教材一体化建设的难题。在教材的制定过程中，既需要确保足够的专家参与，以维护其科学性和精准度，也应通过开展各学科的教材改革研讨会等活动，广泛收集不同利益相关者的建议和意见。这样做旨在确保教师及其他从业者能积极参与到教材的编写过程中，从而促进教材构建的理论与实践相融合。

第七章

构建现代化的大中小学教材治理体系

　　教材是一种教育公共产品,决定着教育的水平,是建设教育强国的重要组成部分。教材治理能力和治理水平是建成高质量教材体系的关键因素,教材治理应着眼于教材建设的理念和价值导向的科学性、教材体系的系统性、教材管理的制度化和创新性等方面。因此,构建现代化的大中小学教材治理体系,对于保障国家教材建设水平达到世界一流具有重要意义。

第一节　明确教材治理的政治方向与价值导向

所有政党都试图把青年团体潜在的社会政治兴趣和广泛的取向纳入自己的框架中。[①]教材作为解决"培养什么人、怎样培养人、为谁培养人"这一问题的重要途径，其功能和价值的发挥必然要依赖于现代教材治理体系为其提供的制度保障，而构建完善的具有中国特色的现代教材治理体系，关键是要把握教材治理的政治方向和价值导向。新时代教材制度改革要形成一个科学合理的价值目标，使其既能够准确反映教材建设的本质、规律和时代特征，又能为教材建设实践指明方向。[②]

一、坚持马克思主义在教材治理体系中的指导地位

作为党和国家的指导思想，马克思主义为教材的治理提供了思想指引。马克思主义是引领中国特色教材制度建立、发展和创新的根本指导思想。在教材建设和管理中要坚持马克思主义的指导地位，进一步而言，就是要将马克思主义基本原理同我国教材制度建设的具体实践结合起来，不断探索创新教材体制机制，构筑教材意识形态建设中的制度堡垒，推进国家教材建设事权的规范化、制度化。教材制度建设也要坚持社会主义发展方向，在遵循社会主义制度建设基本原则的基础上，实现从建设方案的制定到组织机构的设置，从研究编写到审查、从出版发行到选用、从使用到评价的每一个环节都融入社会主义核心价值观，充分发挥社会主义制度的优越性。这不仅仅要落实于教材内容的选择与编写之中，也要全方位地贯穿于教材建设工作之中。

二、凸显马克思主义中国化要求在教材治理体系中的根本体现

在推进马克思主义中国化的历史进程中，习近平新时代中国特色社会主义思想创立了。这是中国人民的智慧结晶，体现了中国人民在不同历史阶段具有的理

[①] S. N. 艾森斯塔德. 现代化：抗拒与变迁[M] 张旅平，沈原，陈育国等译. 北京：中国人民大学出版社，1988：31.
[②] 刘学智，张振. 推进教材制度创新的着力点[J]. 教育研究，2019（2）：28-32.

论深度和精神高度。因此，在教材治理体系建构中，要秉持马克思主义的立场、观点，基于对国内外教材建设经验与教训的对照和分析，总结、创新教材建设与管理工作的理论，开辟具有中国特色的教材建设与管理道路。

三、强化中国和中华民族风格在教材治理体系中的特色体现

教材是对其所处国家和民族特色的基本映像，中国的教材也要体现中华民族的特点，反映中华文化的传统，符合中国的语言特征和表达方式。中华民族有五千多年的历史，在漫长的历史长河中，中华民族创造了辉煌而灿烂的文化，孕育了独具特色的文化传统，形成了伟大的民族精神，将中华民族的历史和文化融入教材，可以深化受教育者的国家认同。因此，教材建设既要承载我国丰厚的实践成果，体现新时代中国人民的精神气象，也要深入展现中华民族优秀的历史传统、深厚的文化底蕴和独特的民族品格。教材治理体系的搭建，更是要着眼于中华民族特色的彰显、中华优秀传统文化的传承及中华民族精神的弘扬。在推进教材制度改革的过程中，习近平新时代中国特色社会主义思想始终发挥着引领作用，应着重将社会主义核心价值观、理想信念、爱国主义、文化自信及生态文明等教育理念全面渗透并融入教材体系之中。同时，还应在教材体制机制和管理环节上进行深入的创新与改革，以全面推进教材制度体系的现代化建设。[1]

四、注重党和国家对教育的基本要求在教材治理体系中的具体体现

教育是国之大计、党之大计。党的方针政策从国家发展的战略高度出发，回答了一系列根本性、全局性的重大问题。党的十八大以来，我国逐渐取得了诸多历史性成就，量变引发质变，教育领域也实现了根本性的变革，由此新时代对我国教育的改革与发展提出了新的要求。在2024年全国教育大会上，习近平总书记指出，"紧紧围绕立德树人这个根本任务，着眼于培养德智体美劳全面发展的社会主义建设者和接班人，坚持社会主义办学方向，坚持和运用系统观念，正确处理支撑国家战略和满足民生需求、知识学习和全面发展、培养人才和满足社会需要、规范有序和激发活力、扎根中国大地和借鉴国际经验等重大关系"[2]，这对新时代教育的改革与发展提出了基本要求、提供了思想指导，也标志着中国共

---

[1] 刘学智，张振. 改革开放40年基础教育教材制度改革的回顾与展望[J]. 课程·教材·教法，2018（8）：27-33.

[2] 习近平在全国教育大会上强调：紧紧围绕立德树人根本任务 朝着建成教育强国战略目标扎实迈进[EB/OL].（2024-09-10）[2024-09-20]. https://www.gov.cn/yaowen/liebiao/202409/content_6973522.htm.

产党对教育改革与发展规律的认识和把握有了进一步深化。教材治理体系是教育的重要组成部分，也是促进教育改革与发展的重要动力，因此教材治理体系的搭建要指向党和国家对教育改革与发展的基本要求，要坚持以习近平新时代中国特色社会主义思想为指导，强化党在教材建设意识形态领域的领导作用，完善党总揽全局、协调各方的政治制度，将立德树人根本任务落实到教材建设的各个环节和全部过程之中。

五、强调国家和民族基本价值观在教材治理体系中的基本体现

价值观体现了一个国家和民族的基本价值遵循，向青年学生传递国家和民族的基本价值观，是达成铸魂育人教育目标的重要方面。教材作为一个国家和民族文化与价值观的重要载体，其传导的价值观是培养人的重要基础，所以新时代教材建设要坚持弘扬和培育社会主义核心价值观，发展各类文化教育，为青少年学生传递基本价值观念。因此，教材治理要把握两个关键点：一是要充分体现我国的精神品格与价值观念，着重呈现社会主义核心价值观；二是要充分展现中华民族代代传承的关键价值理念，弘扬优秀的民族精神与时代精神，坚定中国底色，传承民族基因。具体而言，就是要在教材中融入这些文化元素或内容，使其在青少年学生的心里扎根，进而培养其正确的价值观、增强其民族自豪感。[①]

第二节　构建上下贯通与多方联动的教材体制

厘清个人和社会共同体之间的真实界线，是人类社会必须解决的问题。[②]在教育管理领域，权利与义务是一对非常重要的关系。教育行政部门、学校与市场之间本质上形成的是一种基于合作的供给模式。政府与市场的关系不仅体现在契约的层面，更是在互动中深化。在这种关系下，必须明确双方的权利与义务。就大中小学教材治理而言，政府、学校与市场之间的权利与义务关系会辐射到多方

---

① 郑富芝. 落实"五个体现" 把牢育人方向[J]. 人民教育，2018（20）：11-13.
② 格奥尔格·耶里内克.《人权与公民权利宣言》：现代宪法史论[M]. 李锦辉译. 北京：商务印书馆，2012：59.

第七章　构建现代化的大中小学教材治理体系

教材利益者的权益，对三者之间关系的处理会影响教材管理环境，间接影响社会对教材管理程序的正义性、透明性的满意程度，最终会影响大中小学教材的治理水平。因此，教材管理主体权力与责任、权利与义务的划分，是教材治理的逻辑起点，建立大中小学教材的一体化治理体系，必须厘清治理主体的权力结构及其应履行的责任与义务，包括中央政府与地方政府教材管理权责的统分、教材局与国家部委或司（局）的合作机制、政府向市场的权力让渡与监督的问题等。新时代，完善教材治理体系，需要对政府、学校与教材市场的权利和义务进行厘定，注重三者之间的合作与互动，构建一套上下贯通与多方联动的教材体制机制[1]，为解决当前教材治理问题提供理论支持。

一、强化国家统筹职能，整体规划国家教材治理

自由市场、公民社会是必要的，但都不能替代国家元治理功能的发挥。教材制度建设既要重视授权与分权的必要性，也要意识到更为强大的国家管理与指导的必要性，通过研究制定基本的教材方针政策，为多元主体间的联动提供共同的行动目标和准则，以建立一个既能加强国家统一领导作用，又能调动其他多元主体积极性的宏观教材管理体系。

一是着力加强顶层设计，整体规划教材建设。党和国家高度重视教材制度的建设，成立了国家教材委员会，设立了专门的教材管理部门和研究机构，加强了对教材建设的统筹指导和方向引领，为教材建设提供了体制机制保障。新时代，社会主要矛盾发生了深刻变化，教育理念、育人模式发生了深刻变革，对教材制度改革提出了更高的要求。[2]因此，新时代，我们必须适应教材建设的要求，坚持顶层设计思路，树立教材建设全局观念，把握教材建设历史新方位，全面提升教材建设能力。新时代背景下研制的教材建设规划，应当包含各级各类教材建设在当前及一段时间内的目标、重点难点及保障机制，基本明确教材管理顶层设计的关键维度，确保规划提出的目标、任务、举措落到实处。

二是坚持统分结合，分类治理各类教材。教材制度是一个逻辑严密、环环相扣的制度体系，其中涉及各种不同性质和不同类型的权力。统分结合是教材一体化建设的重要思想。"统"即为统筹规划、统一建设。统筹规划是指国家教材管理主体要站在全局高度，从顶层设计教材建设蓝图，协调各方力量形成教材建设

---

[1] 张振，刘学智. 教材制度建设的困境与超越：国家治理视角[J]. 中国教育学刊，2020（10）：53-57.
[2] 刘学智，王馨若. 基于立德树人的大中小学教材一体化建设[J]. 课程·教材·教法，2019（8）：12-19.

合力。尤其是意识形态较强的统编教材建设，要强化统一建设、统一管理，保证党对教材的领导权。"分"即分类建设与分层管理。[1]因此，教材建设要根据不同学段、不同学科、不同专业、不同类型教育的教材需求，实行分类建设、分层管理，以满足非统编教材的差异化要求。具体言之，教材治理建设要对散落在不同政府部门之中的公共权力进行科学合理的整合与分类，然后根据不同权力的类别和性质，将其分配给国家、地方和学校等不同层级的教材管理主体，并在相应的法律框架内明确不同主体的职能、权限、责任和程序，以形成一个健康有序的教材治理网络。

二、整合教材管理权力，完善地方教材治理网络

地方教育管理部门处于三级教育管理的中间层，对上要坚持国家教育政策，对下要引导学校实现高质量发展，兼有两方面的职能，因而能够行使较大的自由裁量权。[2]在建设地方教材时，具体就是要处理好国家与地方、地方与学校的关系，扮演好地方教材上承国家教材、下启校本教材的重要角色。

一是遵循国家教材改革规划，落实教材建设总体要求。国家层面的教材规划反映了国家对人才培养的要求和期望，包含国家对学生发展的共同质量标准，在教材规划中处于核心和权威地位。[3]基于此，在地方教材的管理和建设中，地方教育行政部门要研读和明确国家的教材建设目标与要求，遵循国家的规划，在此基础上凸显地方特色。

二是利用地方独特的教育资源，促进地方教材实现特色发展。地方教材是国家教材的补充，是国家教材建设目标在特定区域的具体化，体现了地方的文化特色和人才培养需求，在教材体系中占有独特的地位。因此，开展地方教材建设时，要重点结合本地区教育资源和教材建设情况，制定地区教材发展规划，使地方教材体现出鲜明的地域性和地方性。具体而言，就是要把握好教材内容的本土性，体现编写队伍、教材管理和教材实施的地域性，做好教育行政部门和其他部门的联系与协作，实现教材编写指导委员会由当地专家学者和部门领导组成，教材编写组由当地教研员和教师组成，教材管理由当地教育部门开展，教材实施由当地教师进行，形成教材编、管、用的地方治理层级体系，以确保地方教材建设

---

[1] 刘学智，王馨若. 基于立德树人的大中小学教材一体化建设[J]. 课程·教材·教法，2019（8）：12-19.
[2] 曾天山，褚宏启. 现代教育管理学[M]. 北京：教育科学出版社，2014：99.
[3] 乐进军. 关于地方教材开发的思考——基于北京经验[J]. 教学与管理，2018（33）：88-90.

管理的质量。①

三是探索总结教材建设路径，保障校本教材规范开发。地方教材是学校教材或校本教材研制的重要依据，校本教材需要依托地方教材的指导和社区发展环境来编制，因此地方教育行政部门承担着为校本教材研制提供经验和政策指导的责任。②这需要地方教育行政部门在编制本地区教材时总结经验，制定学校层面的教材开发政策，协调好地方和学校之间的关系，保证其在不脱离国家教育目标和地方教育资源的前提下体现学校特色，并根据学校自身的情况为校本教材研制提供具体的指导和帮助，保障校本教材质量。

三、健全校本教材制度，调动学校教材建设积极性

校本教材的编写要考虑学生身心发展规律、知识体系、编写者的教学、学校条件及地方特色等多种因素，是一项专业且复杂的实践活动。因此，校本教材制度，一方面，要严格执行国家和地方关于课程教材的有关规定，制定配套的教材制度，保证国家和地方的课程教材政策能够得到严格执行和落实；另一方面，要立足学校特色，积极探索校本教材管理模式，通过合理设置校本教材管理机构、划分教材管理职能、明确人员配备，来满足学生个性化和多样化的学习需求。

一是完善学校教材建设的决策与规划。完善学校教材管理体系，包括对国家教材和地方教材的配套制度与校本教材的开发制度。国家法令规定的标准多为最低标准，留有许多灵活运用的余地。因此，学校教材管理要依靠校长和教师的独立性和独创性进行。教材的管理要由学校来把关审查，由县级主管部门备案审查，严格评估教材的主题、形式、内容等，并安排专人对全流程进行监管。

二是健全校本教材的开发与实施程序。课程实施应当具有一定的独特性与创新性，学校层面的课程实施本质上是对课程的再开发过程。因此，学校不能机械地照搬国家课程方案和课程标准，教师也不能仅仅限于"教教材"，而应保持对国家课程实施与校本课程开发的创造性。这就需要研制校本教材的开发制度，以及规范校本教材开发的主体、内容及流程。③因此，校本教材管理要在国家课程标准的基础上，努力结合学校自身的特点、社区资源，创造性地进行校本化的实施。

---

① 陈海红. 编写出版地方课程教材中应把握的几个特性[J]. 出版发行研究，2011（10）：25-27.
② 李奕. 地方教材建设必须紧密结合地方实际[J]. 教育学术月刊，2009（7）：87-88.
③ 郭元祥. 学校课程制度及其生成[J]. 教育研究，2007（2）：77-82.

三是调动教师和学生参与校本教材的管理。教师是教材的直接实施者，也是课程实施"最后一公里"的决定性力量，包括教师在内的一线教学工作者是学校课程建设的重要力量。我国大量工作在一线的各个层级的教师、教研员，使学校的课程建设具有了天然的数量优势。从实践成效来看，教师参与校本课程的编写工作，不仅有助于深化教师对学科教学的理解，更能推动教师的专业成长。因此，建立并完善学校校本课程的编写审核机制、明确审核和监督的职责与要求尤为重要。[1]在校本教材建设的过程中，需要摒弃仅依赖单一或少数编写组的传统思路，借助先进的技术与知识管理系统，积极利用丰富的一线资源，并充分发挥行政动员与系统协调的强大作用。同时，应鼓励教师基于各自的专长自下而上地丰富和拓展教材内容，实现内容的实时汇集、审批与修订，以推动校本教材建设的持续改进与创新。[2]

第三节　完善多方位与全流程的教材管理制度

习近平总书记对教材体系建设做出了具体性的论述，即"要抓好教材体系建设，形成适应中国特色社会主义发展要求、立足国际学术前沿、门类齐全的哲学社会科学教材体系"[3]。基于此，要推进教材治理的科学化，就必须完善教材管理环节制度。"全面质量管理"概念的提出者——戴明（W. E. Deming）提出了"戴明环理论"。该理论指出任何活动都包括计划、执行、检查和总结四个环节，这四个环节依次递进、循环反复，不断推动着管理活动以螺旋上升的态势开展。[4]这一理论不仅适用于工商企业组织，而且已在教育活动的组织中得到重视与应用，计划、执行、检查和总结就是教育管理过程的四个关键程序。[5]就大中小学教材治理过程而言，也应按照"戴明环理论"中的计划、执行、检查、总结四个环节来运行。这对于提高大中小学教材治理的科学化水平具有重要意义，可

---

[1] 王荣华. 以健全机制推动落实《规划》和《四个教材管理办法》[J]. 教育研究，2020（3）：8-11.
[2] 陈霜叶. 探索中国教材制度建设的比较优势与可能形态[J]. 全球教育展望，2019（12）：102-116.
[3] 习近平. 在哲学社会科学工作座谈会上的讲话[N]. 人民日报，2016-05-19（002）.
[4] 黄志成，程晋宽. 现代教育管理论[M]. 上海：上海教育出版社，1999：72-73.
[5] 黄志成，程晋宽. 教育管理论[M]. 2版. 上海：上海教育出版社，2001：72-78.

以实现大中小学教材治理程序的公正、公平与民主，从而推动中小学教材一体化治理的高效运行。

一、完善教材编写制度

教材编写是指基于一定的课程理念，为了满足教学活动需要而进行的一种实践活动，其兼有理论属性与实践属性。[①]教材编写是教材建设过程中最关键的环节。通过教材编写，无形的知识得以物化，思维之物得以具化为现实之物。作为教材建设的关键环节，教材编写的质量很大程度上决定着教材的质量，做好教材编写工作，对教材本身的建设、教学工作的开展以及培养目标的落实都有重要意义。而作为一项复杂的系统工程，教材编写涉及多项工作，其中最重要的就是编写人员的素质和水平。我们要努力加强编写队伍建设，积极开展教材编写研究，逐步改进教材编写环节，以实现编写经验日臻成熟，编写理论更加健全，具体要做好以下几方面工作。

（一）强化教材编写者的素质要求

教材的内在与外在质量的提高，主要取决于编制者的基本素质和能力。我国著名教育家严复认为，最浅之教科书法，必得最深其学者为之。[②]因此，教材编写者要满足各项素质要求。具体言之，一是要有较高的专业素养。编写人员要能够准确理解和把握课程方案、学科课程标准，熟悉中小学学生的身心发展特点和教育教学规律，并拥有教材内容所涉学科的比较丰厚的学识。二是要具有一定的思想素质。只有在保证教材编写者素质的基础上，才能有效实施主编责任制。主编责任制是强化教材编写责任的重要制度，由教材编写机构指定有资历的专家担任教材主编，对教材政治立场、教材内容选择、教材组织及教材编辑工作负责，体现了高度的教材编写责任意识和法律责任。[③]

（二）打造专业化的教材编写队伍

教材编写需要把握教材体系的特征与发展规律，尤其是意识形态属性较强、涉及国家主权与安全等统编教材的编写，需要一支一流的、专业化水平高的编写

[①] 范印哲. 教材设计导论[M]. 北京：高等教育出版社，2003：8.
[②] 转引自吴小鸥. 严复：一代大师的教科书启蒙情怀[J]. 国学，2013（12）：44-46.
[③] 刘学智，张振. 推进教材制度创新的着力点[J]. 教育研究，2019（2）：28-32.

队伍作为支撑，以保证教材编写的质量。实行教材编写人员资格认定，可以优化教材编写队伍，促进教材编写者从培养德智体美劳全面发展的社会主义事业建设者和接班人这一新时代教育方针立意，保证编写的教材符合教育规律、符合人才成长规律，继而使编写的教材成为育人育才的重要载体。[①]完善的教材编写队伍，一是需要专家学者的参与，专家学者能够为教材编写提供理论指导。教材编写必须在研究的基础上进行，需要编写者了解国内外教育改革情况，理解教育改革的方针政策，清楚中小学的教育规律、学生心理发展要求和课程教材理论，以保证编写出来的教材符合青少年的生活实际和接受能力，而专家学者参与其中，可以为编写工作提供理论支持。二是要有一线教师和教研员的加入。一线教师是开展课堂教学的主体，在教材的使用中会根据自己的理解和学生对教材知识的反应，形成对教材的新认识，并在此基础上发现教材结构或内容的优长与不足，为教材编写提供实践层面的建议，促进教材内容更符合学生的学习需求和学习能力。教研员是学科教学中的骨干分子，处于专家学者和一线教师的中间层，扮演着教育者和研究者的双重角色，既有丰富的一线教学经验，又有扎实的教学研究功底。多年的研究经验和教学经历，使得教研员对教材与课堂有自己独特的认知，对如何将课程开发为显性的文本成果有独到的见解，能够为教材编写提供支持和指导。

（三）加强教材编写的实验研究

教材实验是指在新教材编写完成之后与正式推行之前这个时间段内，选择一定规模的、比较典型的区域作为试验区，在该区域内试用新教材，以对新教材的质量与水平进行评估。接着，组织专家学者对新教材的实验结果进行论证，以论证结果为依据对新教材开展进一步的修订，然后把经过多次修订与完善的新教材投放到全国范围内使用。[②]教材实验是教材改革的重要基础，也是检验教材质量的重要手段，又是理论与实践的结合点。它不仅能够查找教材编写中被忽视的一些实际问题，还能为下一步的教材修订提供参考和依据，进而促进教材质量的不断提高。因此，应当严格落实教材实验制度，充分发挥教材实验报告的效用。一方面，基于教材实验数据，编写者可以进一步提高教材内容的适切性，提高教材编写水平，保证教材质量；另一方面，在教材审定环节，教材实验报告可以提供详细的教材试用数据，呈现教材试用的结果，以作为教材审定的依据。

---

① 刘学智，张振. 推进教材制度创新的着力点[J]. 教育研究，2019（2）：28-32.
② 王郢. 教科书审查法律制度研究[D]. 重庆：西南大学，2009：108.

（四）完善教材编写流程

教材编写流程是开展教材编写工作时需要遵循的程序和步骤。约利（D. Jolly）和勃利索（R. Bolitho）曾提出教材编写的具体流程，包括解读课标、分析需求、确立编写工作方案、采集素材、设计课程、意见征询、编写试用、评估修订8个环节。这一编写流程的提出为教材编写工作提供了可供参考的模式，许多教材编写的核心环节都借鉴了这一工作流程。[1]事实上，所有教材编写工作都要遵循一定的编写流程，以实现编写工作有章可循，因此建立系统完善的教材编写流程十分重要。它能够保障教材编写循序进行，既定的编写任务得以按期完成，还可以确保教材质量，使得编写出的教材符合要求、适合学生。教材编写流程走向完善，需要学校、教师、社会等各主体做出一些努力。一是教材调查小组会进入学校，与学校的校长和教师等交流教材编写的初步想法，使教师切实参与到教材编写过程中。这主要发生在教材编写的初始阶段，其不仅仅是对教师等一线教学人员的意见收集，更多的是对教材建设理念的深入探讨。二是组织网络讨论，将关于教材编写得比较笼统的观念发布在网络平台上，如应该改进教材编写的哪些方面、为什么对这些方面进行改进、如何对这些方面进行改进等，组织大家进行研讨与交流。三是进行比较正式的"提案征求"，即教师、家长等群体可以将群体内各成员和该群体对教材编写的相关讨论结果传达给教材编写人员。此外，对于意识形态属性较强的教材，要实行国家统一编写、统一组织，建立相关部门密切配合的管理制度，保证教材编写的方向是正确的。[2]

二、严格教材审定制度

教材审定是教材作为国家事权的重要表现形式，在教材建设的整个链条中起着承上启下的作用，上承教材的研究和编写，下启教材的选择和使用，非常重要。[3]作为教材管理的重要组成部分，教材审定承担着对教材质量和水平全面把关的责任，是教材进入市场的最后一道屏障。教材审定是否严格，直接关系到教材质量的高低，建立规范化的教材审查制度是保证教材质量的重要手段。[4]此外，加强对教材的审查，做好教材审定工作，对于完善教材管理和做好教育工作

---

[1] 转引自安琳. 基础阶段英语教学改革中的校本教材开发实践探索[J]. 外语与外语教学，2012（5）：10-14.
[2] 刘学智，张振. 推进教材制度创新的着力点[J]. 教育研究，2019（2）：28-32.
[3] 郑旺全，王世友. 民族中小学教材审查：现状、性质与未来走向[J]. 课程·教材·教法，2019（12）：75-81.
[4] 张惠虹. 教材审定制度的法律问题研究[J]. 全球教育展望，2019（3）：107-116.

也具有重要意义。一是能够确保教材内容规范，实现社会主流意识形态的有效传输；二是可以保障教材使用合理合法，不受个人意见左右；三是可以完善教材管理体系，推动教材管理系统稳定有序运行；四是有助于国家教育权力的落实，保证国家对教育的有效管理和控制。做好教材的审定，需要完善的审定制度作为支持，细化教材审定制度，并在审定标准、审核程序等方面下功夫。

（一）研究和制定教材审查标准

教材审定标准是国家教育行政部门对教材进行鉴定和评价的主要依据，是保证教材公平的重要措施。世界各国非常重视教材审定标准建设。[1]例如，加拿大于2008年颁发加拿大安大略省的《教材审批指南》（Guidelines for Approval of Textbooks），对教材审批要求和审批规程都进行了详细与严格的法律规定。[2]德国黑森州以条例和法律的形式规定了教材审定的相关制度。日本文部科学省在教材审查方面也制定了详细的标准，包括3项基本标准和7条必要条件。3项基本标准包括：①教材必须和教育基本法规定的教育目标、方针一致，与学校教育目的、教育目标一致；②教材与《学习指导要领》规定的各学科的教学目标相一致；③教材能以公正的态度处理政治及宗教问题。7条必要条件包括：①内容是否符合《学习指导要领》规定的范围；②内容的程度是否适合不同年龄儿童的身心发展水平与特点；③所选内容及组织、编排和分量是否有利于教学指导；④在科学性和表现方面，是否有表述不正确、自相矛盾或片面阐述某一观点的地方；⑤表述和表现的方式是否恰当，是否有不一致的地方；⑥教材的尺寸、印刷、装订等是否符合规格；⑦教材是否有创意，是否体现了区域差别。[3]

目前，我国制定了大中小学教材审定标准的框架性要求，还缺少具体详细的审核规定，这迫切要求组织相关领域的专家展开研究，构建科学的教材审定标准。总体来说，我国应对教材的思想性、科学性、适切性、社会性及个体性进行审定。其中，教材的思想性主要是指教材对课程标准、学科特性、国家政策与文化等方面的体现；科学性主要强调的是教材的内容、结构与形式的合规律性；适切性主要指教材对学生的身心发展特征、学习规律的考量，以及教材之于教师的易用性

---

[1] 刘学智，张振，王佳楠. 教育综合改革视域下大中小学教材制度体系建设：困境与路径[J]. 东北师大学报（哲学社会科学版），2018（6）：132-136.

[2] Ontario Ministry of Education. Guidelines for Approval of Textbooks[EB/OL].（2008）[2024-11-30]. https://files.ontario.ca/edu-guidelines-approval-textbooks-en-2023-01-10.pdf.

[3] 王晓丽，张莉. 国外中小学教材评价探析及对我国教材审查工作的启示[J]. 外国中小学教育，2015（10）：30-35.

第七章　构建现代化的大中小学教材治理体系

和各地区与学校的适应性等①；社会性主要强调教材对公平性、环境友好性等的反映；个体性则指对学生"五个学会"（学会求知、学会做事、学会共处、学会发展、学会改变）的引导，并且注重学生的全面发展，如人际交往、健康与安全等。

（二）严把教材审核程序

教材审核包括初审、复审、复核（数次）等阶段。历次审核均需要经过专家委员会委员的个人审读与全体成员的集体审核。严把教材审核程序，要坚定落实制定好的审查程序，按照各环节的规定和要求评议被送审的教材，避免主观倾向。同时要对教材审查各环节进行监督，确保审查结果的科学性和可信性。教材审查的效力由审查过程体现，对各环节进行监督是为了保证审查过程依规依法进行。

（三）落实教材编审分离制度

编审分离是教材管理贯彻公平性原则的重要措施，也是我国教材建设与管理的宝贵经验。②教材审查要注重编审分离、凡用必审、审查从严，严格审核教材内容的科学性、适切性，尽可能地保证教材避免政治风险性与市场逐利性。一是要求负责教材编写的单位及其成员，严格遵循回避原则，不得直接或间接参与后续教材的审定流程。通过这样的制度设计，可以有效避免潜在的利益冲突，保障教材内容的科学性、准确性及教育价值的导向性。二是加强编写机构和审定机构人员队伍建设，保障人员内部结构合理。编写人员和审定人员要由学科专家及教育学、心理学特别是教材研究专家组成，防止出现编写或审查过程中因人员结构不合理而对教材内容安排意见相左的情况，例如，如果过于偏重学科，就会忽视教育、心理和意识形态等方面的要素。③

三、规范教材选用制度

教材选用是指根据一定的标准，对已经通过审定的教材进行选择使用的过程。选用教材需要考虑使用者的认知水平和接受能力，遵循一定的选用标准和选

---

① 王晓丽，芦咏莉，李斌. 教材适切性评价指标体系的理论及实证研究[J]. 课程·教材·教法，2014（10）：40-45.

② 刘学智，张振，王佳楠. 教育综合改革视域下大中小学教材制度体系建设：困境与路径[J]. 东北师大学报（哲学社会科学版），2018（6）：132-136.

③ 石鸥，张文. 改革开放40年我国中小学教材建设的成就、问题与应对[J]. 课程·教材·教法，2018（2）：18-24.

用程序。选用通过的教材的质量会影响教育教学的质量，事关千校万生，是教材建设的重要一环，也是一项不可忽视的工作，必须引起重视。[①]教材的选用，在一定程度上与教材编写密切相关。编写是选用的基础，选用是编写的补充，也是对编写的检验。从某种意义上说，选好教材更为重要，这是教材最后走向课堂、走近学生的关键环节，会直接对教育教学产生影响，因此选出质量上乘的教材是教材建设工作的重要内容。[②]做好教材选用工作，需要建立并规范教材选用制度体系，在选用委员会的建设、选用标准的制定及选用程序的完善等方面下功夫。

（一）优化教材选用委员会

教材的选用与使用不仅涉及教材本身，也要遵循着国家意志。教材的选用必须严把选用责任的落实，保证选用的规范性。教材选用委员会需要提前一年成立并公示，应注重对教学方面专业水平高的成员的选拔。省级及以下级别的教材选用委员会则主要由课程标准研制专家、教材研制专家、一线的优秀教师与校长、教育行政与教研部门的代表和学生家长代表等构成，其中教育行政与教研部门的人数不能超过教材选用委员会总人数的 1/4。

（二）研制教材选用指导标准

在研究和制定教材选用标准时，要从学校、教师、学生的实际情况出发，充分考虑教材的可行性或可操作性。具体地说，主要包括以下几个方面：一是教材的内容和编排体系要与学生的身心发展水平和实际能力相符；二是教材体现的教学要求与教师的实际教学水平相符；三是教材体现的教学要求与学校能提供的教学支持及当地的经济发展水平相符；四是选用教材时要有与之相配套的教学资源，以便于教学；五是注意选用教材与原教材之间的衔接。

（三）完善教材选用程序

台湾学者黄儒杰认为，教材的选用过程包括准备规划、分析比较、决定版本与追踪评价四个部分。[③]具体而言，一是教材选用委员会要对备选教材进行仔细阅读；二是教材选用委员会对备选教材进行评价；三是教材选用委员会从备选教材中选择合格的教材；四是教材选用委员会提出教材选用建议。除此之外，教材

[①] 刘学智，张振. 推进教材制度创新的着力点[J]. 教育研究，2019（2）：28-32.
[②] 赵春明. 高校教材建设与管理[M]. 北京：中国计量出版社，2000：22.
[③] 转引自李水平. 新中国教科书制度研究[D]. 长沙：湖南师范大学，2014.

选用过程也可以利用现代信息技术，搭建教材管理信息系统，建立教材选用管理数据库和优秀教材资源库，择优选用，以实现教材选用过程的透明和教材选用结果的公开。

（四）落实教材选用目录制

针对我国大中小学教材选用目录的现状，整合各级各类教材选用目录显得尤为必要，这可以消除目录间的冲突并提升透明度。同时，落实教材目录制至关重要，这样可以确保学校教材选用权的行使。为此，国家应定期公布合格的大中小学教材目录信息，汇编并呈现相关教材信息，展现不同教材的特色，以便于学校及时获取教材编写、出版的最新资讯，同时可以加强公众对教材选用情况的了解与监督。①

四、健全教材出版制度

教材的出版和发行是将无形的知识变为有形的文本材料的最后一道工序，对学习者获取信息、国家发展教育事业都有重要影响。一方面，当今世界，信息已成为价值最高的"货币"之一，而促进教材出版可能是确保发展中国家获取信息的最廉价、最有效的方式。②另一方面，教材的出版发行关系着教育教学秩序的稳定，是提高教学质量、发展教育事业的一项非常重要的工作。③因此，各级出版发行部门和教材管理部门应重视教材的出版发行，并将其放在工作首位，积极了解教材出版发行的体制、渠道和有关规定，实现各部门配合得当，做好教材出版发行的管理工作。具体而言，需要健全教材的出版发行制度，做好对出版机构的管理，制定有约束力的行业规范，并形成潜在的市场行约行规。

（一）完善教材出版机构

世界出版业发达的国家，一般都有大型出版集团，对出版市场起着强有力的支撑作用。这些出版集团经济实力雄厚、经营规模庞大，且大多实行多媒体综合经营与跨国经营，对教材出版业的发展完善能起到重要的示范与促进作用。④我

---

① 刘学智，张振，王佳楠. 教育综合改革视域下大中小学教材制度体系建设：困境与路径[J]. 东北师大学报（哲学社会科学版），2018（6）：132-136.

② Askerud P. A framework for the Development of National Policies for the Provision of Learning Materials for Schools and Non-formal Education Programmes[EB/OL]. [2024-10-30]. https://unesdoc.unesco.org/ark:/48223/pf0000125466.

③ 赵春明. 高校教材建设与管理[M]. 北京：中国计量出版社，2000：138.

④ 罗紫初. 比较出版学[M]. 武汉：武汉大学出版社，2006：46.

国应进一步加大出版集团化建设的力度，积极鼓励发展跨国、跨媒体的大型出版集团。鼓励出版机构开展多元化经营，尤其是发展多媒体经营，这应该成为我国出版集团发展的重要方向。

（二）制定行业规范来约束经营者的市场行为

当今，出版社的职能已经发生了显著的变化，其不仅仅是教材的投资者、出版者，也是教材的建设者、人才队伍的组织者、课程教材的研究者、课程改革的培训者。[①]这就要求出版社必须从营销策略到经营理念、从内部管理到外部联系等方面迅速做出调整，以适应教材编写出版形势的变化和挑战。同时，国家应通过完善各种专业性法规或业务条例来约束产销双方的行为，以维护正常的出版交易秩序，这是世界上出版业发达国家调控产销关系采用的最基本、最普遍的做法。[②]我国也可以采用这种做法，制定科学、专业的法规条例，以强制的手段约束和规范出版行业的市场行为。

（三）完善行业自律机制

一些出版业发达的国家，如美国、英国、德国等，没有设立专门的政府管理机制来协调产销关系，但这些国家图书市场的交易仍能有条不紊地进行，产销之间的业务关系也比较顺畅。其中一个很重要的原因，就是有一系列行规行约在约束着经营者的市场行为。这些行业规范主要由行业协会成员提出，经多数会员认同后确立为相关规定，并需要所有成员共同遵循。我国也可以借鉴这种行业管理机制，在市场内部形成潜在的行约行规，通过市场这只无形的手管理和约束产销关系。

第四节　创新大中小学教材的治理机制

为了保证教材建设质量，有必要加强教材管理机制创新，改变原来单一的计

[①] 季明明. 北京教育发展研究报告（2003年卷）：开创首都教育现代化新局面[M]. 北京：民族出版社，2004：129.

[②] 罗紫初. 比较出版学[M]. 武汉：武汉大学出版社，2006：100-101.

划行政机制，转向越来越多地依靠法律、财政和市场等综合配套的长效机制，以促使教材管理由"控制型"向"服务型"转变，实现教材建设步入管办评分离、"放管服"结合的新常态，为教材一体化建设保驾护航。①

一、落实教材准入机制，为教材进入教学领域设立门槛

教材的准入机制是保证教材质量的重要措施，是制约同质化教材泛滥、规范教材审定程序的基础与制度保障，从根本上保证了教材质量的提升。因此，我国应该整体构建大中小学教材准入机制，为大中小学教材进入教学领域设置一定高度的门槛，完善教材的准入年限、准入条件、准入审计和准入反馈等规章制度，从源头把关，确保大中小学教材的质量，维护教材市场秩序。②

二、完善市场竞争机制，调动多元教材建设主体参与的积极性

竞争是保证市场经济有效性的核心要素。市场竞争是同类行为主体间基于利益的互斥行为，即为了保护自身利益、增强自己的经济实力，某一经济行为主体展现出的对其同类经济行为主体的相同或相似行为的排斥表现。教材的公益属性非常突出，是一种特殊的商品，因此不能放任市场经济行为主体随意生产，而是需要政府对教材的生产进行一定的把控与限制。换言之，需要审查相关进入者的资格，以保障对教材市场干预和控制的有效性。其中，准入条件主要是指教材服务质量的实体条件和取得许可资格的程序条件，资格是指教材市场主体的资格。我国教材市场准入实行招标投标制度。2001年，新闻出版总署等颁布了《中小学教材出版招标投标试点实施办法》，对投标人需要具备的条件、招投标的程序等做出了概括性的规定，并将教材招投标具体工作下放给省、自治区、直辖市负责。大中小学教材销量高，且市场稳定，大批出版社、书店等进入教材市场，教材市场竞争激烈，如果不加以管理，会导致教材市场混乱。解决这一问题的关键是，要调动政府和市场多元主体参与竞争管理的积极性，实现政府和市场的协调互补、良性互动。首先要提升政府的教材治理能力，优化教材市场环境；其次要利用市场的内在调节机制，激发市场主体的活力，最终实现教材市场良性竞争的目标。

---

① 刘学智，王馨若. 基于立德树人的大中小学教材一体化建设[J]. 课程·教材·教法，2019（8）：12-19.
② 刘学智，张振. 改革开放40年基础教育教材制度改革的回顾与展望[J]. 课程·教材·教法，2018（8）：27-33.

三、完善教材淘汰机制，为大中小学供给优质的精品教材

淘汰机制是激发教材市场活力的必备条件。关于教材的淘汰机制，一些国家已经进行了有益的探索。[1]例如，加拿大安大略省在《延龄草清单提交程序》（Submission Procedures for Textbooks for the Trillium List）中规定：教材从书单上移除两年后，学校不再使用该教材。[2]针对我国一些大中小学教材存在的内容过时、质量不佳和缺乏特色等问题，建立有效的教材淘汰机制是非常有必要的。首先，国家、地方和学校三级的教材管理机构需要定期对正在使用的教材进行周期性评估，对于内容存在政治性、科学性等问题的教材，必须坚决予以淘汰。其次，应制定明确且可操作的教材淘汰标准，为剔除劣质教材提供明确的依据，确保及时淘汰在政治立场、价值导向、科学性等方面存在问题的教材，从而保障师生能够选用到高质量的教材。

四、完善教材监督机制，保障教材建设的高质量

监督的本质在于运用公共权力制定规则和标准，用行政程序弥补市场机制的不足。在国际上，各个国家都重视对教材监测制度的建设，如英国虽然采用完全开放的教材管理制度，却有许多研究机构和大学对教材质量进行监测，并向社会报告监测结果，供学校在选用教材时参考。又如，在日本，国家层面的教学用书审议会在研制教材管理和评价制度的同时，也要审查评价所选教材的合理性和可行性。[3]由此看来，尽管各个国家的教材监测制度有所不同，但都关注到了教材监测制度对保障教材质量的积极作用。我国正处于教育改革的深化期，必须重视教材监测制度的建设，全面提升教材质量，精准落实党和国家的教材事权。

（一）建立教材监测组织体系，推进教材管理的制度化

首先，建立教材监测机构。完善教材监督机制，要根据国家的统一部署和要求，从中央到地方建立一套上下协调的教材监督机构，完善相应的教材监督规章制度，制定教材监督标准，并依据监督标准对教材建设的实际运行状况进行动态

---

[1] 刘学智，张振，王佳楠. 教育综合改革视域下大中小学教材制度体系建设：困境与路径[J]. 东北师大学报（哲学社会科学版），2018（6）：132-136.

[2] Ontario Ministry of Education. Submission Procedures for Textbooks for the Trillium List[EB/OL]. [2024-10-30]. https://files.ontario.ca/edu-submission-procedures-textbooks-en-2023-01-10.pdf.

[3] 唐磊. 日本教科书制度对我国深化教材管理体制改革的启示[J]. 课程·教材·教法，2001（12）：68-73.

的监测，形成即时、高效的教材问题识别和预警机制，为教材政策制定、实施和改进提供科学的支撑。具体言之，其一，可以成立教材质量监测委员会，负责拟定教育监测的规章制度和标准，指导全国的教育监测工作；其二，对制定的教材质量监测规划和年度工作计划进行审议；其三，针对教材质量监测中出现的重要难题，提出应对方案或解决策略；其四，统筹各地区、各部门的教材质量监测工作，基于实际进行组织与协调；其五，起草国家教材监测报告等。

其次，成立教材质量监测中心。教育部的教材局成立了教材质量监测中心，根据教育部制定的方针、政策和评估指标体系，具体实施大中小学教材的监测；开展大中小学教材监测工作的政策、法规和理论研究，为教育部有关政策的制定提供参考；开展大中小学教材质量监测研究的民间与国际交流和合作；开展大中小学教材监测专家的培训工作；承担有关大中小学教材质量监测的咨询和信息服务工作；开展教育部授权和委托的其他有关工作。同时，注重对相关工作的督促与检查，在监督技术方面，注重传统技术与新媒体技术的有机协调；在检查周期方面，强调定期检查与不定期检查的有机结合；在督促检查主体方面，强化政府、社会、专家、群众等多元主体的参与，以建成全学段跟踪、全领域覆盖、全过程监测、全天候反应的"四全"督促检查机制。

最后，建立教材质量监测规章制度。教育部应制定"大中小学教材质量监测工作规范（试行）""大中小学教材质量监测专家组工作规范（试行）""大中小学教材质量监测指标体系"等教材质量监测的规章制度，对各级各类教材监测中的诸多角色、要素、原则和各方的权利与义务做出明确的规定，以保证教材监测实施的规范性和操作性，为教材监测提供制度保障和法制基础。

（二）研制教材质量评价标准，推进教材监测体系的科学化

教材质量标准是提升教材质量的关键指标。国家教材委员会要指导教育部的教材局制定"大中小学教材质量标准"。通过德尔菲法等研制大中小学一体化教材质量监测标准，需要遵循如下原则：第一，在指导思想上，要充分彰显国家的意志、维护国家的主权，以及反映立德树人的要求；第二，在教材目标上，要符合课程标准的要求，凸显各学科教材的特点，促进各个学科教材之间的纵向衔接与横向融合；第三，在教材内容上，要具有思想性，能够体现社会主义核心价值观的内容要求和公民的责任，在教材内容的选择、组织和呈现上要具有科学性、全纳性，能够适应不同群体和多元文化；第四，在教材教学上，教材要具有适切

性，能够适应不同的教学情景和教学活动，同时教材还要具有指导性，能够指导教师的教学和学生的学习；第五，在教材印装质量上，要具有技术性，教材的图版率和版面率合理，同时具有实用性，教材要经济、环保和便捷。在此基础上，建立一个相对完整的教材监测质量标准，保证通过教材监测能够系统、全面、真实、准确地收集到教材的信息资料，推进教材监测体系的科学化。

（三）建立第三方监测的常态化机制，推进监测的专业化

第三方监测是由社会中介机构实施的教材质量监测方式，是一种外部监测。相较于教育主管部门和学校等开展的教材质量监测，其客观性、专业性、灵活性与开放性等特征更加突出，是保障教材监测公平、公正、透明的重要措施。因此，有必要在实践中建立和完善常态化的教材第三方监测机制。首先，教材监测是一项专业性的技术活动，需要有专业的人员和采用专业的技术来完成，因此要建立第三方教材质量监测行业准入标准，基于该标准对第三方监测机构的资格进行认证与评定。其次，要建立第三方教材监测的竞争机制，将市场机制引入教材监测过程中，允许不同的第三方教材监测组织参与到教材监测过程中，通过第三方监测机构之间的竞争，提高第三方教材监测的质量。再次，要建立第三方教材监测的协同机制。教材质量监测过程中会涉及不同领域和学科的专业人员、教材编写者、出版方、教材管理者及教材使用者等。要保证第三方教材质量监测取得有效的成果，就需要各相关主体积极沟通交流，理解与支持彼此的工作，主动协调配合。最后，要建立第三方教材监测的反馈机制。结果反馈是教材质量评估的重要组成部分，只有将评估结果及时呈现给相关主体，并得到相关主体的积极反思与主动应对，教材质量的评估才算是暂时告一段落。因此，第三方监测机构既要及时、全面地将教材质量的监测结果和发展建议上报到相关委托机构，使得政府与教育主管部门能够基于监测结果和建议，完善教材建设与管理的相关制度和规划，又要将教材质量的监测结果与建议提供给参评的学校，使其了解过去在学校教材建设与管理中的优势和不足，并调整下一步的工作。除此之外，还要将评估结果向社会公开，接受社会的监督，在保证社会公众对教育工作的知情权的同时，积极引导其对教育政策制定与执行进行建言献策。

五、完善教材反馈机制，为教材修订提供鲜活的依据和信息

反馈是教材评价工作的关键环节。反馈是控制论中的关键术语，诺伯特·维

纳（N. Wiener）在《控制论》一书指出，反馈是控制论的核心问题，对系统的控制和稳定起着决定性的作用。反馈是指在环境的作用下，系统会将信息向外传递，并通过反馈机制将信息产生的效应回馈至系统。[1]系统对反馈回来的效应进行深入分析后，根据分析结果进行必要的自我调整，随后再次输出信息。这一过程体现了系统与环境之间的动态交互和自适应性。

在教材建设和管理中，教材反馈是教材评价的重要内容，通过教材反馈可以及时发现教材建设和管理中存在的问题，并加以改进。近年来，我国非常重视教材评价工作，2020年，中共中央、国务院印发的《深化新时代教育评价改革总体方案》指出，要"完善教材质量监控和评价机制，实施教材建设国家奖励制度"。2023年，教育部办公厅印发了《"十四五"普通高等教育本科国家级规划教材建设实施方案》，强调教材建设的一项重要工作就是"完善教材分类建设、分类使用、分类评价机制"。由此可见，教材评价一直都是教材工作的重要内容，国家重视教材评价，将其作为提升教材质量的依据。当前发布的政策文件在宏观的层面强调了重视教材评价工作，尚需要对具体评价的实施做详细的指导。未来，要建设科学合理的教材评价体系，就需要厘清教材评价主体的权责关系，借助现代信息技术更新评价手段和方法，以及建立教材信息反馈系统。其中的重点是要关注教材信息反馈，及时将教材评价结果反馈给决策者、教材编写者，以提高教材决策和改进的效率。另外，可以将评价结果向社会公开，保证社会公众了解、知晓教材质量，在此基础上监督教材建设，并为教材评价提供进一步的反馈信息。[2]

六、完善教材协同调控机制，实现教材建设的合力效应

教材调控也是大中小学教材治理的重要手段。调控有协调、控制之意，是人为主观干预系统的过程。就大中小学教材治理而言，调控主要是政府对教材市场的调控。调控可以实现对教材市场的有效监督，并实现教材公益性的最大化。教材管理是一项复杂的教育系统工程，为确保教材管理由"控制型"变为"服务型"，需要改变教材管理机制，实现从原来单一的计划行政机制转向越来越多地依靠法律、财政和市场等综合配套的长效机制。为此，需要优化教材管理方式。一是要健全国家宏观调控机制。教材建设涉及面广、关联度高，破解深层次矛盾

---

[1] 诺伯特·维纳. 控制论[M]. 刘佳译. 重庆：重庆出版社，2023：145-178.
[2] 唐丽芳，丁浩然. 建构以质量为核心的教材评价体系[J]. 教育研究，2019（2）：37-40.

与问题的难度大,依靠原有的单项改革或局部突破的办法难以奏效,需要凝心聚力,调动教材多方利益主体积极参与,也需要依靠多个相关部门联动、多种政策配套,从而建立符合现实要求的多主体协同创新机制,创造性地开展教材建设工作。完善教材建设的国家宏观调控机制,首先在于明确国家在哪些领域必须强化,在哪些领域必须弱化,在此基础上结合不同层次、不同领域和不同环节教材管理的特点,综合运用法律、政策、规划、财政拨款等方法,构建一套动态的国家宏观调控机制。[1]二是引入市场微观调控机制。将市场机制引入教育领域,就可以利用市场机制自发调节教育供求双方在市场中的行为,发挥市场在教育资源配置中的作用,以实现教育供求均衡的状态。[2]作为配置教育资源的一种有效手段,市场机制已被很多国家采纳。1985年,中共中央发布的《关于教育体制改革的决定》标志着我国教育领域的市场化改革开启。虽然这一决定主要是指向大学阶段的,但是随着我国教育事业的发展与演进,各级各类教育都表现出不同程度的市场化。在教材建设和管理中,也可以引入并完善市场机制,允许市场参与教材从编写到选用的建设全过程,实现政府主导下的市场自由,发挥市场配置资源的优势。三是强化教材工作协调机制。健全的教材工作协调机制,能够有效地防止政出多门、政策效应相互抵消的问题。强化教材工作的协调机制,要充分发挥中央、地方和学校等教材管理主体的协调作用,统筹规划教材建设中各层次、各领域和各环节的权力分配,完善相应的法律法规及相关政策,形成齐抓共管和综合包容的协调机制。

第五节　创新教材治理体系的保障措施

创新教材治理体系就是要推动教材建设从无序走向有序、从规制走向赋能、从管理走向治理,从而形成以整体规划为先导、制度优化为重点的教材运行体系。[3]教材治理体系的发展,离不开特定的保障措施。

---

[1] 张振,刘学智. 教材制度建设的困境与超越:国家治理视角[J]. 中国教育学刊,2020(10):53-57.
[2] 路娜,夏永红. 教育市场化的内涵、机制及政策取舍[J]. 国家教育行政学院学报,2005(12):46-49.
[3] 刘学智,王馨若. 基于立德树人的大中小学教材一体化建设[J]. 课程·教材·教法,2019(8):12-19.

第七章　构建现代化的大中小学教材治理体系

一、建设高质量的教材管理队伍，为教材制度创新提供人力支撑

提高教材管理者的素质，是教材制度建设的人力保障。教材管理者的能力主要包括教材理解力、教材执行力和教材创新力三个维度。教材理解力，即教材建设者能够将教材法律法规知识融会贯通，主动地构建教材建设新理念的能力；教材执行力，即教材管理者能够依据相关教材法律法规，解决教材建设中面临的突出问题和矛盾的能力；教材创新力，即教材管理者能不断地创造新思想、新理论、新方法，以更好地服务教材建设的能力。教材管理者的三维能力相互联系、相辅相成，共同指向了教材管理者的素质要求。其中，教材理解力是教材管理者参与教材建设的认知基础，教材管理者只有充分理解教材，才能确定正确的教材建设方向；教材执行力是教材管理者参与教材建设的实践操作基石，教材建设者只有在教材制度的形成、实施与调适过程中才能不断发现新问题，以实现教材建设的重大理论与实践的突破；教材创新力是教材建设者创造性地参与教材工作的活力源泉，是教材建设发展的不竭动力。总之，具备教材理解力、教材执行力和教材创新力这三维能力的教材管理者，是教材制度建设的人力支撑。因此，要加强教材管理队伍建设，优化教材管理团队，选拔一批专业造诣较深、教学经验丰富、熟悉教材建设规律的人员参与教材建设，打造一支政治立场坚定、适应时代要求的高素质、专业化的教材编审队伍。

二、加强教材信息化建设，为教材管理制度现代化提供技术助力

加快信息化发展，建设数字国家已经成为全球共识，教材建设信息化已成为推动教育现代化的重要环节。利用信息技术辅助教材工作，可以提高教材管理的现代化水平，为教材工作注入新的生命力，实现教材建设管理的科学化、高效化、精准化。首先，教材信息化管理可以实现对教材的计划、流通、存储进行信息控制，提高管理效率；其次，信息化管理能及时全面地提供教材信息，为教材决策提供信息支持，实现科学决策；最后，信息化建设能准确识别教材工作中的漏洞或不足，减少人为因素造成的错误，确保建设精准。实现教材信息化，还要在资源、平台、制度建设等方面做出努力。具体来说，一是要开发教材信息资源，释放数字红利。当前，我国教材信息资源开发利用不足与无序滥用的现象并存，因此要全面提升教材信息采集、处理、传输、利用、储存等能力，构筑国家掌控教材信息的新优势。二是要统筹规划建设国家教材数据平台，逐步开展社会化、服务型教材数据备份和认证，确保教材数据可追溯、可恢复。三是要提高教

材信息资源的利用水平。要建立教材公共信息资源开放目录，构建统一规范、互联互通、安全可控的国家教材数据开放体系，实现教材信息资源的开放共享。四是要建立教材信息资源基本制度体系。实施教材信息资源分级、分类管理，形成重点教材信息资源全过程管理体系。

三、加强教材理论研究，为教材管理提供理论支持

研究教材理论是围绕着教材建设和管理工作内在的发展规律和技术准则展开的，深化教材的理论研究有利于优化教材建设质量，提高教材管理水平，实现管理科学化的内在要求，因此要将教材研究贯穿教材建设和管理过程的始终。在开展教材研究时，要不断关注教材文本的编制和改进，以及教材使用的实际效果等问题。具体来说，要做好教材文本内容分析、教材需求使用调查、教材专业审查及新教材实验研究等。只有通过研究，才能了解教材建设，才能制定出科学的教材政策，提升各科教材的编制质量，从而推动我国大中小学课程教材的整体变革。只有从历史、现状、理论三个视角研究教材，从整体关联的角度审视教材，才能对教材各方面的内容有全面的了解，才能获得关于教材建设和管理现代化体系的正确图景。具体而言，首先要对教材发展历史进行梳理，以史为鉴，在历史的回溯中总结教材建设和管理的经验与教训，然后立足现实，探索教材现代化建设和管理的发力点。当前，从纵向的、历史角度研究教材的文献有很多，其中有针对教育系统内部不同学段、不同类别教育教材的研究，例如，有研究回顾了国家通用义务教育阶段特殊教育教材的发展历史[1]；还有的针对教材建设和管理的具体内容展开历史回溯，例如，有研究回顾了改革开放40多年来教材制度改革取得的成就与面临的挑战[2]，开展历史研究可以总结过去教材建设工作中的经验和教训，进而更好地指导当前工作。其次，要对教材建设和管理现状进行分析，包括本国教材现状研究和教材国际比较研究。本国教材现状研究主要是就教材建设和管理中某一个或多个具体环节展开现状分析，例如，有的研究对大学教材的出版现状进行了研究[3]；教材国际比较研究是对他国的教材建设管理进行对比分析，根据分析结果总结一些较好的经验供我国参考，如有的研究总结了加拿大教材管理制度的经验，并提出了对我国教材建设的启示[4]。现状研究能够发现问

---

[1] 李晨. 国家通用义务教育阶段特殊教育教材历史回顾与展望[J]. 中国出版, 2020 (17): 36-40.
[2] 柯政. 改革开放40年教材制度改革的成就与挑战[J]. 中国教育学刊, 2018 (6): 1-8.
[3] 王端理, 王羽佳. 高等教育教材出版现状研究[J]. 科技与出版, 2013 (12): 53-56.
[4] 王晓丽. 加拿大安大略省教材管理制度经验及启示[J]. 教育评论, 2015 (11): 15-18.

题，比较研究可以借鉴经验，以横向的、比较的视角研究教材，可以获取当下教材发展的概貌。最后，要对教材相关理论进行总结，包括研究教材本体理论，分析教材建设和管理的理论基础，在科学理论的指导下进行教材建设和管理工作，能够找准方向，找对方法。新的研究要求在理论、模型、方法等方面有新的突破，只有通过系统切实的研究才能实现突破。因此，未来教材工作还要在教材研究方面下功夫，为教材的建设管理实践提供理论指导。

四、加强教材保障资源整合，为教材建设提供有力支撑

教育实践（包括课程、教材等）总是处在经济史与思想史的交汇点，即任何一个时代的课程与教学实践，其实不仅反映出了意识形态资源的状况，也体现了社会的物质资源状况。教材建设与管理的顺利开展，需要充足的人、财、物资源做支撑。因此，不仅要关注社会怎样不断地向教材提出要求，还要研究教育如何向社会提出要求，使得教育与社会发展形成双向互动的关系。教材改革社会支持系统涵盖了物质、法律、道德和舆论等多个方面的措施，旨在肯定和支持教材改革行为，需要政策法律体系、道德伦理规范、舆论鼓励机制，以及经济资源、人力资源和支持性设施体系等多个方面来共同支持教材改革的开展。因此，完善教材建设管理工作的社会支持系统，做好教材工作的资源保障，是顺利开展教材建设及管理的基础，具体要做好人员管理、财政支持、物质保障三方面的工作。

（一）加强人员管理，提供人力支持

教材管理水平的高低，主要取决于管理人员的素质，这是教材管理实现科学化和现代化的必要前提。[1]要为教材工作提供人力支持，首先，要对参与教材建设和管理的人员的素质提出要求，并对不同层次人员的素质做出具体要求，例如，对于从事宏观管理和微观管理的人员的素质要求要有所区别；其次，要优化教材管理队伍的素质结构，实现优势互补、协调一致；最后，要不断完善人员队伍的结构，根据国情和教材发展情况，不断调整教材管理队伍的人员构成。[2]

（二）做好财政支持，降低教材成本

教材编制是一项公益性极强的工作。与普通图书的编制发行不同，教材的出

---

[1] 曾天山. 教材论[M]. 南昌：江西教育出版社，1997：200.
[2] 曾天山. 教材论[M]. 南昌：江西教育出版社，1997：201.

版和投入使用营利性较弱，主要是为国家教育事业发展服务，因此需要得到国家的财政支持。教材的财政支出包括生产成本和发行成本，生产成本主要集中于教材的编辑、加工、出版、印刷，以及企业管理，发行成本是指教材销售过程中产生的各类费用。如何合理使用财政经费，降低教材成本，同时又能保证教材质量，是教材管理工作者要考虑的问题。一些关于教材研究的文献提出了实操性较强的建议：一是杜绝浪费，降低印刷费用；二是协调各方面的关系，缩短出版周期；三是改进发行工作，增加教材销量。[①]

（三）优化物质保障，提高工作效率

教材工作的开展需要物质资源的支持，包括管理设备的配置、工作环境的建设、调研场所的选定等。随着信息化社会的推进，先进的电子信息技术和设备在各领域投入使用，教材建设和管理也应该积极利用现代化的工具和手段辅助工作，以提高工作效率。其中，最为显著的就是信息技术的利用，利用计算机辅助教材管理可以促进管理工作现代化，降低劳动强度，实现决策科学化，使教材管理从事务管理型转向信息管理型。[②]这些良好局面的形成，需要物质资源的支持，也需要健全的物资设备，因此未来教材工作还要重视物力投入，及时更新工作所需的物资设备。

---

① 赵春明. 高校教材建设与管理[M]. 北京：中国计量出版社，2000：134-137.
② 董少英. 高校教材建设与教材管理[M]. 北京：航空工业出版社，1993：21.

第八章

大中小学教材一体化建设的专题研究

"如何进"是重大主题教育进教材的重要一环,也是落实教材建设国家事权、增强教材育人功能的关键。对教材中重大主题教育内容的设计,要以统筹为主,坚持全学科覆盖、全学段落实,注重政治性、有效性、全面性,以保证大中小学教材内容建设的一体化与正确性。其中,思想政治理论教育内容和革命文化资源在大中小学教材中的一体化构建,能够为其他重大主题教育内容进教材提供一定的经验与启示。

第一节 大中小学思想政治理论课教材一体化建设专题研究

思想政治理论课程（简称"思政课"）是对青少年进行铸魂育人的首要路径。[①]2022年，教育部等十部门印发《全面推进"大思政课"建设的工作方案》，要求通过社会实践、网络平台、"大师资体系"、组织等多方面协同促进"大思政课"建设。"大思政"从"三全"育人走向"多向度"育人，体现了党和国家对思政育人功能的新要求、新定位。面对思政教育的新形势、新任务、新挑战，我们迫切需要在"大思政"观下探索思政课教材一体化建设的有效路径。

一、"大思政"与思政课教材一体化的蕴涵

"大思政"理念为教材建设提供了战略规划和布局指导，而思政课教材的一体化建设则是该理念在实际操作中的具体体现。在"大思政"的引领下，通过创新教材一体化建设的模式，可以促进思政课教材在目标、内容、组织等方面的优化配置与变革，进而多维度、多层面、多形式、多途径推动思政课教材的一体化进程。"大思政"对思政课教材一体化内涵质的规定性表现为四个方面。

1）方位性。确立教材建设的方位性，是思政课教材一体化建设的根本所在，也是确保教材建设方向正确、目标清晰的关键。国家意识形态决定着教材建设的方位性。价值观是人们在思想层面的判断标准，是人断定是非曲直的主要依据。[②]思政课教材作为思政教育的核心载体，承载着将国家意志转化为个体理想信念、政治信仰的重要使命。因此，必须明确其时代的政治性方向和价值导向内涵，坚定马克思主义的指导地位，并顺应时代发展的新趋势，确保教材内容与时俱进。一方面，思政课教材一体化建设要坚持以马克思主义为指导，揭示思政课教材与马克思主义理论之间的本质联系，并将马克思主义理论作为衡量思政课教材一体化建设成效的根本标准。另一方面，思政课教材一体化建设，也要坚持正确的价值导向，践行中国特色社会主义理论体系中的发展观，坚持理论指导实践，形成理论创新的思政育人新格局。总之，思政课教材须高站位、谋大局，贯

---

① 陈淑清. "大思政"观视域下大中小学思政课教材一体化构建[J]. 思想理论教育导刊, 2020（12）: 98-101.
② 王越芬, 张世昌. 工匠精神: 思政课教师教育话语认同的能量支点[J]. 现代教育管理, 2018（1）: 98-102.

第八章 大中小学教材一体化建设的专题研究

彻党的新时代教育方针，体现习近平新时代中国特色社会主义理论内涵。

2）全面性。推进思政课教材一体化建设，还需要凸显教材目标的整体性，以确保教育内容的连贯性和系统性。这意味着要把握思政课目标的系统结构及内在联系，抓住思政课教材建设的主要矛盾和矛盾的主要方面，有差别、有重点、有秩序地将立德树人根本任务有机地融入整个思政课教材目标体系之中，以构建立体化的思政课教材目标。与此同时，思政课教材建设也需要注重内容要素和结构的完整性，确保教材内容在知识体系、价值观念和实践指导等方面具备全面性与系统性，以促进学生的全面发展。思政课目标转化为学生学习的目标，需要有系统的学习内容作为支撑。为此，要实现思政课程目标向学习目标的转化，深入了解思政课教材内容的要素及其构成，根据学生身心发展特点，尤其是品德形成规律，将教材内容深度融合，提升思政教育的整体效果。

3）全程性。大中小学思政课建设应体现层次性，确保每一阶段的教材都位于整个体系中的适当层次。同时，各阶段的教材本身也应构成多层次的体系结构，以保证思政教育的连贯性和整体性。因此，思政课教材一体化建设，既要处理好大中小学不同阶段思政课教材的衔接问题，还要处理好同一阶段内各年级和各学期思政课教材的衔接问题，形成一个层层递进、螺旋式上升的思政课教材体系。而且，要坚持横向全科育人。根据学科范围的不同，全科育人的思政课教材体现为三类横向关系，即职业教育思政课教材与普通教育思政课教材的关系；大学专业课教材与通识课教材的关系、中小学思政课教材与语文等学科教材的关系；思政必修课教材与选修课教材的关系。因此，为实现思政课教材一体化建设，需要结合不同学科的特点和类型，构建出"思政课程"与"课程思政"相互融合、相辅相成的横向思政课教材体系，确保教材内容与学科特点紧密结合，提高思政教育的针对性和实效性。

4）协同性。协同性是通过事物子系统的有机联合，以产生综合的效应和功能。协同性是思政课教材一体化建设的保障条件。坚持教材建设的协同性，一是体现教材制度的协同性。教材在根本上是由制度（如教育体制）决定的[1]，思政课教材一体化建设在任何时候都离不开教材制度的保驾护航。思政课教材一体化建设要坚持教材制度改革先行，通过避免不同阶段和不同类型思政课教材制度相互阻隔的弊端，加强大中小学不同教材编审队伍之间的沟通与联系。为确保思政课教材一体化建设的顺利进行，需要构建完善的制度体系，为其提供坚实的支撑

---

[1] Selander S. Towards a theory of pedagogic text analysis[J]. Scandinavian Journal of Educational Research, 1990（2）: 143-150.

和保障。二是体现教材研究的协同性。教材研究是推动教材体系建设的重要路径。为此，教材建设者应积极寻求协同研究机制的创新，将思政课一体化建设作为核心任务进行深入研究，不断挖掘思政课教材一体化建设的特点和内在规律，丰富其建设内容，以提升思政课教材建设的整体质量和水平。三是体现多元主体的协同性。目前，世界各国倡导教材的参与性研究模式，要求学习者、家长和社区成员以及教材作者、编辑和出版商一起发现问题、讨论问题，提出建设性意见。①因此，要实现思政课教材一体化建设，应积极促进社会、家庭与学校三方共同参与，共同推动教材建设的发展。

二、基于"大思政"的思政课教材一体化建设的基本取向

在推进思政课教材一体化建设的过程中，既要遵循教材建设的一般规律，又要深入探索思政课教材建设的特殊规律，确保思政课教材一体化建设工作既符合普遍性要求，又能体现思政课的特殊性和针对性。思政课教材一体化建设并非简单的要素拼凑，而是需要在"大思政"观的指引下，对教材的目标、内容、组织等核心要素进行深入、系统的分析，并予以整体性审视，以确保教材建设的科学性和有效性。通过此举，构建一个纵向连贯、横向互补且纵横交错的一体化建设框架，从而推动思政课教材建设实现内涵式、高质量发展。

（一）思政课教材建设目标要体现整体性，坚持整体规划与具体设计相统一

由于大中小学思政课教材目标是一个具有多样性、复杂性与层次性的体系结构，要实现思政课教材目标的一体化，除了制定总的教材建设目标之外，还需要在"大思政"观的基础上系统考察不同层次和不同类型思政课教材建设目标之间的分工与协作。

第一，价值性和知识性相统一，整体规划思政课教材的总目标。分析和研究思政课教材的总目标，是优化教材建设目标的第一步。思政课教材的目标与教育目的高度契合，这是基于党和国家针对特定时期社会发展的政治、经济、文化需求确立的。这一目标是思政课教材建设的总体蓝图和指导原则，具有普遍性、方向性和统一性。它涵盖了价值性与知识性两大维度，即育人与育才双重目标。其中，知识性教育是思政课教材的基石，为发挥教材价值提供了必要

---

① 王攀峰. 教科书话语分析的方法论建构[J]. 教育研究，2019（5）：51-59.

的前提和基础；而价值性教育则是思政课教材的终极目标，旨在引导学生树立正确的价值观和人生观。为确保思政课教材建设总目标的完整实现，价值性与知识性的紧密结合至关重要，二者相辅相成，共同构成了思政课教材一体化建设的核心要素。

第二，层次性与递进性相统一，贯通各级思政课教材的子目标。学段间思政课教材的目标，既有共性，也有差异性。共性是学段间思政课教材目标逐步递进的基础，而差异性则促使思政课教材目标在不同学段进行分层。为了提升思政课教材目标一体化建设的实效性，需要坚持层次性与递进性的有机统一，深入剖析各层次教材的特点、学生的心理认知规律及社会期望。在此过程中，应以培养学生的思政学科核心素养为核心任务，遵循循序渐进、由浅入深的原则，确保教材目标的有效实现。通过对义务教育道德与法治教材、高中思想政治教材及高校思想政治理论教材的深入研究，可以构建出一套渐进式、连贯的思政课教材纵向目标体系，从而推动思政课教材建设的系统化发展。

第三，统一性与特殊性相统一，分类制定思政课教材的子目标。在同一阶段的思政课教材中，可以区分出多种类型结构，包括选修课与必修课教材、普通教育与职业教育教材等。此外，还有针对特定内容的教材，如马克思主义基本原理概论、毛泽东思想和中国特色社会主义概论、中国近现代史纲要及思想道德修养和法律基础等教材。这些教材各自承载着不同的教育使命，共同构成了丰富多样的思政课教材体系。在思政课教材的建设中，对于不同类型的教材，既要坚持统一、严格、集中的总体要求，以确保教材的基本导向和核心内容的一致性，也要根据不同类别和不同学校的具体情况，提出具体的要求，以满足不同教学环境和学生需求的差异性。这样有利于实现教材建设的灵活性和针对性，从而更有效地服务于思政课教学。

（二）思政课教材内容选择要体现要素的贯通性，坚持政治、道德、法治与文化相统一

思政课教材内容选择是指选用什么样的政治思想、道德准则及思想体系教育、培养学生，是学校进行德育工作的依据，是思政课教材目标和任务的具体化。在不同的社会历史条件下，思政教育的性质、指导思想和目标不同，思政课教材的内容也必然不同。长期以来，人们对思政课内容要素的构成存在一定的观点分歧：一是"四要素"说，将思政课内容分为思想教育、政治教育、道德教

育、心理教育①；二是"五要素"说，将思政课内容分为世界观教育、政治观教育教育、人生观教育、法治观教育、道德观教育②；三是"七要素"说，将思政课内容分为世界观教育、政治观教育、人生观教育、道德观教育、法制观教育、创造观教育和健康心理教育等③。思政课教材本身具有极强的政策属性，党和国家对各级各类学校思政课均有统一的基本要求，大中小学思政教育课程标准、相关政策文件中都直接规定了思政课教材的内容要素及其涵盖的范围（表8-1）。

对现有思政课内容的研究成果进行分类与归纳后，我们将思政课教材内容的核心要素提炼为政治、道德、法治与文化四个主要维度。政治要素作为国家的最高意识形态，深刻影响着思政课育人的价值取向与方向，是培养学生政治认同素养的关键所在。教材内容中的政治元素，对于塑造学生的世界观、人生观和价值观具有不可替代的作用。道德要素体现了社会对个体行为的基本期望与规范，是学生政治素养的精神内核。2019年10月，中共中央、国务院印发《新时代公民道德建设实施纲要》，指出"坚持以社会主义核心价值观为引领，将国家、社会、个人层面的价值要求贯穿到道德建设各方面，以主流价值建构道德规范、强化道德认同、指引道德实践，引导人们明大德、守公德、严私德"。法治要素聚焦依法治国核心，通过宪法教育筑牢法律至上理念，依托民法典等法律知识培养权利义务意识，借助模拟法庭等实践深化法治思维，以引导学生自觉领悟党的领导与依法治国的有机统一、主动掌握法治中国建设的制度图谱、积极践行尊法学法守法用法的法治思维等，最终形成"理念－实践"的闭环。文化要素涵盖中华优秀传统文化精髓、弘扬革命文化精神，注重社会主义核心价值观的培育塑造，为学生文化自觉与文化自信的养成、对中国特色社会主义文化发展道路理论认同的塑造以及对中华文化守正创新精神的形成等提供良好的支撑。政治、道德、法治与文化四个核心要素通过特定的结构相互交织、融合与渗透，共同构成了思政课教材内容的完整体系。

表8-1　国家政策文件中规定的思政课内容

文件名称	内容要点
《义务教育道德与法治课程标准（2022年版）》	成长中的我、自我认识、我与自然、我与家庭、我与他人、我与社会、我与国家和人类文明

---

① 侯坤，段冉. 思想政治教育学原理[M]. 成都：电子科技大学出版社，2016：73，80.
② 侯坤，段冉. 思想政治教育学原理[M]. 成都：电子科技大学出版社，2016：73，80.
③ 高国希. 大中小学思想政治理论课一体化建设的思考[J]. 思想理论教育，2019（5）：22-27.

续表

文件名称	内容要点
《普通高中思想政治课程标准（2017年版2020年修订）》	中国特色社会主义、经济与社会、政治与法治、哲学与文化、当代国际政治与经济、法律与生活、逻辑与思维、财经与生活、法官与律师、历史上的哲学家
《高等学校课程思政建设指导纲要》	政治认同、家国情怀、文化素养、宪法法治意识、道德修养
《新时代学校思想政治理论课改革创新实施方案》	习近平新时代中国特色社会主义思想、社会主义核心价值观、法治教育、劳动教育、总体国家安全观教育、公共卫生安全教育等
《全面推进"大思政课"建设的工作方案》	习近平强军思想、习近平经济思想、习近平生态文明思想、习近平外交思想、习近平法治思想、习近平文化思想，以及"四史"、宪法法律、中华优秀传统文化等

（三）思政课教材组织要体现系统性，坚持知识逻辑、心理逻辑与教学逻辑相统一

在"大思政"观的指导下，思政课教材的组织要坚持以"整体性课程结构观"为主导思想，致力于教材内容的多层次、多维度整合，实现纵向的连贯性与横向的互动性的统一。这一举措通过全面优化教材的组织结构，从而达到教材内容的和谐统一，进而有效地促进学习者在知识积累与素质提升方面取得更大成效，其主要遵循以下三大逻辑。

一是遵循教材知识逻辑，坚持"思政课程"与"课程思政"相结合。知识是思政课教材的基本要素，不涉及知识问题的教材是不存在的。思政课作为独立的学科，拥有其独特的知识结构。在组织教材内容时，应依据思政课学科自身的知识逻辑，充分发挥思政课程教材作为主渠道的作用。在此基础上，构建以习近平新时代中国特色社会主义思想为核心内容的思政课教材体系，推动思政课教材群建设的深入发展。同时，"大思政"观下的教材组织要从"课程思政"角度出发，找准各个学科思想政治教育的渗透点，打破学科边界，整体构建思政课教材知识体系。

二是遵循心理逻辑，坚持"直线式"与"螺旋式"相结合。人的品德是在一定的心理过程中形成和发展的。思政课教材一体化建设离不开心理学揭示的心理活动形式及其规律的指导。直线式与螺旋式作为教材组织的基本模式各有特点，直线式强调教材内容组织的知识逻辑，前后内容基本不重复，适用于一些理论性较低、操作性较强的内容。螺旋式教材组织强调学生从低级表征系统

向高级表征系统的转化,重在促进原理性、概括性知识的迁移。因而,这种教材组织方式更适用于理论性较强、学生不易理解和掌握的内容的学习。在思政课教材一体化建设中,应将直线式与螺旋式有机结合起来,根据不同性质、不同阶段思政课教材的特点,选择适宜的教材组织形式。

三是遵循教学逻辑,应坚持"教材体系"与"教学体系"相结合的原则。教材同时具有教学资源和教学工具功能,这使得教材成为学科结构与教学结构、教材体系与教学体系的统一。思政课教材组织要充分体现其作为教学依据的意义与价值,将传授学生知识和技能的思政课教材体系与提高学生思想品德修养的思政课教学体系结合起来,使教材成为教学资源的基础、连接学生经验和教师教学的桥梁,以引领思政课的有效实施。

三、大中小学思政课教材一体化建设的基本路径

教材是教师授课、学生学习不可或缺的重要媒介。在"大思政"理念的指引下,党和国家积极推进大中小学思政课教材的一体化建设,旨在构建适应新时代发展需求的思政课教材体系,从而全面提升思政教育的整体质量和效果。

(一)把握新时代思政课教材一体化建设的新要求

1. 明确新时代思政课教材建设的新方位

首先,思政课教材建设要坚持马克思主义的指导地位。新时代,巩固马克思主义在意识形态领域的指导地位,是党和国家的根本要求。思政课教材一体化建设要始终坚持马克思主义的辩证唯物主义观、历史唯物主义观及人的全面发展观,夯实思政课教材一体化建设的理论基石。

其次,思政课教材建设要体现马克思主义中国化的最新成果。马克思主义是一个与时俱进、开放包容的理论体系,随着时代的变迁、实践的深入和科学的进步而不断发展,不断汲取新的时代精神,赋予自身新的内涵。习近平新时代中国特色社会主义思想既继承了前人的理论成果,又进行了开拓创新,开辟了马克思主义的新境界。因此,要在青少年"拔节孕穗"期,立足大中小学思政教育实践,用习近平新时代中国特色社会主义思想引导学生树立正确的价值观,并将其融入大中小学的教材体系中,为学生提供优质的思政课教材,从而帮助他们更好地理解和践行社会主义核心价值观。

最后,思政课教材建设要体现中国方案和中华民族风格。在思政课教材一体

化建设过程中，要将社会主义先进文化融入大中小学教材，坚持中华文化的主体性、自觉性，坚守中国文化的话语权，充分体现中国特色、中国风格、中国气派，用具有中国特色的思政课教材育人育才。

2. 以立德树人为统领，高站位规划思政课教材一体化建设蓝图

首先，推进思政课教材目标的整体性建设至关重要。思政课教材在落实立德树人根本任务中扮演着关键角色，是推动学生全面发展的重要工具。因此，思政课教材一体化建设要确保教材内容的连贯性和系统性，以更好地服务于学生的成长与发展。思政课教材建设需要清晰地界定国家制度与教育方针、人才培养目标之间的关联，进而有效解决"为谁培养人"的核心问题。在这一过程中，我们应明确人才培养的政治方向和价值引领，确保将理想信念、爱国主义情怀、品德修养、知识积累、奋斗精神及综合素质等核心要素巧妙地融入思政课教材的目标体系之中，实现教育内容的有机统一和相互渗透，以此培养出既符合标准又值得信赖的时代新人。

其次，推进思政课教材内容体系的全面性建设。培育学生思政素养，是落实立德树人这一任务的根本要求。为此，在思政课教材建设中，要科学地编排思政课教材内容，推进政治、道德、法治与文化的有机融合，把政治、道德、法治与文化等内容分层、有序地贯穿于各级各类思政课教材之中，完整地呈现思政课学科的内容体系，解决好"培养什么人"的问题。

最后，推进思政课教材结构的系统性建设。思政课教材建设要充分考虑学生心理发展的阶段性、连续性特征，按照学段纵向衔接的要求编排教材，形成学段贯通、层级有序的教材结构。此外，需要深入探索不同思政课教材之间的内在联系，并将德育、智育、体育、美育和劳动教育的要求全面融入各科目教材中，以为学生的综合素质发展提供坚实的支撑。如此才能有效地解决"怎样培养人"的问题，进而促进学生的全面发展。

（二）构建学段纵向衔接、学科横向关联、类别互通的立体化教材体系

推进思政课教材一体化建设的核心在于落实立德树人的根本任务，并凸显"三全"要求。在此过程中，相关部门应系统地将政治、道德、法治和文化四方面的内容要素融入思政课教材，以构建适应新时代的思政课教材体系。

1. 遵循"螺旋上升"规律，构建学段纵向衔接的教材体系

推进思政课教材在学段上的纵向衔接，是思政课教材一体化建设的关键点。

不同学段的学生在身心发展方面存在差异。因此，思政课教材建设应遵循"螺旋上升"规律，厘清各学段的思政课内容要求，建立循序渐进的思政课教材体系。一要推进思政课教材在大中小学之间的有机衔接。以道德内容为例，小学阶段要引导学生养成基本的文明行为习惯，初中阶段要引导学生理解基本的社会规范和道德规范，高中阶段要引导学生增强公民意识和社会责任感，大学阶段要进一步加强社会公德教育，提升学生的道德素养。二要实现思政课教材在年级（或层次）上的衔接。学生不仅在学段上存在差异，同一学段内的不同年级（或层次）学生也存在一定差异。在中小学阶段，存在1～12年级的层次性；在高等教育阶段，存在专科、本科、研究生教育的层次性。因此，思政课教材一体化建设需要兼顾中小学年级的要求，以及专科、本科、研究生等不同层次的需求，确保教材内容既符合各年级学生的认知水平，又能满足不同学历层次学生的学习需要，进而实现不同年级（或层次）学生的逐渐递进、螺旋上升式发展。只有发现思政课教材年级（或层次）的差异性，找准年级（或层次）间的衔接点，才能实现各学段思政课教材的一体化建设，推进思政课教材的学段纵向衔接。

2. 以思政课为主体，构建跨学科的横向关联的教材体系

思政课是落实立德树人根本任务的关键课程。同时，其他学科课程也肩负着落实立德树人根本任务的重任。因此，要想打破学科边界，发挥"课程思政"的合力效应，就要找准思政学科与其他学科教材内容的深度融入点，从而实现全科育人的目的。思政课教材的横向关联集中体现在两大方面：一方面，思政教材建设要围绕政治、道德、法治、文化等思政要素，构建核心内容体系，着眼思政教育的核心主题，促进学生思政核心素养的形成；另一方面，在推进思政课教材建设的过程中，应注重思政课与其他学科的关联和融合，深刻体现课程思政的核心理念。通过挖掘其他学科的育人价值，寻找其与思政课内容的融合点，构建知识关联体系，为语文、历史等学科在思政课育人功能中发挥更大作用提供足够的空间。思政课教材结构，本质上是一个由政治、道德、法治与文化要素构成的多因素、多层次和多方面点、线、面结合的结构系统。因此，任何层次和类型的思政课教材，都要完整地体现政治、道德、法治与文化四个方面的要素，充分保证每一阶段和类型学生的思想政治素质的全面发展。同时，由于不同类型和不同阶段思想政治教育培养目标与学生发展的身心结构的不同，思政课教材要将政治、道德、法治与文化内容要素，按照不同的比例和组合方式有机地融入小学、中学和大学各科思政课教材内容中，形成共性与个性相统一的思政课教材内容体系。

3. 突破分类限制，构建层级、类别互通的教材体系

依据不同的分类标准，教材可以被划分为多种类型，以满足不同教育需求和学习目的。当前，各类思政课教材在建设中呈现出一定的分裂态势，存在内容上的简单重复和断层问题，缺乏应有的开放性和互通性。鉴于此，我们需要在更深层次上思考思政课教材体系的建设问题，致力于构建一个层级分明、类别互通的教材体系，以优化思政课教材的整体布局和内在逻辑。一方面，要实现思政课教材体系的层级互通。自 2001 年新课程改革以来，我国形成了国家、地方和学校三级课程体系，与此相适应，我们建立了国家教材、地方教材和校本教材三级教材体系。然而，三个体系间存在着断层，严重制约了教材体系建设水平的提升。另一方面，要注重思政课教材体系的类别互通。一是普通教育教材与职业教育教材之间的互通。思政课教材在为不同类别教育精准供给教学内容的同时，也要体现普通教育与职业教育的共性要求，聚焦学生的思政素养，搭建类别互通的思政课教材体系。二是数字教材与纸质教材之间的互通。随着课程教学的数字化转向，数字技术与教材之间的融合成为必然趋势。"互联网+"时代，越来越多的纸质出版物转向了电子化、数字化，传统纸质教材与数字化教学资源融合形成的新形态教材成为教材建设新趋势。[①]在思政课教材的数字化建设历程中，需要合理调整数字教材与纸质教材之间的协作与冲突，基于教材的数字形态与纸质形态的共同目标，实现两种形态教材之间的互通。

（三）完善思政课教材一体化建设的治理体系

首先，建立统一领导与分级管理相结合的教材管理体制。思政课是关系到国家意志的核心课程，党和国家牢筑了思政课教材建设的领导权。只有在党的全面领导下，思政课教材一体化建设才能成为坚守立德树人根本任务的坚固堡垒。只有加强党的领导，才能在思政课教材体系中落实党和国家的育人育才目标，彰显思政课教材的育人价值。同时，改革教材管理体制是推进教材治理体系现代化的应有内涵。教材管理体制的改革定要立足三原则，即"管统筹、管重点、管协调"[②]。

其次，构建主体多元、梯队结构合理的思政课教材编审团队，以确保教材内

[①] 柴龙会，肖向红，张晶钰等."互联网+"时代关于新形态教材建设与应用的思考[J]. 中国教育信息化，2017（2）：50-52.

[②] 柴龙会，肖向红，张晶钰等."互联网+"时代关于新形态教材建设与应用的思考[J]. 中国教育信息化，2017（2）：50-52.

容的科学性和适切性。教材编审队伍的水平会直接影响教材一体化建设和管理的质量与效率。因此，思政课教材的一体化建设要把优化教材编审队伍放在十分重要的位置上。一是为提升思政课教材的质量，应对教材编审队伍的结构进行优化，确保队伍成员来源的广泛性。具体而言，应吸纳学科专家、课程专家、教材专家、教研人员、一线优秀教师及教材管理人员等，以便从多个领域和角度为教材编审提供全面、专业的支持。同时，还需要考虑不同学段、学科和类别的教材发展要求，从整体上规划大中小学思政课教材体系。二是明确思政课教材编审人员的资格要求，对其提出更高的要求。思政课教材编审人员需具备扎实的学术基础、坚定的政治立场、清晰的思想认知、崇高的道德品质、富有创新的思维方式和宽广的学术视野，以确保教材内容的科学性和教育性。

最后，深化思政课教材一体化研究。思政课教材研究，要回应思政课教材一体化建设的重点和难点。在思政课教材研究过程中，应坚守以下原则：一是注重学理与实践的紧密结合。思政课教材建设，既要深入探索其理论逻辑与规律，更要紧密结合思政课教材建设的实际情况，力求在实践中实现突破和创新。二是坚持问题导向与重点突破相结合。思政课教材研究既要积极应对并解决教材建设中存在的突出问题和薄弱环节，也要精准把握并聚焦教材建设的核心要点和关键环节，从而在理论上攻克思政课教材一体化建设的难题。

第二节 革命文化资源一体化进教材专题研究
——以《红色文化》为例

教材是育人育才的重要依托，是培养目标与教育活动沟通的桥梁。教材能否承载培养目标的指向，能否具备育人功能，关系到教育教学实践的方向及未来人才的质量。红色文化资源是优质教育资源，是党在革命年代与社会主义现代化建设时期形成的具有育人意义的历史遗存。当前，红色文化资源虽在一些学科中有所体现，但其开发形式有待科学化、体系化，应在教材中对其进行深度讲解与系统性教育教学。本节以江西省为例，开展红色文化资源一体化进教材研究。江西省依托其红色文化资源丰富多样、价值突出、主题鲜明的优势，对当地红色文化资源进行整合，专门组织编写了一套覆盖全学段的《红色文化》教材，涵盖幼儿园、小学、初中、高中至大学阶段，用教材打好中国底色，为我国教材研究提供了经验支持，对推进教材建设的理念、机制、方法创新及教材质量的提升具有重要价值。本研究由于着眼于中小学阶段的教材一体化研究，本节选取《红色文化》系列教材中的中小学学段教材进行深入研究。

一、《红色文化》教材开发的时代背景

（一）红色文化资源进教材是培育新时代人才的必然要求

党的十八大以来，以习近平同志为核心的党中央把教育提升到"国之大计、党之大计"的战略高度加以谋划，围绕着"培养什么人、怎样培养人、为谁培养人"的问题，将培养社会主义建设者和接班人作为教育的根本任务，同时也将立德树人的成效明确作为检验学校一切工作的根本标准。这就强调了育人的根本在于立德，人才培养要以树人为核心、立德为根本，培养能担当责任、进行文化传承的时代新人。这为革命精神的弘扬及红色文化资源的开发指明了方向，承载着党和国家的奋斗史与革命史的红色文化资源是当代培育新时代人才的精神动力，也是教育在新时代履行立德树人职责，培养"五育"并举、全面发展的社会主义接班人的理想信念追求的体现。[1]为了响应党中央的号召，深化党和政府以文化人、以德育人的要求，红色文化资源进教材是使红色文化资源释放出更大凝聚力与感召力的必由之路，也是发扬与传承红色精神的重要指引。以红色文化资源为主要元素，编写面向各学段的红色文化教材，不仅是贯彻培养什么人的具体体现，更是凝魂聚气、强基固本的基础性工程。因此，将红色文化资源融入教材之中，对于传承红色基因、弘扬红色精神及培育能够担当民族复兴大任的新时代人才具有深远的意义。

教材是课程实施的第一层面。在传授知识、培养能力的同时，《红色文化》还起着坚守思想阵地、通过红色文化资源塑造灵魂的功能。历史是最好的教材[2]，通过深入挖掘有效的教育资源，对红色文化资源进行开发，在教材之中融入新时代的新特点与新要求，并赋予其符合时代实践的新内涵，是将红色文化历史资源转换为鲜活的具有时代性的教材的有效途径。这不仅能培养出具有高尚品

---

[1] 肖发生，张泰城. 近年来高校红色文化资源育人的理论与实践[J]. 红色文化资源研究，2017（1）：205-220.

[2] 历史是最好的教科书：学习习近平同志关于党的历史的重要论述[N]. 人民日报，2013-07-22（008）.

格的时代新人，深化其对红色文化资源的正面认识，也是对立德树人要求的有力的支撑，是育人育德方式的创新路径。红色文化进教材，是一种依托红色文化资源开展思政教育的方式，可以增强学生的使命担当意识，以红色文化资源为载体搭建教育平台，充分挖掘红色文化资源中蕴含的社会主义核心价值观的理论与实践素材，将理性思维与信仰生成结合、正面引导与文化养成结合。这种鲜活的教材为实践体验式的红色教育创造了有利条件，通过广泛的实践体验发挥红色文化资源的优势，增强了教材的实效性。同时，红色文化资源内含的革命精神是共产党人"不忘初心、牢记使命"的重要精神支撑，有着不可替代的德育价值，是进行道德教育的有效载体，本质上为培养新时代人才的思想奠定了优秀文化根基。红色文化以其强烈的时代感与地域感，增强了教材的直观性与可读性，通过教材中的红色文化教育涵养锐意进取的精神，培养新时代人才的政治热情和社会责任感，使其树立良好的道德信念，提升道德修养。红色文化资源中内含的谦和谨行、厉行节约等革命精神，是新时代人才的世界观、人生观、价值观培养的必然要求。江西省将党史及革命史渗透在教材之中，实现了红色文化资源的正面教育效果，这样的教育有助于新时代人才克服学习与实践脱节问题，在实践中发现新知、增长才干，进而为实现中华民族伟大复兴而贡献力量。

（二）红色文化资源进教材是厚植优质文化基因的迫切需要

红色文化资源传承了革命文化，是传承红色基因的源头活水。红色文化是中国特色社会主义文化的组成部分，构成了中国特色社会主义文化的优质基因。江西省是革命的圣地、红色的摇篮，红色文化基地数量多、分布广、品位高，有着底蕴深厚、价值突出、主题鲜明等特点。同时，江西省涌现出了大批的红色杰出人物，烈士数量众多，拥有革命遗址 2400 余处。[1]无数革命先辈用热血和生命铸就了以井冈山精神、苏区精神为代表的江西红色精神文化，这是江西省重要的文化名片，更是传承优质红色文化基因的最生动、最真实的教材。[2]江西省的红色文化不仅彰显着将红色文化资源优势转化为进课堂、进教材、进头脑的办学优势，进一步凸显江西特色红色文化的重要贡献与价值，也让中国共产党人在此根植的独特红色文化与精神薪火相传，为中华民族优质文化注入了新的基因。在新时代，红色文化以其强大的基因活力，成为中国特色社会主义文化创新的动力，

---

[1] 听见江西·红色记忆丨毛先生来到总平巷[EB/OL].（2021-02-03）[2024-09-24]. https://www.sohu.com/a/448575263_393128.

[2] 张泰城. 建构红色资源教育教学理论体系的思考[J]. 井冈山大学学报（社会科学版），2012（6）：14-18.

是优质的文化基因。它因符合时代发展趋向而生机勃勃，并在改革开放的历史条件下注入中国特色社会主义文化血脉，让红色基因代代相传。习近平总书记在陕甘宁革命老区脱贫致富座谈会上强调，"要从革命历史中汲取智慧和力量"，并指出"老区和老区人民，为我们党领导的中国革命作出了重大牺牲和贡献……我们要永远珍惜、永远铭记老区和老区人民的这些牺牲和贡献"。①纵观这些重要论述，我们应当站在历史的深度与时代的高度，学习并研究红色文化资源，并将这些凝聚了革命历史和革命精神的红色文化资源转化为丰富的教学资源，将其融入教材建设的目标与内容中，加强对红色文化资源的有效转化与利用。

教材是传承红色基因的主阵地。正是在红色文化资源重要论述的指导下，江西省积极加强红色文化资源的教材体系建设，而编制小初高一体化贯通发展的教材正符合厚植红色文化基因的迫切需要。红色基因孕育在红色文化资源之中，在中国特色社会主义建设中得到发展和丰富，既有物质形态，又有精神形态，因此需要以教材作为物质形态的载体，将红色精神渗透其中，通过红色文化资源涵养红色基因。从红船精神到井冈山精神，从延安精神到西柏坡精神，红色基因以一条红线的形式贯穿于教材体系的形成过程之中。红色基因折射了中国共产党人的理想信念、革命精神与家国情怀，是推动中国特色社会主义发展前进的文化引擎，是促进文化认同不可或缺的首要元素。江西省的代表性革命奋斗史见证了"没有共产党就没有新中国"，"只有社会主义才能救中国"，"只有社会主义才能发展中国"。红色文化资源反映了革命时期的艰苦斗争，也再现了民族独立和国家发展精神。因此，在教材中最大化地发挥地区文化优势，注重红色基因的传承，对于促使红色文化基因入脑、入心，增强学生对党和国家的情感认同与政治认同，具有不可替代的价值。

（三）红色文化资源进教材是增强文化自信的本源选择

在"四个自信"中，文化自信更基础、更广泛、更深厚。作为中国特色社会主义文化的重要组成部分，包括红色文化在内的革命文化与社会主义先进文化一道，为增强文化自信奠定了强大底气，也为文化建设夯实了坚实的根基。红色文化有利于培养文化自信，铸就了文化自信的独特品格，是社会主义文化思想引领的重要保障，彰显了清晰的文化方向，是实现文化自信的源泉。文化传承着历

---

① 新华社. 习近平主持召开陕甘宁革命老区脱贫致富座谈会侧记[EB/OL].（2015-02-16）[2024-09-24]. https://www.gov.cn/xinwen/2015/02/16/content_2820286.htm.

史，也连接着未来。①然而，改革开放以来，西方文化思潮和价值观念不断涌入，对青少年的思想教育提出了诸多挑战。一些青少年对红色文化及革命精神了解不足，对国史党史知之甚少。因此，对青少年的红色文化教育应进一步加强，坚定其文化自信。红色文化教育应从中小学开始做起，将红色文化贯穿到不同的学段，实现文化的思想引领作用。红色革命的发展历程不仅包含了革命先驱的艰辛奋斗，也伴随着红色文化的不断丰富，因此红色文化与教材的融合显得尤为重要。工农运动的奋斗精神、苏区抗战的爱国情怀及根据地建设的钢铁意志等，为我们增强社会主义文化自信奠定了坚实的基础。在当前经济全球化向纵深发展的时代背景下，多种思潮相互激荡，文化间的交融与交锋仍然频繁，这就更加要求将教材作为理想信念的导向标。我们必须保持清醒的头脑，牢牢掌控意识形态阵地建设的主动权和话语权，彰显红色文化资源主流意识形态的底蕴和文化自信。在这个过程中，文化的融入尤为重要，我们可以通过精心挑选红色文化的相关内容，有效激活并释放红色文化的强大能量，培养学生的文化信念，使其成为社会主义特色文化的坚定信仰者和忠实实践者。

　　教材建设者要坚定文化自觉自信，通过红色文化资源实现文化的固本开新。江西地区的红色文化通常泛指南昌、井冈山、瑞金、安源等地区的文化。这些地区历史底蕴厚重、文化特色鲜明，孕育出了中央革命根据地和中国工农红军的故乡，在此打响了武装反抗国民党反动派的第一枪。中国革命史上的重要历史转折，如人民军队的伟大创建、工农武装割据的星星之火也发生在江西这片热土上。江西丰厚的红色文化资源滋养着当地的文化，塑造了当地特有的文化精神。因此，充分保护并利用好红色文化资源，具有重要的文化价值和时代意义，将红色文化资源渗透在教材中，是继承革命优良传统的内在要求②，是对江西地区红色文化资源的传承与创新，也是增强区域文化自信、助推区域经济社会协调发展的本源选择。在文化强省战略目标的指引下，深入挖掘红色文化资源蕴含的丰富精神和文化内涵，不断满足人们的精神文化需要，进而不断提高地方文化的社会影响力，成为增强当地文化竞争力、提升江西红色地区乃至全省的文化软实力的必然选择。弘扬并传承红色文化，为增强文化自信提供了不竭动力。具体而言，可以通过发掘资源，不断彰显优秀文化的价值，切实增强文化自信，进一步凝聚发展的强大正能量；通过优化整合红色文化资源、打造红色文化品牌，建构红色文化教材体系，进而推动红色文化资源的开发及创新性发展。因此，增强文化自

---

① 林春. 红色资源转化为教育教学资源探析[J]. 内蒙古师范大学学报（教育科学版），2013（7）：42-46.
② 诸葛毅. 大学校园红色文化建设的内涵与德育功能[J]. 江苏高教，2010（3）：117-118.

信，就是要实现红色文化资源的转型与创新，不仅要解决当前江西地区红色文化资源开发中地区外的群体对该地区红色文化的认知度不够高的问题，也要解决当前红色文化教材系统性、整体性不足的问题。这就需要把核心理念融入教材中，贯穿学科与学段、建立健全教学方法与呈现方式，做到既有价值观的系统导向，又有规范化的流畅范本，促进物质性教材与精神性文化的优势互补，增强红色文化的凝聚力。[①]由此可见，对红色文化这一革命文化的自信，是社会主义文化自信的文化本源，将教材作为红色精神的存储载体与传播载体，在情感的纽带下对红色文化资源进行科学的选择与建设，以党的二十大精神为指引，顺应新常态下的发展潮流，通过加强红色文化的输出渠道建设，增强红色文化传播的有效性与影响力。红色文化资源凝聚着红色文化发展的蓬勃力量，宣扬的是实现全民族文化自觉，满足的是文化凝心聚力、繁荣兴盛的现实需求，是潜移默化地培育文化自信的有效形式和应然选择。

二、红色文化资源进教材的价值意蕴

（一）红色文化资源的内涵与类型

1. 红色文化资源的内涵

中国共产党自成立之日起就与红色紧密联系在一起，如红旗、红军、红色政权、红色革命根据地等，这也得到了社会各界及各国的广泛认可。正是这种来源并根植于历史的称谓，赋予了红色中国革命的象征和代名词的内在含义。"文化"涵盖了人类作用于自然界与社会的各种行为及其产生的成果。每种行为方式及其产生的不同结果，都构成了独特的文化形态，如石器文化、游牧文化、农耕文化、工业文化等。红色文化是指中国共产党领导中国人民进行的革命活动及其结果，表现为具有育人价值的历史遗存。[②]资源则通常是指可以开发利用并产生新的需求效用的来源。红色文化资源作为一种独特的文化资源，不仅具有文化的本质属性，还展现出资源的实用属性。更值得一提的是，由于文化与资源的紧密结合与深度融合，这种资源衍生出了独特的复合属性。同时，红色文化资源还呈现出多样化的形态，其属性和特点会随着存在形态或内容的不同而有所变化。

---

① 王炳林，房正. 关于深化中国共产党革命精神研究的几个问题[J]. 中国高校社会科学，2016（3）：4-15, 155.

② 肖发生，张泰城. 近年来高校红色文化资源育人的理论与实践[J]. 红色文化资源研究，2017（1）：205-220.

2. 红色文化资源的类型

红色文化资源的表现形式多样，因而也呈现出多种类型。这种类型的划分有助于深化对红色文化资源的认识，从而实现对红色文化资源深入、高效的保护及开发利用。从一般的研究理论需要出发，红色文化资源可以划分为物质类、信息类、精神类三大类型。[①]

物质类主要是指有形的、实物形态的红色文化资源，如革命遗迹、旧址、器物等；信息类主要是指以信息形态存在的红色文化资源，如数据、文字、符号、文献、标语、语音、图像、照片、歌曲等；精神类主要是指无形的意识形态存在的红色文化资源，如井冈山精神、长征精神、延安精神和方志敏精神等。信息不是物质，也非能量，因而不能以任何方式归结为物质，同样不能以任何方式归结为精神。如果仅仅以物质与精神作为分类的依据，就会出现边界不清、概念混淆的现象。举例来说，纸质文献、纸张与文字符号可以归为物质类资源，然而这些文献之所以成为红色文献，是由于文字符号记载及涵盖的意义所在。从另一个层面来说，这是思维活动的沉淀，属于精神资源之列。在分类中加上信息资源类，能明确事物形态同意识形态的界限，将图表、影像、歌谣等从物质资源与精神资源中分离出来，使理论研究更加明确、清晰。

在红色文化资源的开发与利用过程中，应对红色文化资源进行进一步划分，通过目标导向，在遵循逻辑规则的基础上，对红色文化资源进行主题分类，同时兼顾学科分类，并在分类过程中设置参考依据和借鉴现有分类成果，将红色文化资源以物质递减属性和年代远近排序进行规律性的划分，将红色文化资源构建为由9个基本大类构成的分类体系。

（二）红色文化资源的本质意蕴

1. 红色文化资源的育人价值论析

作为优质教育资源，红色文化资源具有强大的吸引力和感召力，由此催生了多样化的教育教学实践，是集坚定的理想信念、高尚的道德情操、深厚的爱国主义于一体的社会主义核心价值观的重要体现[②]，是世界观、人生观与价值观教育的优质资源。它在政治导向、核心价值体系构建及创新精神培育等方面均呈现出深厚的时代育人价值。

[①] 张泰城. 论红色文化资源的分类[J]. 中国井冈山干部学院学报，2017（4）：137-144.
[②] 张泰城. 红色资源是优质教育资源[J]. 井冈山大学学报（社会科学版），2010（1）：14-18，36.

第八章 大中小学教材一体化建设的专题研究

首先,红色文化资源能够引导理想信念的方向。红色文化资源作为理想信念教育的生动素材,对加强青少年理想信念教育具有重要意义。通过巧妙运用这些资源,我们可以将党的基础知识、党的历史、优良传统及党性修养等内容深入浅出地融入青少年的思想意识教育中,从而锻炼他们的党性,帮助他们树立坚定的共产主义信念。这不仅能为他们指明中国特色社会主义道路的方向,更能培养他们成为合格的社会主义事业建设者和接班人。在和平年代,青少年有了远大的理想信念,就有了强大的实践动力,而红色文化资源包含着理想信念的内在要素,每一处红色遗址、每一位革命英雄的事迹都可以让学生感受到在中国革命战争中融入和重新塑造的具有强大力量的理想信念[1]。红色文化资源的多样形态和直观内容能够丰富教育的内容与形式,将基本文化概念同生动的实践案例相结合,更贴近青少年的思想实际和接受程度,符合他们的价值选择和偏好。这样一来,红色文化资源在育人方面的实际效果就会得到进一步增强。进行红色文化资源教育,就是对青少年进行爱祖国、爱人民的高尚情怀的熏陶,不断促进其科学、正确的理想信念的产生与形成,使其将理性思维同信仰生成结合、理论灌输同实践参与结合、正面引导同文化养成结合,在直观化的红色文化资源中实现道德认知与情感生成的深层共鸣,这也为其他形式与内容的道德教育和道德实践指明了方向。

其次,红色文化资源能够促进社会主义核心价值体系的构建。红色文化资源作为核心价值观教育的生动教材和自然媒介,在当代中国先进文化中占据着重要地位,代表着一种具有社会主义道德特色的文化形态。借助红色文化所蕴含的革命历史,可以有效激发青少年坚守真理的勇气,磨炼他们追求真理的意志,并培育他们为真理献身的精神。红色文化具有教化作用,其中蕴含的道德准则和行为方式能够促使青少年重新审视人生的意义与价值,凝聚社会主义核心价值观的精髓,引导他们成为品德高尚、纯粹无邪的人。同时,弘扬红色文化资源中显现出的革命情谊、革命遗址及英雄精神,能够形成健康情感与红色文化的耦合状态,使青少年在历史与现实的时空中形成健康的情感价值观,促进青少年全面发展。[2]发挥红色文化资源的育人功能是一项长期的系统工程。在推动中小学课程改革的进程中,江西省依托红色文化资源优势,充分发挥革命老区的区位优势,进一步转变观念、统一思想、提升认识,以红色文化为德育内容传承优秀革命文

---

[1] 张泰城,常胜. 红色文化资源与社会主义核心价值观培育[J]. 求实,2016(11):30-35.
[2] 程东旺. 红色文化与心灵洗礼——论"红色文化"的育人功能与实现机制[J]. 继续教育研究,2006(3):165-168.

化，以红色文化为育人精神指导培养具有社会主义核心价值观的时代新人，也以红色文化为德育标杆培养学生正确的人生观、世界观、价值观，逐步形成具有地区特色的红色资源育人新模式。可以说，红色文化资源是核心价值观教育的精髓，是运用情境与体验教育，加深青少年对红色文化资源深刻内涵的理解，将核心价值导向同知识教学结合，使青少年深入认识并自觉践行社会主义核心价值观，对于促进青少年形成高尚的人格有示范作用。通过红色文化的学习与理解，青少年可以树立开拓创新、艰苦奋斗的价值观，提升思想道德素养。

最后，红色文化资源能够加强创新素养的培养。红色文化是以马克思主义为指导的具有中国特色的创造性文化，是造就科学性思维的熔炉，对培植当代青少年的先进思维、增强其创新意识发挥着重要作用。红色文化资源具有不迷信权贵、不墨守成规及锐意进取、开拓创新的创新性特质，与创新性素养的培养要求有着内在的一致性。红色文化教育通过体验、评价、交流等多种方式，有效规范青少年的行为，并激发他们的创新活力，进而能够汇聚成推动社会进步的重要力量。这样，红色文化不仅明确了创新的方向，也回答了为谁创新的问题。课堂是红色文化资源育人的主阵地，从近代史来看，中华民族是一个时刻保持创新活力的民族，正是有这种无法磨灭的创新精神的支撑，中国人民才能够从战火连绵与强权霸凌的时代走出来，实现逐步走向富强的巨大转变。红色文化资源的渗透提升了教育的创新品质，将地方课程系列教材《红色文化》纳入课程的建设中，在教材中设置蕴含民族创新精神教育内容的篇目，有利于将创新意识培植在青少年的思想意识之中。此外，社会实践是创新品德形成的关键，红色文化资源的教学是与课外实践紧密结合的新型教学，有别于传统的教学方式，其能够以活动为载体，变被动地接受社会影响为主动地利用社会来提高青少年的素养水平。同时，红色文化资源教育通过全面实践的尝试，如重走红军路等，将课内学习与课外实践紧密结合起来，促进了青少年的主动性、创造性的发展。青少年充分发挥自身的能动性、自觉性，将红色精神教育内化为自发的个性化行为。

实践证明，在教育教学中发挥红色文化资源的育人作用，既是继承传统与开拓创新的统一，也是加强和改进学校德育工作的有效途径。通过开展红色文化资源教育，能使青少年深刻地感受到革命传统与红色精神的精神内涵与教育魅力，深受红色文化的熏染。[①]同时，围绕红色基因打造的红色文化，是新时代育人成才的最生动的教材，也是创新意识生成的最佳营养剂。因此，通过红色文化资源

---

① 张泰城. 建构红色资源教育教学理论体系的思考[J]. 井冈山大学学报（社会科学版），2012（6）：14-18.

浸润式教育，将创新性思想培养融入教育教学过程，而不是将创新流于形式上的空谈，能够真正让红色基因内化于心、外化于行，对于传承红色基因、培育民族情感、培养创新素养，具有重要的现实意义和深远的历史意义。

2. 红色文化资源的内在特质

红色文化资源作为一种特殊的文化资源，有着因文化与资源互为规定并融合而衍生出的综合特质。红色文化资源同时是以多样化形态而存在的资源，根据存在形态的不同，其会显现出不同的特质。[①]从总体上分析，立足红色文化资源的研究与开发利用，可以发现红色文化资源具有以下内在特质。

1）红色文化资源是聚集性与离散性的统一。从红色文化资源的地理分布来看，中国共产党通过农村包围城市、武装夺取政权的战略，取得了革命胜利。在农村革命根据地，农民按照村落聚居，村与村之间有着一定的距离，并通过道路连接，在空间上有着离散性的特质。在教育教学中，红色文化资源分散在事件发生的现场，这使得红色资源教育需要耗费较多的时间和资源。这种聚集性与离散性相统一的特征，使得在进行教育教学时教育者要选取离散资源中更具有代表性的场点，同时要依靠教学线路的优化组合，实现聚集资源的质量与效率的统一。

2）红色文化资源是消耗性与再生性的统一。从红色文化资源的开发利用过程来看，一方面，红色文化资源随着被使用的频次增加而不断消耗，是消耗性的，这主要存在于物质形态的红色文化资源中。非物质形态的红色文化资源大都具有可再生性，即可以在保持原资源或母本资源不耗损的前提下，采取多种创新形式反复开发利用，从而实现资源的永续利用。红色文化资源的再生性是基于大多数非物质形态的红色文化资源重复使用的成本较低或后续使用成本较低而言的。红色文化资源的再生属性，使红色课程设计具有原创成本高而模仿成本低的特征，这就使红色创造性产品在快速传播的同时，易出现创新动力不足及重复雷同的问题，会影响红色文化资源开发的质量和效益。红色文化资源是消耗性与再生性的统一整体，这就要求在开发利用红色文化资源时平衡好物质形态与非物质形态文化资源的开发占比，减少消耗，创新资源再生方式。

3）红色文化资源是寓教性与情境性的统一。红色文化资源的教育内容不完全是知识，它有着超出知识内容之外的教育思想与价值理念的寓教性特征。寓教性的着眼点在于，对知识的兴趣、对待知识的态度，以及创新知识的能力等。重要的是，红色文化资源开发者要从红色文化资源蕴含的知识中汲取理想信念、价

---

① 张泰城. 论红色资源的教育特质[J]. 井冈山大学学报（社会科学版），2015（6）：16-21，31.

值信仰及意志情感、道德情操等多方面的内容。同时，红色文化资源独具鲜明的情境性特征，这是由于其承载着中国革命历史上的重要事件与人物活动，并以特定情境的形态展现出来。在革命胜迹等现场教学点，学生能够深切感受到浓厚的历史氛围，这种体验是其他类型的教材无法提供的。这种情境性特质使得红色文化资源在教育中具有独特优势，能够让学生更加直观地了解和感受革命历史，从而增强了教育的感染力和实效性。红色文化资源通过情境性再现了资源的生动性与丰富性。例如，从"走进三湾村"的红色文化资源教育教学内容来看，蜿蜒的道路及沧桑的旧居与陈设能天然地表现出革命时期的"三湾改编"过程，置于这种教学情境中，教学更加有针对性，使观察对象更为凸显，教学的教育性与情境性同时得到凸显。这种寓教性与情境性相统一的特质，强化了道德情感教育教学的弹性，在内容方面兼顾了知识与情境的统一，促使学生在实际情境中践行和坚守道德规范，能够防止出现知行剥离的问题。

4）红色文化资源是综合性与差异性的统一。从红色文化资源的表现形式来看，它是知、情、意、行、信的综合，显现出综合性的特质。学生在红色文化资源教学现场感受到的鲜活人物与进行的实践，具有强烈的感染力和影响力，可以使学生产生自身情感、信念与行动等多方共鸣的综合性的效果。此外，在教学过程中，红色文化资源具有差异特质，也就是教育教学过程对不同的红色文化资源有不同的要求。红色文化资源教学的表现形式主要是活动教学及实践教学，因而教学效果的差异性主要体现在学生在学习红色文化资源的活动中达到的应然状态及学习效果，包括思想品德、情感态度、观念意志上的变化，因此差异性的出现就成为必然。由此可见，红色文化资源在差异中有整合，在整体性中又表现出个体性，因而需要处理好个性与共性的关系，在个体差异中寻求综合发展。

5）红色文化资源是隐含性与生成性的统一。从红色文化资源的传输方式来看，其不能完全被符号化或编码化，也不能完全用言传口授的方式传递给受教育者，有着只能体悟而无法显现于外的隐含性特征。一些隐含着红色精神的红色文化资源是以价值观念形态存在的，是对革命时期先辈的普遍行为与集体意识的高度概括与归纳，这就需要还原行为与细节，揭示其精神中隐含的深厚底蕴。红色文化资源在有着隐含特质的同时，也是生成的过程，即具有生成性特质，也就是指教育教学作为教育者和受教育者协同共进的过程，具体表现为教学进展线路是生成的而非预设的，在红色文化资源的教育活动中出现的情况是具有随机性的，是根据实践情境与活动在观察与体悟中得以生成的。[1]基于隐含性与生成性相统

---

① 张泰城. 论红色资源的教育教学方式[J]. 中国井冈山干部学院学报，2015（6）：138-144.

一的特质，在红色文化资源的传输过程中，我们需要注重精神上的传承与思想上的开放发展相统一，同时增强红色文化资源的深度与广度。

6）红色文化资源是体验性与互动性的统一。从教学过程的角度审视，红色文化资源呈现出鲜明的体验性特征。它能够通过精心设计的教学活动与真实情境，引发受教育者的强烈体验，从而激发他们的真切感受和深刻理解。这种体验性特质使得红色文化资源在教学过程中更具吸引力，有助于提升教学效果。如"红色文化"系列教材中的"重走红军挑粮小道"就是体验式课程，通过模拟历史情境来让学生深刻体验革命年代的艰苦精神，感悟理想信念高于天的革命精神，是红色文化资源体验性特质的集中体现。这种教学过程的重点不在于教育者教了什么，而是在于受教育者的思考与感悟。与此同时，红色文化资源的教育教学，是教育者同受教育者围绕红色文化资源相互作用的过程，也就是互动的过程，有着互动性特质。红色文化资源是非传递式的，因此教学的互动和体验都是不可或缺的，二者是不可分割的统一体，在体验性的教育教学过程中无时无刻不显现出互动过程。这不仅包括体验过程中教育者与受教育者之间的互动，还包括受教育者与受教育者之间的互动以及受教育者与群众之间的互动等。例如，在进行红色文化资源入村入户方式的学习群众工作传统的体验性教育教学时，其受教育者互动与体验的对象包括当地农户，这种体验性与互动性的结合能够给予受教育者正面的激励，是红色文化资源教学真实可感与教学相倚的结合，也是红色文化资源得以高效现场组织的集中体现。

三、《红色文化》教材的设计与开发

教材设计与开发是指在编制教材之前，根据具体的教育目标，运用科学的方法，对影响教材编写过程的诸多因素进行分析和策划的过程，主要包括设计教材目标、分析教材编制依据、确定选材原则等环节。《红色文化》教材就是按照以上编制过程进行设计的。

（一）《红色文化》教材的总体目标

1. 落实立德树人根本任务，培养"五育"并举、全面发展的社会主义建设者和接班人

《红色文化》教材的编制是落实立德树人根本任务的重要依托。习近平总书记指出："要把立德树人融入思想道德教育、文化知识教育、社会实践教育各环

节……凡是不利于实现这个目标的做法都要坚决改过来。"[1]在培养社会主义建设者和接班人的问题上,国家把立德树人作为中心环节,并要求把立德树人内化到教育教学全过程。培养人才,既要育才,更要育人。成人教育与成才教育的内容完全不同,不能仅通过教知识的方法进行教学。例如,勤劳勇敢无法用语言文字精准地表达出来,语言文字只能表达勤劳勇敢的特征,而勤劳勇敢的本质内涵还需要学生通过体验和感悟逐步理解。因此,江西省出版了《红色文化》这套教材,希望通过这套教材将"立德树人"融入并贯穿大学、中学、小学、幼儿园各学段,让学生在学习成长过程中对"德"产生感性认识,从而实现全过程育人,培养德智体美劳全面发展的社会主义建设者和接班人。

2. 满足国家对革命传统教育的需求,传承中华民族的优秀传统文化和民族精神

《红色文化》教材的编制是满足国家对革命传统教育需求的重要举措。党的十八大以后,党中央全面分析了党和国家面临的新形势、新任务,做出了一个重要决定,就是要坚定不移地推进全面从严治党。教育作为民族振兴、社会进步的重要基石,决定着培养什么样的接班人,甚至决定着能否实现民族复兴和国家崛起。2016年,习近平总书记在安徽调研时强调,"革命传统教育要从娃娃抓起,既注重知识灌输,又加强情感培育,使红色基因渗进血液、浸入心扉,引导广大青少年树立正确的世界观、人生观、价值观"[2]。江西省出版了这套《红色文化》教材,既满足了国家对革命传统教育的迫切需求,又有效利用了本地的红色文化资源,传承了中华民族的优秀传统文化和民族精神。

3. 打造江西省地方特色教材,弘扬江西省独具特色的红色文化

《红色文化》教材的编制,是弘扬江西省独具特色的红色文化的有效途径。江西是一片红色的热土,为中国革命做出了巨大的奉献和牺牲。中国共产党在南昌打响了武装反抗国民党反动派的第一枪,在井冈山创建了第一个农村革命根据地,在瑞金成立了中华苏维埃共和国临时中央政府。江西以独具特色的红色文化闻名中外,可以说是中国最"红"的地方。《红色文化》教材的编制切实地增强了文化自信,发挥了江西省独特、深厚的人文优势。通过出版《红色文化》教

---

[1] 习近平出席全国教育大会并发表重要讲话[EB/OL].(2018-09-10)[2024-09-24]. https://www.gov.cn/xinwen/2018-09/10/content_5320835.htm.

[2] 习近平:加强改革创新开创发展新局面[EB/OL].(2016-04-27)[2024-09-24]. https://jhsjk.people.cn/article/28309757.

材,江西省弘扬了独具特色的红色文化,借此激发学生为实现"两个一百年"奋斗目标、实现中华民族伟大复兴而不懈奋斗。

(二)《红色文化》教材的编制依据

1. 坚持国家政策层面的指引

国家的政策法规是红色文化资源一体化进教材的行动指南。2017年,党的十九大报告指出,要"坚定文化自信,推动社会主义文化繁荣兴盛"。同年,教育部印发《中小学德育工作指南》,指出要"培养学生爱党爱国爱人民,增强国家意识和社会责任意识"。按照教育部的要求,这套教材要"从江西出发,走向全国、走向世界;从历史出发,走向今天、走向明天;从政治出发,走向趣味、走向教育"[①]。这套教材的编制旨在把红色文化资源利用好、把红色传统发扬好、把红色基因传承好,从而实现"三红"变"三好"。

2. 符合学生心理发展规律

《红色文化》教材的编制遵循了教材编写的一般规律,即符合学生心理发展规律。学生的成长是一个有序并且持续发展的过程,不同阶段的学生会表现出不同的心理特征。在编制《红色文化》教材过程中,相关人员遵循学生在成长过程中的心理发展规律,选择适合相应学段学生学习的红色文化资源,以及该学段学生需要培养的精神品质,坚持由简到繁、由易到难、由小到大、由外到内、由具象到抽象、循序渐进地编写教材。

3. 实现红色文化资源的教育价值

《红色文化》教材的编制实现了红色文化资源的教育价值。红色文化资源是由红色、文化和资源三个概念有机结合而成的人文社会资源,承载着中华民族的优良文化传统和民族精神,融汇了中国共产党成立以来凝聚而成的以共产主义理想为核心的先进文化,体现了中国共产党人的高贵品格和高尚情操。红色文化资源的教育特质是其作为教育资源具有的特殊性。精准把握红色文化资源的教育特质,是编制《红色文化》教材的基础和前提。从存在方式来看,红色文化资源具有情境性、离散性、非移动性、多样性等教育特质;从教育内容来看,红色文化资源具有不完全知识性、非传递性、综合性、隐含性等教育特质;从教学过程来

---

① 聚焦全国首套大中小幼红色文化教材[EB/OL].(2018-01-03)[2024-09-24]. https://www.eol.cn/jiangxi/jiangxi_news/201801/t20180103_1578059.shtml.

看，红色文化资源具有互动性、生成性、差异性、体验性等教育特质。[①]基于以上红色文化资源的教育特质，《红色文化》教材的编制对红色文化资源进行了设计，不只是通过教知识的方式介绍红色文化，更多地是让学生体验、感悟和思考红色文化，从而使红色文化资源成为优质的教育资源，实现了红色文化资源的教育价值。

（三）《红色文化》教材的素材选取原则

1. 坚持真实性、代表性、生动性相结合的原则

《红色文化》教材的素材选取坚持真实性、代表性、生动性相结合的原则。首先，在教材中呈现的历史事件、人物活动及红色精神等内容，确保真实可靠，以维护教材的权威性和准确性。在编写教材时，教材内容的科学性和准确性十分重要。因此，作为教材素材的红色文化资源，尤其注重"原汁原味"，对其历史渊源、历史事件、人物活动等进行深入研究，将真实可信的内容编入教材之中。其次，教材中应用的历史事件、人物活动及红色精神等具有典型性和代表性。在中国共产党领导中国人民进行革命斗争的历史长河中，出现了许多重要的历史事件，也涌现了许多为中国革命做出巨大奉献和牺牲的红色英雄，但受教材篇幅和内容的限制，想要全面涵盖所有红色文化资源是无法实现的，只能选取更具有代表性的历史事件，以及具有较高知名度和社会声望，或在重大历史事件中起到重要作用而留下历史印记的典型代表。最后，教材中的红色文化资源生动、直观，便于学生记忆。要想使《红色文化》教材对学生产生吸引力，激发学生的学习兴趣，就要使教材更加具有可读性和趣味性。在红色文化资源中，有许多红色旧址、红色器物、红色人物、红色事件等，通过故事的艺术表达或图片和歌谣的生动呈现，能够再现革命先烈的斗争情境，使学生产生一定的体验和感悟，同时也会使学生更喜欢这套教材。

2. 培养学生良好的思想道德品质

《红色文化》教材选取了能够培养学生良好的思想道德品质的素材。红色文化资源承载了中国共产党波澜壮阔的革命史、艰苦卓绝的奋斗史、可歌可泣的英雄史[②]，体现出共产党人高尚的品德和优秀的品质，折射出共产党人的爱国主义情怀、集体主义精神和艰苦奋斗的优良作风。这些正是落实立德树人根本任务、

---

① 张泰城. 论红色资源的教育特质[J]. 井冈山大学学报（社会科学版），2015（6）：16-21，31.
② 邓文君. 用红色文化资源育人育心[N]. 江西日报，2019-05-27（010）.

培养中国特色社会主义建设者和接班人必需的"红色基因"。因此,《红色文化》教材在素材选取上要满足两个条件：一是内容要与学生的学段相符,要培养适合相应学段学生的道德品质。不同学段的学生学习能力不同,心理发展特征也不同,因此选取相应学段学生可以接受且可以体现在该学段更为需要的道德品质的内容编入教材。二是要尽可能地修正相应学段学生已经出现或即将出现的不良行为习惯。青少年在成长过程中会出现许多问题,如自律意识不强、缺乏责任感等。因此要防微杜渐,选取的教材内容要能帮助学生从思想上真正认识到不良行为习惯的负面影响,并帮助学生改掉不良行为习惯,从而引导其朝着积极方向发展。

3. 选取适合教师的教学材料和适合学生的学习材料

《红色文化》教材选取了适合教师教和学生学的素材。首先,《红色文化》教材编写符合教材编写的内在逻辑要求,即符合教学逻辑。教学逻辑是教学系统中主客体关系的动态转换逻辑,是引起和维持教学系统从不规范性向规范性、从随意性向高度自觉性发展的要素。[1]教材作为教师教和学生学依据的主要材料,是教学过程中师生互动的主要话题来源。因此,《红色文化》教材在选取素材时注意与教学规律保持一致,找准教学的逻辑起点,厘清教学的推进顺序,选取符合教学需要的素材,使教材成为支撑教学过程的优质资源。其次,《红色文化》教材是教师课堂教学的辅助材料,而非教学的话本。教师应是教材的活用者,应为教材的主人。教学应是教师对教材进行调整、加工后创造性地使用教材的过程。因此,《红色文化》教材仅仅作为教学的辅助材料,在选取素材时给教师创造性地使用教材保留了一定的活动空间,使教师可以根据教学需要引进其他素材。最后,《红色文化》教材要成为学生课外拓展的学习材料。红色文化的学习不仅仅局限于教师的课堂教学,也应让学生在课外拓展活动中体验和感悟红色文化,从而培养学生的红色精神。因此,《红色文化》教材注意选取那些便于学生理解和操作的内容,通过让学生亲身实践,使学生加深对红色文化的理解,并在潜移默化中培养学生的红色精神。

4. 遵循教材的编写规律

《红色文化》教材在选取素材时遵循教材的编写规律,即体现纵向衔接与横向融合的特点。首先,《红色文化》教材体现了学段的纵向衔接。爱利克·埃里

---

[1] 朱德全,张家琼. 论教学逻辑[J]. 教育研究,2007(11):47-52.

克森（E. H. Erikson）将人的发展分为八个阶段，每一阶段都有其特殊的目标、任务和冲突。学生的成长和发展也具有阶段性特征，不同学段对教育的要求各不相同，那么各学段的教材也应符合各学段学生的特点，并具有一定的关联性。若学段教材彼此割裂、各自为政，则会导致学生在各学段受到的教育出现断层，会影响教育的整体性和连续性。因此，《红色文化》教材的素材选取体现了各学段间的有机衔接，同时注意避免重复。其次，《红色文化》教材体现了德智体美劳"五育"横向融合。"五育"就是人的全面发展的教育，各育有其特定的内涵和任务，既不能相互替代，也不能完全分割，而是应互相渗透、融合。若彼此分离，必然会偏离促进人的全面发展的初衷，偏离培养德智体美劳全面发展的社会主义建设者和接班人的初衷。《红色文化》教材在选取素材时不只关注德育，还打破了"五育"的边界壁垒，从而促进"五育"在教材内容上的贯通和融合，实现人的全面培养。最后，作为国家统编教材的辅助资料，《红色文化》教材旨在发挥其补充和辅助的功能，以丰富和完善国家统编教材的内容。红色文化资源包含红色旧址、红色事件、红色人物等教育资源，在语文、道德与法治等国家统编教材中也会有所涉及。所以在挑选素材的过程中，相关人员细致研读并解析了国家统一编写的教材，确保所选内容不与国家统编教材重合，以避免内容重复。

四、《红色文化》教材的体系结构

教材的体系结构是指各学段教材、每本教材中的各个单元及它们之间的联系。《红色文化》教材就是在制定了整体的体系框架后编制形成的。《红色文化》教材是由中共江西省委教育工作委员会、江西省教育厅和教育部教育发展研究中心（现为中国教育科学研究院）共同组织编写的。为确保这套教材的质量，2017年12月18日启动教材编写工作以来，受国家教材委员会和编写专家组的委托，共开展教材编写研讨会、咨询会、统稿会、审稿会20余次。这套教材以"红色文化"为主题，主要在江西省范围内选取有关红色文化的教育素材，包含幼儿园、小学1~2年级、小学3~4年级、小学5~6年级、初中、高中（含中职中专）、大学（含高职高专）共7册教材。在我国，像这样大规模、系统性地将红色文化资源整合进教材的做法尚属首次。这一举措展示了我国在文化教育领域的创新与实践，具有重要的历史意义和教育价值。下面以大中小学阶段的单册为主对这套教材的体系框架进行详细介绍。

第八章　大中小学教材一体化建设的专题研究

（一）《红色文化》教材的阶段目标

1. 小学阶段教材目标

2017年，《中小学德育工作指南》分别对小学低年级和小学中高年级提出了学段德育目标。在该指南的指引下，《红色文化 小学1～2年级版》《红色文化 小学3～4年级版》《红色文化 小学5～6年级版》三本教材的教材目标得到了明晰。

1）1～2年级教材目标：通过图文并茂的故事、形象生动的教学和形式多样的活动播撒红色文化种子，使学生对红色文化产生感性认识，激发学生对中国共产党、祖国、人民、家乡及集体的热爱之情，培养他们积极向上、诚实勇敢的品质，并树立责任感与担当精神，从而形成良好的道德品质。

2）3～4年级教材目标：通过生动鲜活的故事和朗朗上口的歌谣，使学生了解革命斗争时期的历史事迹和励志故事，知道共产党人的坚定信念和大无畏的英雄气概，感受他们的高尚品德和独特魅力，并以他们为学习榜样。

3）5～6年级教材目标：基于《中小学德育工作指南》对小学中高年级提出的德育目标制定，具体为通过艺术表达、拓展阅读和师生互动的形式，使学生初步了解江西省的红色文化资源，认识和知道红色旧址、红色器物等红色文化资源，并从中学习共产党人节约、诚实、自律等优秀品质，感悟共产党人真挚感人的爱国情怀、坚不可摧的理想信念、视死如归的不屈精神。

2. 初中阶段教材目标

《红色文化 初中版》的教材目标为既要立足于江西，凸显江西革命文化，又要放眼全国，使学生从中国共产党红色文化的全局中认识江西地域的红色文化。通过时间排序，让学生全面、系统地认识红色文化，从全局的视角理解波澜壮阔的革命历史、艰苦卓绝的奋斗历程及可歌可泣的英雄事迹，能够逐渐培养起坚定的理想信念、高尚的道德情操和深厚的爱国主义情感。

3. 高中阶段教材目标

《红色文化 高中版》的教材目标为通过红色专题的学习，增加学生对红色文化学习的深度和广度，增强学生的文化自信和民族自信，促进中华优秀传统文化的弘扬，引导学生用马克思主义的基本观点和方法分析与论述红色文化，帮助学生初步形成正确的世界观、人生观和价值观。

4. 大学阶段教材目标

《红色文化十讲》作为高校思想政治教育课的辅助教材，坚持以习近平新时代中国特色社会主义思想为指导，以树立"四个自信"为目标，围绕传承弘扬红色文化这一主题，坚持问题导向，直面现实矛盾，力求释疑解惑，引导大学生坚定理想信念，传承红色基因，做红色江山的接班人。

（二）《红色文化》教材的内容选取

相较于学科知识类教材，《红色文化》教材在内容选择上呈现出更为多样的特点，涵盖了多种类型的素材。因此，在编写《红色文化》教材时，编写者充分考虑了红色文化资源类型的多样性，采取灵活恰当的方式进行处理。

1. 物质类

在《红色文化》教材中，出现了大量的红色建筑、红色旧址、红色器物等的实物原图。在红色建筑方面，《红色文化 小学1～2年级版》第四单元第13课呈现了安源路矿工人运动纪念馆的实景图；《红色文化 小学3～4年级版》第二单元第10课呈现了中央红军长征出发地纪念园雕塑的实景图；《红色文化 小学5～6年级版》第一单元第2课呈现了黄洋界保卫战胜利纪念碑（竖碑、横碑）的实景图；《红色文化 初中版》第三单元第18课呈现了南昌县莲塘革命烈士纪念塔和井冈山革命烈士纪念碑的实景图；《红色文化十讲》第七讲第3节呈现了大渡河上泸定桥的实景图。

在红色旧址方面，《红色文化 小学1～2年级版》第三单元第9课呈现了上海中共一大会址的实景图；《红色文化 小学3～4年级版》第一单元第3课呈现了毛泽东旧居——茅坪八角楼的实景图；《红色文化 小学5～6年级版》第一单元第5课呈现了中华苏维埃第一次全国代表大会会址、中华苏维埃第一次全国代表大会会场旧址和红色中华通讯社旧址的实景图；《红色文化 初中版》第二单元第11课呈现了中共闽浙赣省委机关旧址和闽浙赣省苏维埃政府旧址的实景图；《红色文化 高中版》第一单元第2课呈现了茶陵县农工兵政府旧址和湘赣边界工农兵苏维埃政府旧址的实景图；《红色文化十讲》第六讲第1节呈现了中华苏维埃共和国临时中央政府旧址的实景图。

在红色器物方面，《红色文化 小学1～2年级版》第一单元第3课呈现了中央苏区时期颁发的一、二、三等红星奖章的实物图；《红色文化 小学5～6年级版》第一单元第3课展示了小井红军医院修建时期使用的刨子和墨斗的实物图片；《红色文化 初中版》第二单元第12课呈现了红军第七纵队袖章的实物图；《红色文化 高中版》第二单元第6课呈现了江西崇义县鱼粮乡暴动队第二班朱启贵的红布袖套的实物图。

2. 信息类

《红色文化》教材包含了许多红色文献、红色诗词歌谣等。在红色文献方面，《红色文化 小学1~2年级版》第一单元第4课呈现了报纸《红星》的实物图；《红色文化 小学5~6年级版》第二单元第10课呈现了红军家属优待证的实物图；《红色文化 初中版》第一单元第1课呈现了上海《民国日报》相关报道的实物图；《红色文化 高中版》第一单元第4课呈现了中央苏区选民大会使用的选民证和《中华苏维埃共和国土地税免税减税暂行条例》等的实物图。

在红色诗词歌谣方面，《红色文化 小学1~2年级版》第一单元第1课加入了《红星歌》；《红色文化 小学3~4年级版》第二单元第6课加入了毛泽东的诗词《西江月·井冈山》；《红色文化 小学5~6年级版》第一单元第2课则加入了毛泽东的诗词《水调歌头·重上井冈山》；《红色文化 初中版》第二单元第12课加入了陈毅的诗词《红四军军次葛坳突围赴东固口占》；《红色文化 高中版》第一单元第4课加入了赣南歌谣；《红色文化十讲》第八讲第1节加入了马克思、毛泽东、习近平等的话语。

3. 精神类

《红色文化》教材蕴含着红色精神。例如，《红色文化 小学5~6年级版》第三单元第12课呈现了邓贞谦在就义前写下的绝笔书，其中有一部分这样的内容："要革命就要很坚决地、很勇敢地、毫不犹豫地站在无产阶级方面去杀戮一切豪绅统治阶级。满腔的热血已经沸腾，作一次最后的斗争，旧世界打个落花流水，奴隶们起来！起来！莫要说我们一钱不值，我们要做天下的主人！"[1]从邓贞谦的绝笔书中可以看出他那真挚感人的爱国情怀、坚不可摧的理想信念、视死如归的不屈精神。《红色文化 初中版》第四单元是"精神丰碑"，其中包含的6节课分别是红船精神、八一精神、井冈山精神、苏区精神、长征精神和方志敏精神。这一段对井冈山精神做出了很好的解读和总结。《红色文化 高中版》第四单元第16课再次强调了井冈山精神，但与初中不同的是加深了对井冈山精神的时代解读。课文中有一部分这样的内容："我们要结合新的时代条件，让井冈山精神放射出新的时代光芒。其中，最重要的是坚定执着追理想、实事求是闯新路、艰苦奋斗攻难关、依靠群众求胜利。"[2]《红色文化十讲》第九讲的内容是"为什

---

[1] 《红色文化》编写组. 红色文化 小学5—6年级版[M]. 南昌：江西高校出版社，2018：59-60.
[2] 《红色文化》编写组. 红色文化 高中版[M]. 南昌：江西高校出版社，2018：178.

么要弘扬革命精神",这一讲首先论述了革命精神的价值和意义,接着通过对八一精神、井冈山精神、苏区精神、长征精神的讲述,点明了中国共产党革命精神的历史坐标,最后还对革命精神在新时代的内涵进行了解读。

(三)《红色文化》教材的组织方式

教材的组织方式是多层次的,这种组织方式体现在一本书与另一本书之间,体现在同一本书中的一个单元与另一个单元之间。在组织方式上,《红色文化》教材体现了学段教材间的纵向衔接,体现了同一本教材中前一章节与后一章节的逻辑顺序,体现了德智体美劳"五育"融合的要求,体现了地方课程教材对统编教材的补充作用。

1. 体现了学段和章节的纵向衔接

《红色文化》教材体现了学段教材间与教材内章节间的纵向衔接。一是在学段教材间,将由简到繁、由易到难的逻辑顺序体现得比较好,表现出了整套教材的整体连续性和层次递进性。例如,《红色文化 小学 1~2 年级版》中出现了红星、红旗、纪念日等典型红色标志,增加了学生对红色文化的感性认识;《红色文化 小学 3~4 年级版》中出现了红色歌谣、红色诗词等红色艺术作品,让学生感受到了红色英雄的人格魅力;《红色文化 小学 5~6 年级版》中出现了红色旧址、红色文物等的实景图和实物图,让学生更客观地认识和了解了红色文化;《红色文化 初中版》中出现了红色事件和红色精神,能让学生从红色事件中体验和感悟红色精神;《红色文化 高中版》在初中教材的基础上提升高度,引导学生理解红色文化的时代意蕴,并针对红色文化发表自己的看法;《红色文化十讲》精心设计了十讲内容,全面、深入地剖析了红色道路、红色理论、红色政权、红色精神的"理论-历史-现实"框架,旨在引导学生树立坚定的理想信念,传承红色基因,勇担传承红色江山的重任。可以看出,这套教材在学段教材的组织设计上遵循了由浅入深、由易到难的逻辑顺序。二是在章节间突出体现了由外到内、由小到大、由具象到抽象的逻辑顺序。例如,《红色文化 小学 1~2 年级版》共包含 4 个单元,分别为红星闪闪、红旗飘飘、重要纪念日和共产主义儿童团。每个单元包含 4 课,每一课包含认一认、听一听、学一学 3 个环节,如表 8-2 所示。由这一组织框架可以看出,章节间是遵循上述逻辑规律的。首先,按照由外到内的逻辑顺序。先让学生认识红星和红旗,再让学生知道纪念日,最后回到学生本身，介绍共产主义儿童团。其次，按照由小到大的逻辑顺序。由于红星是红旗的一部分，教材中先介绍红星，再介绍红旗。最后，按照由具象到抽象的逻辑顺序。教材中先让学生认识红星和红旗，这些是有具体形象的，然后介绍了纪念日和共产主义儿童团，这些是抽象的概念。

表8-2 《红色文化 小学1~2年级版》组织框架

教材	单元	课	环节
《红色文化 小学1~2年级版》	第一单元 红星闪闪	（一）闪亮的红星	认一认 听一听 学一学
		（二）红军的帽子	
		（三）军章闪耀	
		（四）《红星》报	
		单元综合实践活动	
	第二单元 红旗飘飘	（五）中国共产党党旗	认一认 听一听 学一学
		（六）中国人民解放军军旗	
		（七）我爱国旗	
		（八）我们的队旗	
		单元综合实践活动	
	第三单元 重要纪念日	（九）"七一"——党的生日	认一认 听一听 学一学
		（十）八一建军节	
		（十一）十一国庆节	
		（十二）中国人民抗日战争胜利纪念日	
		单元综合实践活动	
	第四单元 共产主义儿童团	（十三）安源儿童团	认一认 听一听 学一学
		（十四）站岗放哨的儿童团	
		（十五）拥军优属的儿童团	
		（十六）热爱学习的儿童团	
		单元综合实践活动	

资料来源：《红色文化》编写组. 红色文化 小学1~2年级版[M]. 南昌：江西高校出版社，2018：16

2. 体现了"五育"横向融合的要求

德智体美劳"五育"就是人的全面发展的教育。《红色文化》教材体现了"五育"横向融合的要求，有助于实现人的全面发展，有助于培养德智体美劳全面发展的社会主义建设者和接班人。例如，《红色文化 小学3~4年级版》第一单元第4课讲述了邓颖超倡导节省运动的故事，并引导学生在日常生活中要节约资源，努力实行"光盘活动"，这体现出了对学生的德育和智育。除此之外，第4课开篇就出现了一首脍炙人口的兴国山歌，唱的是苏区干部下乡调研、辛勤工作的场景。描述苏区干部辛勤劳作，再加上如此的艺术表现形式，则会对学生同时起到劳育和美育的作用。《红色文化 小学3～4年级版》第一单元第5课讲述了中华苏维埃共和国第一届体育运动会，课文的最后还呈现了一张自我管理的体育锻炼监督表，这样做有利于让学生从小重视体育锻炼，对学生起到了健康教育的作用。

3. 体现了对统编教材的补充作用，避免重复

《红色文化》教材作为国家统编教材的辅助资源，其核心定位在于提供补充与拓展内容，旨在拓宽学习视野、深化理解层次。因此，在编写过程中，需要确保该教材紧密围绕国家统编教材的核心要点，但又要避免内容的简单重复，通过独特视角和深度挖掘，为学习者呈现红色文化的多元面向和深刻内涵，从而实现对国家统编教材的有效补充与强化。例如，义务教育教材《语文》一年级上册出现了课文《升国旗》，一年级下册出现了课文《吃水不忘挖井人》，二年级上册出现了课文《朱德的扁担》，那么在编写《红色文化》教材时，就不能出现与以上内容完全相同的内容，可以在此基础上进行扩展或延伸。又如，义务教育教材《道德与法治》七年级上册第二单元为"成长的时空"，其中第五课为"和谐的师生关系"，第六课为"友谊之树常青"，第七课为"在集体中成长"。为了加深学生对这部分内容的理解和感受，《红色文化》教材中编入了反映当年革命队伍中上下级官兵一致的故事，以及感人至深的同志之间的革命友谊等内容。

4. 《红色文化》教材的呈现形式

（1）小学教材采取散点式编写方式，弱化时序、因果逻辑（识字数量、心理特征）

小学阶段，学生以感性认知为主，因此小学教材主要采取散点式的编写方式，不太注重时序和因果上的逻辑关系，只需要考虑学生在相应阶段的心理特征、社会认知及识字能力等。这一阶段，学生的身心发展速度较快，不同年级的学生在心理发展、社会认知及识字能力方面存在显著差异。因此，小学教材被精心划分为三册，每册教材的展现形式也是各具特色，以更好地满足不同年级学生的学习需求。

小学1～2年级的学生大约认识1600字，其中约800字会写。学生思维浅显、直观形象，难以长时间集中注意力，学习的独立性和自制力都较差。因此，

第八章 大中小学教材一体化建设的专题研究

《红色文化 小学1~2年级版》编写得十分形象和具体，每篇课文的字数从50字以内过渡到300字左右，文字都标注了拼音，扫清了学生的阅读障碍。同时，课文中插入了大量的漫画，有助于激发学生的学习兴趣。

在小学3~4年级，学生的识字量增加到2500字左右，而写字量则增加到约1600字。这一阶段的学生自我意识开始萌发，对外界事物产生自己的认知和态度，开始有集体意识，在集体活动中会遵守规则，这一阶段是学生自信心和意志力形成的关键时期。因此，《红色文化 小学3~4年级版》适当减少了漫画图片数量，增加了一些实物、实景图，使学生对红色文化产生真实的认识和体会。每篇课文的字数从300字左右过渡到500字左右，内设若干栏目和阅读材料，如知识窗、活动场等，通过图文并茂的故事和形式多样的活动使学生对学习红色文化产生兴趣。

在小学5~6年级，学生的识字量大约是3000字，写字量大约是2500字。这一阶段的学生进入了少年期，逐渐产生自我评价意识，可以认识到自己的缺点并努力克服，思维由具象向抽象过渡，在集体活动中能承担一些责任和义务，受社会的影响较大，学生间的差异日益显著。因此，《红色文化 小学5~6年级版》增加了许多阅读材料，增加了学生的阅读量，使学生对红色文化产生了更深、更广的了解。每篇课文的字数由约500字逐渐过渡到约800字，内容设置上包含多个栏目和丰富的阅读材料，这些材料主要以文字形式呈现，旨在为学生提供更为深入的学习内容，如知识链接、活动天地等。

（2）初中教材按照重大历史事件的时间顺序编写

初中教材主要是按照重大历史事件发生的时间顺序编写的。初中生能独立使用字典、词典查字和识字，大约认识3500字，每分钟默读一般现代文500字以上。这一阶段的学生开始进入青春期，智力水平显著提高，逐渐由跳跃思维向逻辑思维过渡，但容易自以为是，不能有效调控自己的日常行为，会出现逆反心理。因此，《红色文化 初中版》对素材的时间进行了整理，并按照重大历史事件发生的先后顺序排列课文、划分单元。通过还原真实的历史事件，使学生对红色文化产生整体、系统的认识。其中，每篇课文的字数由约800字逐渐过渡至约2000字，内容设置上包含多个栏目和丰富的阅读材料。这些材料主要以文字形式呈现，如人物介绍、相关史实、课后活动、知识拓展等，以此增加学生的阅读广度和深度。

（3）高中教材内容按照红色专题编写，将叙事与说理相结合

高中教材主要是按照红色专题编写的，将叙事与说理相结合。高中生的识字

量在 4000 字左右。这一阶段的学生生理及心理发展趋于成熟和稳定，认知水平有了极大提高，开始理智地思考问题，对社会的关注和对未来的憧憬不断增强，但遇到挫折时容易低落甚至自卑，但可塑性仍然很强。因此，《红色文化 高中版》按照红色专题的内在联系谋篇布局，仍以叙述历史事件为主，但将叙述史实与说理论述相结合，促进学生对红色文化的深入思考。其中，每篇课文的字数一般不超过 3000 字，课文分为正文、辅助文和课后研学三大部分。其中，正文是主要内容，以包括文字叙述、照片、图画、地图、数字表格在内的形式呈现。正文中特别需要提醒师生注意的内容，采用专栏的形式进行突出展示。专栏大致设有概念解析、名言警句、史料链接和专家点评四个方面。作为正文内容的说明阐释或补充延伸的辅助文，在呈现形式上表现为封闭的"框"，大致分为人物介绍、文史百科、拓展阅读和问题思考四种。课后研学以问题为导向，主要为学生的探究学习提供素材，以及为学生提出各类研学活动建议等。

（4）大学教材内容按照"四梁八柱"的框架设计，理论、历史、现实相结合

大学教材主要按照"四梁八柱"的框架设计，通过对红色道路、红色理论、红色政权、红色精神等进行"理论–历史–现实"的结构性阐释，针对大学生在坚守红色文化自信与抵制历史虚无主义方面遇到的疑惑，提供了全面而系统的解答。通过深入剖析红色文化的深刻内涵，引导大学生坚定理想信念，传承红色基因，肩负起传承红色江山的重任，成为新时代的接班人。该教材共有十讲，每一讲中又包含正文、资料链接、延伸阅读和问题思考，为高校教学提供了丰富的课程资源，增强了思政课教学的鲜活性。

参 考 文 献

埃克哈特·福克斯，安娜卡特琳·博克. 帕尔格雷夫教材研究手册[M]. 徐国庆等译. 上海：华东师范大学出版社，2022.

本书编写组. 党的十九大报告辅导读本[M]. 北京：人民出版社，2017.

毕苑. 建造常识——教科书与近代中国文化转型[M]. 福州：福建教育出版社，2010.

卞恒宇. 教材治理现代化的本质追问、逻辑理路和中国式道路[J]. 课程·教材·教法，2023（11）：28-34.

布鲁纳. 教育过程[M]. 邵瑞珍译. 北京：文化教育出版社，1982.

曹志宏. 新教材背景下人地协调观的培养研究——以统编高中地理必修教材"情境设计"栏目为例[J]. 课程教材教学研究（中教研究），2022（Z3）：16-20.

陈煌，杨兆山. "教以善成"：教材建设的伦理路向及其有效治理[J]. 课程·教材·教法，2023（7）：40-47.

陈淑清. 新时代教材治理现代化的十年探索：基本逻辑、实践路径和未来走向[J]. 课程·教材·教法，2023（1）：20-28.

陈旭芬. 我国中小学教材管理体制现状分析和改革展望[J]. 课程·教材·教法，2002（9）：12-15.

陈月茹. 中小学教科书改革研究[M]. 北京：教育科学出版社，2009.

褚宏启. 城乡教育一体化：体系重构与制度创新——中国教育二元结构及其破解[J]. 教育研究，2009（11）：3-10，26.

褚宏启，贾继娥. 教育治理与教育善治[J]. 中国教育学刊，2014（12）：6-10.

崔允漷. 强化中小学教材建设提高人才自主培养质量[J]. 人民教育，2024（2）：44-45.

崔振成. 培养有教养的公民——加拿大BC省新课改中核心素养的价值导向与课程转化[J]. 数学教育学报，2020（1）：6-11.

邓友超. 深化教育体制改革重在抓落实、见实效[J]. 教育研究，2018（9）：14-17.

丁朝蓬. 教科书结构分析与内容质量评价[J]. 教育理论与实践，2001（8）：61-64.

窦桂梅. 小学语文主题教学研究[M]. 北京：人民教育出版社，2015.

杜娟. 中日高中历史教科书中关于"甲午、日俄和抗日战争"的比较研究[D]. 西安：陕西师范大学，2018.

段丽华，柳海民. 文化视域下的中国教育公平制度变迁[J]. 东北师大学报（哲学社会科学版），2013（1）：149-153.

范蔚，褚远辉. 比较课程论[M]. 北京：人民教育出版社，2012.

方成智. 教科书生态学[M]. 广州：广东教育出版社，2019.

弗朗索瓦–格扎维尔·梅里安. 治理问题与现代福利国家[J]. 肖孝毛译. 国际社会科学杂志（中文版），1999（1）：59-68.

弗朗索瓦·玛丽·热拉尔，易克萨维耶·罗日叶. 为了学习的教科书：编写、评估、使用[M]. 汪凌，周振平译. 上海：华东师范大学出版社，2009.

高健，张雨强. 幼小衔接教材一体化建设：现实困境、理念探究与实践路径[J]. 课程·教材·教法，2023（11）：43-49.

高凌飚. 关于教材评价体系的建议[J]. 全球教育展望，2002（4）：46-50.

高凌飚. 基础教育教材评价：理论与工具[M]. 北京：人民教育出版社，2002.

高凌飚. 教材评价维度与标准[J]. 教育发展研究，2007（12）：8-12.

高峡. 日本的教科书制度[J]. 课程·教材·教法，1999（4）：59-61.

高湘平，李彦群. 美国中小学教科书审定制度及启示[J]. 教育学术月刊，2018（6）：105-111.

龚滢，随国栋. 教材建设国家事权的权力作用逻辑及风险规避[J]. 教育理论与实践，2023（34）：17-24.

顾明远. 中国教育大系：21世纪初中国教育[M]. 武汉：湖北教育出版社，2015.

关保英. 教育行政法典汇编：1949—1965[M]. 济南：山东人民出版社，2016.

郭宝仙. 菲律宾中等教育教科书评价指标体系述评[J]. 外国中小学教育，2005（7）：25，26-30.

郭晓明. 从"圣经"到"材料"——论教师教材观的转变[J]. 高等师范教育研究，2001（6）：17-21.

郭新华. 高等教育出版社化学类专业基础课程教材建设回顾与思考[J]. 大学化学，2023（6）：10-14.

韩彪. 中国特色社会主义自信教育研究[D]. 长春：吉林大学，2016.

韩筠，王润孝. 新中国成立70周年高等教育教材建设回顾与展望[M]. 北京：高等教育出版社，2020.

郝群. 教育部外国教材中心发展综述[J]. 大学图书情报学刊，2007（4）：91-96.

何东昌. 中华人民共和国重要教育文献（共三册）[M]. 海口：海南出版社，1998.

《红色文化》编写组. 红色文化 初中版[M]. 南昌：江西高校出版社，2018.

《红色文化》编写组. 红色文化 高中版[M]. 南昌：江西高校出版社，2018.

《红色文化》编写组. 红色文化 小学 1—2 年级版[M]. 南昌：江西高校出版社，2018.

《红色文化》编写组. 红色文化 小学 3—4 年级版[M]. 南昌：江西高校出版社，2018.

《红色文化》编写组. 红色文化 小学 5—6 年级版[M]. 南昌：江西高校出版社，2018.

《红色文化》编写组. 红色文化十讲[M]. 南昌：江西高校出版社，2018.

胡延新. "一体化"和"重新一体化"：概念的提出及其修正[J]. 东欧中亚研究，1997（2）：23-28.

黄甫全. 当代课程与教学论：新内容体系与教材结构[J]. 课程·教材·教法，2006（1）：6-14.

黄显华，霍秉坤. 寻找课程论和教科书设计的理论基础[M]. 2 版. 北京：人民教育出版社，2005.

黄晓玲. 中小学校本教材管理的冷思考[J]. 教育科学研究，2004（5）：29-32.

黄燕苹，黄翔. 日本《小学数学学习指导要领》内容结构的调整与变化[J]. 课程·教材·教法，2009（4）：88-93.

黄志成，程晋宽. 现代教育管理论[M]. 上海：上海教育出版社，1999.

霍绍周. 系统论[M]. 北京：科学技术文献出版社，1988.

姜俊和，孙启林. 当代美国中小学教科书编选的合法性分析[J]. 外国教育研究，2012（12）：46-53.

姜英敏. 全球化视域下的国际理解教育政策比较研究[M]. 太原：山西教育出版社，2018.

蒋建华. 知识·权力·课程——政策视野中的课程研究[M]. 北京：教育科学出版社，2010.

缴润凯，袁雅仙，刘学智. 日本以"生存能力"为核心的课程评价改革：经验与启示[J]. 外国教育研究，2010（12）：10-13.

金辉. 教育计划管理[M]. 合肥：中国科学技术大学出版社，1992.

靳玉乐，宋乃庆，徐仲林. 新教材将会给教师带来些什么——谈新教材新功能[M]. 北京：北京大学出版社，2002.

靳玉乐，王潇晨. 新时代教材建设的基本经验及趋势[J]. 课程·教材·教法，2023（8）：33-40.

靳玉乐，王潇晨，和学新等. 基础教育强国建设的多维思考（笔谈）[J]. 现代教育管理，2024（1）：1-20.

鞠鑫. 认知结构理论研究述评[J]. 四川教育学院学报，2008（6）：12-14.

康晓强. 新时代科学社会主义学科建设的新进展[J]. 毛泽东邓小平理论研究，2023（9）：99-106，108.

康长运. 世界主要国家和地区的教科书选用制度[J]. 大学出版，2001（3）：59-61.

课程教材研究所. 教材制度沿革篇[M]. 北京：人民教育出版社，2004.

课程教材研究所. 新中国中小学教材建设史 1949—2000 研究丛书·数学卷[M]. 北京：人民教育出版社，2010.

课程教材研究所. 新中国中小学教材建设史 1949—2000 研究丛书·总论卷[M]. 北京：人民教育出版社，2012.

李复新.《美国 2000 年：教育战略》评介[J]. 课程·教材·教法，1991（9）：56，57-58.

李卉君. 美国现行中小学教科书制度探究：以加利福尼亚州为例[D]. 长沙：湖南师范大学，2011.

李惠谊. 从新课改看初中教育的教材建设[J]. 教育探索，2011（7）：43-45.

李金航，周川. 近代大学教科书中国化运动及启示[J]. 现代教育管理，2015（5）：113-117.

李金松. 系统论、信息论、控制论与教育改革[M]. 武汉：湖北教育出版社，1989.

李俏. 中小学教材建设的探索和实践[J]. 教育研究，2014（1）：105-110.

李水平. 中小学教科书编审制度的目标偏离与纠偏对策[J]. 课程·教材·教法，2014（4）：37-41.

李晓波等. 教师专业伦理精神与道德修养[M]. 上海：上海三联书店，2017.

李星云. 改革开放 30 年小学数学教材建设的回顾与思考[J]. 课程·教材·教法，2010（1）：64-69.

李泽林. 教材支撑教育强国建设的时代意蕴[J]. 湖南师范大学教育科学学报，2023（6）：14-16.

李志涛，商发明，杨妍梅等. 教科书制度的比较研究与改革对策[J]. 教育科学研究，2002（5）：20-23.

历史是最好的教科书：学习习近平同志关于党的历史的重要论述[N]. 人民日报，2013-07-22（008）.

梁荣华，孙启林. 全球化背景下韩国公民教育改革的基本动向[J]. 现代教育管理，2017（5）：124-128.

廖青. 美国《共同核心州立标准》政策的形成及其初步实施[J]. 比较教育研究，2012（12）：70-74.

廖晓丹. 韩国中小学数字教科书的开发应用及对我国的启示[J]. 全球教育展望，2020（7）：119-128.

廖亚利，黄卫春，王益云等. 高校教材建设及教材管理改革研究[J]. 华东交通大学学报，2005（6）：169-172.

刘常华. 俄罗斯教科书制度概观[J]. 课程·教材·教法，2007（10）：93-96.

刘超. 历史书写与认同建构：清末民国时期中国历史教科书研究[M]. 北京：社会科学文献出

版社，2016.

刘国正. 似曾相识燕归来——中学文学教育的风雨历程[J]. 课程·教材·教法，2000（6）：18-22.

刘继和. "教材"概念的解析及其重建[J]. 全球教育展望，2005（2）：23，47-50.

刘建伟. 毛泽东思想和中国特色社会主义理论体系概论教学札记[M]. 西安：陕西人民出版社，2019.

刘景超. 教科书美学[M]. 广州：广东教育出版社，2019.

刘景超. 清末民初女子教科书的文化特性[M]. 北京：知识产权出版社，2015.

刘久成. 小学数学教材研究[M]. 南京：南京大学出版社，2022.

刘丽群. 教科书内容的选择与形成——知识准入课程中的国家介入[M]. 长沙：湖南师范大学出版社，2013.

刘丽群，马延朝. 发达国家中小学教科书选用的类型、特点及对我国的启示[J]. 湖南师范大学教育科学学报，2008（6）：18-21.

刘莉莉，乞佳. 我国中等职业教育教材制度体系建设的回顾与展望[J]. 东北师大学报（哲学社会科学版），2020（2）：148-154.

刘敏，姚苇依，周政. 法国基础教育教材建设[M]. 上海：上海教育出版社，2020.

刘沫潇. 新形态教材建设：现实意义、编写策略与开发路径[J]. 中国出版，2024（1）：50-53.

刘学智. 基础教育课程教材改革前沿问题研究[M]. 长春：东北师范大学出版社，2019.

刘英杰. 中国教育大事典 1949—1990（下）[A]. 杭州：浙江教育出版社，1993.

刘友女. 结构视域下中国主导意识形态研究[M]. 上海：复旦大学出版社，2015.

罗生全. 教材建设的现代化格局与思路[J]. 课程·教材·教法，2023（2）：17-20.

罗生全，董阳. 教材建设国家事权的权力属性及运行原则[J]. 课程·教材·教法，2022（11）：74-81.

罗生全，黄朋. 论自选教材的治理逻辑与实践进路[J]. 课程·教材·教法，2024（1）：63-69.

罗生全，随国栋. 教材建设现代化的政府治理逻辑与实践进路[J]. 中国远程教育，2023（8）：35-41，68.

罗生全，张玉. 教材建设国家事权的基本思想及品格特征[J]. 教育研究与实验，2023（4）：61-72.

吕建生，庞海龙. 教材专项审读的内涵、必要性与工作原则——基于教材基本属性视角[J]. 中国出版，2023（21）：14-19.

吕立杰，韩继伟，张晓娟. 学科核心素养培养：课程实施的价值诉求[J]. 课程·教材·教法，2017（9）：18-23.

马克思主义理论研究和建设工程第一批重点教材出版[N]. 中国青年报, 2011-01-04（006）.

马早明, 刘坤哲. 澳门中小学教材制度建设探赜[J]. 课程·教材·教法, 2023（2）: 142-151.

毛景焕, 李蓓春. 认知结构理论的教学设计原理初探[J]. 外国教育研究, 2000（4）: 10-13.

欧少亭. 教育政策法规文件汇编（第三卷）[M]. 延吉: 延边人民出版社, 2001.

钱丽欣, 余慧娟. 加快推进课程教材治理体系和治理能力现代化——访教育部教材局局长田慧生[J]. 人民教育, 2020（5）: 13-17.

邱霞燕, 胡定荣. 学生如何用好教材: 基于自主学习理论的心理建设策略[J]. 中小学管理, 2023（11）: 45-48.

人民教育出版社, 课程教材研究所. 基础教育教材建设文献资料选编（1949—2019年）·课程计划卷[M]. 北京: 人民教育出版社, 2020.

人民教育出版社, 课程教材研究所. 基础教育教材建设文献资料选编（1949—2019年）·德育卷[M]. 北京: 人民教育出版社, 2022.

任增元, 宋文龙, 谭太虎. 新时代教材意识形态安全的时代境遇与优化路径[J]. 课程·教材·教法, 2023（6）: 31-37.

沙沙, 张艳彬, 毕海滨等. 2023. 数字教科书出版形态演变: 路径、成因及对出版治理的启示[J]. 科技与出版,（12）: 69-77.

单文鹏. 习近平关于大中小学思想政治理论课一体化建设的重要论述探析[J]. 思想教育研究, 2023（7）: 106-110.

单新涛. 统编教材建设十年: 历史境遇、实践逻辑与发展路向[J]. 北京教育学院学报, 2022（6）: 52-58.

沈湘平. 全面推进马克思主义中国化时代化最新成果进课程教材 切实发挥教材培根铸魂功能[J]. 人民教育, 2024（2）: 42-43.

沈晓敏. 世界各国教科书制度对我国的启示[J]. 全球教育展望, 2001（9）: 66-71.

沈艳艳. 义务教育德育教材一体化建设的关键问题及破解路径[J]. 课程·教材·教法, 2023（3）: 41-46.

石鸥. 民国中小学教科书研究[M]. 长沙: 湖南教育出版社, 2018.

石鸥. 教科书的记忆 1978—2018 辉煌的历程[M]. 长沙: 湖南教育出版社, 2019.

石鸥. 教科书的记忆 1978—2018 难忘的故事[M]. 长沙: 湖南教育出版社, 2019.

石鸥. 弦诵之声——百年中国教科书的文化使命[M]. 长沙: 湖南教育出版社, 2019.

石鸥, 李卉君. 美国现行中小学教科书制度探究——以加利福尼亚州为例[J]. 湖南师范大学教育科学学报, 2011（6）: 5-9, 56.

石峰, 莫忠息. 信息论基础[M]. 武汉: 武汉大学出版社, 2002.

参考文献

石鸥，吴小鸥. 百年中国教科书图说（1897—1949）[M]. 长沙：湖南教育出版社，2009.

石鸥，吴小鸥. 百年中国教科书图说（1949—2009）[M]. 长沙：湖南教育出版社，2009.

石鸥，张增田. 教科书评论2021[M]. 北京：首都师范大学出版社，2023.

石伟平. 职业教育国际化水平和国际竞争力提升：战略重点及具体方略[J]. 现代教育管理，2018（1）：72-76.

苏鸿. 论中小学教材结构的建构[J]. 课程·教材·教法，2003（2）：9-13.

孙启林，杨金成. 面向21世纪的韩国基础教育课程改革——韩国第七次教育课程改革评析[J]. 外国教育研究，2001（2）：4-9.

孙甜甜，冯生尧. 美国母语教材Wonders阅读选文组织特色与启示——基于美国CCSS课程标准[J]. 现代中小学教育，2021（5）：92-95.

孙文静，王攀峰. 基础教育教材治理现代化的政策文本分析——基于政策工具视角[J]. 当代教育论坛，2024（1）：61-71.

孙燕，李晓锋. 科教兴国战略下的高质量教材体系建设意义、内容与路径[J]. 出版科学，2023（4）：26-34.

孙智昌. 主体相关性：教科书设计的基本原理[M]. 北京：教育科学出版社，2011.

谭建川. 日本"宽松教育"的兴衰及其启示[J]. 吉林教育，2017（4）：77-79.

谭永平. 中学生物教科书的历史追溯与现实透视[J]. 教育科学论坛，2008（4）：11-14.

唐磊. 日本教科书制度对我国深化教材管理体制改革的启示[J]. 课程·教材·教法，2001（12）：68-73.

唐磊. 走近日本教科书制度[M]. 北京：人民教育出版社，2006.

唐丽芳，丁浩然. 建构以质量为核心的教材评价体系[J]. 教育研究，2019（2）：37-40.

田慧生. 学习贯彻党的二十大精神 加强教材建设和管理[J]. 课程·教材·教法，2023（9）：4-11.

汪丞，路春雷，荣文婷. 加拿大教育治理研究[M]. 武汉：湖北教育出版社，2020.

汪家熔. 民族魂——教科书变迁[M]. 北京：商务印书馆，2008.

汪凌. 法国普通高中的课程研究[J]. 全球教育展望，2002（3）：22-26.

王春秀，代钦. 中日高中数学教科书圆锥曲线内容的比较研究——以人教A版和东京版为例[J]. 内蒙古师范大学学报（教育科学版），2020（3）：117-124.

王娇娇，张增田. 新时代我国中小学教材建设：成就、问题与建议[J]. 教育科学研究，2023（10）：5-11.

王日春. 新时代高质量教材的本质特征及其实现策略[J]. 课程·教材·教法，2023（7）：24-29.

王天平，闫君子. 新课标下数字教材建设的逻辑、体系及策略[J]. 现代远程教育研究，2023（4）：47-55.

王婷. 美国中小学教科书制度述评[J]. 外国教育研究，2002（7）：30-32.

王晓丽，芦咏莉，李斌. 教材适切性评价指标体系的理论及实证研究[J]. 课程·教材·教法，2014（10）：40-45.

王鑫. 新时代中小学教材编辑应具备的能力和素质[J]. 中国编辑，2023（8）：85-89.

王志标. 加拿大出版政策及其福利分析[J]. 中国出版，2016（16）：54-57.

吴履平. 日本中小学教科书的审查制度[J]. 课程·教材·教法，1987（8）：59-60.

吴文侃，杨汉清. 比较教育学（修订本）[M]. 北京：人民教育出版社，1999.

吴小鸥. 中国近代教科书的启蒙价值[M]. 福州：福建教育出版社，2011.

吴小鸥. 复兴之路——百年中国教科书与社会变革[M]. 北京：中国社会科学出版社，2015.

吴小鸥. 文化拯救——近现代名人与教科书[M]. 北京：商务印书馆，2015.

吴小鸥. 严复：一代大师的教科书启蒙情怀[J]. 国学，2013（12）：44-46.

吴雪萍，李默妍. 法国的终身教育推进机制及其启示[J]. 外国教育研究，2021（11）：116-128.

吴忠魁. 当今日本建设终身学习体系的经验与措施[J]. 比较教育研究，2000（5）：48-53.

习近平. 在哲学社会科学工作座谈会上的讲话[N]. 人民日报，2016-05-19（002）.

夏锦文. 制度自信[M]. 南京：江苏人民出版社，2018.

夏征农，陈至立. 辞海（第六版 彩图本）[M]. 上海：上海辞书出版社，2009.

向雄海. 中学生潜能开发与创新素养培育[M]. 长沙：湖南教育出版社，2018.

肖万. 世界上的教科书制度[J]. 外国教育资料，1983（1）：65.

辛继湘. 日本中小学课程与教学[M]. 长沙：湖南师范大学出版社，2011.

辛志军. 当代大学生中国特色社会主义道路认同教育研究[D]. 西安：陕西师范大学，2018.

徐继生，陈文林，苑金龙. 系统科学概论[M]. 北京：科学技术文献出版社，1990.

徐丽芳，邹青. 国外中小学数字教材发展与研究综述[J]. 出版科学，2020（5）：31-43.

徐鹏，郑国民. 国外中学教材评价研究的比较及启示[J]. 外国中小学教育，2012（7）：57，62-65.

许锋华，闫领楠. 以统编教材铸牢中华民族共同体意识：价值意蕴、基本遵循与实践理路[J]. 课程·教材·教法，2023（5）：33-39，47.

许远. 职业教育专业建设与课程教材开发[M]. 北京：中国人民大学出版社，2019.

杨波，赵娜. 基础教育高质量课程建设与管理的理论审思[J]. 社会科学战线，2023（12）：258-263.

杨光富. 英国中小学教科书的使用现状及改进举措[J]. 外国教育研究，2018（4）：82-92.

参考文献

杨慧娟，孟梦. 微积分初步在新中国高中数学课程中的历史变迁[J]. 数学教育学报，2016（1）：25-27.

杨孔炽. 美国公立中学 200 年[M]. 太原：山西人民出版社，2019.

杨柳，罗生全. 教材建设国家事权：内涵、性质与价值[J]. 全球教育展望，2023（3）：113-128.

杨秀治. 从《不让一个孩子掉队法案》到《每个学生都成功法案》：美国中小学教育问责体系的演变[J]. 外国教育研究，2017（5）：18-25.

姚建华. 浅析加拿大图书出版业的文化保护政策[J]. 出版科学，2017（2）：103-107.

姚雪姣，武建芬. 从教科书制度看基础教育教师专业自主权——基于美、日、英三国教科书制度的比较[J]. 现代教育论丛，2010（7）：33-36.

叶立群. 回顾与思考——中小学教材建设 40 年（1949—1989）管窥[J]. 华东师范大学学报（教育科学版），1992（2）：1-32.

叶志明，李俊峰，王世斌等. 基础力学课程教材及教学体系分析（一）——国内基础力学教材基本情况简述[J]. 力学与实践，2019（3）：314-319.

余萍. 中日初中数学教材圆和相似图形的比较研究：以浙教版和数研版为例[D]. 杭州：杭州师范大学，2018.

俞可平. 治理与善治[M]. 北京：社会科学文献出版社，2000.

约翰·杜威. 学校与社会[M]. 彭汉良译. 武汉：长江文艺出版社，2023.

岳河，冯永刚，王永丽. 注重各学段衔接的学制体系构建——法国基础教育学制研究[J]. 基础教育参考，2023（7）：58-70.

曾广容，易可君，欧阳绪清等. 系统论·控制论·信息论概要[M]. 长沙：中南工业大学出版社，1986.

曾天山. 国外关于教科书功能论争的述评[J]. 西南师范大学学报（哲学社会科学版），1998（2）：52-57.

曾天山. 我国教材建设的实践历程和发展经验[J]. 课程·教材·教法，2017（12）：17-23.

曾天山. 教材论[M]. 北京：人民教育出版社，2019.

张海彦. 认知视角下中学英语与大学英语教材衔接问题之探析[J]. 攀枝花学院学报，2013（1）：84-86.

张恰. 我国中小学教科书选用制度现状分析与改革策略研究[J]. 现代中小学教育，2005（8）：21-23.

张善鑫. 教材意识形态：内涵、演进与安全策略——兼论新中国成立以来基础教育教材建设的意识形态安全[J]. 课程·教材·教法，2023（6）：24-30.

张妍，张彦通. 终身教育在我国的独特涵义与研究趋势[J]. 教育研究，2016（8）：132-136.

张燕华. 教科书语言学[M]. 广州：广东教育出版社，2019.

张祎. 美国田纳西州中小学教材管理制度[J]. 长江丛刊，2018（25）：293-294.

张振. 新时代教材体系建设的三重逻辑：价值、理论与实践[J]. 课程·教材·教法，2023（4）：34-41.

张志公. 张志公论语文·集外集[M]. 北京：语文出版社，1998.

张仲民，章可. 近代中国的知识生产与文化政治：以教科书为中心[M]. 上海：复旦大学出版社，2014.

赵丙勋，龙正武. 中小学数字教材建设边界研究[J]. 出版科学，2023（4）：89-96.

赵佳丽，罗生全. 教材建设国家事权的学校落点、向度与发展愿景[J]. 中国教育学刊，2023（5）：77-82.

赵蒙成，徐承萍. 职业教育第三方评价的现实困境与应对策略[J]. 教育科学，2017（2）：66-72.

赵颖. 新时代加强和改进教材体系建设的实践路径探析[J]. 中国社会科学院大学学报，2022（10）：56-69，142.

郑富芝. 尺寸教材 悠悠国事——全面落实教材建设国家事权[J]. 人民教育，2020（Z1）：6-9.

中共中央文献研究室. 建国以来重要文献选编（第三册）[M]. 北京：中央文献出版社，2011.

中国教育科学研究院. 中国共产党百年教育大事记（1921—2021）[A]. 北京：教育科学出版社，2022.

《中国教育年鉴》编辑部. 中国教育年鉴（1949—1981）[A]. 北京：中国大百科全书出版社，1984.

钟启泉. 大学教材开发：亟待重视的研究领域[J]. 教育发展研究，1999（1）：17-20.

朱迪·丽丝. 自然资源——分配、经济学与政策[M]. 蔡运龙，杨友孝，秦建新等译. 北京：商务印书馆，2002.

朱彦，臧庆. 美国出版教育的特色与启示[J]. 出版发行研究，2018（10）：101-104.

朱智贤. 心理学大词典[Z]. 北京：北京师范大学出版社，1989.

三宅贵也. 新しい時代にふさわしい高大接続の実現に向けた高等学校教育、大学教育、大学入学者選抜の一体的改革について[J]. 比較教育学研究，2015（12）：7.

Amerian M，Khaivar A. Textbook selection，evaluation，and adaptation procedures[J]. International Journal of Language Learning and Applied Linguistics World，2014：523-533.

Atweh B，Goos M. The Australian mathematics curriculum：A move forward or back to the future?[J]. Australian Journal of Education，2011（3）：214-228.

参考文献

Bruner J S. The Process of Education[M]. Cambridge: Harvard University Press, 1960.

Castro-Alonso J C, de Koning B B, Fiorella L, et al. Five strategies for optimizing instructional materials: Instructor-and learner-managed cognitive load[J]. Educational Psychology Review, 2021（4）: 1379-1407.

Choppin J, McDuffie A R, Drake C, et al. The role of instructional materials in the relationship between the official curriculum and the enacted curriculum[J]. Mathematical Thinking and Learning, 2020（2）: 123-148.

Daneshfar S, Abdollahi J. Textbook evaluation: A case study of Iranian teacher and student perspectives[J]. International Journal of English Literature and Social Sciences, 2018（3）: 450-456.

de Jong O, Talanquer V. Why is it relevant to learn the big ideas in chemistry at school?[C]. In I. Eilks & A. Hofstein（Eds.）, Relevant Chemistry Education: From Theory to Practice（pp.11-31）. Rotterdam: Sense Publishers, 2015.

Erikson E H. Childhood and Society[M]. New York: W. W. Norton, 1963.

Fan L H. Principles and Processes for Publishing Textbooks and Alignment with Standards: A Case in Singapore[C]. Paper presented at APEC Conference on Replicating Exemplary Practices in Mathematics Education, Koh Samui, Thailand, 2010.

Friesen N. The Textbook and the Lecture: Education in the Age of New Media[M]. Maryland: Johns Hopkins University Press, 2017.

Fuchs E. Current trends in history and social studies textbook research[J]. Journal of International Cooperation in Education, 2011（2）: 17-34.

Gurung R A R, Martin R C. 2011. Predicting textbook reading: The textbook assessment and usage scale[J].Teaching of Psychology,（1）: 22-28.

Ivan I, Pesikan A, Antic S. Textbook Quality: A Guide to Textbook Standards[M]. Göttingen: Vandenhoeck & Ruprecht, 2013.

Kim M, Yoo K H, Park C, et al. Development of a digital textbook standard format based on XML[C]. In S. Gradmann, F. Borri, C. Meghini, et al（Eds.）, Lecture Notes in Computer Science（pp. 363-377）. Berlin: Springer Berlin Heidelberg, 2010.

Li F F, Wang L. A study on textbook use and its effects on students' academic performance[J]. Disciplinary and Interdisciplinary Science Education Research, 2024（1）: 1-20.

Mahmood K. The process of textbook approval: A critical analysis[J]. Bulletin of Education & Research, 2006（1）: 1-22.

Marshall J C, Smart J B, Horton R M. The design and validation of equip: An instrument to assess inquiry-based instruction[J]. International Journal of Science & Mathematics Education, 2010, 8: 299-321.

Mesmer H A, Cunningham J W, Hiebert E H. Toward a theoretical model of text complexity for the early grades: Learning from the past, anticipating the future[J]. Reading Research Quarterly, 2012（3）: 235-258.

Mohammadi M, Abdi H. Textbook evaluation: A case study[J]. Procedia-Social and Behavioral Sciences, 2014, 98: 1148-1155.

O'Keeffe L. A framework for textbook analysis[J]. International Review of Contemporary Learning Research, 2013（1）: 1-13.

Okeze O W, Ogwo-Agu J N, Ejim C. Management of instructional materials for effective teaching and learning[J]. Global Journal of Applied, Management and Social Sciences, 2018, 15:59-67.

Rahimpour M, Hashemi R. Textbook selection and evaluation in EFL context[J]. World Journal of Education, 2011（2）: 62-68.

Royer J M, Cable G W. Illustrations, analogies, and facilitative transfer in prose learning[J]. Journal of Educational Psychology, 1976（2）: 205-209.

Walker R S. Designing art curriculum with big ideas[J]. Journal of Arts Education, 2004（139）: 52-55.

You J A, Lee H S, Craig C J. Remaking textbook policy: Analysis of national curriculum alignment in Korean school textbooks[J]. Asia Pacific Journal of Education, 2019（1）: 14-30.